노인복지와 르네상스

김근홍 지음
(Prof. Dr. Keun-Hong Kim)

신정

추천의 글 a letter of recommendation

한국은 비교적 신흥 산업국가로서 서구 세계에서 이미 오래전부터 전형화된 현대화의 문제들을 공유하며 심각하게 고민해야 할 입장이 되었다. 그것은 바로 인구 고령화에 따른 노인들의 권위상실과 그들이 이룬 인생 업적의 가치상실 그리고 나이든 세대의 새로운 생활스타일 같은 문제들이다. 서구 세계에서는 이미 오래전부터 이런 문제의 심각성을 인식하고 그 해결을 위해 사회적 · 정치적 · 경제적 노력을 경주해 왔다. 그에 반해 한국에서는 아직 이러한 문제들의 성격을 제대로 파헤치는 일이 필요하다고 본다. 물론 그런 과정에 여전히 넓게 퍼져 있는 시행착오들이며 반성되지 않은 서구의 체계들을 그대로 답습하는 일은 당연히 피해야 할 것이다.

한국이 당면한 도전들을 극복할 해결책을 찾아내기 위해서는 그 나름의 문화에 적합한 길을 걸어야만 한다. 그러는 과정에 서구의 사례에 비춰 독일의 노인복지 정책이 하나의 모범이 될 수 있으며, 더 나아가 반드시 모범된 사례를 찾아내도록 노력해야 할 것이다. 그 이유는 무엇보다 독일도 한때 한국처럼 분단된 상황이었던 까닭이다. 멀지 않은 장래에 한국이 마침내 통일을 이루게 된다면 독일과의 비교가 여러모로 도움이 될 것이다.

현재 노인세대들은 한국도 마찬가지로 전후의 힘든 시절을 겪었지만, 그 시기적 상황으로 보면 사회 발달의 정도가 지체된 까닭에 중부 유럽과 동시대라고 하기는 어려운 점이 있다. 한국은 세계에서 유래를 찾아보기 어려운 정도의 경제기적을 이루어냈지만, 그 전반적인 성격은 아시아의 전형적인 것으로 서구와는 상당한 거리가 있어 보인다. 물론 경제발달의 과정만 놓고 본다면 거의 똑같다고 해도 무방하겠지만, 사회-문화의 영역에서는 차이가 유사점보다 훨씬 더 크다. 서구에서는 여러 세대에 걸쳐 이루어진 현대화 과정들이 한국에서는 거의 한 세대 만에 이루어졌다고 할 정도다. 그러면서 급속하게 앞서간 경제적 발달에 비해 사회 구조적인 면들은 멀리 뒤처진 채로 더디게 발달하였다. 이런 여건에 무엇보다 크게 시달림을 받은 이들이 바로 노인세대들이다.

한국이 접근하고 적응하는 과정은 한국 특유의 문화 특성들은 물론이고 전 세계 차원의 요구들도 함께 담아내야 한다. 따라서 한국에서 사회연구나 여가연구가 한 사회의 현황을 담아내는 일에만 그쳐서는 안 될 것이다. 그런 연구들이라면 삶의 질에 대한 다양한 분석을 제공하고 또 개개인의 생활에 대한 만족에 이를 수 있는 길들도 제시해야만 한다.

그런 과정에서 특별한 걸림돌이 되는 것 중 하나가 바로 성(性)의 문제다. 공자의 유교사상에 따른 성적 역할 구분이 변화하기 위해서는 전통에 대한 새로운 해석이 함께 이루어져야만 한다. 독일에서는 일생 동안 일하는 법적퇴직 기간이 연장되었는데(67세부터 연금), 한국에서는 아직도 평균적인 55세 퇴직 연한이 그대로 남아 있는 상태다. 연금체계의 전통이 서구에 비해 매우 짧은 탓에 연금 급여에서 일어날 병목현상은 이제 머지않아 나타나게 될 것이다. 독일의 시행착오들이며 앞서 걸어간 경험들을 참조할 수 있다면 한국이 노인들 문제에 대해 한국의 실정에 가장 잘 어울리는 길을 찾아 가는데 도움이 될 수 있다고 생각한다.

이런 의미에서 김근홍 교수의 노년복지 여가연구 작업은 새로운 미래를 여는 전환점의 하나가 되리라고 본다. 김 교수와는 대학원 시절부터 사제지간의 관계로 인연을 맺어오면서 그의 학술적 역량이 매우 높다는 사실을 발견하게 되었다. 이 책에서 김 교수는 세대 간의 새로운 정의를 대변하는 일종의 변호사 역할을 하였다. 여러 세대들이 인간적이면서 사회적으로 정의로운 관계로 모여 사는 사회의 모습을 잡아내어 그려 보려는 노력의 세심한 부분이 한층 묻어나 있다. 이처럼 김 교수 눈에 미래의 꿈꾸는 르네상스는 벌써 오래전에 시작된 것이다.

University of Hamburg
Prof. Dr. Horst W. Opaschowski

머리말 preface

"사람은 누구를 막론하고 적당한 노동시간의 제한과 정기적 유급 휴가를 포함한 휴식과 휴가를 가질 권리를 갖는다"라고 1948년 세계 인권 선언문 제24조에 명시되어 있다. 서구 사회에서 여가나 휴식은 스트레스 해소나 피로회복 등 산업사회의 문제점을 해소하기 위한 일시적 방안으로 여기는데 그치지 않고 인간이 마땅히 누려야 할 당연한 법적 권리로 인식한다.

현대의 경제 발전과 사회구조 변화는 개인의 삶에 보다 큰 가치를 부여하게 만들었고, 삶의 목표 또한 양적 혹은 물질적 충족을 넘어 삶 전체의 질적 향상으로 이행되었다. 이에 따라 노동 이외의 자유시간을 보람 있게 보내는 것은 근로와 함께 개인과 사회생활을 구성하는 양대 요소가 되었다고 해도 과언이 아니다. 오늘날 이런 자유시간과 연관된 여가의 등장은 사실 산업사회의 출현과 맥을 같이 하고 있다. 평균적으로 근로자들은 자신들에게 주어진 공휴일, 휴가, 휴식기간 등 가처분시간(자유시간)을 의미 있는 시간으로 만들기 위해 다양한 활동과 놀이에 참여하기 마련이다. 더욱이 평균수명의 연장으로 노후의 시간이 길어진 노인세대들에게 여가활동 내용이나 특징은 그 무엇보다도 중요한 자리를 차지하게 되었다.

역사에서 이제껏 요즘 시대의 사람들처럼 그렇게 오래 살고 그러면서도 건강을 유지한 예가 일찍이 없었다. 또한 아직껏 직업생활이 끝나고 난 뒤에—넓게 보아서—지금처럼 그렇게 오랜 기간에 걸쳐 보장된 장래를 누려본 적도 없었다. 이는 정세와 학문 특히 의학의 발달에 따라 달라진 생활조건들이나 생활습관의 덕이고, 또 평화의 기간이 오래 유지된 덕이라 할 수 있다.

사회의 경향들을 일찍부터 간파해내고, 앞을 내다보면서 그들의 고민들을 학술적으로 담아내는 것이 학자들의 기본과제 가운데 하나라고 생각한다. 따라서 본 책자에서는 나이가 든다는 게 개개인에게는 물론이고 전체 사회에 무슨 의미를 갖는지 따져보고 나이든 세대들의 여가 문제 연구에 하나의 이정표를 제시하고자 하였다. 그렇다고 이 책이 노인들만을 대상으로 삼은 것은 아니다. 어느 나이에 있는 사람이든 언젠가는 노인이 된다는 점도 있고, 사회문제로서의 노인문제는 비단 노인세대뿐만 아니라 사회 전체에 영향을 미치기 때문이다. 게다가 서서히 정년에 다가가는 베이비붐 세대의 실태를 보더라도 노후문제와 노인문제는 그만큼 더 심각할 수밖에 없다.

사실 여가에 관한 학문이 하나의 개별학문으로서 정립될 수 있는지, 그럴 수 있다면 과연 여가학이란 학문분과가 어느 정도나 독립적으로 터를 닦고 제 모습을 갖추었느냐 하는 문제도 쉽게 대답하기 어렵다. 왜냐하면 여가 자체가 사회적 복합 현상으로서 철학, 사회학, 심리학, 사회복지학, 경제학, 경영학, 체육학, 관광학, 행정학, 인류학 그리고 가정학 등에서 학문적 관심과 배경에 따라 연구되고 있기 때문이다. 이런 점을 감안하더라도 여가문제를 독자적 영역으로 삼아 중점적으로 연구해 볼 필요가 있다고 생각한다. 특히 아직 이러한 문제에 대한 문제의식이 제대로 갖추어지지 않고 그에 따라 그에 대한 대비가 부족한 상황에서는 이처럼 문제를 독자적 영역으로 설정하여 —그러나 학제 간의 연계관계까지 무시하는 일은 없이— 집중적으로 연구함으로써 해당 문제의 여파며 정황 그리고 대비방안과 또 다른 대안들을 구체적으로 찾아보는 일이 중요하다. 그런 의미에서 이미 노인의 여가를 문제 영역으로 삼아 연구해 온 독일의 연구 성과들은 우리 현실을 비추어볼 거울인 동시에 우리가 나갈 길을 비추어주는 등대 노릇도 할 수 있다고 생각한다.

근대 이전에 여가는 특권계층의 한가한 놀음으로밖에 취급되지 않았지만 오늘날 여가는 이제 모든 사람들에게 삶의 질을 결정짓는 중요한 요인이 되었다. 특히 노인세대의 여가생활 만족 정도는 곧바로 삶의 만족과 직결된다. 아울러 여가 활동과 여가 문화의 향방에 따라 경제, 사회, 문화 등 전반에 걸쳐 그 여파가 미치게 된다. 그에 따라 어쩌면 우리 사회는 물론이고 국제 차원의 제도와 문화마저 대폭 수정해야 할지도 모른다. 제도의 변화야 쉽지 않다 하더라도 적어도 문화 차원에서라도 노후와 노인에 대한 시각을 교정하여 노후까지 만족하고 행복하게 살 수 있는 분위기를 만들어야만 한다. 그러기 위해서는 우리도 여가문제를 체계적으로 연구해야 하고 또 되도록 서둘러야 한다.

본 책자의 주 내용은 오파숍스키 교수가 2007년 발표한 Altersräume와 BAT(독일 미래의 문제들을 위한 재단)에서 제공한 통계자료들을 근간으로 삼아 여가의 사회적 역할과 의미를 독일 중심으로 살펴보았다. 특히 여가와 노인을 연결하여 노후의 여가 문제를 심도 있게 다루면서 우리 사회와 독일 및 국제 현황의 차이를 함께 살폈다. 그러면서 궁극적으로 보여주고자 하였던 것은, 고령사회의 문제를 해결할 대안들이었다. 개인 차원에서는 여가에 대한 인식변화를 통해 여가를 의미 있게 쓰면서 노후 삶의 만족을 얻을 수 있는 준비방법을 살폈고, 제도 차원에서는 정년의 문제와 현재의 경제체제가 향후 고령사회에서 겪어야 할 변화 그리고 바람직한 사회정책의 가능성들을 함께 짚어보고자 하였다.

노후의 노인문제 본질적 이해와 여가문제를 좀더 체계적으로 다루고 싶은 욕심은 있었지만 여러 가지 사정으로 우선 오파숍스키 교수의 선행연구를 바탕으로 문제의 윤곽이라도 살폈으면 하는 마음으로 아쉽고 부끄러운 마음 다잡으며 본 책자를 낸다. 개인 차원에서는 이를 바탕으로 노인복지와 여가 연구를 체계적으로 닦아나갈 계획이며, 이 분야를 공부하는 이들이며 후학들에게 반면거울이라도 되었으면 하는 바람이다.

낯선 환경의 책자 완성까지 함께해 준 고마운 분들에 대한 감사함을 여기에 다 소개하는 것은 지면의 한계가 있을 듯싶다. 그럼에도 마지막 가시는 길을 제대로 지켜 드리지 못해 죄송한 마음뿐인 아버지와, 유럽에서 나의 존재 이유를 일깨워 주고 있는 사랑하는 경선이와 광선이의 기도소리를 잊을 수 없다.

2010년 여름

1116호 연구실에서

차례 contents

Chapter

01

노인과 노화의 개념 및 인식 변화

제 01 절 다양한 개념들과 그 한계

1 노인과 노년

길이 있어 내가 가는 것이 아니라 내가 감으로써 길이 생기는 것이다.

1) 노인이라는 용어

노인이라는 용어는 말 그대로 나이 들어 늙은 사람이라는 의미를 내포하고 있다. 따라서 '나이가 들어 제반 기능이 저하된 사람'이 바로 노인이라는 것이다. 그러나 일상생활, 학술연구, 정책 등에서 노인을 호칭하는 우리말은 노인이라는 단어에 국한되지 않고 노년, 고령자 등 다양한 용어들이 사용되고 있다. 이런 의미에서 노인(老人)이라는 용어는 나이든 사람에 대한 일반적인 호칭이라 할 수 있다.

그에 비해 노년(老年) 또는 시니어(senior)라는 용어는 노인이라는 의미가 지닌 부정적 의미를 줄이기 위한 시도로서 제안된 용어이지만, 주로 노년기라는 인간발달 단계상의 시간적 의미를 지닌다. 그런 의미에서 고령자(高齡者)라는 용어도 노인만을 지칭한다기보다는 장년층에서 노년층까지의 보다 넓은 인구를 통칭하는 경우에 주로 사용된다(권중돈, 2010). 서구에서도 노인을 의미하는 다양한 용어들이 있는데 일례로 영어

권은 늙은 사람(older person), 연장자(elderly), 선배시민(senior citzen), 황금연령층(golden age) 등을 들 수 있다. 독일도 연장자(Senioren), 늙은이(Alte), 연금생활자(Rentner) 등의 용어가 노인이라는 단어와 함께 사용되고 있다.

노인을 지칭하는 용어에서 살펴보았듯이 노인을 한마디로 정의한다는 자체가 단순한 것 같으면서도 복잡하다. 어떤 현상과 기준을 바탕으로 노인을 구분하느냐 하는 일도 어렵거니와 개인의 생리적·신체적 변화라든지 역할상실 및 심리적 측면 등에서 노인을 규정하는 것 등 복잡한 의미가 내포되어 있다. 그럼에도 1951년 발행된 '국제노년학회'의 간행물은 노인의 개념을 다음과 같이 정의한 바 있다. 노인이란 첫째 환경의 변화에 적절히 적응할 수 있는 생체의 조직기능이 감퇴되고 있는 사람, 둘째 생체의 자체통합능력이 감퇴되고 있는 사람, 셋째 생체의 전반적인 기관·조직·기능이 쇠퇴하고 있는 시기에 있는 사람, 넷째 생체의 적응능력이 제대로 활성화되지 않는 사람, 다섯째 생체조직의 예비능력이 감퇴함으로써 적응능력이 떨어지는 사람이라는 것이다. 이러한 정의를 받아들인다면, 노인에 대한 개념적 정의가 이미 노화현상의 복합적인 측면들을 포함하고 있다. 그러나 노인의 나이에 대한 조작적 정의는 아직 논란의 여지가 많기 때문에 비어징(Wirsing)의 관점에서 바라본 나이에 대한 세 가지 이해를 살펴보면 다음과 같다.

- **달력상의 나이**: 시간의 경과를 나타내는 달력에 의거한 나이로서 출생 이후 살아가는 세월에 따라 계산된다. 경험적으로 볼 때 나이가 나타나는 지표는 생체의 생물학적 변화를 추측할 수 있는 유용한 척도가 되며, 아울러 일상 생활에 있어서도 커다란 의미를 갖는다. 달력상의 나이는 노인의 생리적·심리적·신체적 및 사회적 측면에서 나타나는 노화의 모든 특성을 상당 정도 내포하고 있다. 사회에서 통용되는 법적 규정(이를테면 선거권·법적 책임능력 및 정년퇴직 등)도 달력상의 나이에 의거하고 있다. 그러나 한 개인의 사회적 영향력에 대한 시작과 마감을 일괄적으로 결정하는 달력상의 나이는 정신적 및 신체적 역량에 있어서 차이를 보이는 개개인들의 특수성을 무시하기 때문에, 신빙성 있는 척도가 되지 못하는 단점이 있다. 이러한 단점 때문에 미국의 브로디(Brody)는 60~64세를 연소노인(young-old), 65~74세를 중고령노인(middle-old), 그리고 75세 이상을 고령노인(old-old)으로 구분하고 있다(Brody, 1977). 특히 국제노년학계에서도 사회보장 또는 건강보험의 자격기준을 근거로 하여 노인의 범주를 74세 이하는 연소노인(young-old), 75~84세를 고령노인(old-old 또는 middle-old) 85세 이상을 초고령노인(oldest old)으로 구분하고 있다. 이러한 구분은 모든 노인을 65세 기준으로 동일하게 취급하는 문제점을 시정하는 새로운 구분이 될 수 있기 때문에, 실증적 연구를 통하여 각 나라의 인구통계학적 특성에 맞게 조정할 필요가 있다.

- **사회적 나이**: 인간은 누구나 자신의 나이에 맞는 특정한 자아상을 계발하게 되며, 대부분의 연령(사회)집단들(兒童・青少年・成人・老人)이 그 나이에 따라 구분된다. 연령에 따른 이러한 구분이 개개인에게 미치는 영향은 사실 크지 않다. 흔히 개개인의 인생은 어떤 특정한 연령층에 속하느냐에 따라 결정된다. 사회적 나이에 가장 큰 영향을 미치는 것은 어떤 특정 나이에 도달한 사람들에 대해 일반적으로 주어지는 사회적 관심이나 기대이다. 바로 이러한 기대는 다시 개개인의 자아상에 영향을 미치기 때문에 로제(Rose, 1991)는 사회적 연령에 대해 다음과 같은 사회학적 정의를 내리고 있다. 현대 서구 산업사회의 연령사회학(연령을 생물학적・의학적 혹은 심리학적으로 정의할 수 있는 가능성을 무시하고) 분야에서 노인으로 인정하는 것은 만 65세 이후부터다. 그럼에도 불구하고 이것은 생계활동에서 벗어나는 사람들의 연령과 보통 일치되지 않는다. 달력상의 나이를 바탕으로 측정한다고 하더라도 퇴직 또는 은퇴와 관련된 나이의 설정은 사회학적으로 중요한 준거가 되지 않을 수 없다. 직업생활이야말로 인생에 있어서 가장 중요한 단계이며 생활상의 근본적인 변화들과 밀접하게 연결되어 있다(Rose, 1991).
- **기능적 나이**: 대부분의 사람들은 연령층에 따라 각기 다른 기능을 맡고 있다. 기능적 나이 구분의 이유는, 나이에 대한 정의가 도식적이 아니라 해당 기능에 따르기 때문이다. 따라서 나이에 대한 기능적 정의는 달력상의 나이를 배제하지 않는다. 그렇지만 개개인, 특히 직업생활자의 평가를 위한 기능적 나이구분에 있어서 중요시되는 것은 각 개인의 육체적・심리적・사회적 상황에 대한 개별적 평

가라 할 수 있다.

이상에서 알 수 있듯이 나이를 정의하는 데에 있어서 건강상태 및 외적으로 나타나는 현상 등과 같이 한정된 몇 가지 척도에만 의존해서는 안 된다. 왜냐하면 나이라는 복합적인 현상은 심리학, 생리학 및 사회학이 제시하는 여러 가지 척도들에 비추어 이해되어야 하기 때문이다.

노화현상을 정의할 수 있는 특별한 기준이 없는 것은 여러 상이한 분과의 학자들마다 견해가 각기 다르고 또 각 나라들에 따라 이해가 다르기 때문이다. 따라서 나이를 보다 바람직하게 이해하기 위해서는 이와 같이 복합적인 현상을 가급적 여러 측면에서 고찰하지 않을 수 없다. 물론 일반적으로 적용되는 한계 연령이 65세라는 것은 대부분 산업사회의 공통적인 실태이다. 이러한 한계는 1889년 6월 22일 독일에서 세계최초로 제정된 〈양로 및 퇴직보험(Rentenversicherung)〉과 관련된 법 조항에서 유래하고 있다. 그런데 문제는 그 당시에 65세 한계연령의 설정이 독일 노인들의 제반 특성을 고려하면서 합리적이고 과학적인 근거를 바탕으로 설정한 것이 아니라, 철혈재상(鐵血宰相) 비스마르크(Otto Eduard Leopold Bismarck)가 임의적으로 결정한 것이었기 때문에 비판의 여지가 남아있다. 그 당시 65세에 이르러 양로보험의 혜택을 받을 수 있었던 사람들은 실제로 그리 많지 않았다는 사실에서도 이를 확인할 수 있다. 65세 한계연령의 시발점은 노인들을 위한 것도 또 합리적 근거에 따른 것도 아니고, 단지 보험의 명분축적과 아울러 재원확충을 위한 얄팍한 술수였다고도 볼 수 있다. 그렇기 때문에 노인을 규정하는 한계연령을 둘러싸고 달력상의 나이나 사회적 또는 기능상의 나이가 각기 엇갈리며 서로 합치되지 않는 것이 일반적이다(Ley, 1991).

사람들이 늙은 사람의 범주인 노년층에 접어드는 것은 기본적으로 달력상의 나이를 근거로 한다. 그런데 그 과정에서 노화 및 능력의 정도에서 나타나는 개인들 간의 차이가 전적으로 무시될 뿐만 아니라, 더 나아가서 이로 말미암아 노년층 사람들에 대한 부정적인 형태의 통속적인 노인 유형에 대한 사회적 관념이 생성되는 것이다.

2) 독일에서 노인과 노년의 의미

독일은 오래 전부터 연방정부 차원에서 '노년'이란 주제에 관심을 기울여서, 이를테면 1992년 '연방노년계획'을 위한 지침들을 만들어냈고, 1년 뒤에는 제1차 '노인보고서'를 발표한 바 있다. 이 보고서에서는 처음으로 중년층 이상 사람들의 생활상황에 대해 포괄적이고도 세분화된 분석틀을 제공하였다. 노인보고서는 그 뒤 세 차례에 걸쳐 '노년의 주거'(1998), '독일연방공화국 중년층 사람들의 생활여건에 대한 총괄보고서'(2001), 고령화와 치매가 미치는 영향들을 상세히 다룬, '장차 급격히 증가하게 될 노년층 사람들의 생활여건과 욕구들에 대한 특별 보고서'(2002)를 주제로 종합 연구보고서를 발행한 바 있다[1]. 우리의 경우 2008~2009년 사이의 조사를 바탕으로 베이비부머 세대에 대한 통계청의 실태조사가 있다(통계청, 2010).

독일 연방 의회의 '인구사회학적 변화'라는 엥퀘트-위원회(당파를 초월한 의회 조사위원회)에서는 90년대 중반 '60세 이상'의 사람들이 '노인'에 해당되는 것으로 정의하였는데, 이러한 경계구분은 아무래도 자의적이라고 판단된다. 55세나 65세 아니면 75세는 왜 안 되는가? 그렇게 하면 세계가 주로 노인들에 의해 통치되는가? 2009년 타계한 김대중 전 대통령(1925~2009)은 73세의 나이로 대통령 임기를 시작했는데, 그것도 호적상의 나이였지 실제로는 74세였다. 그 당시 독일연방 정부의 수상이었던 헬무트 콜(Helmut Kohl, 1930년생)이나 대통령 로만 헤어촉(Roman Herzog, 1934년생), 프랑스와 미테랑(François Mitterand, 1916년생) 또는 러시아 대통령 보리스 옐친(Boris Jelzin, 1931년생) 등은 모두가 이미 60세를 넘어선 상태였다. 그에 따르자면 오늘날도 마찬가지로 '노인들'이 세상을 좌지우지하고 있다. 2010년 상반기까지 독일 대통령직을 역임한 호르스트 쾰러(Horst Köhler, 1943년생), 로마노 프로디(Romano Prodi, 1939년생) 그리고 교황 베네딕트 16세(1927년생)도 잊어선 안 된다. 이 모든 이들이 저 위원회의 생각에 따르면 노인세대에 속할 수밖에 없다.

---

1) 2010년 발행된 6차 노인보고서(Bundesaltenbericht)는 고령노동자들의 직업상황과 관련 있는 노동시장 정책들에 대한 내용들을 다루고 있다(BMFSFJ, 2010).

'고령자'(장수자, 연로자) 개념도 비슷하다. 여기에는 기대수명을 넘어서는 나이의 사람들을 포함시켰기 때문에 남성은 76세 이상, 여성은 82세 이상을 고령자라 하고 있다. 그런데 — 이 정의에 따를 때 — 고령자에 포함된다는 것이 무슨 의미인가? 독일만 하더라도 80세 이상인 사람이 2008년 말 현재 전체인구 8천 2백만 명의 5%에 해당되는 3백9십만이나 된다(Werner, 2010). 인생에 대한 그들의 시각은 어떤 모습인가? 이 물음에서 중요한 대답 가운데 하나가 바로 스페인의 첼리스트 파블로 카잘스(Pablo Casals, 1876~1973)의 표현을 꼽을 수 있다. 그는 92세가 되었으면서도 매일 같이 첼로 연습을 하느냐는 물음을 받자, 이렇게 대답했다고 한다. "내가 나아진다고 생각하거든요." 평생 배우고 계속해서 갈고 닦는 것에 나이는 문제가 아니고, 그보다는 인생에 대한 사람들 나름의 태도와 자세가 더 중요하다는 것이다.

스웨덴의 개혁교육가(1890~1930년 사이의 교육운동) 엘렌 케이(Ellen Key, 1894~1926)는 1900년에 소위 '어린이의 세기'를 선포하였다. 그렇다면 21세기는 '노인의 세

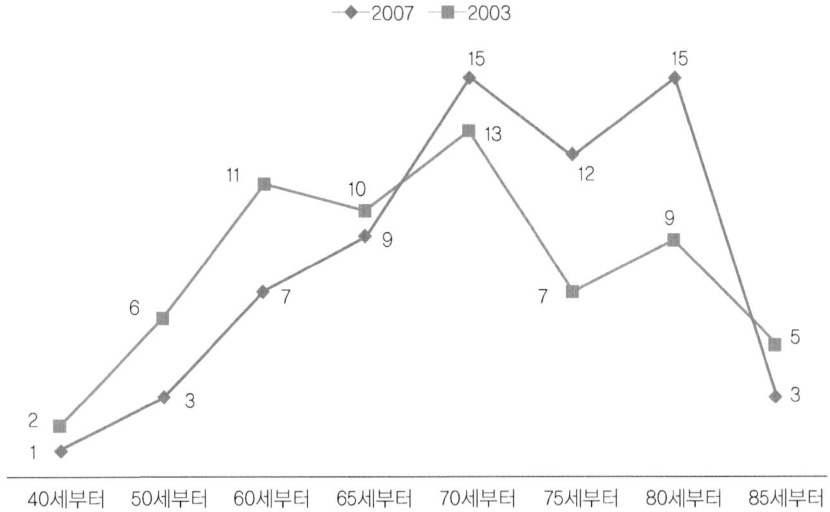

그림 1-1 언제부터 노인인가

주: 각 100명의 국민들이 주관적으로 평가한 '언제부터 노인인가'에 대한 답변임

출처: BAT, 2004; Opaschowski et al., 2007

기'로 역사에 기록이 될까? 지난 100년 동안 60세 이상 사람들의 수가 독일의 경우 4백 4십만에서 2천 70만 명으로 거의 네 배 가까이 증가했다(Statistisches Bundesamt, 2009). 20년 뒤에는 독일사람 세 명 중 한 명은 60세 이상의 '노인'이 될 것이다. 그렇다면 이러한 '노인'이란 표현이 정말 옳을까? 인구사회학적 변화로 노년의 연령 경계가 두드러지게 위로 이동하고 있기 때문인지 몰라도 이제 독일에서 노인 소리를 듣는 것은 71.6세 이후부터라는 주장이 제기되고 있다. 이는 〈그림 1−1〉의 BAT 표본 설문조사에서 "오늘날 몇 살부터 정말 노인이라고 보겠는가?"라는 물음의 답변 결과에서도 나타나는 사실이다.

이러다 보니 오늘날 60세란 나이는 여러모로 보아 노인들을 가르는 연령 경계가 될 수 없다. 법률상 연금 생활 개시 연령인 65세조차도 젊은이들에게만 '노인'과 연결된다. 18세에서 24세까지의 젊은 성인층만 하더라도 이제 생활하는 관점이 변하여 노인의 경계 연령을 66.8세로 생각한다는 답변을 보여주고 있다. 나머지 연령집단들이 꼽은 경계 연령은 71.5세에서 75.9세까지 아직도 상당히 유동적이다. 심지어 은퇴한 연금생활자들 4명 중 1명이 80세 이상을 노인의 경계연령으로 답변하고 있다. 결론적으로 말하자면 이제 공식적인 연령의 경계는 서류상에만 존재하는 연령 규범이라는 뜻이다. 이처럼 독일사회는 점점 더 노화되고 있고, 평균연령도 높아지며 청소년층은 소수집단이 되어가고 있다. 그러다보니 노년에 대한 시민들의 인식과 태도마저도 어쩔 수 없이 바뀌는 추세이다.

노년에 대한 사회의 개념정의는 시대마다 항상 달랐다. 그에 따라 오늘날의 사회변화와 인구사회학적 변화는 노년의 개념에도 상당히 영향을 미치고 있다. 학력수준이 높아짐에 따라 보는 시각도 그만큼 세분화되어 더이상 늙음 또는 노인의 특징으로 그저 나이를 제시하지 않는다는 것이다. 대학을 졸업한 사람들 가운데 5명 중 2명은 이제 "노인은 나이의 문제가 아니다"란 의견을 개진하고 있다. 철학자 장 자크 루소(Jean Jacques Rousseau, 1712~1778)도 바로 이와 같은 뜻으로 지금부터 250년 전에 "태어나면서 죽은 사람이 100년 지나서야 매장되는 경우도 많다"는 명언을 남긴 바 있다.

2 노화

1) 노화의 의미

노화(老化)란 시간의 흐름에 따라 유기체의 세포, 조직, 기관이나 유기체의 전체에 일어나는 점진적 변화라 정의할 수 있다(Beaver, 1983). 즉 나이가 먹어감에 따라 신체적 · 정신적 기능이 쇠약해짐으로써 인간이 태어나고 성장하며 나이 들어감에 따라 발생하는 자연스러운 변화인 셈이다.

이처럼 노화라는 단어는 흰머리, 구부정한 허리와 같은 눈으로 확인할 수 있는 신체 구조의 외적변화를 의미할 정도로 매우 익숙한 개념이다. 그러기에 "나이가 든다, 지긋해진다"는 말은 곧바로 백발의 노쇠한 노인을 떠올리게 만든다. 이런 용어 또는 개념이 그 자체로서 매우 분명하여 더이상 충분한 설명이 필요 없는 듯이 보이지만, 실제로 나이가 든다는 것과 노화한다는 것에 대한 설명이나 정의는 그렇게 간단하지 않다. 노화가 비록 성인 생활 전반에 걸쳐 나타나는 현상이지만, 신체적 상태와 행동기능 상의 지속적인 변화가 축적됨으로 인해서 야기되는 노화현상들은 고령의 특정 단계에서부터 나타난다고 볼 수 있다.

2) 노화의 구분

노화는 학자들에 따라서 여러 가지 측면으로 분류될 수 있는데 비렌(Birren)은 인간의 정상적인 성장과 발달 전체 과정의 한 부분으로 언급하고 있다. 그에 따르면 노화는 생물학적 노화, 심리학적 노화 및 사회학적 노화 등 세 가지 측면에서의 변화과정을 포함한다는 것이다(〈그림 1－2〉 참조). 따라서 노화를 생물학, 심리학, 사회학 차원으로 나누어서 설명하면 다음과 같다.

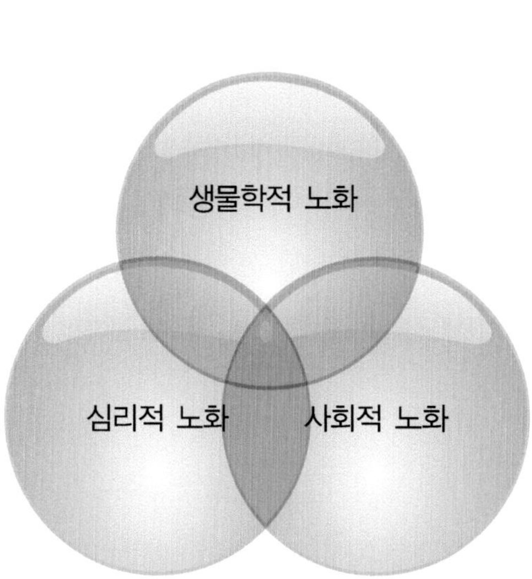

▌그림 1-2▐ 노화의 영역

- **생물학적 노화**(biological aging): 생물학적 노화는 생물학적 퇴화과정이 생물학적 재생과정을 뛰어넘어 유기체 내에 퇴행적 변화가 나타나는 현상이다. 즉, 각 신체 기관과 체계의 구조 및 기능이 시간의 경과(나이가 들어감)에 따라 변화하는 것을 의미한다. 대다수의 신체 기능들이 보여주는 변화의 양상은 대체로 기능상의 약화 형식이다. 따라서 피부・골절・근육・신경계통・감각기관 등의 기능이 약화되는 것이 일반적이다. "나이가 든다는 것은 유기체의 세포・조직・기관 등 유기체 전체에 일어나는 점진적인 변화현상"이라는 비버(Beaver, 1983)의 설명도 같은 맥락에서 이해될 수 있다. 더욱이 생물학적 노화과정은 모든 사람에게 보편적으로 일어나지만, 노화의 정도나 속도는 개인적으로 분명한 차이를 보이며 나타나기 마련이다.
- **심리학적 노화**(psychological aging): 노화를 심리학적 측면에서 바라보면 인생의 1/4은 성장하는 기간이고 2/4는 일을 하는 기간이며, 나머지 1/4는 늙어 가면서 보내는 기간이라 할 수 있다. 따라서 나머지 1/4 기간 동안 이루어지는 심리적 노화는 주로 퇴행성 발달의 의미가 강하다. 축적된 경험에 의한 행동・감각・지각 등의 기능과 함께 자아에 대한 인식이 나이가 들어감에 따라 심리적 차원에서

변화되는 것이 바로 심리학적 노화라 할 수 있다.

• **사회학적 노화**(sociological aging): 노년기로의 전환과 함께 나타나는 노인 개인 수준의 사회적 상황변화, 즉 사회적 관계망과 상호작용, 사회규범과 사회화, 그리고 지위와 역할의 변화과정을 말한다. 따라서 생활주기를 통하여 일어나는 규범·기대·사회적 지위와 역할의 변화 등이 주 내용이라 할 수 있다(Birren, 1959).

일반적인 의미에서 노화는 대부분 생물학적 관점에 근거하고 있다. 위에서 언급한 세 가지 측면의 노화는 개인에 따라서 각각 다르게 일어나기 때문에 개인 간의 차이는 물론 개인의 내적 차이도 주목해야 한다. 그럼에도 노화 연구가 아직까지 보편타당한 나이개념을 규정하지 못한 것 또한 사실이다. 그런 점에서 개념들 저마다 어느 정도 자의적인 성격의 경계를 설정하고 있다는 데에서 출발하지 않을 수 없다. 이를테면 평균 59.7세인 정년퇴직 또는 연금생활 개시 시기도 65세 이후, 그러니까 67세로 정하는 공식 정년퇴직연령과 마찬가지로 그저 임의로 정한 나이의 한계일 수밖에 없다. 그렇다면 '젊은 노인'과 '늙은 노인'(Karl & Tokarski, 1989; Neugarten & Neugarten, 1989)의 구분도 마찬가지로 별 도움이 될 것 같지 않다. 나이와 은퇴 후 연금생활이란 개념은 현 상황에서의 생업활동 내지는 노동시장에서 도출된 것으로 이제 더이상은 그대로 유지될 수 없기 때문이다.

3 불가피한 개념 변화

1) 개념의 주관성

나이의 범주에 대하여 사회 차원에서 새로운 정의를 규정하지 않을 수 없는 상황이 되어 가고 있다. 왜냐하면 기업들은 근무 연한을 점점 더 젊은 층으로 앞당기는 추세여서, 인생 사이클을 3단계로 구분(교육/직업/은퇴 후 연금생활)하는 전통의 구분법이 무용지물이 되고 있기 때문이다. 이른바 '인생 제3기'는 인류 역사상 그 어느 때보다 시간적 확장을 경험한 바 있다. 그 결과 인생 3기도 실제로는 여러 인생 단계로 구분되어 더이상 '나이'란 개념으로 정확히 바꾸어 표현할 수 없게 되었다. 이 인생 제3기에는 중년층, 노인층, 고령층이 다 포함된다.

근래 노년학에서 노인연구보다는 노화연구 이야기가 더 많이 나오는 이유도 바로 그 때문이다. 노년이 인생의 고정된 한 장을 나타낸다면(old age), 노화는 나이 들어 늙어가는 과정(aging)을 나타낸다. 즉, 노화연구(aging research)는 인생경과에 대한 연구에 가까운 것이다. 오늘날과 앞으로 미래에는 나이 드는 일 또는 노화의 모습이 여러 가지라는 데에는 의견의 일치를 보인다. 그렇기 때문에 학문의 전략 차원에서나 사회정책의 차원에서 노화의 개념을 열린 개념으로 두는 것이 타당할 것으로 보인다(Baltes & Baltes, 1992). 그럴 경우 중년층 이상 세대 — 세대에 대한 이해에 따라(이를테면 전쟁세대/전후세대/조부모세대/손자세대) — 는 그저 개념의 기본 틀만 제공하며, 여기서는 다음 세 가지 그룹을 포함해서 설명하고자 한다.

- 50세 이상 세대(50~64세): 모토 – 쓸모 있는 존재
- 65세 이상 세대(65~79세): 모토 – 새로운 자유
- 80세 이상 세대(80세 ~): 모토 – 선물로 주어진 남은 인생

이는 노화연구에서 얻은 지식과도 부합된다고 할 수 있는데, 이를테면 오스트리아의 유명한 사회학자 레오폴트 로젠마이어(Leopold Rosenmayr)는 서로 다른 생활 스타일을 바탕으로 '젊은-노인'과 '중년-노인' 그리고 다시 '고령-노인'을 구분하자고 제안한 바 있다(Rosenmayr, 2007). 인구사회학적 혁명의 영향으로 우리는 이제 6세대-사회로 향하고 있는데, 이런 사회에서는 어린이와 청소년세대 그리고 3세대 성인들로 구분된다. 그런데 이 성인단계는 점점 더 확장되고 있는 추세다.

공식 차원에서도 쓰이고 있는 '새로운 노인'이란 말이 갖는 의미를 보자면, 오늘과 내일의 중년층 이상 세대들이 더이상 어제의 노인들과 비교될 수 없다. 따라서 은퇴 후 연금생활이란 개념은 이제 새로이 정의되어야 하는데, 이는 인생 제3단계('vita tertia')에 사실상 3세대가 포함되기 때문이다(50세 이상 – 65세 이상 – 80세 이상).

중년층 세대에서는 이 기요틴과도 같은 '늙은'이란 수식어의 성격을 '노화(老化)'라는 '과정(化)'의 성격으로 대체하려는 경향이 있다. 노화란 생물학적으로 정상적인 과정을 가리킨다. 노화는 바로 생명의 일부요 인생의 과정으로 아주 자연스러운 현상이기 때문에 한마디로 성숙의 과정이라 할 수 있다. 따라서 노화는 전적으로 행복을 가져다주는 것이요 아주 즐거운 일이다. 그런 차원에서 노화에 대한 반응은 다음과 같이 언급할 수 있다.

- 한마디로 피할 수 없는 일(부정적)
- 전적으로 정상적인 과정(중립적)
- 한마디로 멋진 일(긍정적)

노화는 인생 경험이 늘어나는 것을 나타내는 특징으로 받아들이고 주관적인 체험에서 노년이란 개념을 이 노화 개념으로 대체한다. 오늘날 사람들이 보는 노년의 모습이 달라졌다는 사실은 따지고 보면 이미 오래전부터 주관적 차원에서 그러니까 각자의 관점과 지각방식에서 이미 정착되었던 것이다. 그러기에 일찍이 막스 폰 데어 그륀(Max von der Grün)이 다음 시에서 그린 모습은 일반인들 사이에 널리 퍼져 있던 생각이었을 뿐일지도 모를 일이다(Prahl & Schröter, 1996).

> 내 나이 다섯 살 때, 어머니는 25세
> 엄마가 아주 늙었다 생각했어.
> 내 나이 스물다섯에 어머니는 45세,
> 아주 늙었다고 보았어.
> 내 나이 마흔다섯에, 어머니는 65세,
> 그런데 어머니가 아주 젊어 보였어.
> 내 나이 마흔여덟에 어머니가 돌아가셨어.
> 그리고 난 어머니가 아주 젊어서 돌아가셨다 생각했어.

2) 변화가 불가피한 전통적 세대 구분

> 이제 미래 사회는 4세대(generation), 5세대 더 나아가 6세대 사회의 특징을 나타낼 것이다. 제3의 인생부터 시작하여 적어도 다음 세 가지 새로운 연령그룹, 즉 젊은 노인층, 노인층, 고령 노인층 등으로 구분될 것이다.

"논어"의 〈위정(爲政)〉편에 보면 공자는 굳이 노인이며 노화를 언급하지 않고서도 나이의 변화에 따른 바람직한 모습을 자기 경험에 비추어 설명하였다. 그에 따르면 40이 되어 마음 흔들리지 않고 한 가지 일에 집중할 수 있었다(불혹 不惑). 그렇게 10년이 되어 50대가 되니 세상에 태어난 의미를 알았다(지천명 知天命). 이제 60이 되니 귀가 순해져 누가 무슨 말을 해도 마음이 흔들리지도 않았고, 마음에 거슬리는 것도 없었다(이순 耳順). 그리고 마침내 70이 되니 하고 싶은 대로 마음껏 해도 법도와 이치에 어긋남이 없다(종심소욕 불유구 從心所欲 不踰矩). 그런데 아무래도 제도와는 무관하게 개인의 수양 단계를 말하는 것, 또는 우리 같은 보통 사람들로서는 언감생심 그저 꿈이나 꿀 수양의 단계로 보이기도 한다. 종심(從心)의 나이가 되면 그 수양의 정도를 떠나 고희(古稀) 잔치를 통해 장수를 축하였다. 그 뒤로도 미수(88세 米壽), 백수(99세 白壽)와 같은 말들이 있지만, 그러나 정말 보기 드문 일로 나라의 임금이 상을 내릴 정도의 나이였다. 그런데 오늘날에는 그리 드문 일도 아니요 또 무조건 축하할 일로 받아들이지도 않는다. 그런데도 아직도 인생은 보통 3세대, 어린세대－어른세대－노인세대로 구분하는 일은 여전하다.

그리스 신화에 따르면 스핑크스가 테베로 가는 길목에서 여행자들 모두에게 도시로 들어가기 전에 다음 수수께끼를 풀도록 했다는 이야기가 있다. "아침에는 네 발, 점심에는 두 발, 저녁에는 세 발인 것은?" 모든 피조물들 가운데에서 오직 이것만 발의 수가 달라지는데, 다리 수가 가장 많을 때 힘과 속도는 가장 떨어진다는 것이다. 그런데 오직 단 한 사람, 오이디푸스만이 이 수수께끼를 풀 수 있었다. "정답은 사람. 인생의 아침, 그러니까 아기였을 때에는 두 발과 두 손으로 기어 다니다가 성장하면서 힘이 세지면, 그러니까 인생의 점심 무렵이 되면 두 발로 걷고, 다시 인생의 저녁, 즉 나이 들면 의지할 게 필요하니까 셋째 다리인 지팡이에 의지한다." 헤로도토스(기원전 약 460년)도 일찍이 사람의 인생을 세 개의 세대로 구분하여 100년(3 × 33 + 1)으로 계산하면서 사람의 타고난 생물학적 가능성들을 암시한 바 있다. 그때부터 인생을 셋으로 구분하는 일은 마치 운명과도 같이 정해져 굳어지고 말았다.

이처럼 전통적인 3세대－사회는 다음과 같이 구분된다.

첫째 － 배움의 단계로서 어린 시절부터 성장이 이루어지는 엄격한 국면의 청소년기를 말한다.

둘째 － 일하는 단계로서 성인기를 가리킨다.

셋째 － 쉼과 은퇴 단계로서의 고령기라 할 수 있다(Bertram, 1997).

1972년 프랑스 정치가인 에드가 포레(Edgar Faure)는 파리에서 열린 OECD(노동시간 협의)에서 이 3단계 구분을 가리켜 "인생 첫 단계는 오로지 배우고 공부하기만 하고,

두 번째 단계는 배우거나 공부하는 일 없이 오로지 일만 하다가, 마침내 세 번째 인생 단계에 이르면 일도 하지 않고 배우지도 않는다"는 이 신화를 바꿔 고칠 필요가 있다고 주장한 바 있다(OECD, 1973). 이러한 3단계 구분은 이제 이를테면 배움, 노동, 자녀양육, 가사 노동, 사회 활동처럼 매우 다양한 단계들로 대체되었다. 그래서 파트타임, 일자리 나누기, 출산휴가, 육아휴직, 안식년, 부업 또는 장기 실직 상태 등과 같은 것들을 모아 붙이는 패치워크-이력이 발달하게 된 것이다.

가족연구에 따르면 이 맥락에서 인생 혁명이란 말도 나오는데, 평균수명의 연장에 따라 오늘날 조부모-부모-자식-손자 관계들이 평생, 그러니까 40~50년 동안 지속될 수 있다는 것이다. 20세기 초 약 50년 인생주기에서 노동기간이 35년 정도였다고 보면, 약 80년 인생에서 35년이란 21세기 노동기간은 오히려 짧은 기간에 불과하다. 그에 따라 이제는 세대 간의 관계들과 같은 뜻의 가족관계에서 그리고 개개인의 인생계획에서부터 대폭적인 변화들이 불가피하게 되었다. 부부관계도 마찬가지로, 부분적으로 부부관계가 특히 심각한 시련을 맞은 경우들이 있었지만, 결혼생활은 옛날 그 어느 때보다 길어졌다. 이제껏 결혼생활이 그렇게 오랜 기간을 차지한 적이 없었고 기껏해야 25년, 30년 또는 40년 정도에 불과했다(Bertram, 1997). 그러던 것이 평균수명의 연장과 함께 그에 따른 가족관계의 기반도 연장된 것이다.

이제 가정은 세대들 사이에 삶의 연대로서 새로운 기능을 갖게 되었다. 가정은 점점 더 많은 시간과 금전 그리고 정성들을 가족관계 유지에 투자하여 안정과 안락함을 얻는 데 쏟아야 할 것이다. 따라서 여러 가지 기술적 발달과 사회적 발전들로 해서 인생 3단계라는 그리스 신화의 효력은 이제 다하기에 이르렀다. 개개의 인생단계들과 세대들 사이의 경계가 덜 고착되어 유동성이 커졌기 때문이다.

3) 새로운 세대 구분의 시도

전통적으로 부모와 그 자녀의 출생연도 사이의 간격을 일컬어 세대로 표현하고 있는데 그 기간은 약 25년에서 30년 사이이다. 역동성과 기동성이 구조적 특징인 거의 모든 산업 국가들에서는 세대의 개념도 바뀌고 있다. 비교적 짧은 간격으로 이행된 질적인 변화를 양적 시간개념으로는 더이상 제대로 설명할 수 없게 된 것이다.

청소년기 교육기간 연장, 직업세계 업무활동에서 요구하는 조건들의 변화, 기대수명의 연장, 사회적 가치 변화 등으로 인해 새로운 세대개념이 필요하게 되었다. 이 개념은 같은 나이 사람들의 그룹을 가리킬 뿐만 아니라 공통의 생활상황이나 사건, 운명, 생활의 관심사며 생활 스타일 등을 나타낸다. 질적 측면에서 보자면 세대들 사이의 간격들이 30년 내지 20년 또는 15년 정도라고 할 수 있다. 소위 독일의 '68세대[2)]', '무관심 세대', 'X－세대', '인터넷 세대', 'Y－세대'와 같은 세대들 사이의 시간간격을 본다면 15년이라 하더라도 길다고 할 수 있다.

한편 노년기를 제3세대로 세분화하는 일은 사회적 구조변화와 맞물리기 마련인데, 그것은 다름 아닌 서구 산업국가들의 가치변화에 따른 결과이기 때문이기도 하다. 이에 대해 테브스(Tews)는 노화 일로에 있는 사회의 구조적 특징을 다음과 같이 다섯 가지로 구분한 바 있다.

① **회춘(도로 젊어짐)**: 중년층 사람들은 직장에서 점점 더 일찍부터 회춘의 신화와 맞닥뜨리게 된다. 45세만 넘으면 벌써 중년층 근로자 대접을 받으면서, 이들의 고용기회는 갈수록 악화된다. 그리고 노인에 대한 새로운 상을 받아들여 중년의 모습을 되도록 젊게 보이도록 나타내는 광고까지 그런 상황을 더욱 부추긴다.

② **직업이탈**: 중년층 근로자들의 생계활동 참여 가능성이 갈수록 줄어든다. 그리고

---

2) 독일이 동・서독으로 분단시절인 1968년 베를린(Berlin) 자유대학과 뮌헨(München) 대학교 학생들이 68학생운동의 선봉에서 독일 사회의 변화를 주도한 사건을 말한다. 독일 전직수상이었던 게르하르트 슈뢰더(Gerhard Schroeder, 사민당)와 외부장관 요쉬카 피셔(Joschka Fischer, 녹색당) 등 각계의 지도자들 중 적지 않은 사람들이 68운동 세대들이다. 68세대는 소위 학생반란이나 문화혁명, 세계혁명 등 갖가지 이름으로도 불리고 있다. 당시 68운동에 참여했던 청년들은 오늘날 독일 정치를 이끌고 있는 노인세대가 되었지만, 아직까지 68운동에 대한 정확한 평가가 끝나지 않고 있다. 독일에서 68운동의 의미를 둘러싼 논쟁이 아직도 치열하기에, 68운동의 폭력성을 강조하거나 심지어 나치와 닮았다고 주장하는 쪽이 있는가 하면, 전후 서독사회의 구조적인 모순을 비판의 도마에 올린 '진정한 민주화의 출발점'이라는 목소리도 적지 않다. 여하튼 68운동은 '그 모든 상처에도 불구하고 민주적인 사회참여의 심화에 기여했다'는, 폰 바이체커 독일 전 대통령의 오래전 평가는 여전히 되새겨 볼만하다.

좀더 젊은 근로자들이 중년층 근로자들과 경험할 기회도 점점 감소하기 때문에 전체 인구에서 노년기 노인의 직업이탈을 직접 겪는 사람들은 그 수가 갈수록 늘어난다.

③ **홀로되기**: 나이가 들수록 혼자 살아가는 사람들의 비중이 커지기 마련이다. 오늘날과 미래의 중년층 이상 세대에서 혼자서 살아간다는 뜻의 홀로되기는 변함없이 유지되는 경향으로 자리 잡을 것이다. 혼자 사는 주거형식과 더불어 도움이 필요한 상황의 도래 가능성도 상승할 것이다.

④ **여성화**: 노년은 여성적이며 노인사회의 2/3는 여성으로 구성될 것이다. 100년 전만 해도 노년의 성 비율은 대략 비슷하게 균형이 맞아왔다. 그러나 여성들의 기대수명이 높아지면서 노년의 성비율은 21세기에 접어들고서도 여전히 균형을 맞추지 못하는 상태로 진행되고 있다.

⑤ **고령화**: 옛날에는 60세만 넘어도 '정말' 노인대접을 받았지만 오늘날에는 적어도 80세는 넘어야 고령자 대접을 받는다. 고령화 현상은 점증하는 추세이기 때문에 앞으로는 90세 이상 노인들도 자주 볼 수 있을 것이다. 일례로 1950년 구서독에서 90세 이상 노인들은 대략 19,000명쯤 되었다. 오늘날 이론상으로 보자면 라이프치히, 드레스덴, 두이스부르크, 뉘른베르크(인구 약 50만쯤 되는 도시들) 같은 도시들 가운데 하나가 90세 이상 노인들로만 채울 수 있다는 계산이다. 그러나 이제 이 세기 중반이 되면 위의 네 개 도시를 모두 합치더라도 모자랄 것으로 예측되고 있다. 왜냐하면 90세 이상 인구가 2백만을 훨씬 넘어서게 될 전망이기 때문이다(Tews, 1990).

노년의 미래는 노년 단계의 확장인 동시에 세분화를 뜻한다. 100년 전만 하더라도 부모들이 막내 아이들의 결혼식을 볼 때까지 사는 일이 무척 드문 현상이었다. 그러나 오늘날에는 손자의 결혼까지도 볼 수 있지만 미래에는 다시 드물어지게 될 것 같다. 그것은 기대수명이 정체되거나 줄어서 그런 것이 아니라 손자의 수가 갈수록 줄어들기 때문이다.

제 02 절 학술 이론에서의 노년학

젊음은 아름답지만, 노년은 찬란하다. 젊은이는 불을 보지만, 나이든 사람은 그 불길 속에서 빛을 본다.

1 노년학의 개념

노년기(old age)에 나타나는 문제점을 인식하기 시작한 것은 오래되었지만 그에 대한 체계적인 연구는 20세기 초에 들어서 진행되었다. 노년학(gerontology)이란 말은 어원적으로 볼 때 그리스어 'geros'(고령의 나이)와 'logos'(연구, 학문)의 합성어로, 단어 뜻 그대로 고령의 나이를 학문의 대상 영역으로 삼아 연구하는 것을 말한다(Read, 1966). 그런데 어휘상 고령의 나이를 연구대상으로 삼는다고 하였지만, 실제로 노년학 연구의 대상은 그렇게 단순하게 정의할 수 없다. 그 원인은 노년학의 연구대상이 그만큼 다양하고도 광범위하기 때문이며, 또 학문적으로 통일된 개념의 정립이 이루어져 있지 않기 때문이다. 독일의 노년학계에서는 학자들에 따라 노년학의 중심 연구대상을 두 가지 방향으로 대별하고 있다. 그 하나는 60세 이상의 인구층을 대상으로 해야 한다는 방향이고, 다른 하나는 전체 인생경로와 생활에서 나타나는 노화현상을 포괄적으로 다루어야 한다는 방향이다.

한편 연령과 노화의 문제는 자연과학, 인간학 및 사회학이 교차하는 복합적인 것이기 때문에, 노년학이 우선 학제간 통합적 학문이라는 점에는 이의가 없을 것 같다(Kuhr et al., 1988). 브린(Breen)은 노쇠현상을 생체학적 내지 생물학적 퇴화의 국면으로 설명하고 있는데, 다시 말하자면 이 퇴화단계를 맞은 사람들은 신체적 · 정신적 능력 및 성격 등 전반에 걸쳐 변화를 겪게 된다는 것이다. 이러한 변화의 결과에 따라 노쇠현상은 정치적, 사회적 권력과 지위, 사회적 역할의 상실 및 사회참여 기회의 상실로 특징지어진다(Breen, 1976). 말하자면 노년학은 생물학적 조건과 사회적 강제 사이의 상호작용에서 그 연구대상을 찾을 수 있다.

쉘스키(Schelsky)의 경우도 〈노년의 패러독스(Die Paradoxien des Alters)〉 라는 논문에서 노년학의 연구대상을 "인간의 생물학적 기본조건에 대해 사회적으로 규정된 변화유형"으로 정의하고 있다(Schelsky, 1968). 이 정의가 의미하고 있는 것은, 각각의 인간에게는 태어날 때부터 생물학적 기본바탕이 있으며, 그 바탕 위에 개인적 특성과 사회적 태도 및 역할의 관계체계가 성립한다는 것이다. 물론 이 성립과정에는 다시 주변세계에 의한 영향도 개입된다. 전체적으로 노년학의 주요 분야들은 다음과 같이 5가지로 분류할 수 있다.

- **생물학적 노년학**(biological gerontology): 노인들의 신체적 변화와 더불어 그와 관련한 생리적 원인과 결과를 다룬다.
- **심리학적 노년학**(psychological gerontology): 노년기 사람들의 연령증가에 따른 심리적 · 성격적 변화와 함께 인지능력, 지각능력, 정신기능 및 의미부여 등에 있어서의 변화를 포괄한다.
- **사회적 노년학**(social gerontology): 연령증가에 따른 발달 및 집단행동과 그리고 노령인구의 증가로 야기되는 사회적 상황과 관련된다[3]. 특히 노년기 사람들의 역할과 기능에 대한 분석도 포함된다(Tibbitts, 1964).

---

3) '노년사회학'은 노화와 관련된 분야에서도 신체적인 측면을 제외한 제반 연구 분야를 포괄하는 광범위한 의미로 사용되는 경우도 많다(Atchley, 1980).

- **노년기 의학**(geriatrics medicine): 이론적 연구와 동시에 임상적 활동분야로서 노인의 신체 및 정신적 질병들에 대한 원인분석과 치료를 담당하고 있다.
- **사회복지 차원의 노년학**(gerontological social welfare): 사회체계와 노인들의 상관관계를 탐구하며, 개인의 적응문제와 발전적 욕구를 해결하기 위한 정책적 프로그램과 서비스를 제시한다(최순남, 2000).

이와 같이 노년학은 처음 생물학적 분야에서부터 시작되어 심리학적 과정 및 사회학적 차원에서의 연구로 이어졌다. 따라서 노년학이란 결국 고령화에 따르는 다양한 현상을 연구하는 학문이므로 종합과학으로 자연과학에서부터 인문학 및 사회과학에 이르기까지 복합적 성격을 띠는 학문이라 할 수 있다. 그리고 노년학은 순수이론적 성격을 가지는 동시에 연구결과를 응용하거나 아니면 아예 고령화 혹은 노화와 연관되어 연구하는 영역인 셈이다. 그에 비해 노인복지학은 〈그림 1-3〉에서 볼 수 있는 것처럼 노년학의 하위 학문분야로서 노화과정에서 발생할 수 있는 제반 문제를 예방하고 노인의 사회적 욕구 충족과 발달과업의 성취를 지원하며, 안정된 노후생활을 영위할 수 있는 방안을 연구하는 학문이라 할 수 있다. 따라서 노인복지학은 순수학문의 속성과 응용학문의 속성을 동시에 지니고 있지만, 응용학문 또는 실천학문으로서의

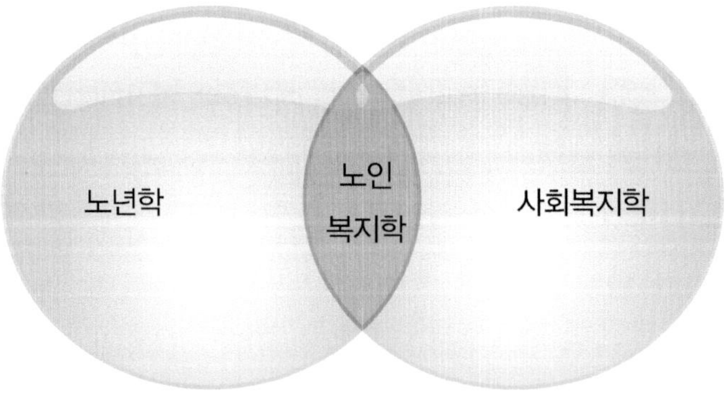

▌그림 1-3▐ 노년학과 사회복지학의 관계

출처: 현외성, 2010

성격이 강한 모습을 갖고 있다. 이는 노인복지학이 속해 있는 사회복지학이라는 학문 분야가 삶의 현장에서 나타나는 인간과 사회의 문제를 파악하고 해결하기 위한 전문적 실천행위를 강조하는 실천응용학문이기 때문이다(권중돈, 2010, 재인용).

2 노년학 연구의 방향

연령의 개념은 학문분야마다 그 사용 방향에 따라 각기 다양하게 정의된다. 따라서 대상영역과 관련이 있는 학문분과들이 노년학이란 이름 아래 포함되는데, 독일 학자들이 정의하고 있는 노년학이란 보통 나이의 진행과정과 그에 수반되는 현상들에 대한 이론(Hartfiel et al., 1982)을 말한다. 현재 노년학을 인류학, 생물학, 경제학, 지리학, 정치학, 역사학, 심리학, 사회학, 법학, 의학, 간호학, 재활치료학과, 사회복지학 등의 인문, 사회, 자연과학의 전 분야에서 과학적 방법을 활용하여 노화와 노인과 관련된 제반 현상을 연구하고 실천하는 종합과학으로 규정하고 있다(Atchley, 2000).

이에 노년학이란 사회과학의 일부분을 형성하는 것으로 바로 나이의 사회학이라는 것이다. 나이의 사회학은 1950～1960년 사이에 독자적인 연구분야로 자리를 잡은 후 점차 그 중요성을 인정받게 되었다. 저마다 나름의 방향에 입각한 사회학분야 대부분이 그렇지만, 특히 나이의 사회학은 실용적인 필요성에 초점을 두고 있다. 그러나 이처럼 실용적인 면에 집중한 결과 이론적 시인이 소홀히 취급된 것도 사실이다.

초기의 실증적 연구들에 의하면, 나이의 변화는 기본적으로 수행능력의 영역과 연계되어 있다. 그것은 나이가 든다는 것이 곧 퇴화의 과정이라는 일반적인 편견이나 낙인을 공고히 만들었던 것이다(Krohn, 1975). 사회학에 있어서 나이의 문제에 대한 논쟁은 활동이론의 추종자들과 은퇴이론의 추종자들 사이에서 처음으로 일어났다. 활동이론에 따르면 노화란 가능한 높은 활동성을 통해 상쇄될 수 있는 것인데 반해, 은퇴

이론에 따르면 노화란 사회생활로부터 벗어나서 인생의 만족을 찾는 것이고, 이는 각 개인과 사회 양쪽 모두가 바라는 사항이라는 것이다.

사회학적 노년연구에 있어서 핵심적인 것은 사회적으로 조건지어진 경제적 및 사회적 관계들과 노인들의 인생에 대한 만족도 사이의 연관관계에 대한 관점과 그에 대한 설명으로 볼 수 있다.

3 노년학의 심리학적 노화연구

사회학적 노년학을 주도한 것은 무엇보다 노화과정에 수반되는 정신영역을 다루는 심리학적 시각이었다. 사회구조와 생활관계의 조건들에 대한 분석을 연구대상으로 하는 사회학은 사회학적 노년학의 과제들을 넘겨받게 되었다. 노화를 겪는 주체의 입장과 태도에 노화가 미치는 영향들에 대한 주제들은 심리학적 노년연구에서 두드러지게 나타난다.

독일의 노년심리학자 우르줄라 레어(Ursula Lehr)는 이러한 심리학적 노화연구를 연대기적으로 다음과 같이 세 시기로 구분하고 있다(Lehr, 1979).

- **초창기(1835~1918)**: 제1기에는 무엇보다도 나이에 의해 조건지어진 인간 신체기관의 변화들에 대한 분석이 이루어졌으며, 이는 특히 심리학적 요인들(이를테면 지적 능력)과 연관지어졌다. 이 과정에서 실증적 방법론이 연구에 도입되었다.
- **체계정립기(1919~1945)**: 제2기에는 노화연구가 체계화되기 시작하였다. 특히 미국과 구(舊) 소련연방에서 이러한 체계화 작업이 활발히 이루어졌는데, 실험적 연구들을 통해서 노인들의 정신적 수행능력이 나이에 따라 어떻게 달라지는지를 파악하는 것이 그 작업의 주된 목적이었다. 이를 위해 여러 가지 실험절차와 방법들이 개발되었는데, 이를테면 미국에서 쓰인 웩슬러-실험(Wechsler-Test) 같은 것

도 그 가운데 하나이다(Wechsler, 1974).

- 확장기(1945~): 제3기는 독일에 노화 연구가 도입된 시기라 할 수 있다. 1960년대까지 이 분야에서 논의를 주도했던 것은 나이에 의해 조건지어진 수행능력과 기능상의 변화에 대한 연구들이었다. 그러나 그 후에는 오히려 사회심리학적 방향으로 주제를 설정하게 된다. 이때 무엇보다 중요한 쟁점으로 대두된 것은 나이와 관련된 변화들과 사회적 활동성 및 사회관계 등이다.

물론 심리학적 노화연구는 1800년초 Gompertz가 사망률과 연령 사이의 상관성을 연구하면서 시작되었다고 하는데 아직 문화와 시대를 초월하는 보편적 원칙은 보여지지 못하고 있다.

4 노년사회학 이론

노년사회학에서 노화의 사회적 측면을 논의할 때 주로 노년기로의 전환과 함께 나타나는 개인수준에서의 사회적 상황 변화로 사회적 노화영역을 제한하는 것이 일반적이다. 특히 여기에서 소개되는 이론적 접근방법들은 대부분 사회구조와 개인으로서의 노인, 노인의 역할과 사회적응 그리고 노인집단과 사회와의 관계 등에 관한 것들이다. 이론적 접근방법도 연령계층화이론, 활동이론 및 은퇴이론 모두 미국에서 나온 이론들이다. 이 이론들은 노년기에 노인들이 사회관계들과 책임들로부터 점차적으로 물러나게 된다는 경험적 사실에서부터 출발하고 있다. 그런 이유들로 노년사회학의 영역에는 교환이론에서부터 명명이론, 즉 낙인론(Etikettierungs–, Stigmatisierungsansatz)에 이르기까지 수많은 일반 사회학적 이론들이 적용되고 있다(Voges, 1995). 그러나 노화와 관련된 한 개인의 사회적 적응과정이나 이에 대한 사회의 반응과 대응이라는 사회적 현상은 매우 복잡하기 때문에 어떠한 이론도 노화와 관련된 사회현상을 총체적으로 설명하는 데는 한계가 있다. 더욱이 아래에서 제시하고자 하는 사회적 노화와 관련된 주요 이론들의 사회적 배경이 미국이고, 본 학파(Bonner Schule)의 경우만 독일사회를 배경으로 하고 있기 때문에, 이러한 이론들이 한국 상황에 그대로 적용될 수 있을지 진지하게 검토하면서 활용하여야 할 것이다.

1) 연령계층화 이론

라일리와 포너(Riley & Foner, 1986)에 의해서 제창된 연령계층화 이론은 연령계층(age strate)과 사회구조, 연령계층 간의 관계 및 특성을 다루고 있다. 사회는 기본적으로 연령층으로 구성되어 있고 서열화되어 있기 때문에 연령등급에 따라 청년, 중년, 노년으로 구분된다는 관점이다. 서로 비슷한 역사적 경험을 하면서 성장해 온 사람들은 비슷한 태도와 가치를 가지며, 다른 역사적 경험을 하며 성장해 온 다른 연령집단과는 구별된다. 따라서 서로 다른 연령계층으로 구성된 사회에서 노인은 이전까지 누리던 역할과 권력 등이 약화되면서 배분과정에서 소외되어 가기 마련이다. 그러므로 노화에 따른 권력의 약화, 사회 배분구조에서의 소외로 인하여 노인은 세대간 차이를 느끼고 낮은 서열로 밀려나게 됨으로써 문제를 경험하게 된다는 것이다.

2) 결핍이론

결핍이론은 노화를 지적 및 정서적 능력에 상실되고 퇴화되는 자연적 과정이라고 설명하고 있다. 퇴화모형은 여타의 심리학적 그리고 사회학적 연구분야에서 자신이 과거에 누리고 있던 중요성을 상실하게 되었지만, 노인문제를 연구하는 분야에서는 여전히 커다란 영향력을 행사하고 있다(Hohmeier, 1978). 결핍이론은 신체적 및 심리적 역량의 퇴화는 나이가 들어감에 따라 자연적으로, 거의 법칙적으로 일어난다는 가설로부터 출발한다. 생물학적 노화과정과 심리적 구조 사이에 일련의 상호관계가 성립한다는 관점이다. 그리고 이러한 이론적 경향은 그 이후로 보편화되었으며, 이것은 노화 낙인론과도 밀접한 관계가 있다.

결핍이론은 한편으로 노인구호와 노인교육을 위한 모든 노력과 조치들을 마치 허망하기 짝이 없는 미미한 노력인 듯 과소 평가하는 단점이 있고, 또 다른 한편으로는 노인들의 장래 가능성을 너무 비관적으로 진단하도록 유혹하는 단점도 있다(Petzold et al., 1976).

3) 활동이론

하빅허스트(Havighurst)와 그의 동료들에 의해 처음으로 제기된 활동이론(activity theory)은 미국의 사회사업계에서 제기된 문제들로부터 비롯된 이론이다. 활동이론은 사회적 관련체계들로부터 노인들의 배제를 지적하는데, 이러한 배제는 가족차원에서 그리고 직업생활의 차원에서 퇴직자들의 기능상실을 의미한다(Havighurst et al., 1972). 대부분의 노인들이 원치 않는 이러한 비활동성은 그들의 활동욕구에 배치되며, 그렇기 때문에 상실한 활동영역은 새로운 활동영역을 통해 대치되어야만 한다.

위와 같은 논리에 의하면 노후 생의 만족도를 높이기 위해서는 사회적 참여가 있어야 하고, 그 사회적 참여와 생활 만족도는 긍정적 상관관계가 있다. 즉 생물학적 측면과 건강의 불가피한 변화를 제외하고는 노인은 근본적으로 중년기와 다름없는 심리적 및 사회적 욕구를 지니고 있다는 가정에서 나온 것이다.

활동이론이 주장하는 바는, 직업활동에 종사하는 시기, 즉 중년기의 활동을 노년기에도 유지하고 발전시켜야만 한다는 것으로, 이전의 사회 및 인간관계와 활동들을 포기하지 않을 수 없는 상황에 이르기 전에는 개인의 만족도와 그 개인의 삶에서 차지하는 가치의 측면에서 이전의 활동과 같은 수준의 대체활동을 모색하는 것이 바람직하다는 것이다. 그러한 대체활동의 예로는 클럽이나 단체활동 또는 공작이나 기타 수작업의 참여 등이 있다.

인생의 황혼기를 예컨대 음악회를 간다던가 연극을 관람하는 등의 문화활동을 통해 의미 있게 꾸려야 한다는 것 역시 활동이론이 주장하는 바이다. 브란켄(Brancken)은 이에 대해 다음과 같이 말하고 있다. “심지어는 단순한 현존재로서 그리고 단순한 자기존재로서 갖는 감정의 자극들이 점점 더 약화될지도 모른다. 그런데 이런 경우를 위해서라도, 보다 고차적인(숭고한) 감정들은 우리가 예기치 못하는 어떤 가능성들을 제공해 주고 있다. 음악・조형예술・창작이나 역사 속에서 우리는 언제나 새로운 것을 체험할 수 있다”(Brancken, 1952: 311).

활동이론에 의하면 사회로부터의 후퇴와도 같은 의미를 갖는 직업활동으로부터 은퇴한 이후에 노인들이 여러 가지 사회활동을 한다거나 사회적 의사소통을 함으로써 그들에게 새로이 주어진 여가 시간을 채울 수 있을 때에, 그들은 비로소 노년기의 만족감을 성취할 수 있다. 즉 사회적 교류와 활동들을 상실함으로 인해서 고통받는 노인들에게 이에 대한 보상이 개인적 차원에서나 조직적 차원에서 새로운 형식으로 창출되거나 제공될 수 있을 때에 비로소 그들은 노년기 삶에 대해 만족할 수 있다. 활동에 많이 참여하고 또한 친밀한 활동을 많이 할수록 노인들의 삶에 대한 만족도가 높이 유지되므로 노령기에도 사회활동에 많이 참여하는 것이 필요하다는 것이다.

그러나 활동이론은 소수 은퇴자의 행동에만 적합하기 때문에, 보편적으로 적용시켰을 때는 그 유용성에 한계가 있다는 지적도 있다(Atchley, 1982).

4) 은퇴이론

커밍(Cumming)과 헨리(Henry, 1961)에 의해 제시된 은퇴이론(disengagement theory)은 활동이론에 입각한 것이긴 하지만, “중년기”에 대한 방향설정의 문제에 있어서는 활동이론과는 다른 입장을 취하고 있다. 이 이론에 따르면, 연령은 독자적인 발달단계를 나타내기 때문에 개인적 및 사회적 발달모형을 지나치게 중년기에 한정시켜서는 안 된다는 것이다. 즉 노인은 젊은 사람들에 비하여 건강하지 못하고 사회에 대한 공헌도 미약하기 때문에, 이들을 중요한 사회적 위치에서 분리시켜 쉬게 하는 것이 사회적으로나 개인적으로 바람직하다는 논거다. 이 이론에 따르면 노인들이 사회적 역할로부터 후퇴하는 것은 자연스럽고 불가피하며 필연적인 것이지 사회적 압력에 의해 후퇴하는 것이 아니라는 것이다(Cumming et al., 1961). 아울러 은퇴이론은 개인과 사회 양측의 이해관계가 일치하는 것을 전제로 하고 있다(Hohmeier, 1978).

물론 은퇴이론은 노인들이 은퇴할 수밖에 없는 사회적 원인들까지도 고려하고 있다. 왜냐하면 사회는 그 사회를 계속 기능하게 하고 존속시키기 위해서는, 핵심적인 기능을 담당하는 분야와 중요 요직에 가능한 한 가장 우수한 인력들이 배치될 수 있도록 배려해야만 하기 때문이다. 그럼에도 불구하고 이 논거의 전면에 포진하고 있는 주장은 은퇴가 강요된 것이 아니라, 본인 스스로가 원하는 것이고 또한 긍정적으로 평가한다는 것이다. 노화라는 자연적 과정에는 그에 따른 퇴화현상들이 수반된다. 개인은 자기의 자아가 변하여 타인과의 관계를 유지시킬 수 있는 동기가 약화되는 것을 경험하고서 자발적으로 은퇴를 결정할 수 있다[4].

이러한 부류의 이론들은 모두 공통적으로 이상적인 연령 상태를 모색하고자 한다. 그들이 생각하고 있는 이상적인 연령상태는 한편으로는 노인들이 은퇴해 줌으로써, 사회를 효율적이고 바람직하게 존속시키는 일이 원만하게 이루어지고, 다른 한편으로는 노인들 자신들도 힘에 겨운 사회활동과 사회적 접촉을 줄임으로써 노화에 따른 부담을 덜 수 있을 때에 가능하다. 위와 같은 이상을 실생활에 구현시키기 위해서는 한편으로는 한창의 나이에 있는 사람들이 사회에서 활동하는 형태로 간접적으로 노인들을 돕고, 다른 한편으로는 노인들을 보살피고 배려하는 형태로 직접 노인들을 도와야 할 것이다(Voges, 1995).

노화의 과정은 매우 복합적인 현상으로, 이는 은퇴이론자들과 활동이론의 추종자들

---

4) 사회로부터의 은퇴 결정은 개인이 먼저 선택할 수도 있고, 사회제도에 의해 결정될 수도 있다. 이와 같이 분리가 사회의 차원에서 먼저 시작되는 경우를 사회적 분리(social disengagement)라 부르고(Atchley, 1980), 개인의 의사에 의해 행하는 경우를 개인적 분리(individual disengagement)라 칭한다(Henry, 1964).

사이의 논쟁에서만 보아도 분명하게 드러난다. 개개인의 특성에 따라 차이가 나기 마련인 이 노화과정을 통찰한 사람들은 “이것이냐 아니면 저것이냐”라는 양자택일의 입장에서 “상황에 따라서”라는 보다 조심스럽고 융통성 있는 입장을 취하게 되었다. 레어의 말처럼, 노인사회학과 관련된 중요한 문제들은 나이에 따른 특징에만 집중할 것이 아니라 무엇보다도 한 개인이 살아온 생애를 배경으로 드러나는 성별 차와 개인차를 고려해야만 한다는 것이다(Lehr, 1987). 이러한 사실에 큰 의미를 두는 것이 바로 연속성 이론가들이다. 익숙해진 생활방식을 유지하고 과격한 변화를 피해야 한다는 것이 이들의 주장이다. 이러한 사실은 최근의 의학적 탐구에 의해서도 뒷받침되고 있는데, 이에 따르면 노화의 손상모델은 파기는 아니더라도 적어도 상대화되지 않을 수 없다. 그 이유는 능력과 숙련성에 있어서의 퇴화란 것이 일반적인 것도 보편적인 것도 아니며, 또한 개인적 특성의 퇴화란 것도 존재하지 않기 때문이다(Lehr, 1988). 다른 한편으로 볼 때, 사용되지 않는 능력이나 기능들은 그럼에도 불구하고 퇴화한다(“불분명한 가정”). 따라서 은퇴를 모든 사람들에게 일률적으로 적용해야 한다는 주장은 설득력이 없다.

5) 본 학파이론

독일 노년학 연구의 방향을 이끌어가고 있는 것은 바로 〈본 학파의 이론(die Theorie der Bonner Schule)〉으로서, 이는 주로 레어(Lehr)와 토매(Thomae)에 의해 수립되었다. 요인 분석적 연구를 통해서 레어는 결핍이론에 대한 비판을 제기하였는데, 그녀는 노년기의 수행능력 퇴화를 일방적인 현상으로 간주할 수 없다는 사실을 입증하였다. 나이의 변수 역시 고령의 정신적 수행능력을 결정짓는 하나의 요인에 불과하다고 보았다(Lehr et al., 1968).

유럽(특히 독일)이 미국에 비해 노년학 분야에 관한 연구 자료가 충분치 않다는 사실에 자극을 받은 토매는 1965년에서 1973년 사이에 본 학파의 노년학적 종단면 연구를 이끌었다. 토매는 주체의 신변상황 · 건강 · 활동욕구 그리고 개인적 성격 등의 요인들이 복합적으로 작용하면서 노화과정에 영향을 미친다는 가설에서 출발하였다. 따라서 본 학파의 노년연구는 실험에 치중하는 영미권의 연구방식과는 달리 인성에 입각한 논거를 지닌 연구로 특징지어질 수 있다. 그런 시각에서 볼 때, 발달(성장)이란 곧 인간의 내적 및 외적 태도에 나타나는 일련의 변화들, 즉 개인의 인생경로라는 시간의 연속체 속에서 어느 특정 지점에 나타날 수 있는 일련의 변화들을 의미한다(Thomae, 1970).

이러한 개념으로 미루어 볼 때 발달(성장)은 더이상 달력상의 나이와 맞물려 있지 않다. 심리학적 시각에서 보면 인간의 삶은 시간적 흐름에 의한 특징들보다도 오히려 특정한 경험들, 인생의 단계를 이 단계에서 저 단계로 갈라놓는 결정적인 사건들, 혹은 운명적인 사건들을 통해 더 강하게 구획지어진다. 따라서 기준이 되는 체계로서 연대기적 시간 대신 체험적 시간을 채택해야 한다는 제안이 있다. 그런데 이 체험적 시간이란 매우 주관적인 것이며, 이러한 주관적 시각에도 불구하고 노화현상을 분석할 수 있기 위해서는 주제별 분석이 도입되어야 한다. 여기서 전제되는 인성의 발달은 직업적 및 경제적 경쟁상황, 관철의 필연성, 가족내의 상황, 현 존재의 불완전성에 대한 인식, 자기 삶의 단조로움에 대한 각성, 자신의 운명 그리고 존재의 유한성과의 대결 등으로 압축할 수 있다.

그런데 레어는 모든 분야에 있어서 개개인 사이에 큰 차이가 있다는 것을 강조하면서, 이런 개인차들을 무시한 채 노화과정을 일반화시키는 주장의 위험성을 경고하고 있다.

에릭슨(Erikson) 역시 주제별 측면에 의거하여 발달(성장)과정을 정리하면서, 발달(성장)이란 매일 새롭게 성취해야 할 과제이며, 출생부터 노년에 이르기까지의 인성발달은 신뢰와 근원적 불신, 자기 정체성과 비정체성 등의 양극성에 의거해서 거론되어야 한다고 주장했다(Erikson, 1971).

제 03 절 노인과 노화의 개념 및 인식변화

아침마다 잠자리에서 일어나 또 다른 하루를 맞이한다는 것, 그것은 먼저 세상을 떠난 다른 이들이 더이상 맞이할 수 없는 멋들어진 선물이 아닌가.

1 노후 인식변화 필요성

앞 절에서 노인과 노후 개념의 문제와 노후로 진입하는 현실 과정 그리고 노년사회학 이론들을 살펴보았다. 이제 노인과 노후의 개념은 물론이고 그에 대한 인식의 변화가 절실한 상황에 이르렀다. 물론 긍정적인 변화의 모습들도 엿볼 수 있지만, 그러나 아직 근본 변화를 기대할 수 있는 정도에는 미치지 못한 것 같다. 저마다 밝은 노후를 맞아서 되도록 편안하고 행복하게 평생을 보내려면 물질적 차원의 변화는 물론 그 못지않게 중요한 것이 바로 인식과 제도의 변화다. 사회의 노화, 고령화는 이제 피할 수 없는 현실이 되었다. 따라서 그런 현실에 맞는 변화가 일어나야만 한다. 그런데 변화란 하나같이 힘들기 마련이다. 변화의 물결에는 반드시 소용돌이가 수반되기 마련이고, 그런 소용돌이는 불협화음을 불러일으킬 수밖에 없다. 그러나 성숙한 민주주의라면 되도록 전향적인 토론 속에서 합의를 통해 불협화음을 극복하여 하모니를 이룩할 수 있다. 그 과정이 조화로우면서도 서둘러 앞당겨질 때 그만큼 더 많은 사람들이 노후를 밝게 보낼 수 있을 것이다.

그런데 다른 한편으로 인위적인 개념 또는 인식의 변화가 이루어지기도 한다. 대표적으로 광고에서 나타나는 노인의 모습이 그런데, 두 가지 측면이 나타난다. 한편으로는 밝고 활기찬 게 더이상 부러울 게 없는 모습이다. 이를 두고 '새로운' 노인이라는 범주화가 이루어지기도 하는데, 그 타당성과 위험성에 대해서는 정경희 외의 논문을 참조하면 알 수 있다[5]. 다른 한편으로는 오히려 앞으로 길어지는 노후 문제의 암울함을 부각시키는 측면도 있다. "앞으로 100세까지 살 것이며 60세에 일에서 완전히 은퇴한다. 40년은 소득 없는 기나긴 노후가 펼쳐진다. 그래서 돈이 필요하다. 최소 10억원 이상의 돈 말이다(경향신문, 2010.5.11)." 이런 식으로 노후에 대한 두려움을 키우는 이유는 다른 목적이 있어서다. 금융회사들이 투자를 강조하거나 보험을 판매하기 위한 목적으로 보인다. 어느 경우든 사실과 달리 부풀리면서 노후, 노화, 노인 관련 인식에 변화를 주려는 것은 바람직하지 않다. 그러나 다른 한편으로 편견이나 선입견을 없애는 의미에서 이제까지의 고정관념을 깨고 새로운 인식의 전환이 필요한 것도 사실이다.

줄탁동기(啐啄同機)라는 말은 알속의 새가 알을 깨고 나올 때를 맞춰 어미 새가 바깥에서 함께 쫀다는 말이다. 이 말은 얼마든지 여러 주제에 빗대어 말할 수 있는데, 고령화의 문제도 마찬가지다. 문제를 의식하는 것은 아무래도 개인 차원에서 먼저일 가능성이 크다. 그런 가능성을 유난히 일찍부터 의식하는 사람들이 있고 또 유난히 취약한 상황이라서 남달리 힘들어하는 사람들도 있다. 그러면서 알껍데기 쪼는 소리가 들리기 시작한다. 그러다 보면 예술이 나서서 주제로 다루면서 점점 더 일반화되다가 마침내는 정책과 법 차원의 변화를 이끌게 된다. 그런 변화가 되도록 동시에 진행된다면 고통을 당하는 사람 수가 적고 사회는 그만큼 살만한 삶터가 된다. 오늘날 노인과 노화를 보는 시각은 분명 예전과 다르다. 먼저 산업사회 이전에 농경사회의 노인과 산업사회의 노인이 다르고, 다시 탈산업사회의 노인은 또 다르다. 거기에 어떤 일관성이

5) 정경희 외(2006), 노인문화의 현황과 정책적 함의-'성공적 노화' 담론에 대한 비판적 검토를 중심으로-, 한국보건사회연구원.

나 방향성을 찾아보려 할 수도 있겠지만, 그보다는 변화된 생산수단과 사회여건에 따라 노인에 대한 시각이 달라지고, 노인들의 자의식이 달라진 것이라고 보는 편이 좋다. 그것을 가리켜 정체성의 변화라고도 한다. 노인 스스로 생각하는 자기의 모습(정체)이 사회에서 바라보는 모습과 일치할 때 노인의 정체성이 성립하고 유지된다고 하겠다.

2 각 차원별 인식변화

앞서 살펴보았듯이 노인과 노후 관련한 상황과 인식에 근본적 변화가 일어나고 있고 또 앞으로도 계속해서 일어나야만 한다.

그러기 위해서는 크게 세 가지 차원의 변화가 필요하다. 첫째, 개인 차원의 인식 변화로서 여기에는 노인들 스스로의 정체성이 가장 중요하다. 둘째, 사회 차원의 인식 변화는 일반 사람들의 노인과 노후에 대한 인식을 말한다. 셋째, 제도 차원의 변화로, 앞의 두 가지 변화가 낳은 구체적인 결과인 동시에 다시 앞의 두 가지 변화를 완성시키는 변화이기도 하다. 이에 따른 구체적 내용들을 살펴보면 다음과 같다.

1) 개인 차원의 인식변화

개인과 일반 사회인식의 차원을 구분하기란 그리 쉽지 않지만, 여기서는 주관적 성격이 강한 쪽을 개인 차원으로 보고, 사회 차원으로는 주로 공론을 지향하는 언론이나 대중 지향의 광고 같은 것으로 구분하고자 한다. 주관 차원에서도 나이와 관련한 일반 사람들의 주관적 인식과 노인들이 노후 및 다른 노인들에 대한 인식을 나누어서 볼 수 있다.

(1) 나이라는 고정관념의 변화

나이에 대한 공포증(age phobia)을 불러일으키는 요인으로 신체적 변화는 그리 중요하지 않다. 그보다는 '늙었다'는 수식어와 더불어 그만 두어야만 한다는 두려움, 더 이상 쓸 모가 없다는 두려움과 맞물려 있다. 그런 점에서 많은 사람들의 경우 바로 이 노년 또는 늙음의 개념을 없애는 것으로 문제 해결의 길이 열리게 되었다. 은퇴 후 연금생활자를 위한 다음 충고도 이와 연결될 것 같다.

"오늘날 늙은이는 없다. 아무튼 나는 아니다."

노년의 개념이 사라지고 나면 이제까지 전해 내려온 사회·문화적 근간을 이루는 연령제한들도 사라지게 될 것이다. 독일의 유명한 주간지 〈슈피겔(Spiegel)〉에서는 이러한 경향을 이미 10년도 더 전에 간파하여 다음과 같이 언급한 바 있다. "8세짜리가 정부의 컴퓨터체계를 무너뜨리고, 17세 고등학생이 증권시장에서 투기를 하고 있는가 하면, 활동력 왕성한 초기 은퇴생활자가 나이키 운동화에 워크맨을 들고 맥도널드에 앉아서 치킨너겟을 한 무더기 시켜 먹고 있다."(Spiegel, 1996: Nr. 9). 물론 오늘날이라면 기사에 실리는 모습들이 다를 것이다. 베를린에서는 여덟 살짜리가 세 명의 동생들을 돌보고, 14세짜리 여자 아이가 13살짜리 사내아이의 아이를 임신하고, 77세 사람이 에베레스트 산에 오른다는 식의 모습으로 말이다.

현대 노화연구에서는 성공적으로 나이 드는 것에 대해 즐겨 말함으로써 나이든 사람들에 대한 판에 박힌 말이며 고정관념에 대해 거리를 두고 있다. "활발한 노년 = 생산적 노년 = 성공적 노년 = 정상적 노년"이라는 공식에서 분명하게 보여주려는 것은, 활동능력이 줄어 흔들의자와 단체관광 사이를 오가는 노인의 모습이 이미 먼 과거사에 지나지 않는다는 사실이다. 그러나 여기서 묻어두고 넘어가는 것이 있는데, 노년에 대한 국민들의 이러한 생각들은 아직 근본적으로 바뀌지 않았다는 점이다.

거동의 어려움과 수동성은 여전히 사회에서 바라보는 노년상이다. 이런 의미에서 볼 때 스스로 나서서 활동하지 않고, 변화의 모습을 보이지 않으며, 아무 것도 하지 않는 채 움직이지 않는 사람은 '늙은' 사람이라는 소리를 들을 수밖에 없다. 다른 말로 하자면 생활에 적극적으로 참여하지 않는 사람이 늙은 사람이라는 뜻이다.

이러한 사실은 독일인들을 대상으로 조사한 표본설문에서도 명확하게 나타나는데, "언제부터 노인이 된다고 생각하십니까?"라는 물음에 대해 가장 많은 대답을 한 분류는 수발을 받는 상태가 되었을 때를 꼽고 있다. 독일 시민들 둘 중 하나는 노년을 종속성에 대한 두려움과 연결시키고 있는 것 같다. 다른 사람들에게 짐이 되는 것에 대한 걱정 역시도 여기에 포함된다는 뜻이다. 여성이나 남성 그리고 젊은이나 중년, 구서독지역이나 동독지역 어디든 간에 이런 것이 바로 '늙음'의 지표로서 의미를 부여하고 있는 것이 현실이다. 그렇지만 몸이 굳어 제대로 움직이지 못할 때라는 두 번째로 많은 대답도 놀랍지 않다. 설문 대상자 5명 중 2명 가량은 노년을 경직된 사고와 활동성 부족과 연결시켰는데, 이런 현상은 55세 이상의 중년 세대에서도 확인되고 있다.

세 번째로 답변을 보여준 것은 노년에 대한 중요한 심리학적 설명으로 스스로 아무 쓸모가 없다고 느낄 때라고 응답하였다(Opaschowski et al., 2007). 이는 어느 날엔가 더이상 쓸모가 없어서 존중받지 못하거나 심지어 내몰리게 되는 것에 대한 두려움은 모든 연령대에서 다 같이 강하게 나타나는 현상을 의미하는 것 같다. 인생에서 그리고 사회에서 더이상 중요한 존재가 아니게 되는 것에 대한 두려움은 당연한 귀결일 것이다. 무용성은 공허감("horror vacui"–공허, 공백에 대한 공포)을 유발시키고, 아울러 의미의 문제("내가 있으나마나하다는 느낌이 자주 든다.")가 드러나기 마련이다. 이렇게 되면 스스로 하던 취미생활도 그저 눈속임의 구실이요 핑계거리일 수밖에 없다.

(2) 세대 별 나이와 노화에 대한인식

인간의 삶의 과정은 각 세대별 나이와 노화에 대한 인식 변화에서부터 서로 다른 특징을 보여주고 있다. 따라서 베(Bee)가 정의하고 있는 노화의 특징은 다음과 같이 몇 가지 차원에서 이해가 가능하다. 첫째, 노화는 발달상의 변화로 이해하는 경우가 많지만, 나이가 들어도 어릴 적 생김새를 지니고 있는 것에서 보듯이 노화의 과정에서 변화만 일어나는 것은 아니다. 따라서 노화를 논의할 때 변화와 함께 신체, 심리, 사회적 측면에서 변하지 않고 동일하게 남아 있는 특성(staying the same), 즉 안정성에 대해서도 함께 고려해야 한다. 둘째, 노화의 과정에서는 일반적으로 상실 혹은 쇠퇴기가 특징적으로 나타나지만 노년기에 건강을 상실하는 반면 경험과 지혜가 확장되는 것과 같이 어떤 특성을 새롭게 얻기도 한다. 셋째, 노화는 모든 사람에게 보편적으로 나타나는 일차적이고 본질적인 것이지만 같은 나이에도 늙어 보이고 젊어 보이는 사람이 있듯이 개인에 따라 노화의 속도나 정도의 차이가 있다. 그런 이유들로 노화의 보편성과 개인적 독특성을 동시에 고려해야 한다. 넷째, 노화를 유전적 프로그램에 의해 유발되는 외적 변화로 인식하는 경우가 있지만 외부의 환경적 요인 역시 노화를 일으키는 주요 요인이며, 노화에 따라 내적 변화 또한 일어나게 된다. 따라서 노화의 원인과 결과를 논의할 때 반드시 내적 요인과 외적 요인을 동시에 고려해야 한다. 다섯째, 생물학적 노화를 기준으로 하여 일단 노화되면 원래 상태로의 회복은 불가능하다고 하지만 직업적 역할의 상실과 같은 사회적 노화는 얼마든지 원래 상태로의 회복이 가능할 수 있다. 따라서 노화가 일반적으로 비가역적 특성을 지니고 있지만 반드시 그렇지만은 않다 (Bee, 2000; 권중돈, 2010).

이처럼 노화특징에 따른 논쟁과 함께 3세대 모두에게 공통되는 것이 있다면 그것은 바로 세대별 노화의 인식 변화일 것이다. 물론 대부분의 관심사며 활동 스펙트럼에서 각 세대는 모두 다른 모습을 보일 수 있다. 따라서 정해진 중년 세대의 모습을 규명하기 힘든 것처럼 정해진 젊은이의 특징과 노화의 논쟁을 규명하는 것도 쉽지 않은 것이 사실이다. 젊은이 연구에서도 연령규범을 여러 가지로 정하고 있는데, 이를테면 14~17세, 18~24세, 25~29세 같은 구분들이 있다. 같은 젊은 세대로 들어간다고 하더라도 29세 사람들의 생활세계는 14세 젊은이들의 상황과 비교하기가 쉽지 않은 것이 사실이다.

노년의 역사와 여러 나이층이 발견되면서 근대 초기부터 인생을 계단으로 비유하기 시작한 경우도 있다. 이 비유에 따르자면 젊음의 나이를 찬양하면서 일종의 이상적인 나이로 보고 있다. 즉, 그 전의 인생은 상승기요, 그 뒤의 인생은 하강기로 설명하고 있는데, 17세기 중반에 이미 인생의 '상승과 하강'을 다음과 같이 언급한 경우를 보면 쉽게 감을 잡을 수 있다(G. Altzenbach, 약 1650년경의 '나이').

• 스물 – 애송이
• 서른 – 어른(사나이)
• 마흔 – 유복한 삶
• 쉰 – 차분함
• 예순 – 점점 늙어감

역사상 사람들이 꼽고 있는 가장 이상적인 연령대는 시기에 따라 달리 나타난다. 일례로 오늘날에는 25세부터 49세의 연령대가 대체로 — 아직은 가족이며 직업에 대한 걱정에서 자유로운 젊은이 연령대를 확연히 밀어내고 — 이상적인 연령대 자리를 차지하는 것으로 보고 있다.

1997년과 2007년, 10년을 사이로 독일인 각 100명에게 '가장 살만 하고 삶의 즐거움을 느끼는 단계'와 '가장 아름답고 최고의 인생단계'를 질문한 것에서 〈그림 1–4〉와 같은 답변이 나타났다. 즉, 독일 시민 넷 중 하나 이상이 인생에서 가장 좋은 때로 성인기(25~49세) 어른의 나이를 선택하고 있다. 이러한 비교에서 언급하자면 10년이 되지 않는 짧은 기간에 어린시절과 청소년 시절기가 매력을 잃고 말았다는 의미가 될

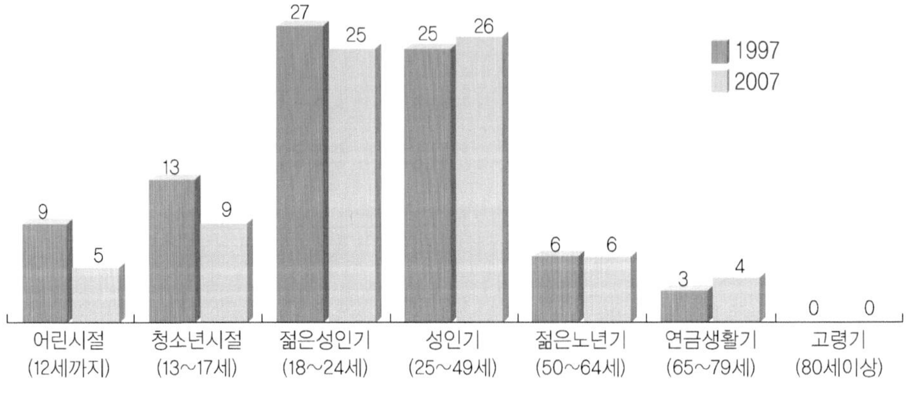

그림 1–4 최고의 인생단계 시기

주: 각 100명에게 살만 하고 삶의 즐거움을 느끼는 가장 아름다운 최고의 인생단계를 질문한 내용임.
출처: BAT, 2002; Opaschowski et al., 2007

것 같다.

다만 50~60세 젊은 노년기 이후는 1997년이나 2007년 모두에서 변화가 없다는 특징을 보여주고 있다.

그럼에도 〈표 1-1〉처럼 시민 전체를 놓고 볼 때 각 세대가 생각하는 바는 다음과 같이 커다란 차이점을 보여주기도 한다.

- 젊은이들 층에서는 젊은 시절을, 젊은 성인층에게는 자기들 나이인 18~24세의 젊은 성인기를 가장 아름다운 인생기로 꼽았다.
- 나머지 사람들은 대체로 지나간 시절을 가장 아름다운 인생기로 꼽는 '회고적 시각'을 보였다. 25~49세 사람들은 독신이나 부부 또는 가정을 이루고 사는 사람들 모두가 젊은 성인기를 가장 아름다운 인생기로 들었는데, 이는 젊은 노년층이나 은퇴 후 연금생활자도 마찬가지였다.
- 또 하나 뚜렷한 차이는 전체 시민들 중에서 소득이 중 하위 수준인 사람들은 자기 나이에 순응하면서 성인기를 선호한다는 것이다. 그에 반해 소득 수준이 더 높은 사람들(이를테면 가계소득 2,500유로 이상)은 젊은 성인기를 가장 아름다운 인생기로 생각했다는 차이점을 보여주고 있다. 마치 지위와 보수에서 좋은 일자리가 자유와 목표 그리고 여가를 대체할 수 없다는 듯한 자세를 보이는 셈이다.

▮표 1-1▮ 가장 아름다운 인생기

	14~17세	18~24세	25~49세	50~64세	65~79세	80세 이상
어린 시절	2	6	6	4	4	0
청소년 시절	46	16	8	3	5	3
젊은 성인기	30	53	31	16	12	7
성인기	7	12	29	30	28	31
젊은 노년기	3	0	1	12	11	5
은퇴 후 연금생활기	0	0	1	3	12	7
고령기	0	0	0	1	1	5

출처: Opaschowski et al., 2007

일반적으로 인생의 계단은 갈수록 가파르지는 것이 정상인데, 그 이유는 꼭대기까지 높은 계단들을 어렵게 기어올라야 하기 때문이다. 직업교육의 자리와 여건, 가정 이루기, 사회 안에서 자리 잡기 같은 문제에 대한 걱정들 때문에 젊음의 인생기가 최고의 인생기로 의미를 잃게 된다는 의미이다. 따라서 "아직도 20대였으면 좋겠네!"라는 노래 가사는 아마도 이렇게 바뀌어야 할지도 모르는 일이다.

"마침내 30～40대와 50대, 이제 인생 맘껏 누리리……"

중년 단계의 인생은 여기서 인생의 이상적인 라인으로 부각된다. 즉, 나이 50으로 주관적 인생의 정점을 넘어선다는 것이다. 30～40대 또는 50대 나이가 되고 싶고 또 거기 머물고 싶은 마음이 클수록 인생 중년은 그만큼 더 이상화된다. 그 뒤에는 인생의 커다란 기쁨은 그저 예외적인 또는 개별적인 경우에만 가능해진다. 그런데 독일 시민들 5명 중 1명 가까이가(18%) "인생 각 단계가 다 똑같이 아름답다."고 생각한다는 사실은 특이할 만하다.

한편 노년연구가 노화연구로 탈바꿈한다면, '젊다' 또는 '늙었다'에 대한 정확한 정의가 갈수록 어려워질 것 같다. 왜냐하면 학문에는 검토와 증명 그리고 증거제시 가능성이 내포되어야 하기 때문이다. 그런데 사람들의 사고방식에 변화가 생기면서 이러한 학문의 목표 달성이 어려워지는 것이 일반적이라는 연구결과가 발표되어 관심을 쏟고 있다.

〈그림 1－5〉에서 제시된 내용들의 근거는 — 명시적으로 드러내지는 않더라도 — 전적으로 다음과 같은 경험론적 실증 자료 가운데 하나라 할 수 있다[6].

---

6) 소규모 그룹 여섯 팀에 대한 조사에서 설문에 기초한 개별 인터뷰 20건과 독일 전역 14세 이상의 사람들 2,000명을 대상으로 한 표본조사 결과이다. 이 연구 모듈은 2007년 3월 5일에 시작하여 8월 2일에 마감되었다.

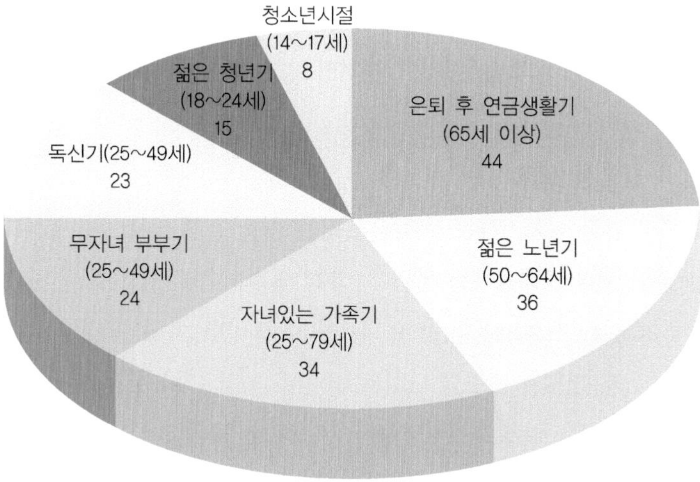

▮그림 1-5▮ 늙음은 나이의 문제

주: 각 100명의 사람들이 '늙음은 나이의 문제가 아니다'라고 긍정적으로 답변한 내용임.
출처: Opaschowski et al., 2007

"늙음은 나이의 문제가 아니다"라고 10명 가운데 약 3명(30%) 정도가 이렇게 대답했다. 늙음이란 현상은 점점 더 사람들 저마다의 태도의 문제요, 교육 정도의 문제로 확인되었다. 이 답변에는 남성보다 여성이(+6%), 동독지역 사람들(26%)보다 서독지역 사람들이(30%) 더 많이 동의하였다. 또 대학졸업생들이 이를테면 고등학교 졸업자들보다 동의 비율이 높았다. 55세 이상 중년층 이상 사람들(41%)이 늙음이 나이의 문제와 결부될 수 없다는 대답을 하여 그 아래 중년층 이하 세대(27%)나 34세 이하의 젊은 층들(17%)에 비해 그 비율이 더 높다는 것은 어쩌면 당연하다 할 수 있을 것 같다.

그런데 연령의 한계를 생년월일에 따른 나이로 정하는 것과 관련한 질문에서 응답자들 대답이 전반적으로 일치를 보이지 않는 모습이다. 독일시민 6인 중 1인(16%)이 늙음의 나이를 대략 60~65세로 보았고, 4인 중 1인(27%) 정도가 늙음이 70~75세부터 시작된다고 대답하였으며, 5인 중 1인(20%)은 80세부터 시작된다고 하였다. 따라서 나이와 늙음의 개념은 갈수록 사람들의 가치관이나 개인적 상황에 따라 달라지기 때문에 주관적 평가의 문제가 되는 추세라 하겠다. 2003년 설문응답자 가운데 70세 이상 사람들이 '늙었다'고 대답한 경우가 3명 중 1명에 지나지 않았지만, 2007년에 오면 그 수가 2인 중 1인에 육박하는 것이 단적인 일례라 할 수 있다.

(3) 노인의 정체성 변화

일기예보에서 가끔 이야기하는 '체감온도'라는 것은 실제 온도계에서 객관적으로 읽을 수 있는 온도와 다소 다르다는 뜻이다. 체감 연령도 그와 비슷하여, 생물학적 나이와 연결성이 점점 더 느슨해진다고 볼 수 있다. 나이도 마음 먹기에 따라 달렸다는 경구가 있다. "늙은 정도는 스스로 느끼는 정도에 달렸다." 독일 브레멘(Bremen)의 시장 직을 전격 사임하고 또래의 노인들과 주거공동체를 만들어 독일인들에게 큰 반향을 일으키고 있는 헤닝 셰르프(Henning Scherf)[7]는 체감온도라는 말의 핵심을 이렇게 짚어낸 바 있다. "우리는 젊은 노인이다. 그러니 사는 것도 젊게 살고자 한다. 우리는 나이 60에도 뜻 맞는 사람들과 함께 모여 공동생활을 꾸리기도 하였다. 또 70세 나이에 마라톤을 하기도 한다. 나이 80세에도 외국에 있는 회사의 경영 자문을 하기도 한다. 아직 우리가 할 수 있는 일이 있다면 얼마든지 해 본다. 그 밖에도 아직도 할 수 있는 일들이 몇 가지 더 있다"(Scherf, 2006: 23). 말하자면 '젊은 노인들'은 허깨비, 환영이 아니라 정말로 그런 사람들이 있는 것이다. 객관적으로 보자면 젊은 노인들의 나이는 점점 더 많아지지만, 주관적으로 보자면 중년의 소비습관과 생활습관에 머물며 또 실제 겉모습도 늙어 보이지 않는다. 그 결과 확인할 수 있는 사실이라면 이제까지 대략 60세에서 시작되는 전통적인 노인의 연령 경계가 더이상 지탱할 수 없다는 것이다. 연대기나 달력 차원에서 정하는 노인의 개념은 이미 효력을 잃었고, 그러면서부터 생물학, 의학, 심리학, 사회학 차원의 시각들이 점점 더 노인연구에 동참하게 되었다.

---

7) 1938년생으로 25살의 나이에 독일 사회민주당(SPD)에 입당하여 1975년 브레멘 시의회에 진출하면서 교육장관 및 법무장관을 역임한 독일의 저명한 인사이다. 1995년 브레멘 시장(주지사)에 당선되어 독일인만의 폐쇄된 공간의 삶이 아니라 이민자와 더불어 살아가는 시정을 지향한 사람으로 널리 알려져 있다. 그는 시장 재임시절 독일이라는 국가는 수십 년 전부터 이민을 허용하고 있지만, 독일 국민과 정계는 이를 인정하려 들지 않고 있다고 비판하면서, 이민자들을 위험한 존재로 볼 게 아니라 독일에 이익을 주는 존재로 보도록 인식을 전환해야 한다는 정책적 지향을 견지해 왔다. 2005년 11월 주변의 반대에도 불구하고 전격적으로 시장 직을 사임한 뒤, 새로운 노후생활을 열정적으로 보내고 있는 아름다운 노후생활의 대표적 실천가라 할 수 있다.

노화를 학문적으로 연구하는 연구기관에서는 독일 연방정부 가족·노인·여성·청소년부(Bundesmisterium für Familie, Senioren, Frauen und Jugend)의 공식 위탁을 받고 제2의 인생(인생 후반전)인 40~85세 사이 또는 약 35~100세 이상으로 조사대상을 확대하여 이른바 노인-서베이 리서치를 실시한 바 있다. 이 조사 결과에서 앞으로는 나이 외에도 그에 보충하여 이를테면 연금생활과 배우자 사별, 수발 필요성처럼 인생 사이클과 관련한 사건들도 노년을 규정하는 규정요소로 포함시켜야 한다는 주장이 나왔다. 즉, 연대기적 나이에다 기능상의 노화까지 함께 포함시켜야 한다는 말이다(BMFSFJ, 2006). 물론 기능상의 노화에 대해서는 1984년 이미 '직업생활에서 벗어나는 일과 건강상태의 두드러진 악화, 그리고 인생 파트너와의 사별 등'(BAT, 1984)이 제시된 바 있다. 스스로 '늙었다는 느낌'이 드는 이유로 그저 나이나 아니면 은퇴 후 연금생활로 접어드는 것과 같은 형식상의 변화만으로는 충분하지가 않다는 것이다.

옛날에는 나이 40세의 여성이면 좋든 싫든 귀부인 취급을 받았고, 캘빈(Calvin)은 나이 50이 되자 스스로를 가리켜 늙고 쓸모가 다한 남자라고 한 바 있다. 칼 5세(Karl V.)도 나이 55세가 되자 남은 힘이 전혀 없는 노인이 됐다며 퇴위하였다(Borscheid, 1987). 전에 19세기 세대의 문제를 연구하던 사람들은 한 세기를 3세대로 나누는 데 의견의 일치를 보고, 그에 따라 자연스런 세대교체 리듬을 약 33년의 간격으로 계산하였다(1840년 평균수명은 32세였고, 이는 곧 한 세대 길이에 해당했다).

물론 옛날에는 은퇴생활 자체가 없었기에 오늘날 상정되는 노인문제도 없었다. 문화연구에서 밝혀진 바에 따르면, 실제로 존경과 온갖 세심한 보살핌을 받다가 평화로운 죽음을 맞는다는 식으로 노인들을 낭만화시키는 모습은 이미 오래전부터 문제가 되었다. 산업화와 함께 경제성의 개념이 등장하면서부터 성과중심의 사회가 되면서 더이상 다른 성과나 능력을 보일 수 없게 된 노인들이 문젯거리로 취급되기에 이른 것이다. 지난 세기까지만 하더라도 나이든 사람들은 물리적, 그러니까 신체의 힘이 아예 없어지거나 더 나아가 죽음으로 몸의 움직임이 갑자기 완전히 멎는 시점에 이를 때까지 어떤 일에든 종사하던 것이 일반적인 관례였다. 따라서 더이상 일할 능력이 남지 않게 되면, 이제 죽음에 이를 때까지 전통적인 노인수발 시설이나 극빈자 보호시설

(가정, 교회, 지역공동체 등)에서 보살핌을 받아왔다.

그런데 이런 맥락에서 바라보자면 사망선고를 받아야만 할 전설들도 있었는데, 이를테면 옛날의 대가족이란 것이 사실 따지고 보면 현실보다는 신화에 더 가까웠다고 할 수 있다. 먹을거리나 입을 거리 그리고 따뜻한 잠자리와 돈을 주어 보살피는 일은 가족 전체가 매달려도 힘들 때가 많았다. 그로 인해 초래되는 가정의 갈등은 거의 대부분 노인들의 부담으로 돌아갔다. 산업혁명 이전의 시대라고 하더라도 노인들의 황금시대와는 전혀 거리가 멀었던 셈이다(Borscheid, 1987; Ehmer, 1990). 오늘날의 가정연구에 따르면 조부모와 부모 그리고 자식들까지 3세대—가정에서 조화롭게 함께 산다는 목가적인 모습들은 더이상 지탱할 수 없는 허구에 지나지 않는다. 산업혁명 이전 시대에 3세대—가정—살림에서 살았던 노인들은 고작 약 6%에 지나지 않았고(Prahl & Schröter, 1996), 오늘날 3세대—가정도 약 1%정도다. 그런데 이런 수치들이 서서히 증가하는 추세다. 근대 초기까지만 하더라도 대부분의 사람들에게 '무덤에 갈 때까지 일하기'는 피할 수 없는 의무요 필요였다. 하는 일 없이 편하게 인생의 황혼을 보낼 수 있었던 것은 아주 소수의 유복한 사람들뿐이었기 때문이다.

그런 상황에 결정적인 단절을 초래한 것이 바로 산업화였다. 더이상 평생 일하지 않을 수 있는 사람들이 늘었고 또 다른 한편에서는 일을 하려 해도 제도적으로 일자리가 없어져버렸다. 그에 따라 노인그룹은 완전한 가난에 빠져버릴 위험에 처하게 되었는데, 그것이 바로 '유급' 은퇴제도를 탄생시키는 계기가 되었다. 이 제도는 개개인이 베푸는 은혜로운 행위보다 더 많은 걸 가져다줄 것으로 보였다. 즉, 노령연금과 상해보험 연금들이 사라진 노동력을 대신해 줄 것이라 기대했던 것이다. 그때까지 그저 지위에 지나지 않았던 노년의 나이가 그 나름의 독자적인 생활형식, 그러니까 은퇴 후 연금생활의 형식으로 발전하였다. 그것이 아직까지 이어지고 있기는 하지만, 그러나 탈산업화와 함께 역시 변화가 불가피해 보이고, 또 실제로 여러 가지 모습의 변화들이 일어나고 있는 중이다.

2) 사회 차원의 인식 변화

개인 차원의 주관적 인식 변화가 모여서 사회적 차원의 인식 변화가 이루어지는 것이 일반적이지만, 여러 가지 이유에서 사회적 차원의 인식을 변화시키기 위해 힘을 기울이는 경우도 있다. 그 대표적인 경우라면 노인들을 대상으로 한 기업들의 이익추구다. 다른 한편으로는 올바른 인식으로의 전환을 위한 언론 캠페인도 있다. 중요한 것은 먼저 새로 나타난 새로운 면, 새로운 개념이 어떤 것들이 있는지, 그리고 거기서 일반 인식과 개념의 변화를 기대할 수 있는지 확인하는 것이다.

(1) 새로운 고객으로서의 노인(독일)

언론이며 광고에서 나오는 노인들의 모습을 보다보면 머지않아 노인이라는 단어가 이 세상에 더이상 존재하지 않게 될 것 같다. 그렇게 되면 노년이라는 개념은 그저 단순화된 표현으로 사용될지 모를 일이다. 그런 단순화된 표현의 전형이라면, 객관적으로는 늙었지만, 주관적으로 젊다는 것이다. 심지어 80대 초반의 나이까지 '새로운' 또는 '젊은' 노인에 속할 수 있다. 그에 따라 공개적으로 스스로 늙었다고 고백하는 사람만이 노인이 된다. 50세 이상 세대는 이제 더이상 나이를 근거로 하지 않고 개인적인 욕구와 관심사(이를테면 훌륭한 의학 치료, 사용자 중심의 기술, 문화와 공부 서비스)를 근거로 하게 된다. 여기에 의류업계, 스포츠 산업, 성형과 의약산업, 화장품 산업과 관광 산업 등이 앞 다투어 협조할 것으로 예상된다. 왜냐하면 '미화된' 노년개념 뒤에 돈 주고 산 생활감정이 숨어 있을 때가 많기 때문이다. 결국 노화가 아니라 나이 든다는 것은 경제적 이유가 있어야 한다는 뜻이다. 건강산업과 제약 산업이 인생의 황금기를 '나이든' 세대만큼 연장하게 되고, 그 결과 정말로 늙은 상태는 어쩔 수 없이 수발이 필요할 때가 되어서야 시작될 것이다.

다른 한편으로 이와 배치되는 발달현상도 있는데, 여기서는 사람들을 말 그대로 '늙게 만든다.' 예컨대 독일 테니스협회(DTB)는 테니스에서 노년기가 30세 나이로 시작한다는 마케팅 개념을 개발한 적이 있었다. 그렇게 바뀌기 전까지만 해도 노년기는 남성의 경우 45세, 여성은 40세였다. 그러나 이제 그런 때는 지나가 버렸다. '30세 이상'이 모든 사람들의 궁극적인 연령한계가 되었기 때문이다. 텔레비전 광고에도 이와 비슷한 장면들이 있다. 예나 지금이나 민영TV 방송사에서 50세 이상의 시청자들을 대상으로 하는 프로그램을 짜는 일은 마치 죽을죄에 해당되는 것 같다(Werben et al., 2006).

민영 케이블TV 방송사들의 방송 프로그램이 50세 이상의 시청자들을 제외시키고 있다는 사실은 논란의 여지가 없다. 왜냐하면 광고업계와 미디어 기획자들의 눈에 이런 시청자들은 매력이 없을 뿐만 아니라, 이익이 되지 않기 때문이다. 물론 이런 현상이 아직도 여전한지는 이제 의문이다. 'RTL－TV'란 룩셈부르크의 방송사가 독일 민영TV방송의 시대를 열었던 1984년부터 오늘날까지 민영 TV방송사들은 사실상 텔레비전 방송사가 아니라 전자 광고 매체였다. 텔레비전을 유혹수단으로 삼아 젊은 소비자들을 위한 광고를 최고 우선순위로 놓으려 하였고 또 그럴 수밖에 없었다. 광고업체들은 텔레비전 방송사들을 마치 '파블로프의 개'처럼 14세에서 49세까지만 주요 시청자그룹으로 삼도록 만들 줄을 알았다. "50세가 넘었다면 죽은 거나 마찬가지다." 텔레비전 광고 팀에서 아무 거리낌 없이 하던 말이다. 이에 따르자면 중요한 것은 오로지 경제적 잠재력으로서의 은행 계좌일 뿐이다. 그러나 텔레비전 방송사들이 이런 태도가 앞으로도 유지될 수 있을지는 두고 볼 일이다. 왜냐하면 '나이 없는 사회'를 이상으로 생각하는 사람들이 점점 증가하고 있기 때문이다. 가장 좋기로는 '노년'이라는 개념을 아예 자기들 사전에서 추방하고 노년과 노화가 더이상 존재하지 않는 그런 사회의 모습을 그리는 일이다. 따라서 다음과 같은 사람들의 말이 바로 이런 방향을 가리키고 있는 것 같다.

- 늙는다는 것은 나이의 문제가 아니라 머리의 문제다.
- 내 아이들을 보면 내가 늙은 것 같고, 친구들이며 아는 사람들을 보면 내가 젊게 느껴진다.
- 난 늙은 영감탱이가 아니라 노련한 전문가이다.
- 전에는 '71세면 살 만큼 살았다'고 생각했지만, 지금은 '어째서 그러냐?'고 생각한다.

• 내가 젊었을 때만 해도 노인들은 정말로 늙었다(Opaschowski et al., 2007).

이미 '45세 이상 젊은 사람들을 위한' 다양한 여행상품들이 세상에 등장했다. 이처럼 늙음은 점차 주관적 의식으로부터 내몰리고 있다. 실적 중심의 사회에서는 전통적으로 젊음을 이상으로 삼았기에 노년이며 구식 따위에게는 자리가 없었다. 젊다는 것은 성공사회로 들어가는 입장권으로 통했던 반면 많은 사람들에게 늙음은 사회적 하강이 시작된다는 인식으로 다가왔다. 특히 '젊음'이란 수식어를 대할 때 일어나는 연상들은 거의 예외 없이 긍정적이기만 하다. 자의식 강하고 적극적이며 스포티하고 건강하며, 체험과 재미를 추구하고 야심만만하고 소비 지향적이라는 것이다. 마치 젊은이 혼자만 존재하고 나머지 사회관계는 그저 변두리에 걸친 것일 뿐이란 인상이 생겨나기까지 했다.

광고도 마찬가지다. 정말로 노인에 대한 인식이 변하여서 '새로운 개념의 노인'들이 도래했는지는 모르지만, 적어도 광고에서만큼은 점점 더 '새로운 모습'의 노인들이 자주 비치고 있다. 현재 독일인 '50세 이상의 새로운 세대'가 보유한 순수 재산은 3조 유로(약 4천 5백조 원)에, 연간 구매력은 — 평가 방법에 따라 — 9백억(St. Gallen 대학)에서 6천 4백억 유로(Metro/GfK) 사이라고 한다. 그렇다면 오늘날 이 '새로운 노인들'이 단지 가진 돈이 더 많다는 이유만으로 다르게 늙어가는 것일까?

1969년 "광고와 판매"라는 잡지의 전문분야 기사를 살펴보면 다음과 같은 내용이 나온다. "할아버지, 할머니가 무슨 잘못인가? 광고업계를 주도하는 경제에서는 65세 이상의 사람들을 소홀히 다룸으로써 거대한 잠재구매력을 사장시키고 있다. 그런데 이들이야말로 돈도 있고 시간도 있으며 소비욕구도 갖춘, 이상적인 목표 집단이다. 선입관 탓인가? 직장생활에서 물러났다고 소비자로서도 은퇴했다고 보아야 하는가? 이미지 손상을 걱정해야 하는가? 나이든 사람들의 모습이 젊은 구매자들을 쫓아내는가? 이유야 어떻든 나이든 사람들의 비율이 점점 높아지는 가운데 어느 분야든 단기적으로나 장기적으로나 이 시장 영역을 파악해내지 않으면 안 될 상황이다"(Werben et al., 2006: 3).

'새로운 노인들'이란 실체가 없는 허깨비에 지나지 않을까? 정말로 존재하는가, 아니면 그저 재정능력 있는 새로운 목표그룹을 찾아낸 마케팅 전문가들이 지어낸 것일 뿐인가? 아무튼 '새로운'이란 개념이 특별한 매력을 발산하는 것만은 사실이다. 대부분 인생에 대한 현대적이고 젊은 관점과 맞물리는 개념이다. 그러나 분명한 사실은 '새로운 노인들'이 생물학적으로는 노화 정도가 더하지만, 정신적으로는 더 젊어졌다. 이들은 인생을 긍정하고, 나이를 먹더라도 스스로 늙었다고 느끼지 않는다. 광고업계에서 '새로운'이란 개념을 써서 표현하고자 하는 것은, '새로운 노인들'이 시대의 정점에 있으며 시대와 더불어 살아가고, 스스로의 인생단계를 새로운 방향정립으로 파악한다는 것이다. 그러니까 인생을 의식적으로 꾸려가면서 인생을 통해 더 많은 것을 이룩하고 누리고자 한다. '새로운 노인들'은 '무엇이 문제인지' 알고 싶어 하며, 멈춰서 머물면 안 되고 끊임없이 계속 발전해나가야 한다. 신체적으로도 가능한 한 건강이 넘쳐나야 한다. 그러니까 생활을 활기 있고 민첩하면서도 역동적으로 살아가며 생활 자체를 도전으로 받아들이는 것이 좋다. 활동성을 두고 적어도 스스로 마음에 한계를 두지 말아야 한다는 것이다.

연구자들의 경우 젊음에 대한 높은 가치평가가 더욱 뚜렷하게 드러난다. "이제부터 진정한 인생이다." "오늘은 맘껏 즐기고, 일과 진지함은 내일." 이와 같이 젊음이라는 것을 두고 지나가는 인생 단계라기보다는 텔레비전에 나오는 게임쇼처럼 생각하는 사람들이 많아졌다. 따라서 이와 같은 전제조건들을 두고 누가 늙고 싶겠는가? 나이 드는 걸 막을 수가 없다면 적어도 스스로 좀더 젊게 느끼기라도 해야 하는 게 아닌가? 라는 푸념이나 바람들이 등장하는 것이 어쩌면 당연한 귀결인지 모를 일이다.

솔직하고, 감탄할 일에 감탄할 줄 알면서 인생을 살아가는 사람은 젊음을 유지한다. 그렇다고 꼭 젊게 차려 입는다거나 치장할 필요는 없다. 여기서 고령 상태에서 부족한 것은 시간과 돈보다도 어쩌면 젊음의 활기, 새로운 것을 감행하고 인생을 온전히 만끽해보려는 의욕이란 사실을 미루어 짐작할 수 있을 것 같다. 젊음이란 분명 만사에 감탄할 줄 알고 즐길 줄 아는 능력과 관계된 것이기 때문이다.

(2) 언론에 비친 노인들 모습의 변화(한국)

우리보다 일찍 고령화를 맞았던 독일에서 일어났던 일 가운데 상당부분은 그대로 우리에게서도 일어나는데, 물론 양상이 다른 면도 있기는 하다. 그런 경우는 문화의 차이와 더불어 사회구조, 특히 복지와 경제 수준의 차이에서 비롯된 것으로 보인다. 독일에서 빠른 경우 60년대 말에 이미 소비와 광고의 대상으로 노인들을 주목하기 시작하였고, 이미 노인들이 여러 분야에서 중심 고객으로 자리를 잡았다면, 우리의 경우 대략 90년대부터 그런 현상이 나타나기 시작한다. 그런데 우리 언론, 특히 신문에 비치는 노인들의 모습은 역시 두 가지로 나뉜다[8].

1990년대 노인 관련 기사는 대체로 노인소외, 빈곤, 치매, 자살, 학대, 우울증 같은 '노인문제'가 중심을 차지했다. 말하자면 열악한 노인복지 현실을 지적하면서 사회 차원의 대책이 필요하다는 논조다. IMF 구제 금융을 받아야 했던 1998년의 경우에는 노인 관련 기사가 아예 줄었는데, 간혹 다루어지는 분야 역시 빈곤이나 치매와 관련한 극단적인 문제들이 대부분이었다. 게다가 고령화 문제를 심도 있게 다룬 기사는 거의 찾아볼 수 없다. 그런데 이 당시 아주 드물게 보였던 이른바 '건강한' 또는 '새로운' 노인모습들과 관련된 기사들이 고령화시대로 접어든 2000년부터 꾸준히 증가하기 시작하였다. 이를테면 '신노인', 'No(老) 세대', '앙코르세대', '뉴실버', 'G세대', '오팔(Opal)세대', '애플(Apple)족' 같은 용어들이 유행처럼 등장하면서 노인 세대의 새로운 라이프스타일에 대한 기획 기사들이 쏟아지기 시작하였다. 물론 상당부분은 일찍 고령화를 맞은 선진국들에서 보였던 담론들의 소개 또는 재생산이 주를 이루는 상태였다. 또 무엇보다 2004년부터는 저출산과 고령화가 맞물리면서 고령화시대에 대한 인식이 본격화하는 모습을 보인다. 평균수명 연장에 의한 '길어진 노년'과 '노후' 삶의 질, 노인문화 등이 전에 비해 구체적으로 다루어지면서 '성공적인 노화' 또는 '생산적 노년'과 같은 이슈들이 어느덧 '담론'으로 자리 잡는 모습까지 보여주었다. 이 지점이 사실은 매우 중요하다. 왜냐하면 언론 역시 '담론의 구성체'으로서 언론사가 지향하는

---

8) 이 부분은 정경희(외)의 위 연구보고서(2006-16)를 참고로 하였다. 이 보고서에서는 주로 조선일보와 동아일보 그리고 한겨레신문의 기사들을 정리하였는데, 여기서도 거기서 정리된 기사들을 살펴보았다.

방향에 맞는 것을 더 부각시키고, 그렇지 않은 부분은 누락시키거나 줄이는 방법으로 '세계의 모습을 끊임없이 그려내고 방어하며 타협'하는 '이데올로기 효과를 통해 자본주의적 지배관계를 재생산하는데 기여'하기 때문이다. 따라서 언론에 비친 모습들이 현실의 모습이라거나 우리 사회가 꼭 지향해야만 할 그런 모습이 아닐 수도 있다. 그런 사실을 감안하면서 정경희 등은 한국의 신문에서 비친 '신노년층' 문화의 주요 테마를 다음 6가지로 분류하였다.

첫째 – 늙음에 대한 부정으로 "할머니라고요? 그렇게 부르지 마세요. 집에서 손자손녀 돌봐주며 하는 일 없이 시어머니 노릇만 하려는 늙은이가 아니라 일터에서 열심히 일하는 '직장 노인여성'이랍니다"(한겨레신문, 2003년 9월 22일). 그러니까 손자녀를 돌보는 일은 저 시각에서는 생산적인 일에 들지 않고, 바깥에서 '직장'에 다녀야 한다는 말인데, 살아온 방식을 함께 살펴본다면 대단한 변화라고 볼 수도 있다. 젊은이들의 문화에 대한 수용도 이 부류에 든다. "나는 실버세대 디자이너, 이메일도 있고, 스타크래프트도 연습하고……. 노인들이 참 할일이 없는데 젊은 사람들과 대화를 하다 보면 아픈 것도 잊고 시간 가는 줄도 모르게 재미있다"(한겨레신문, 2001년 2월 13일).
둘째 – 건강에 대한 관심으로 나이에 비해 젊고 건강하게 보이고 또 실제로 그런 상태를 유지하는 것이 중요하다는 말이다. "외모를 잘 관리하는 것 또한 아름다운 시니어로 가는 길이다. 정기적인 운동으로 체력을 키우는 것 못지않게 몸매나 외모도 가꾸어야 한다. 시니어 몸짱은 드문 현상이 아니다. 탄력 있고 깨끗한 피부를 위해 의료적인 도움을 받는 일에 거부감을 보이거나 쑥스러워할 필요가 없다. 외모는 곧 자신감과 직결되기 때문이다"(조선일보, 2006년 5월 31일).
셋째 – 자원봉사로서 아주 고령의 노인들까지 다양한 종류의 자원봉사에 참여하는 모습을 소개하며, 자원봉사활동이 '젊게 사는 비결'이요 존재의 가치를 증명하는 길이라는 메시지가 실린다. "걸어다닐 수 있을 때까지 봉사하면 그게 멋쟁이지. …… 늙은이가 할일이 아직 남았구나, 보람을 느낍니다."(조선일보, 2002년 6월 25일) "청년 때에 나라를 위해 열심히 일하고 노년에는 사회에 봉사함으로써 다음 세대들이 더 밝고 좋은 세상에서 살 수 있도록 노력하는 모습을 본받아야 한다"(한겨레신문, 2004년 4월 13일).

넷째 – 일하는 노년의 아름다움으로서 정경희 등은 이 부분을 2000년 '국민의 정부'에서 내건 '생산적 복지'와 맥이 닿는다고 보는데, 그런 면이 없지 않겠지만 사실 첫째 항목과 맞닿는 것이면서 아직까지도 중요한 이슈가 되는 부분이다. 이 부분은 복지여건과 노후준비가 미비한 상태에서는 아무래도 단어 그대로 받아들이기는 쉽지가 않다. 그런데 오히려 신문의 기사에서는 이 분야의 색채가 유난히 짓다. 보고서에 인용된 기사 세 개를 모두 살펴보면 "고령화시대 아니오. 나이 조금 들었다고 현장을 벗어나 훈수만 두려고 하면 그것도 문제 아니겠소. ……여력이 있다면 노인들도 새로운 일에 도전하는 것이 결국 사회에 보탬이 되는 일 아니오? …… 불러주지 않는다고 그냥 놀면서 썩히는 것은 사회적 낭비라고 생각해요."(조선일보, 2006년 9월 26일) "노령화사회가 될수록 노인들이 세금을 축내는 천덕꾸러기가 아니라 경제활동 인구로 당당하게 활동하는 것이 중요하다."(조선일보, 2002년 2월 4일) "생업에 필요한 자격증을 얻기 위해 나이를 잊고 도전에 도전을 거듭한 서씨의 '청년정신'과 '자구(自救)의지'는 눈앞에 닥치고 있는 초고령사회의 해법을 제시한다. …… 지금도 심각한 노인문제는 고령사회나 초고령사회가 되면 과중한 부양책임에서 오는 가족해체, 연금부담액과 수령액의 차이에서 오는 세대간 갈등, 국가의 복지책임 범위를 둘러싼 논쟁, 노동력 감소에 따른 국제경쟁력 저하 등 숱한 문제를 파생시킬 것이 틀림없다. 고령인구를 돌보는 데 써야 할 국민연금은 벌써부터 고갈이 우려돼 정치, 경제, 사회 전반의 문제로 떠올랐다. 서씨의 도전정신에 주목하는 이유는 '내 삶은 내가 책임지겠다'는 자세야말로 앞서 말한 여러 문제를 한꺼번에 해결할 수 있는 최선의 처방이기 때문이다. …… 멀쩡한 사람이 국가만 쳐다봐서는 안 된다. 우리 모두 '고령사회에 대처하는 바람직한 모델'을 보여준 서 씨를 본받아야 한다. 그것이 개인도 살고 국가도 살리는 길이다"(동아일보, 2005년 4월 15일).

다섯째 – 배움에 대한 열정은 새로운 기술 분야를 비롯한 다양한 형태의 배움에 대한 참여의 열정을 다루고 있다. '인터넷 열풍', '만학도의 힘', '할머니 헤어디자이

너 탄생', '한자 7급 자격증 딴 할머니들' 같은 말들이 두드러진다. "나이가 들면서 제일 듣기 싫은 말이 '꼬부랑 할머니'와 '컴맹'이었다. …… 낮잠이나 화투로 소일하는 것보다 컴퓨터를 배우는 게 백배 낫다"(조선일보, 2002년 12월 6일). 이러한 배움의 열정은 특히 2000년대 이후 전국에 노인종합복지관의 설립과 함께 한층 더 뜨거워졌다. 그러면서 보통의 노인들과 다른, 비범한 과업을 달성한 노인 인물의 성공기를 다루는 기사의 성격은 젊은이들에게 꿈과 포부를 심어주려는 태도와 구분이 되지 않는다. "[73세 박사・69세 학사 딴 '만학도의 힘'] [……] 나이가 들었다고 스스로 좌절하면 아무 일도 하지 못합니다. 배우는 데는 나이 제한이 없으므로 열심히 기회를 찾는 것이 중요하다고 생각합니다."(조선일보, 2003년 2월 13일).

여섯째 – 개인 중심적인 삶으로서 지금 노인세대가 애초 몸에 젖은 삶의 태도라면 가족중심이라고 해야 할것 같다. 그러나 '신노년층'에서는 삶의 구심점이 개인에게로 옮아간다는 말이다. 그래서 독립성이나 자아실현이 중요한 가치가 되고, 경제력이 있는 노인들은 자기들만의 노후를 즐기려고 한다. 이들은 위에서 본 새로운 고객층에 속하기도 하는 것이다. "요즈음 한국의 노년층은 젊을 때 모은 재산을 자녀에게 물려주기보다 자신을 위해 쓰겠다는 의식이 높아지는 추세를 보이고 있어 앙코르 용품과 서비스가 갈수록 다양해질 것."(조선일보, 2002년 5월 24일). "'최근 젊은 층의 전유물로 여겨지던 자기중심적이고 감각지향적이던 소비패턴이 노년층까지 확산되고 있다'며 '자신들의 인생을 추구하는 신세대 노인층이 향후 비중 있는 소비자 집단으로 등장할 것으로 보여 기업의 적극적 대응이 요구된다'고 밝혔다"(동아일보, 2005년 7월 20일). 이런 모습의 부각은 다시 위에서 말한 그늘 효과와도 연결되는데, 그러니까 노후대비의 중요성을 경제적인 대비와 동일시하면서 보험이나 예금 상품의 광고효과를 노릴 수 있다는 것이다. 즉, "출산율 하락으로 핵가족화가 심해지고 고령화가 촉진되면서 자신의 노후는 자신이 걱정해야 하는 시대가 되고 있다. …… 자칫하면 고통스러운 노후를 맞이할 가능성조차 없지 않다"(조선일보, 2005년 7월 5일)는 것이 단적인 일례라 하겠다.

이러한 신문 기사들에서는 노년 세대의 개인주의를 비롯하여 이른바 '새로운' 모습들을 강조하고 있지만, 아무래도 그것이 기사화되었다는 사실만으로도 아직은 그런 모습들이 일부거나 적어도 우리가 흔히 아는 노년의 모습과 병존하는 것으로 보아야 할 것 같다. 따라서 이런 상황에서 초래될 수 있는 위험을 몇 가지 언급하면 다음과 같은 것들이 있다. 첫째, 일반화되지 않고 오히려 서구적이며 그만큼 일반에 생경한 저런 '새로운 모습'들을 강조함으로써 지역과 계층의 차이로 그와 거리가 먼 생활을 하는 소외계층 노인들의 삶을 더욱 소외시킬 수 있다는 점이다. 둘째, 우리 사회가 아직은 성공적 노화를 뒷받침할 구조적, 사회적, 정책적 준비가 전혀 되어 있지 못한 상태에서 자원봉사 활동 같은 경우 노인들이 하려고 해도 할 수 없는 경우가 많다는 사실이다. 그런 점은 취업의 경우도 마찬가지거나 오히려 더 심하다. 셋째, 서구적 가치에 따른 '성공적 노후'의 강조로 전통 문화의 가치를 간과하게 된다는 점이다.

3) 제도 차원의 변화

앞에서도 이야기되었지만, 제도와 구조 차원의 변화 없이는 그 어느 변화도 궁극적으로 완성될 수 없기 때문에, 제도적 변화를 통해 개인과 사회 차원의 인식 변화도 변증법적으로 한 단계 더 상승하여 전개시킬 수 있다. 그런 점에서 노인과 관련한 제도와 구조 차원의 변화는 중요하다고 하겠다.

노인관련 제도 차원의 변화에서 가장 두드러진 성과라면 바로 독일의 수발보험(Pflegeversicherung)과 우리의 '노인장기요양보험'일 것이다. 노년이 길어짐에 따라 수발이 필요한 상황이 잦고 길어질 수밖에 없는 상황에서 기존의 의료보험이나 사회부조만으로는 제대로 대처할 수 없다는 사실을 맨 먼저 구체적으로 깨닫고 이에 대한 방안을 세계최초로 내놓은 것은 이번에도 독일이었다. 그 다음 일본을 거쳐 우리에게도 이와 비슷한 제도가 나타났다.

또한 독일에서는 노인들이 주거하기에 편리한 주거시설과 도시 인프라를 제도적으로 이끄는 프로젝트를 이어왔는데, 우리의 경우 이에 대해서는 아직 건설시장에 맡겨진 상태다. 다른 어디서도 찾아보기 힘든 아파트 위주의 주거시설이요, 주거시설이라기보다 투자시설에 가까운 노릇을 하고 있는 우리의 주거문화에서는 노인이나 장애인을 위한 인프라 구축이나 그들에게 어울리는 시설도 역시 시장의 한 분야로 공급되고 있다. 그 대표적인 것이 부유한 노인들을 위한 시니어 시설들을 꼽을 수 있다.

한편 이러한 특유한 주거문화는 다른 방향의 정책을 도입하게 만들었는데, 바로 주택담보역모기지다. 기존에 주택을 마련하기 위해 은행의 돈을 빌린 뒤 융자금을 갚고 난 다음 소유권을 완전히 차지하던 것과 반대로, 일정한 나이를 넘은 노인들이 소유한 주택을 담보로 다달이 융자로 생활비를 받아 생활하고, 사망한 뒤 정산하여 융자금만큼 주택의 소유가 은행으로 넘어가는 제도다(김근홍 외, 2009).

이런 구체적인 정책들 역시 필요하고 중요한 성과를 가져왔다는 사실도 부인하기 어렵다. 그러나 대체로 이러한 제도들은 기존의 제도를 보완하기 위한 보완책의 위상을 벗어나지 못한다. 저출산-고령화 사회의 도래를 염려하고 걱정은 하지만, 정작 정부에서 나오는 정책들이란 게 구조적인 차원보다 양육비나 보조금의 지급 같은 미봉책들이 대부분이란 점과도 통한다. 저출산과 고령화가 맞물리는 상황이지만, 출산을 높이기만 하면 문제가 해결되거나 해결에 큰 도움이 되리라고만 생각하는 것이 첫째 문제라면, 그를 위한 정책이 고용제도와 교육제도의 구체적인 변화보다 들인 예산에 비해 효과없이 문제의 예리한 정도를 제대로 해결하지 못하고 있다는 점이다. 따라서 역시 중요한 것은 근본적인 변화로서 그 대표적인 것이 바로 정년제도다. 정년제도는 직장 퇴직과 공적 연금수령의 기준일 뿐만 아니라 민영 보험들이며 기타 사회 거의 전 분야에서 기준이 되기 때문에 쉽게 고치기 어려운 것은 분명하다. 그러나 그만큼 그 변화가 중요하다. 왜냐하면 이 제도가 미치는 효력 범위가 광범위한 만큼 그 정년의 연령이 노인 또는 노후생활 진입의 기준이 되기 때문이다. 이른바 낙인이 찍히는 효과 외에도 직업 및 생계활동전반에까지 영향을 미치는 것이다.

제 04 절 새로운 노후 모습

인생의 목적과 삶의 양식에 따라 오랜 시간 살게 된 세월이 그저 흘러 사라지는 세월이 될 수도 있다. 자꾸 더 오래 살기만 한다고 그것이 반드시 그대로 덕이 되는 것은 아니다. 따라서 미래에도, 아니 미래에야말로 정말 중요한 것은, 수명을 단순히 더 연장하는 것이 아니라 제대로 사는 세월을 연장하는 것이 중요한 과제가 될 것이다.

1 달라지는 노후 모습

고대 로마시대 사회에서는 사람들 관계가 제법 자연스럽고 꾸밈이 없었다고 한다.[9] 특히 아동기/청년기/노년기라는 전통적인 3구분 외에도 "유벤투스(Juventus)"라는 성

9) 초기의 로마인들은 검소하고 강건한 삶을 사랑하는 기풍을 자랑하는 민족이었다. 그러나 점차 부의 축적으로 로마인의 생활양식이 변화하기 시작하였다. 절약하는 생활태도와 질박하고 강건한 기질은 헬레니즘 문화의 인식으로 사치, 향락, 퇴폐적으로 흐르기 시작하였다. 미식을 즐기게 되고, 주택규모도 소규모에서 대저택으로 변화하는 등 의식주 모든 면에서 낭비와 과시 풍조가 시작되었다. 특히 포에니 전쟁 이후 사치풍조는 심해졌다. 부유층에서는 호화로운 식사를 즐기고 난 후 구토제 혹은 새 깃털을 사용해 식도를 자극해 구토한 뒤 다시 식사를 즐기기 시작하였다는 것은 유명한 이야기이다. 그들이 구토물을 버린 곳은 넓은 강을 이룰 정도로 넘쳤다. 또한 1세기 중엽의 달력에는 40% 정도가 휴일이었으며, 4세기에는 365일 중 무려 200일 정도가 휴일이고, 그 중 175일간 쇼를 할 정도로, 빵과 쇼의 정치는 로마인들의 의식적 타락을 가져왔다. 로마인들은 말과 전차 경기 등도 즐겼으나, 가장 인기 있던 것은 검투였다. 짐승 대 짐승(사자와 호랑이), 짐승 대 인간, 인간 대 인간의 다양한 경기가 행해졌다. 플리니우스는 'BC 58년 원형 경기장에서의 낭비가 도덕적 타락의 전환기였고 주장하기도 한다(문숙재 외, 2005: 114, 재인용).

숙한 청년기와 "비릴리타스(Virilitas)"라는 성숙한 사람의 경험과 지혜가 있었다. 이런 것이 현대에는 50세 이상 세대를 제대로 특징지을 수 있는 이름들로 상상력과 창의성이 많이 드러난다. 이를테면 '베스트에이저'(Best Ager), 인생 후반기 사람들, '우피족'(Woopies-well-off-older-people)[10], 쿠키족, 매스터 컨슈머(master consumer), 엠티 네스터족(empty nesters)[11], 성숙한 세대, 에버그린족, 젊은 노년층, 시니어 서퍼족, 셀피족(second life people)[12], 퍼펙트 에이저(perfect ager), 결정적인 세대, 써드 에이저(third ager)[13], 시니어 시티즌, 슈퍼리어(superior) 등 다양한 용어들로 표현되고 있다.

연금생활자들의 관점에서 바라보면 '늙음'이란 개념은 오늘날 긍정적인 의미와 부정적인 의미가 똑같은 비중을 차지하는 것 같다. 그럼에도 이 개념과 연관된 부정적인

---

10) 우피족(Woopies -well-off-older-people)이라는 의미는 경제적으로 여유가 있는, 나이 든 세대를 말한다.

11) 엠티 네스터족(empty nesters)은 자식 없이 또는 자식과 따로 사는 노인들을 가리키는 의미로 사용되고 있다.

12) 셀피족(second life people)은 제2의 인생을 사는 사람들을 말한다.

13) 윌리엄 새들러 박사는 현재 홀리네임스 대학 사회학과 교수로, 하버드대학 성인발달연구소에서 임상 실험을 통해 〈중년의 삶〉을 연구해온 중년 전문가다. 그는 자신이 중년이 되면서 자신 앞에 놓인 삶이 실제로 어떻게 전개될지에 대한 궁금증에서 중년기 삶에 대한 연구를 시작해 20년 가까이 그 연구를 진행해오고 있다. 그는 4, 50대 성인 200여 명을 인터뷰한 후 그들 중 50여 명을 12년간 추적하여, 인생 최고의 전성기를 마흔 이후에 맞고 있는 사람들을 통해 〈마흔 이후 30년〉의 삶을 새롭게 조명했다. 오랜 기간에 걸친 인터뷰와 분석 작업을 통해 마흔 이후의 삶은 〈쇠락〉의 시기가 아니라, 인생의 2차 성장 시기라는 사실을 증명하면서 그 연구 결과로 《서드 에이지, 마흔 이후 30년》을 출간하였다(미국 2000년 출간, 한국 2006년 출간). 이에 8년 만에 《핫 에이지, 마흔 이후 30년》을 출간하면서, 중년기 삶의 메타포로 〈인생의 항로 수정하기〉를 제시하고 있다. 저자는 인생의 성공은 마흔 이후 인생의 항로 수정에 달려 있다고 강조하면서, 이제는 인생의 목표가 아닌 인생의 방향을 설정할 때라고 강조한다. 특히 이번 책에서는 전작에서 한 단계 더 나아가 〈은퇴〉에 대해 구체적으로 살펴보면서, 은퇴라는 새로운 국면으로의 성공적인 전환에 대해서도 깊이 있게 살펴보고 있다. 〈서드 에이지〉, 전 세계적으로 급부상하고 있는 단어 저자는 마흔 이후의 삶에 대해 연구하면서 〈서드 에이지(third age)〉란 개념을 소개했다. 최근 유럽에서는 생애주기를 네 단계로 나누고 있는데, 첫 번째 단계인 〈퍼스트 에이지(first age)〉는 〈배움의 단계〉로 학습을 통해 인생의 1차 성장을 이루는 시기며, 〈세컨드 에이지(second age)〉는 일과 가정을 이루면서 〈사회적 정착을 하는 단계〉이며, 〈서드 에이지〉는 인생에서 가장 긴 시기로, 마흔 이후 30년 동안 인생의 2차 성장을 통해 자아실현을 추구해가는 시기다. 마지막으로 〈포스 에이지(fourth age)〉는 그야말로 〈노화〉의 시기로, 성공적인 나이 듦을 실현해가면서 젊게 살다가 삶을 마감하는 시기를 뜻한다.

연상들은 심리 · 사회학적으로 다음의 근거들을 갖고 있다.

- 노년기 질병이나 고통에 대한 두려움이 가장 크다. 또한 신체적 역량과 정신적 능력의 쇠퇴가 이야기되기 때문에 죽음에 대한 생각을 떨쳐낼 수가 없다.
- 남의 도움에 의지할 수밖에 없는 상황, 즉 무기력함이나 자립성, 삶의 의욕상실 그리고 나약함을 드러내서 말해야 하는 상황에 대한 걱정이 크다.
- 나이와 노화에 따른 생물학적 결과들 외에도 '쓸모가 없는'–'무용한'– '늙어 힘없는'–'폐쇄된' 것과 같이 주관적으로 느끼는 사회적 평가 절하들 역시 문제가 된다. 따라서 '고철'에 대한 연상들이 떠오르기 때문에 쓸모를 다했으니 멈춰선 낡은 용광로처럼 더이상 쓰임새가 없다.
- 노년의 고독에 대한 걱정도 중요한 역할을 한다. 가족이나 친구도 없이 연금생활을 보내야 한다는 사실에 대한 염려가 크다.
- 특이한 점은 위에서 언급하고 있는 노년의 경제적 궁핍에 대한 걱정이 중요한 역할을 차지하지 않는다는 점이다. 따라서 노년의 빈곤에 대한 두려움은 최하위에 머물렀다.

한편 음지가 있으면 양지도 있는 법이기 때문에 '늙음'에 대한 긍정적인 연상들도 있다.

- 오늘날 연금생활세대 사람들은 여러 모로 노후 대비를 나름 잘 하였기 때문에 안정된 연금에 든든해한다. '늙음'이란 말에 재깍 상대가 긍정적인 사람들이 부정적인 사람들에 비해 네 배나 많았다.
- 노년에는 시간이 많아서 긍정적인 체험을 하면서 시간 보내기를 기대하기 마련이다. 이때 인생에서 얻은 지혜와 경험이 진가를 제대로 발휘하게 될 것이다.
- 심신의 건강 상태야말로 연금생활자로 사는 동안 활동적이고 인생을 긍정적으로 살아가기 위한 전제조건이다. 그렇지만 질병에 대한 두려움은 거의 세 배 가까이

두드러진다.

- 마음의 여유와 사려 깊음이 합쳐진 긍정적인 마음가짐이야말로 특별히 강조된다. 노년에 은퇴생활을 하자면 직업생활의 스트레스－랠리로부터 벗어날 수 있다.
- 새로운 인생단계로 접어드는 걸 통해 긍정적인 결합이 구체화되어 나타난다. 그러기에 은퇴한 사람들은 희망과 확신에 찬 눈으로 노년을 바라볼 수 있다(Opaschowski, 2007).

BAT(독일 미래의 문제들을 위한 재단) 내 여가학연구소에서 10년의 시간차를 두고 비교 연구한 조사 자료들을 분석해 보면 긍정적인 변화의 모습이 뚜렷하게 나타난다. 1997년에만 해도 부정적인 면이 58% 대 긍정적인 면 41%였던 비율로 오늘날보다 염세적인 면이 더 강했다. 그 당시 응답자들은 '늙음'을 희망어린 눈으로 바라보는 경우가 가장 적은 수치를 보여주었다. 그러나 오늘날 연금생활자 세대는 상황이 바뀌어서 낙관적인 눈으로 미래의 노년기를 바라보는 비중이 훨씬 높다. 오히려 나이가 적은 세대, 그러니까 34세 이하의 사람들이 노년의 생활에 대해 훨씬 더 비판적이다. 그런데 중년 세대 사람들도 마찬가지로 노인들에 비해 염세적인 색체가 훨씬 더 두드러진 모습을 보였다(64% 대 36%). 현대의 연금생활자들은 스스로의 은퇴생활이 어떻게 하면 긍정적이 될 수 있을지 깨달은 듯이 보인다.

눈에 띄게 두드러진 점을 또 하나 꼽으라면 노년 여성들의 시각이 훨씬 더 비판적이라는 사실이다. 5명 중 3명이 '늙음'과 관련한 진술에 부정적인 면을 보여주었다. 이 샘플센서스에서 무엇보다 '자립성 상실과 도움이 필요한 상태'에 대한 여성들의 두려움이 같은 연령대의 남자들에 비해 무려 세 배나 높았다는 사실이다(여성 49%, 남성 17%). 질병, 소극성, 주름살과 관련한 부정적 태도도 여성의 경우가 확연히 더 높았다. 그에 반해 고령의 남성들은 노년의 고독이 훨씬 더 빈번하다. 65세에서 79세 연령대의 남성들이 여성보다 긍정적인 모습으로 54대 46의 비율을 보여 주었다. 기타의 경우에도 '보장된 연금'과 '새로운 인생단계'를 강조하고 있다(Opaschowski et al., 2007).

자신의 현재 인생단계에 적절한 이름을 붙여보라고 했을 때 중년 세대에서는 익숙한 현상들과 그에 대한 친숙한 설명들이 나왔다. ‘중년의 마감’, ‘늦여름’, ‘인생의 가을’, ‘소득 높은 인생의 저물녘’과 같은 긍정적인 표현이 쏟아졌다. 그렇지만 ‘인생 전성기’, ‘인생 최고 단계’와 같이 긍정적인 성격이 두드러진 자기평가들에서는 ‘인생의 끝’에 이르려면 아직 멀었다는 생각이 내비친다. 은퇴한 사람들은 객관적으로 인생의 황혼기를 눈앞에 맞았지만, 주관적으로는 ‘인생의 늦은 오후’를 만끽하는 것처럼 인식하는 것 같다. 멜랑콜리로 흐르는 면모가 나타날 때도 있지만 무척 드문 편이다. 내적으로는 균형이 잡혀 안정적이며 스트레스가 없는 점, 현재 인생 단계의 조화로운 면을 강조하였다. 그들은 감정 차원에서 노년에 닥치는 많은 문제들에 대해 알고 있기는 하지만 그 모든 것을 긍정적으로 보려고 하는 것 같다. 이들의 만족감은 또 그들이 도달한 연금생활을 ‘마땅한 것’으로 평가하기 때문이기도 할 것이다. 사실 안심하고 쉴 수 있지만, 쉬는 것으로만 만족을 하는 경우는 드물기 마련이다. 왜냐하면 새로운 인생단계를 개인적 도전으로 보려고 하는 사람들이 많기 때문이다. 스스로의 인생을 새로 꾸리고 변화에 대해 열려 있기에 ‘새로운 방향 정립’이 그들에게는 ‘새로운 인생의 과제’가 될 수 있다.

2 새로운 노인들

1) 80년대와 90년대 비교를 통한 새로움

자신의 생활 상황에 대한 연금생활자들의 즉흥적인 연상들은 여가, 자유, 마음대로 할 수 있음 등이 감정 차원에서 뒤섞여 나타난다. 어쩔 수 없는 일의 압박과 시간에 쫓기는 생활로부터 벗어나고 싶은 바람이 주도적인 상태라면 다음과 같은 특별한 자유의 감정이 자라나기 마련이다.

- 마침내 원 없이 잘 수 있는 자유를 갖게 됐다.
- 저녁에 친구들과 어울리거나 극장에 가는 것, 그런 일이 주중에도 보통으로 할 수 있다. 내일 아침은 일찍 출근할 필요가 없으니까.
- 이제 봉사활동도 할 수 있다. 그럴 시간이 있으니까.
- 내 몸의 기관들이 계속해서 돌아가도록 몇 가지 일을 더 한다.
- 가장 즐거운 일이라면 이제야 체험할 수 있는 모든 일에 대한 계획이며 꿈들을 만끽하는 일이다.
- 전보다 신선한 공기를 더 많이 쐰다. 시간 압박 없이 산책을 마음껏 하는 일이야말로 가장 즐거운 일이 되었다(Opaschowski, 2006).

이 새로운 생활감정을 이루는 근본 차원은 여가, 활동, 행복, 이렇게 세 가지로 나눌 수 있다. 따라서 직업생활로부터 벗어나는 일과 행복하고 자유로운 생활에 대한 바람들이 맞물릴 수 있는 것이다.

예전 세대들과 비교해서 요즘의 은퇴생활자들을 일정 부분 찬미하는 경향이 두드러진다. 지나버린 직업생활이 너무나 부담스럽고 문젯거리로 느껴진 나머지 새로운 자유의 세계로 들어서는 것을 축하하며 반긴다는 의미 같다. 그렇기 때문에 마음으로는 이전에 하던 일에 대한 미련이 거의 없어 보인다. 은퇴 생활 시기를 주관적인 부담에서 벗어나는 것으로 받아들이는 것이, 마치 마음으로부터 무거운 압력을 덜어버리기라도 한 듯하다. 이제 더이상 시계바늘에 초점을 맞춰 생활할 필요가 없다.

현대 노동세계에서 생산성이 증가함에 따라 모든 것의 속도가 빨라지고 정신없이 서두르다보면 스트레스에서 벗어날 길이 거의 전무해 보이는 것이 사실이다. 이러한 발달현상은 1990년대 말에 이미 두드러졌다. 그에 반해 1980년대 초만 해도 노동의 부담이 마치 한가로운 시골 분위기처럼 보였던 시기가 있었다. 그에 대한 일례로 1983년 독일 BAT 연구소에서 독일인들을 대상으로 연구 조사한 자료에 따르면 은퇴생활자의 18% 정도가 마음대로 일을 해도 좋고 하지 않아도 좋은 '시간'을 여가와 연결시켰던 적이 있다. 이러한 수치는 1997년까지만 해도 31%나 되었다(BAT, 1984; Opaschowski, 1998). 그러나 현재 은퇴생활자들 가운데 여가시간에 정기적으로(적어도 한 주에 한 번) "당장 하고 싶은 일을 즉흥적으로 하는" 이들이 이미 절반이나 차지할 만큼 변화가 크게 나타나고 있다. 즉, 자유의 정도가 눈에 띄게 커졌다는 의미이다. 오늘날 은퇴생활자들은 인생에서 더 많은 일을 할 수 있고 또 그렇게 하려고 한다.

오늘날 은퇴생활자들은 새로운 생활형편을 거의 '순수한 자유의 향유'로 받아들이고 있다. 즉 "즐김, 기쁨, 재미"에 대한 새로운 권리가 요구되고 스스로 사는 인생이나 새로운 생활에 대한 요구들이 제기된다는 뜻이다.

은퇴생활자들이 전에는 더이상 일을 하지 않아도 된다는 사실만으로 기뻐하였다. 그러나 오늘날에는 이를 새로운 인생단계에 대한 요구로 삼는다. 그래서 "게으름 피우고 아무 일도 하지 않는 것"은 그들이 누릴 당연한 몫이라고 답변하고 있다. 이들은 양심의 가책 없는 자유시간과 인생의 향유 사이의 생활모습을 바라고 있다.

전에는 연금생활자들이 일의 압박으로부터 벗어나는 것에 더 무게를 두었지만, 오늘날에는 더 긍정적으로 새로운 인생단계를 기회이자 숙제로 받아들이는 경향이 강하다. 말하자면 "무언가를 위한 자유" 또는 "의미 있는 자유"로 말이다. 그러나 "무엇을 위한 자유?"라는 물음에 대해서는 아직 이렇다 할 대답이 없는 상태다. 오늘날 은퇴생활자들은 지나치게 일찍부터 성공의 압박을 받고 싶어 하지 않는다는 의미가 강한 것 같다.

2) 노후 일상생활의 변모 양상

"풍성한 아침식사……"를 기대하는 상황에서 유럽의 독일이나 영국 그리고 프랑스의 은퇴생활자들과 한국의 은퇴자들 사이에는 어떤 차이가 있을까? 이러한 수수께끼가 가진 정답은 의외로 아주 간단하다.

독일 연금생활자는 7시에 일어나 심장약을 먹고 아침을 해결한 뒤 곧바로 정원 일을 시작한다. 그에 비해 영국 연금생활자는 8시가 되어서야 일어나 차를 마시고 그다음 여유 있게 골프를 치러 가거나 아니면 개들의 경주를 보러 간다. 프랑스 은퇴생활자는 9시에 일어나 코냑을 들이키고 — 그런 다음에는 여자 친구를 보러 간다. 그렇다면 한국 은퇴생활자들은 어떠할까? 아마도 새벽 5시에 일어나 TV를 켜놓고 새벽녘이 밝아오기를 기다린 뒤, 아침을 먹고 집안일을 찾아 나설 것이다.

물론 이처럼 단순한 비교에는 문제의 소지가 있기에 조심해야 한다. 그럼에도 한 가지 분명한 사실은 오늘날 서구나 우리사회 모두 은퇴생활자들 사이에 '조용한 혁명'이 아직까지 일어나지 않았다는 점이다. 독일 은퇴생활자들은 우선 보기에 전과 다름없이 아침식사와 정원일 그리고 낮잠으로 이어지는 평안한 인생 황혼기의 전통적인 모습 그대로다. 우리의 은퇴생활자들도 경제적 여유가 다소 나아지고 있다는 사실 때문인지 나름의 역할들을 찾으려 하는 경향이 갈수록 높아지고 있다. 따라서 객관적으로 보자면 스포츠, 문화, 교육 등을 할 시간이 더 많아졌지만 주관적으로는 오래된 생활습관들을 대체로 그대로 유지하는 것이 현실이다. 그러기에 오늘날 은퇴생활자들이라고 해서 자동적으로 '새로운 노인'은 결코 아니다(Scherf, 2006).

이런 관점에서 보자면 독일이나 한국사회 모두 은퇴생활자들의 일상 활동은 '꽤나 낡았다'는 인상을 주기에 충분하다. 서구의 경우 전 세대에 비해 시간과 돈에 여유가 더 많다는 사실만이 새롭겠지만, 한국은 일부 노인세대들을 제외하고는 이마저도 반대의 경우가 더 많다. 그러나 더욱 분명한 사실은 독일 노인들이 경제적 여유가 많아졌음에도 그것을 제대로 활용하지 않는다는 점은 또한 눈여겨 볼 만한 대목이다. 집 바깥 활동(방문, 외출)은 예외적인 일이고 — 있다 하더라도 — 그 주체는 우선 '새로운 노인'들이다. 은퇴생활자의 일상은 잘 정리되고 의식처럼 굳어지며 큰 변화 없는 생활 모습 그대로이다. 따라서 은퇴자의 일상은 — 마치 의식처럼 — 규칙에서 벗어나는 일이 거의 없다는 뜻이다. 일어나 식사하고 잠자러 가는 일, 이 세 가지 시간의 축이 일상의 리듬을 정해주고 있다.

한편 BAT 연구소에서 조사한 자료들을 근거로 독일 은퇴노인들의 하루 일과를 비교 정리하면 다음과 같은 결과들이 나타난다. 남성들의 경우 아침 일찍 일어나 신문

읽고, 장보기와 같은 볼일들을 보고, 집안이나 정원 일 하다가 점심 식사하고 커피를 마시고 저녁 먹고 텔레비전을 시청하다가 다시 잠자리에 든다. 그에 비해 여성들은 아침에 일어나서 아침 먹고 신문 읽고 자질구레한 일들을 처리한 뒤, 점심을 요리해서 해먹고, 커피 마시고 집안일 하다가 역시 자질구레한 일들을 처리하고 저녁 먹고 텔레비전 시청하다가 책 읽으면서 잔다(BAT, 2004).

그럼에도 좀더 구체적인 부분을 살펴보면 은퇴생활의 전형적인 모습에 일정부분 변화가 있다는 사실도 발견할 수 있다. 이를테면 1980년대 은퇴생활자들과 비교해 보면 오늘날 은퇴생활자들이 아침식사에 두는 무게가 한결 줄었다는 점이다. 그 당시에는 '아늑하게' 또는 '풍성하게' 아침 먹는 일이 전체 하루 일과의 정점이었다. 그래서 아침식사는 시간도 많이 걸리고 다른 한편으로 과정 하나하나가 세밀하게 나뉘어 정해졌다. "빵집에 가서 갓 구운 빵을 사오면, 부인은 그 사이 커피를 끓인다" "아침상에 달걀이 없다면 하루 온종일 허전하다."

그에 반해서 오늘날 은퇴생활자들 대다수는 풍성한 아침식사에 크게 미련을 두지 않는 듯싶다. 그 대신 적어도 한 주일에 한 번이라도 늦잠을 자며 푹 쉬는 편을 더 좋아한다는 것이다(1993년 = 22%, 2000 = 38%, 2007 = 68%). 그 다음에는 일촌광음불가경(一寸光陰不可輕, 라틴어로 카르페 디엠 Carpe diem)으로 하루를 값지게 보낸다. 현대 생활의 숨 가쁜 속도와 분주함은 은퇴생활에서도 멈출 줄을 모른다. 그러기에 어디에 시간을 사용하고 있는지 알아보기 위해 BAT에서 조사한 통계자료들을 분석해 보면 대략 〈그림 1-6〉과 같다. 1997년과 비교할 때 2007년 노인들은 자기 몸 가꾸는 데에 더 많은 시간을 보내는 것으로 나타났다(+24%). 그리고 가족과 함께 하는 일(+18%)이나 스포츠(+13%)에도 더 많은 시간을 할애한다. 텔레비전을 시청하고 라디오를 청취 하는데도 많은 시간을 들이지만, 현대의 은퇴생활자들도 결국은 하루가 24시간이다. 여러 가지 활동을 엮어서 하는(텔레비전 보면서 집안일 하며 전화하고 인터넷 서핑하기, 책 읽으며 CD로 음악 듣기 등) 젊은 세대와는 달리 나이든 세대 사람들은 여러 가지 활동들을 줄여 나가는 경향을 보여주고 있다. 이런 부분들을 1990년대와 비교하면 〈그림 1-7〉과 같은 차이가 보인다.

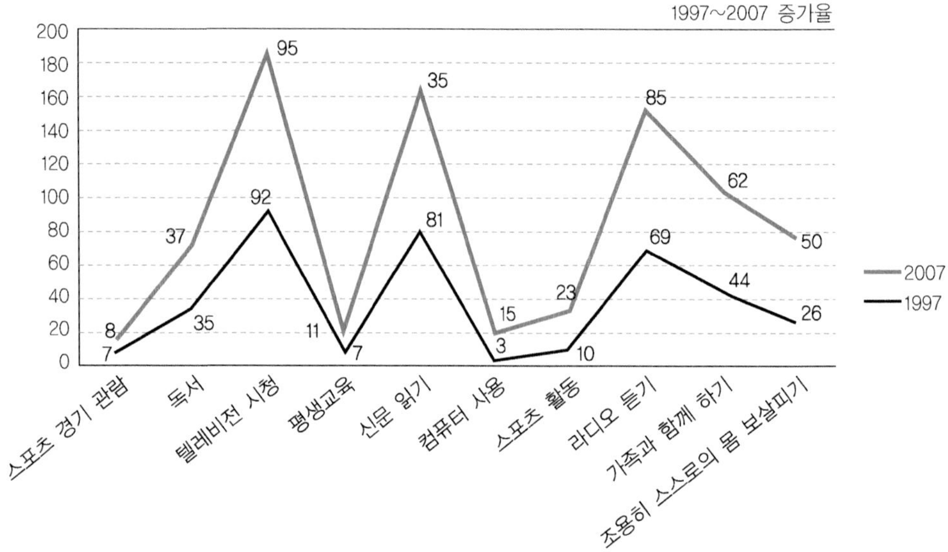

그림 1-6 은퇴자들의 여가활동 증가율

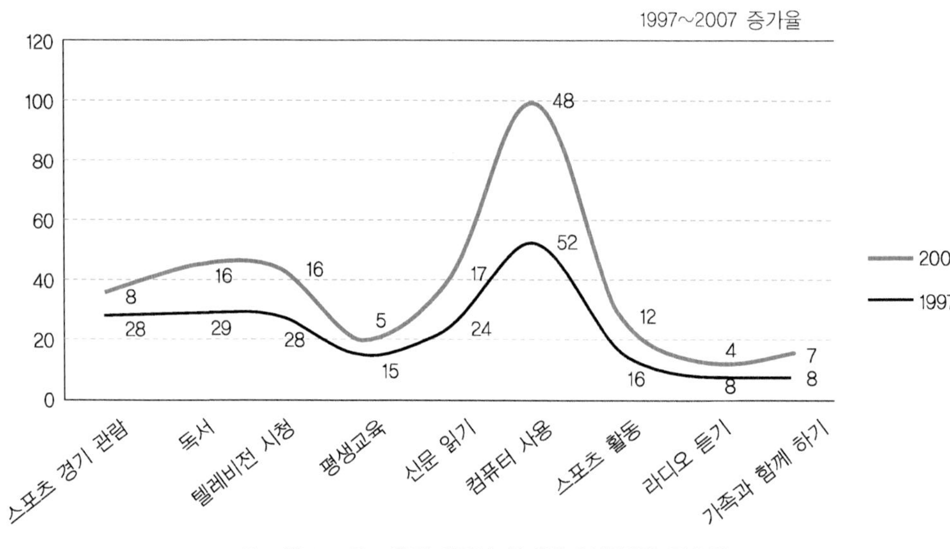

그림 1-7 은퇴자들의 시대별 일상생활 감소율

주: 각 100명의 은퇴생활자들이 한 주일에 적어도 한 번 이상 하는 활동에 대한 답변임
출처: BAT, 2002; Opaschowski et al., 2007

- 사람들을 초대하는 일이 뚜렷하게 줄었다.
- 선술집이나 북적이는 사람들에 끼어 장보는 일에 대한 흥미가 줄었다.
- 식당이나 교회에 가는 일도 드물거나 줄었다.
- 집안일이나 정원일이 줄었다.
- 노동조합이나 교회, 정당이나 단체에서 하는 봉사활동도 줄었다(Opaschwski et al., 2007).

3) 연금생활자의 보람찬 하루

고전적인 은퇴생활은 이미 시효가 지났다. 오로지 특별한 일에만 모습을 보이고, 그 밖에는 집에 칩거하며 살아가는 사람들, 그런 식으로 노년을 보내는 방식은 이미 지나가 버렸다. 귀 기울여 들을 게 아무 것도 없기에 아침에 일어나면서 오늘 하루는 또 무슨 일이 있을지 아무 것도 모르는 생활은 바람직하지 않다. 더이상 직업에 매달릴 필요가 없다면 내 생활의 틀을 세우고, 선물로 주어진 이 시간으로 무슨 일을 할지 심사숙고하는 것이 중요하다. 그저 앉아서 양다리 사이에 손을 찔러 넣고는 무슨 일이 생기기를 기다리고만 있어서는 안 된다. 그러면 아무 일도 일어나지 않는다(Scherf, 2006).

은퇴자 가운데 보람 있는, 그러니까 특별히 멋진 하루를 어떻게 정의하는지 대화를 나누다 보면 질문자체를 도발로 받아들이는 사람들이 많다. 그렇기 때문에 즉흥적으로 답변하는 내용들은 어딘가 모르게 마치 방어 같은 인상들을 준다. 일례로 "뭐 특별한 날이랄 게 따로 있나." "하루하루가 다 같이 멋지지." "뭐 특별히 생각나는 일이 없군." "변함없이 한결같음이야말로 내 생활신조지." "매일매일이 일요일이야." 이런 답변들은 아무래도 아무 문제가 없다는 걸 강조하기 위한 포장된 겉모습들이라 생각된다. 다른 한편으로 보람 있는 하루를 돌이켜보는 걸 좋아하는 이들이 대부분이다. 따라서 여기서 가장 중심이 되는 것은 바로 조화와 화목함인 것 같다.

- 남편하고 함께 한 시간
- 아이들이 찾아올 때
- 이웃들과 함께 그릴파티를 할 때
- 집안에 할 일이 아무 것도 없을 때
- 친구들이 찾아올 때

여기에서 열거한 실생활의 보기들에서는 화려한 하이라이트도 또 대단한 기획 같은 것도 나타나지 않는다. 그보다 생활의 작은 기쁨들이야말로 오늘날 은퇴생활자들에게 특별한 기쁨을 주고 있다는 뉘앙스가 강하다. 아울러 활동의 규모나 성격보다는 분위기가 더 중요하기 때문에 성가신 방해거리가 없고 또 스트레스며 시간의 압박도 없어야만 한다는 바람은 공통된 생각인 것 같다.

대부분의 은퇴자들은 일상의 단조로움만 잊을 수 있어도 그 날은 성공한 날이라는 대답이 흔하다. 그럼에도 아름다운 은퇴생활자의 나날들에 대한 묘사에서 대중매체들(이를테면 텔레비전 프로그램)은 이러한 진실을 거의 언급조차 하지 않는 것이 현실이다. 은퇴생활자 들에게 성공적인 하루라면 일종의 성공 체험 같은 것과 결부되기 마련인데, 여행이라든가 하루거리 소풍, 극장이나 박물관, 심지어 훌륭한 식사나 좋은 날씨마저도 성공의 체험으로 축하할 만큼 표현하는 경우가 많다.

"날씨가 좋으면 지내기도 좋다거나, 손자손녀들을 돌보고 나서 지역사회단체를 위해 케이크를 만들었는데 여전히 다들 맛있어해" 라는 표현만으로도 그들의 보람 있는 하루 느낌을 전해 받을 수 있을 듯싶다.

다양한 자료들을 통해 1980년대와 비교할 때 오늘날 은퇴생활을 하는 세대는 분위기와 관련된 것, 그리고 친구며 가족들과 함께 하는 일에 전에 비해 훨씬 더 가치를 두고 있는 것 같다. 서구의 노년여가 관련 자료에 따르면 시대비교에서 눈에 띄는 부분이 바로 가족, 아이들이나 손자손녀들과 함께 지내는 시간에 두는 무게가 현저하게 증가하고 있다는 점이다. 그렇기 때문에 가족들이 모여 화목하게 보낸 하루는 동서양을 불문하고 한 주 또는 한 달의 최고 정점이 될 수 있다. 가정이 지속성과 사회적

보호의 장소로 느껴지기 때문에 나이든 사람들이 향수처럼 가정의 의미를 되찾는다든가 또는 가정을 마지막 안식처나 피난처로 '움켜쥐려고' 한다는 사실은 노년학자들이 귀담아 두어야 할 중요한 영역이라 하겠다.

은퇴생활자들에게 가정이 가까운 휴양지처럼 보인다거나 그들의 말을 참을 성 있게 들어줄 수 있는 곳으로 자리매김 할 수 있다면 그보다 귀한 노후 삶의 선물은 없을 것이다.

객관적으로 가족이 점점 줄고 또 아이들 수가 감소하는 만큼 노년에 가족의 의미는 주관적으로 커지기 마련이다. 평생 가족생활의 가치에 투자한 사람은 스스로 행복하다고 평가하는 경우가 많다. 가족 관계의 긴밀함은 21세기로 넘어가는 길목에서도 최고의 노후보장일 수 있다. 왜냐하면 행복과 화목함들이 인생의 의미 충만함을 약속하기 때문이다(김태현, 2007).

1983년 BAT 연구소에서 발표한 자료에 따르면 독일 은퇴생활자들 가운데 실패한 은퇴생활의 나날들에 대한 물음에 대해서 "그런 거 없어"란 말로 방어막을 쌓은 사람들의 비율이 27%나 되었다는 사실 또한 눈여겨 볼 만한 부분이다(BAT, 1984). 즉, 은퇴 후 생활이야말로 여러 해에 걸쳐 꿈에 바라던 일이 마침내 현실이 된 것이요 힘껏 일한 덕이라는 대답이다. 이런 대답에서 은퇴생활이야말로 그 어떤 상황에서도 개인적인 성공으로 인정되어야만 한다는 인상을 받게 된다. 그러나 오늘날 은퇴 세대는 이를 전혀 다르게 보고 또 좋지 않은 나날들에 대해서도 기억하고 있다는 차이점을 보여주고 있다.

- 좋지 않은 날이야 늘 있기 마련이지만, 또 지나가기 마련이지.
- 몸과 기분이 썩 좋지 않게 느껴지는 날이지.
- 이따금 사소한 일에 대해 화를 내고 기분이 좋지 않을 때가 있는데, 그럴 때면 내 자신에게 화를 내곤 하지.
- 갑갑하고 답답하기만 할 때 – 외로움은 정말 끔찍한 것이거든(Opaschowski et al., 2007).

대부분의 은퇴생활자들은 또 그 실패에 대한 책임이 누구에게 있는지도 안다. 왜냐하면 오늘날 은퇴생활자들은 매우 현실적이라서 그날 하루에 지나치게 기대를 하지 않을 뿐만 아니라 개인적으로 실망할 일도 그만큼 적기 때문이다. 자기 자신이나 아니면 가족 중에 아픈 사람이 있을 때도 있는가 하면 그저 기분이 좋지 않을 때도 있을 것이다. 그렇다고 그냥 내쳐버릴 수도 없는 게, 몸도 그렇지만 마음도 마찬가지다. 이처럼 오늘날 은퇴생활 세대들은 자기 스스로의 약점에 대해서도 고백하는 일이 옛날 세대에 비해 눈에 띄게 많다는 차이점들이 나타나고 있다.

누구나 실패한 은퇴생활의 나날들을 이따금 겪기 마련이지만, 다른 한편으로 자신의 기분상태를 설명하면서 선택한 어휘들('외로움', '실패', '걱정', '힘없음' 등)을 보면 이 문제가 어느 날 하루만의 문제가 아니란 걸 짐작할 수 있다. 실패에 대한 두려움이라든가 의미의 문제 같은 것들이 그 이면에 숨어 있다는 뜻이다.

이처럼 간략히 정리한 하루 일과에 대한 표현들을 보면 태도와 행동에 몇 가지 틀을 유추해낼 수 있다. 은퇴생활에서 하는 일들 가운데 마치 의식을 치르는 식의 경향이 뚜렷하게 보이는 것들이 많다. 그런 의식과 같은 행동들이 일상에 안정성과 정상적 성격을 부여하기 마련이다. 형식만으로 보자면 은퇴생활의 나날들은 직업생활 때의 일상과 여러 가지 면에서 평행한 모습을 보인다. 전체 틀을 짜서 생활하고 시간을 세분화하는 것, 그리고 단단히 몸에 밴 습관적 태도 등이 그렇다. 이런 것들은 안정감을 주고 또 생활에 질서를 가져다주기 마련이다. 은퇴생활자들은 이처럼 의식적으로 밖으로 스스로를 드러내지만, 또 다른 한편으로는 안으로 부분적으로나마 불안해하는 인상을 준다는 뜻이다. 그렇기 때문에 안정성과 질서를 의식적으로 추구함으로써 자기 자신의 불안정한 상태라든가 감정변화로부터 주의를 돌리려 하는 특징도 보인다.

Chapter

02

세계 노화 현상과 인구학 차원의 변화

제 01 절 세계인구학 차원에서 본 현재 상황

인구의 크기, 지리적 분포 그리고 그 구성과 변동에 따른 통계 분석을 통해 경제 및 사회와의 연관관계를 연구하는 학문을 일컬어 소위 인구학(demography)이라 한다[14]. 인구학은 인구의 크기를 측정하고, 인구의 증가와 감소를 설명하는 데 관심을 둔다. 인구의 구조는 일반적으로 세 가지 요소에 의해서 결정되는데, 출생, 사망, 이주가 그것이다. 인구학은 흔히 사회학의 한 분과로 보는 경우가 많은데, 그 이유는 인구의 이동뿐만 아니라 주어진 집단 혹은 사회에서 사망과 출생에 영향을 끼치는 요소가 대부분 사회문화적 성격을 띠기 때문이다. 따라서 인구학적 연구는 통계적인 분석을 주로 많이 사용한다. 오늘날 대부분의 산업국가에서는 센서스를 통해 자국민에 대한 기본적 통계 자료를 수집하고 분석하여 정책에 활용한다.

인구의 증감은 주어진 시기의 출생 수에서 사망 수를 빼어 측정하는데, 대개 연간 비율로 계산한다. 유럽은 18~19세기에 인구 증가율이 비교적 높았으나 이후 정지 상태를 보이다가, 근래에 들어서는 몇몇 국가들에서 인구의 감소 현상을 보이는가 하면, 증가를 보이는 경우에도 0.5% 이하로 매우 낮은 상황이다. 이런 인구 감소 문제만 하더라도 심각한 사회문제로 꼽히기 마련이다. 기대수명의 증가에 따른 노령 인구의 증가가 대세인 상황에서 인구가 감소한다는 것은 출산율의 저하가 그만큼 심각하다는

14) 1855년에 프랑스의 기야르가 공식적으로 처음 인구현상의 통계적 연구에 대해서 '데모그래피'라는 말을 썼다. 어원은 그리스어의 데모스(démos－인민)와 그라페(grafé－묘사하다)라고 하며 이를 인구학에서는 출생·사망·연령구조 및 결혼 등 인구요인을 집단으로 하여 통계적으로 다루는 분야가 있다. 이것을 이전에는 인구통계학이라고 불러왔으나, 오늘날에는 인구학의 한 분야로 취급하는 경향이 있다(자료: http://100.naver.com).

걸 방증하기 때문이다. 그럴 경우 기존의 사회 체계와 제도들을 그대로 유지하고서는 인구학적 변화에 따른 사회변화를 감당하기 어렵다. 이제껏 내려온 사회 구조며 제도와 정책들이 바탕을 두었던 인구구조와 전혀 다른 모습이기 때문에, 저 모든 것들의 기반이 흔들릴지도 모르는 일이다.

물론 세계 전체 인구로 보자면 상황은 또 다른 국면을 보인다. 오히려 세계 인구는 가파르게 증가하는 추세를 보이기 때문이다. 게다가 제3세계 여러 국가들을 비롯하여 최근에 인구 성장률이 높은 나라에서는 인구학적 통계의 신빙성이 거의 없고 편파적인 경우도 있어서 실제 인구를 가늠하기 힘들 정도다. 일례로 인구학자들 가운데 인도의 경우 출생과 사망의 등록 수치는 실제의 3/4 정도에 그친다고 주장하는 이들도 있다. 그러니까 인도와 아프리카 그리고 남아메리카와 같이 전통적으로 가난하고 인구 조절이 되지 않는 나라들의 경우 인구 증가를 제어하지 못하는 것이 문제인 셈이다.

그렇다면 유럽이나 최근 한국의 저출산 고령화에 대한 염려는 그저 기우에 불과하지 않을까? 이론 차원에서만 보자면 남는 곳에서 모자라는 곳으로 이동하면 모든 문제가 해결될 테니 말이다. 그러나 실제 현실에서는 그런 발상에서부터 이미 헤아리기 힘들 정도로 많은 문제와 맞물린다. 일례로 독일의 경우 심심치 않게 벌어지는 네오나치며 극우파들의 외국인 공격 사건들은 바로 그런 문제가 겉으로 터져버린 사례에 불과하다. 한국의 경우에도 외국인 노동자들을 대우하는 모습에서 또 다른 차별의 구조화를 가져오기 쉽고 또 그러면서도 일자리를 염려하여 외국인을 혐오하는 내국인들도 생겨나고 있다. 그런 것들을 따지기 이전에 애초 그런 정책을 드러내어 세우기조차 힘들다는 것은 독일의 경우나 영국에서 일어난 외국인 근로자 파업문제만 보더라도 알 수 있다.

독일 최초의 여성노년학 교수로서 연방정부의 가족・노인・여성・청소년부 장관을 역임했던 우르줄라 레어(Ursula Lehr)는 1987년 독일과 세계가 공유하는 인구학 차원의 문제로 다음 16가지를 꼽은바 있다. 레어가 꼽은 16가지 가운데 첫 번째 내용이 기대수명일 만큼 장수하는 고령자가 늘어가고 있다.

첫째 – 기대수명[15)]의 증가

둘째 – 나이가 많을수록 증가하는 남녀 수의 차이

셋째 – 노인인구 비중의 계속되는 증가(1890년 60세 이상 21%이던 것이 2000년에는 약 26%)

넷째 – 고령자와 100세 이상 고령자 비율의 증가

다섯째 – 노인들 생활태도와 행동유형 차이의 증가

여섯째 – 나이와 무관한 사회의 성립

일곱째 – 노인그룹들 관계의 변화

여덟째 – 3세대 가정의 감소와 1세대 및 1인 가정의 증가

아홉째 – 홀로 사는 경향

열째 – 4–5세대 가정의 증가

열한 번째 – 인생 사이클의 변화

열두 번째 – 가정 단계의 단축

열세 번째 – 연금생활자를 위한 요양 및 휴양지의 증가

열네 번째 – 수발이 필요한 경우의 절대적 증가와 가정 내 수발 잠재인력의 감소

열다섯 번째 – 장애로 진행되는 사람들의 증가

열여섯 번째 – 나이 들어가는 외국인 시민 수의 증가(http://de.wikipedia.org/wiki/Demografie)

〈표 2–1〉에서 처럼 OECD 국가의 성별 기대수명은 전 세계적으로 고령인구 증가에 따른 노인문제 또는 사회의 노화가 시간이 흐를수록 깊은 관련 현상들을 보여주는

---

15) 기대수명, 기대여명은 영어 'expectation of life'(독일어–'Lebenserwartung')를 옮긴 통계학 언어다. 그 뜻은 어느 해 태어난 사람들이 통계 계산 상 살 수 있을 것으로 예상되는 기간을 말한다. 표준국어대사전에서는 평균수명이란 말만 올라 있는데, 설명은 다음과 같다. "일정한 지역 주민들의 수명을 평균한 것. 1년 사이에 죽은 사람의 총 나이를 죽은 사람의 수로 나누어 계산한다." 이처럼 평균수명이란 말을 더 많이 썼지만, 요즘에는 기대수명이란 말을 많이 쓴다. 기대여명이란 말은 '앞으로 더 살 수 있을 날'이란 뜻을 더 강조한 말로 역시 번역 말이다. 본 책에서는 '평균수명'이란 말을 주로 쓰되, 일정 나이 사람들이 앞으로 살아갈 기간의 의미를 강조할 경우 '기대수명'이란 말을 쓰기로 하겠다.

일면이라 할 수 있다.

표 2-1 OECD 국가의 성별 기대수명

구 분	한 국	독 일	일본	프랑스	영 국	미 국	OECD 평균
남 성	76.5	77.2	79.2	77.5	77.1	75.4	76.2
여 성	83.3	82.4	86.0	84.4	81.1	80.7	81.8

출처: 보건복지가족부, 2009c Stastisches Bundesamt, 2009

1 고령 인구와 세계인구의 증가

인구 성장에 대한 예측은 매우 다양한 측면에서 살필 수 있다. 통계를 살펴보면 세계 인구가 10억에 도달하기까지는 약 10,000년의 시간이 걸렸던 것으로 나타났다. 이러한 인구가 20억이 되는 데는 지난 1800년에서 1900년까지 불과 100년밖에 걸리지 않았다. 특히 인류 역사상 세계 인구가 지난 세기처럼 급격하게 증가한 적은 결코 없었다. 왜냐하면 한 세기만에 세계 인구는 16억에서 66억으로 네 배 이상 늘어났기 때문이다. UN의 추정에 따르면 이 수치는 — 연간 7천 9백만 성장을 예상할 때 — 21세기 중반쯤 90억으로 증가하게 된다고 한다[16]. 그 이유는 무엇보다 세계에서 가

16) 인구의 기하급수적 증가에 대한 고대 페르시아 신화에 따른 계산법을 살펴보면 다음과 같다. 신하가 왕에게 시중을 들 때마다 전에 비해 두 배의 곡식을 달라고 요청했다. 체스판의 첫째 칸에서 단 한 알의 곡식으로 시작하면서 자신이 유리하다고 믿은 왕은 신하의 매 시중마다 창고에서 곡식을 계속 꺼내도록 지시했다. 21번째 칸에 다다랐을 때 창고는 비었고, 40번째 칸에서는 무려 100억의 곡식이 필요했다. 즉, 하나로 시작하여 이를 두 배로 하고 이것을 다시 두 배로 하면 순식간에 큰 숫자가 되는 것이다(1, 2, 4, 8, 16, 32, 64, 128, ……). 바로 이러한 효과는 인구가 두 배가 되는 데 걸리는 시간(doubling time)으로 측정할 수 있다. 1년에 1%의 인구성장은 70년 내에 두 배의 인구 규모를 가져올 것이며, 2%의 성장률인 경우 인구는 35년 안에 두 배가 되며, 3%에서는 23년 안에 두 배가 되는 것이다(김미숙 외, 2003: 533−534).

장 빈곤한 국가들의 인구가 계속해서 증가하기 때문이다. 현실에 바탕을 둔 예측에서 이 세기 중반까지 최빈국의 인구가 적어도 3배까지로 늘어나게 될 것이다. 그 반면 인구 고령화의 경우 유럽, 북미, 오세아니아의 선진국들이 주도하고 있다. 그런데 특이한 사항은 2050년 인구 전망에서 볼 때, 선진국과 개발도상국을 막론하고 인구의 고령화가 급속하게 진행되어, 전 세계가 심각한 인구 고령화 문제를 함께 겪게 된다는 사실이다.

특히 수십 년 동안 전 세계적인 노화현상도 극적인 양상을 보이고 있다. 오늘날 28세인 평균연령은 이제 38세 이상으로 치솟게 될 것으로 전망되고 있다. 그와 동시에 65세 이상 인구 비중이 10% 가까이 (7%에서 16%로) 증가할 때, 15세 이하 인구비율은 20%로 감소될 것이라고 한다. 세계적인 인구사회학적 변화현상들이 나타내는 다음 사실들만 보더라도 그만큼 사태의 심각성을 알 수 있다.

- UN의 산정에 따르면 이 세기 중엽 라틴아메리카 인구의 평균연령이 38세에 도달하였는데, 이러한 현상이 유럽에서는 이미 반세기 전에 현실화되었다.
- 아프리카 사람들의 평균연령도 앞으로는 지금보다 거의 두 배 가까이 증가하리란 전망이다(일례로 2005년 19세 평균연령이 앞으로 2050년쯤에는 31세로 향상될 것이다).
- 유럽 사람들은 평균연령이 50세에 이르러 나이와 관련한 세계의 통계에서 가장 앞서 가는 선두를 유지하고 있다(http://www.dza.de/).

현재 과도한 노화는 세계 전체에서 서서히 그리고 조용하게 퍼져가는 진행과정의 하나다. 깊은 물속의 조용한 흐름 아래에서는 이를테면 방글라데시처럼 향후 50년 동안 60세 이상 인구 비중이 6배로 증가하는 혁명적 변화에 대한 전망도 있다. 그러고 나면 출생률이 높은 나이 대 사람들이 점점 더 노년의 연령에 이르기 마련이다. UN 관계자들 사이에서는 이 시대적인 인구사회학적 변화를 두고 다음과 같이 도발적 표현을 서슴없이 내놓고 있다. "문제는 인간 수가 토끼의 새끼치기처럼 늘어난다는 데 있는 게 아니라, 더이상 파리처럼 죽지 않는 데에 있다"(Spiegel, 2002: Nr. 15). 그런데 여기에는 심각한 역설의 또 다른 문제가 부각되는데, 다름 아니라 산업국가들이 먼저 풍요를 누리고 나서 노화되는 과정을 거친다면, 개발도상국에서는 풍요를 누리기도 전에 노화된다는 사실이다. 그렇게 된다면 세계의 노화 경향은 앞으로 세계 전역에 걸쳐 젊은 세대와 늙은 세대 사이의 분배투쟁으로 변할지도 모른다.

2 저출산 고령화 현상

한국도 이미 접어들기 시작하였지만 독일을 비롯한 산업국가들의 저출산 고령화 현상은 해당 국가사회를 심각한 위기의식으로 몰아넣고 있다. 독일의 경우 전통적으로 내려온 '세대간 계약'이라는 연금체계 와해의 불안감이 도처에서 불거져 나온다. 그런 와중에 젊은이들 가운데에는 굳이 그런 연금체계에 들어가 '손해를 볼' 마음이 없다는 목소리도 드물지 않다. 한편으로 보면 아직 확인이 되지는 않았지만, 추산만 통해 보더라도 현재의 연금시스템으로는 인구사회학적 변화를 소화하기 힘들다는 염려 때문이다. 이는 한국의 사정도 그리 여유롭지 않다. 벌써 '저출산 고령화 사회'라는 말이 나돌기 시작한 지 오래되었고, 게다가 정책 차원에서 출산장려의 방책들을 내놓고 있는 상태다. 물론 유치원시설의 대폭 충원과 같은 인프라시설의 확장과 임산부와 아이가 있는 남녀 근로자들의 근무 여건 등 구체적인 변화 없이 그저 얼마간의 보조금을 내거는 것으로 실제 효과를 기대할 만한지 우려스럽다. 그럼에도 나름 변화를 추구하는 모습에서 다급함을 엿볼 수는 있는 셈이다. 그리고 그런 척도로 보자면 도시보다는 시골 지자체들의 사정이 훨씬 더 다급한데, 이는 독일과 한국 모두 비슷한 양상이지만, 그래도 노령 인구가 대부분을 차지하는 한국 농촌의 경우 사정이 양적으로나 질적으로 독일보다 훨씬 더 심각하다[17].

17) 한국 농어촌 가운데에서도 전형적인 면(面)지역 인구의 고령화는 도시지역에 비해 급격한 초고령

1) 독일

150년 전만 해도 독일인들의 평균수명은 37세 정도였고, 100년 전에는 49세였으며 50년 전에는 66세였다. 오늘날에 여성들의 평균수명이 82세, 남성은 74세를 가리키고 있다. 그 결과 사회의 연령구조에 급격한 변화들이 초래되고 있다. 1950년 독일 시민들 셋 중 한 명은 20세 이하였던 것이, 오늘날에는 다섯 명 중 1명에도 미치지 못하는 구조를 보여주고 있다. 거꾸로 85세 이상 인구 비중은 같은 기간 10%에서 20%로 두 배 이상 증가하였다. 이러한 변화는 2050년까지 계속될 전망인데, 6명 내지 7명 중 1명 정도만 20세 이하이고, 3명 중 1명은 65세 이상이 된다는 것을 의미한다.

고령화 사회경향은 21세기 지구촌(global village) 모든 국가에서 직면하게 될 도전이자 당면과제이다. 전 세계적으로 고령인구가 계속 늘어나고 있기 때문에 이러한 증가추이에 따라 21세기는 명실 공히 '고령시대'라고 말할 수 있다.

독일도 인구와 관련된 고령시대 변화들을 앞두고 있지만, 그 전조들은 지금과 사뭇 다르게 진전되어 왔다. 50년 전쯤만 하더라도 독일은 6천 8백만 인구로 세계 인구에서 7위를 차지하였다. 그 당시 5천 3백만이던 브라질을 크게 앞선 상태였다. 그로부터 한 세기 뒤인 2050년쯤 되면 브라질 사람들 수는 2억 5천만이 되어 — 유입 이민의 상황에 따라 다르긴 하겠지만 — 7천만의 독일 사람들 수를 크게 앞서게 될 것이다.

그러니까 이 세기 중반 무렵의 독일은 19세기 해외이민과 비교될 만한 인구사회학적 변화를 겪게 된다. 이는 1850년대에서 1890년대 사이 거의 6백만에 이르는 사람들이 해외로 이주한 것으로 추정되는데, 향후 30년 동안 그 정도 수의 사람들이 줄어들 것으로 추정되기 때문이다.

이런 현상을 초래하는 주요 원인이라면 아무래도 출산율의 감소인 아이들이 태어나

화 사회로 전환되고 있다. 일례로 1975년 65세 이상 인구비율이 4.9%에서 2005년 24.2%로 증가한 현상을 꼽을 수 있다(임춘식 외, 2007). 더욱이 전국의 시·군·구 중에서도 6개 지역은 이미 65세 이상 인구가 20%를 넘어섰으며 이 중 14개 군은 30%를 넘어선 것으로 집계되었다.

지 않는다는 데 있다. 독일에서도 1970년대 초부터 지금까지 해마다 출산율보다 사망률이 더 많았다(2006년 출산 수보다 사망자 수가 110,000명 더 많았음). 현재 여성들의 평균 자녀수도 1인당 1.36명(동독지역에서는 0.77명에 지나지 않음)에 불과하다. 그런데 안정된 수의 인구를 유지하기 위해서는 최소한 2.1명의 아이들이 필요하기 마련이다(Statistisches Bundesamt, 2009). 독일은 이러한 변화 현상을 상쇄하는 방법으로 이제까지 — 적어도 부분적으로는 — 유입이민이 이용되어 왔던 것이 사실이다. 독일에 거주하는 사람들 7명 가운데 1명은 독일에서 태어나지 않았거나 독일 국적을 갖고 있지 않은데(전체 수는 약 1천 2백만에 이름), 이제껏 극적으로 인구 감소가 일어나지 않은 것은 오직 바로 이러한 이유 때문이다.

그러나 사회의 변화를 초래하는 것이 반듯이 후손 수의 부족 하나만은 아니라는 주장도 있다. 독일에서도 다른 어느 곳보다 빠르게 진전되는 것이 바로 과도 노령화 현상을 꼽고 있다. 지난 160년 동안의 현장에서 나온 자료들에 따르면 해마다 평균수명이 여성의 경우 3개월, 남성들은 2.5개월씩 증가했다는 사실을 알 수 있다. 그러니까 10년이 지나면 대략 30개월이 증가하고, 50년 뒤에는 150개월가량 증가하는데, 이는 평균수명이 12년 이상 추가 연장되는 것과 맞먹는 수치다. 남성들의 평균수명은 이 세기 중반에 이르면 83세가 되고, 여성의 경우에는 93세에 달할 것으로 전망되고 있다.

이런 이유들로 무엇보다 향후 몇십 년 뒤 고령자 그룹이 극적으로 증가하게 될 것이다. 80세 이상 고령자 수도 3백 90만 명(2008)에서 6백 10만 명(2025)과 1천 2십만 명(2050)까지 증가된다면 고령자의 3/4은 여성이 되고, 절반은 수발이 필요하며, 1/3은 치매를 앓는 상황이 발생될 수 있을 것으로 전망되고 있다(Werner, 2010; http://www.dza.de/).

2) 한국

인구고령화 시대의 원인은 다양한 관점에서 논할 수 있지만 일반적으로 출산율이 낮고 사망률이 떨어지면서 평균수명이 연장되었기 때문이다. 한국에서 출생율이 낮아지는 이유는 1960년대 이후 정부의 강력한 가족계획정책의 영향이 크며 결혼과 가족 및 자녀에 대한 가치관의 변화도 한몫을 하고 있다. 〈그림 2-2〉에서 볼 수 있는 것처럼 1980년대 중반에 출산율이 대체수준에 도달했을 때 이미 소자녀관이 강해졌음에도 정부는 인구 억제정책을 계속 수행하였고, 그 후 출산율이 너무 낮다는 인식보다는 인구 억제정책이 성공했다는 것만을 강조한 것도 출산수준 조절 실패와 오늘날 고령사회 도래의 원인이라 할 수 있다. 특히 결혼과 가족 및 자녀에 대한 가치관 변화는 물론 교육경쟁률 심화에 따른 젊은 부부들의 부담감이 바로 소자녀관 확산으로 이어져 저출산율 또한 높아지는 현상을 보여주고 있다(양옥남 외, 2008; 한국노인과학학술단체연합회, 2007).

2010년 현재 한국 총인구 중 65세 이상 인구가 차지하는 비율은 11%로 10년 전 7.2%에 비해서는 3.8% 증가하였다(〈그림 2-1〉 참조). 특히 65세 이상 남자인구가 전

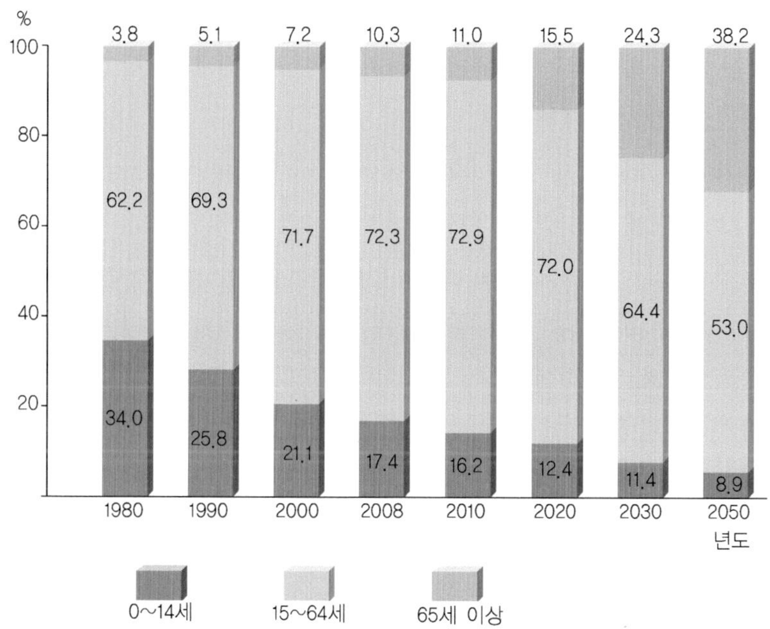

▌그림 2-1▐ 한국의 연령계층별 인구구성추이

출처: 보건복지부, 2009a

체 남자인구에서 차지하는 비율은 8.4%, 여자는 12.5%로 여성 노인인구의 비중이 더 높은 것으로 나타났다(통계청, 2010; 보건복지가족부, 2009a). 물론 우리의 노인인구 비율은 아직 초고령사회를 목전에 두고 있는 스웨덴이나 일본 등 고령국가들에 비해서는 비교적 낮은 수치이다. 그러나 인구고령화 속도는 세계 어떤 국가와도 비교하기 힘들 정도로 매우 빠르게 진행되고 있다.

지난 2000년 65세 이상 노인인구가 전체 인구의 7% 이상을 차지하여 고령화사회(aging society)로 진입하였고, 2018년에는 14.3%가 되어 고령사회(aged society)로 진입할 것으로 전망되고 있다. 대부분 선진국들은 고령화 사회에서 초고령사회로 진입하는데 대개 1세기가 걸렸지만 한국은 불과 26년 만에 진입하게 된다. 이러한 고령화 속도는 세계에서 유래를 찾을 수 없을 만큼 빠르게 진척되고 있는 문제의 심각성 속에 2026년에는 20.8%로 초고령사회(super aged society)에 도달할 예정이다. 이처럼 우리 사회의 급격한 인구고령화는 평균수명의 연장과 출산율 감소로 인한 노인인구의 절대수와 상대적 비율이 증가한 점이 근본적 원인이지만, 한국전쟁 이후 1950년대 출생하여 현재 중년기에 속해 있는 소위 베이비붐(baby boom)세대가 한꺼번에 노인인구로 전환되는 것도 결정적인 원인이다.

이 세대가 노년기를 맞으면 에이지 붐(age boom)이 일어날 것으로 예상되는데, 특히 이 세대들은 현재 노인세대인 1930년대 이후 출생자들과도 문화적 코드, 기호, 교육수준 등에서 커다란 차이점을 보여주고 있다. 이런 이유들로 베이비붐 세대들에게는 care라는 개념에서 탈피해 생산과 여가를 주요시하는 고령화정책을 만들어가야 할 것이다. 인구고령화로 인하여 나타날 수 있는 부정적 파급효과로 미시적 수준에서 노인 자신과 가족생활에 영향을 미칠 수 있다. 특히 거시적 수준에서는 경제, 사회, 정치적 측면에서 과중한 노인복지 재정의 지출로 복지국가 정당성 유지라는 과제를 안을 수 있다[18].

---

18) 베이비붐 세대들의 노후준비에 따른 통계청 자료(2010년 4월 9일)를 분석해 보면 어느 정도 노후 준비를 하고 있다는 비율이 80%인데, 그 방법의 주가 '국민연금(38.5%)'과 '예금 · 적금(24.3%)'으로 나타났다. 그런데 역시 이 세대에서도 교육의 정도가 높을수록 노후준비 비율도 높아지는 경향을 보인다('대졸이상'인 경우는 10명 중 9명이 노후준비를 하고 있지만, '초졸 이하'는 6명에 불과). 준비를 하지 않는다는 응답자의 절반 이상(50.3%)은 준비할 능력이 없다는 것을 이

따라서 인구고령화가 진행되면 그에 따른 노인의 욕구나 사회적 수요 등이 발생하게 되므로, 관련되는 제도나 서비스의 공급도 함께 이뤄져야 할 것이다. 국가 차원에서 제도를 수립하거나 노인복지서비스를 구축하기 위해서는 시간과 재정뿐만 아니라 납세자인 국민의 합의도 도출해야 한다. 그러므로 급속한 고령화는 제도나 서비스의 공백 또는 부족을 가져올 가능성이 커서 노인인구집단의 다양한 욕구를 충족시키기 어려운 상황이 발생할 여지가 있다. 이런 이유들로 우리의 인구고령화 속도는 지나치게 짧아서 다른 서구 국가들에 비해 더 적극적인 고령화대책을 마련해야 될 과제를 안고 있는 셈이다.

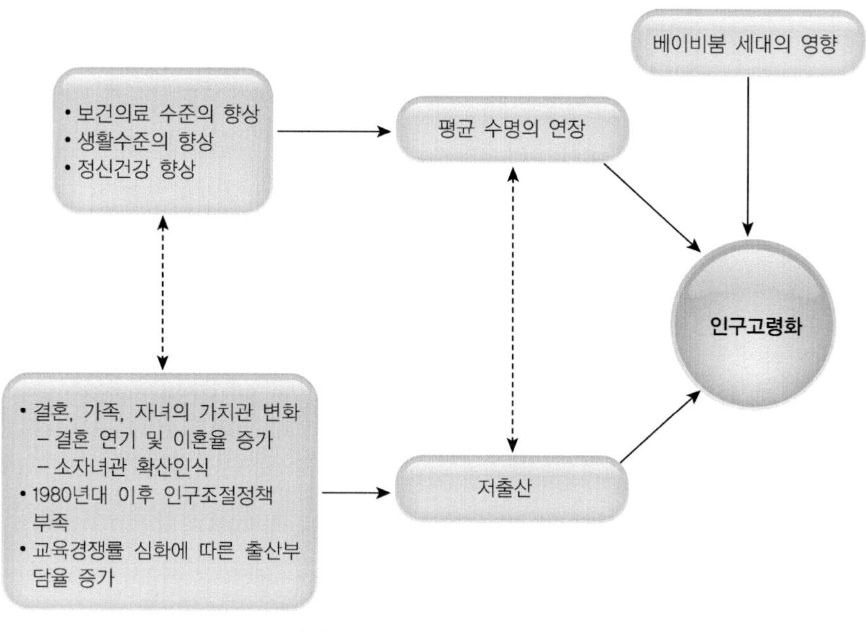

▮그림 2-2▮ 한국의 인구고령화 원인

출처: 한국노인과학학술단체연합회(편), 2007

유로 들었다(통계청, 2010). 이런 통계자료들을 놓고 볼 때 노후준비 다양성을 위해서도 현재 의료 기술의 발달이 지속된다면 70세에도 충분히 일 할 수 있을 것이므로 현재 65세이던 노인개념을 75세 이상으로 늦추려는 '고령사회 및 미래사회 위원회' 슬로건이 전혀 낯선 부분이 아닐 것이라 여겨진다.

제 02 절 고령화 사회 새로운 차원의 문제

이제 사회는 수 세기에 걸쳐 지켜온 권리들(이를테면 생업활동을 물려주면서 받는 노후자금, 가난한 사람들을 위한 사회부조/요구/권리 등)이 갈수록 의문시되고 있다. 옛날이라면 평생 계속해 왔던 일들이 노후 대책을 위해 전반적으로 없어서는 안 될 정도로 당연하였지만(이를테면 농촌에서 땅을 물려주고 현물을 공급받아 노후의 물질적 보장을 하는 것처럼), 오늘날에는 그런 일이 거의 사라지다시피 하였다. 순수하게 국가 차원에서 재정을 지원하는 것도 힘들기 때문에 공공과 개인 차원의 노후보장을 위한 폭 넓은 기구와 제도들을 마련해야만 하는 과제들이 중요하다. 그렇지 않을 경우 19세기 심각한 사회문제가 되었던 어린이 노동이라든가 노동자들의 사회적 형편처럼 노년이 사회 문제가 될 위험이 갈수록 커질 수밖에 없다. 그런 이유들로 고령화에서 비롯할 새로운 문제들을 미리부터 짚어보는 작업 역시 중요하다.

1 초유의 장수사회

어두운 쪽으로만 보자면 고령화야말로 이제껏 겪어보지 못한 규모의 시한폭탄이며 재앙의 그림자로 여겨질지 몰라도, 다른 한편으로 보자면 인구의 고령화는 장수라고 하는 인간의 소망이 실현된 결과라는 점에서 인류 최대의 축복이라 할 수 있다(박동석 외, 2003). 그에 따라 고령화의 사회적 중요성이라는 쟁점범위가 훨씬 더 광범위하게 부각되고 있다. 왜냐하면 고령의 실제적 성격 — 고령으로 인해 생겨나는 기회와 부담 — 이 급격하게 변화하고 있기 때문이다.

아울러 역사 차원에서 보자면 비교적 최근의 일인데, 사회의 고령화 속도가 계속해서 빨라지고 있다. 이러한 고령화의 가속도 현상도 인류가 이제껏 겪어보지 못한 전혀 새로운 차원의 문제다. 그 결과 의학・보건・위생 그리고 식생활과 물자공급 분야의 발달들로 시민들 개인 차원의 인생 계획은 물론이고 사회적 공동생활까지도 변화가 불가피한 상황이다. 21세기 초, 중년 세대의 현 생활모습에는 다음과 같이 세 가지 근본적으로 새로운 현상들이 나타나고 있다.

첫째 – 인류 역사상 처음으로 실현 가능성이 높은 전체 인생 계획을 세우는 일이 가능해졌다. 또한 서구 산업국가들에 사는 거의 모든 사람들이 달력상의 연령 한계에 대부분 도달하고 있다.

둘째 – 오늘날 일정한 경계의 연령에 다다르거나 넘어선 사람은 거의 불가피하게 생계활동으로부터 벗어나지 않을 수 없다. 하지만 그로 인해 인생이 끝나는 것은 아니다. 그 뒤로도 거의 20년을 생계활동 밖에서 살아가면서, 무사히 인생을 마치거나 아니면 되도록 더 오래 살기를 바라고 있다.

셋째 – 생계활동을 벗어난 이 단계는 다시 세 가지 차원에서 뚜렷이 구분되는 인생단계로 나뉜다. 이를테면 50~64세, 65~79세, 80세 이상 등의 구분을 들 수 있다. 이러한 이유들로 물질적으로는 물론이고 비물질적인 노후대책까지 노후 설계가 근본적으로 중요한 과제로 떠올랐다.

새로 얻은 세월이 그대로 충만한 세월로 이어지는 것은 아니기 때문에 국가는 국가대로, 또 사회와 개인은 그 나름대로 무엇인가 도모해야만 한다(한국문화관광연구원, 2008b). 개인 차원에서만 보자면 저마다 가능한 방법으로(정신, 심리, 신체, 사회 차원에서) 길어진 이 인생에 투자하는 일이 바람직하다. 스스로 일찍부터 이 방향으로 앞장서는 일은 어느 것이든 미래를 위한 투자, 즉 고령에 이르기까지 삶의 질에 투자하는 일이 될 것이다. 여기에는 인생설계란 개념이 전제되는데, 그러니까 일찍이 청소년시절부터 시작해서 신체적, 재정적, 사회적, 정신적, 문화적 관심을 일깨우고 지속적으로 그 관심을 심화시켜가야 할 것이다. 그렇지 않으면 고령에 이르러 정신적 공허함에 빠져버릴 위험이 클 수밖에 없다. 사회 차원에서는 그동안 악화일로에 있던 노화 및 노인에 대한 편견을 바로잡아서 나이와 상관없이 사회의 동반자로서 차별이나 소외 없이 살아갈 수 있는 문화와 풍토를 조성해야 한다. 그 다음으로 국가는 국가대로 겪어보지 못한 변화를 앞서 예상하면서 가능한 닥칠 수 있는 문제를 예방할 수 있도록 제도를 보완해야만 한다. 문제가 터지고 난 뒤에 고치는 사후약방문식 대책은 그만큼 많은 사람들이 불행을 겪어야만 한다는 걸 의미하기 때문이다.

2 노인의 사회적 위상 변화

고령화가 새로운 가능성들을 제시하는 하나의 과정이긴 하지만, 그것은 또한 낯선 일련의 도전들을 수반하고 있다. 사람들은 나이가 들어감에 따라 해결하기 힘든 여러 가지 복합적인 신체적, 정서적, 물질적 문제들에 봉착하기 마련이다. 나이든 사람들의 주된 관심사는 바로 독립과 이동의 자유와 사회세계에 전폭적으로 참여할 수 있는 능력을 유지하는 것이다. 그러나 고령화는 모든 사람들에게 똑같이 경험되는 것이 아니다. 노인들 사이에서도 물질적 자원이나 정서적, 보건적 지원에 대한 접근도의 측면에서 상당한 편차가 존재하기 마련이다. 이러한 편차들은 노인들이 자신의 자율성과 전반적 복리 후생을 유지할 수 있느냐 없느냐에 영향을 미칠 수 있다.

고령사회가 되면서 나타나는 문제의 차원을 따져보자면 인구 사회학적, 보건 복지, 경제 산업 그리고 노인 개인적 측면에서 다양한 관점들이 나타날 수 있다. 그러나 젊음, 활력, 육체적 매력 이런 것들에 가치를 두는 사회는 고령자들을 안중에 두지 않는 경향이 있다. 그러다보니 최근 들어 고령자에 대한 태도에 모종의 변화들이 나타나고 있고 또 더 많은 변화들이 요구되고 있다. 그렇지만 농경사회 공동체에서 고령자들이 누리던 권위와 위세는 산업화 및 도시화와 더불어 돌이킬 수 없이 무너지고 말았다. 그리고 앞으로도 그런 정도의 권위를 회복할 수 있을지는 의문이다.

그렇지만 이들이 전체 인구에서 차지하는 비중이 점점 커져감에 따라, 고령자들은 산업사회에서보다는 더 많은 정치적 영향력을 확보하고 있는 것 또한 의미 있는 변화 현상이다[19]. 이른바 '노인 시민 파워'(senior citizen power) 또는 '회색 파워'(gray power)의 출현도 얼마든지 예상할 수 있다. 왜냐하면 투표참여도가 높은데다 전체 유권자 중 고령자의 비율이 높아짐으로써 노인들이 사회전반에 많은 영향력을 행사할 것으로 보이기 때문이다. 그러나 그러한 정치적 세력화는 자칫 다른 차원의 세대 갈등을 불러올 수도 있다. 정치적 파워를 바탕으로 실질적인 혜택을 더 받으려고 하는 노인들과 그 부양의무를 져야 하는 생산연령층 간에 갈등이 커질 가능성이 크기 때문이다.

다른 한편 경제와 산업 차원에서도 전혀 새로운 현상을 예상해 볼 수 있다. 이제껏 노인세대들은 경제 차원에서 생산보다는 소비 쪽이요 생산력보다는 짐으로 취급되었고, 산업분야에서도 노인분야는 변두리 정도에 지나지 않았다. 그러나 노인인구가 늘면서 이제까지의 구도에 이미 변화가 생기기 시작했다. 광고에 노인들이 등장하는 일이 많고, 노인을 대상으로 하는 산업분야들도 늘기 시작하였고, 문화와 여가 분야에서도 노인들을 겨냥한 프로그램들이 활발하게 개발되고 있다. 이러한 변화는 앞으로도 지속될 전망이고, 당분간 그 속도는 무척 가파를 것으로 보인다. 왜냐하면 현재의 노인세대와 특히 베이비붐 세대들이 노인이 될 무렵 이들은 수로 보나 경제력으로 보나 그 어느 누구보다도 구매력이 높을 것이기 때문이다. 물론 노후 준비를 하지 못한 사람들에게는 그만큼 더 힘든 노후가 되겠지만, 오늘날 노후를 앞둔 사람들은 적어도 노

---

19) 여기서 말하는 산업사회는 한국에서 딱 부러지게 가르기는 어렵지만, 대략 3차 산업에 비해 4차 산업의 비중이 상대적으로 커지기 시작하는 시기까지를 말한다. 따라서 그 이후의 오늘날은 탈산업화 또는 후기산업화사회로 상정한다. 유럽의 경우는 이를 빠르게는 60년대로 보기도 하지만, 우리의 경우는 90년대 정도가 아닐까 싶다.

후 준비에 대한 의식이 이제까지 그 어느 세대보다 높은 것이 사실이다.

그러다 보니 인생의 황혼을 엄청난 기회와 기념의 시기라고 보는 사람들이 점점 많아지면서 생애의 업적을 되돌아보는 시기이기도 하고 동시에 계속해서 성장과 학습과 탐험을 할 수 있게 만드는 시기가 될 수도 있을 것 같다. 사람들이 부모로부터의 책임과 노동 시장으로부터 자유로워지는 시기를 일컬어 종종 '제3의 시기'라고 부르는 경우가 많다. 오늘날 그 어느 때보다 더 길어진 이 시기 동안, 사람들은 여행도 하고 교육도 더 받고 새 기술도 익히면서 활동적이고 독립적인 삶을 자유롭게 추구한다. 그렇기에 이제 제4의 시기란 독립적으로 살고 스스로를 제대로 돌볼 수 있는 개인의 능력이 더 심각하게 도전받는 시기라 할 수 있다(조지 베일런트/이덕남(옮김), 2004).

계급, 성, 인종은 고령화의 경험에 영향을 미치는 중요한 요인이라 할 수 있다. 일례로 고령화는 성별에 따라 차등적으로 나타나는 현상으로서, 여성은 남성보다 더 오래 사는 경향이 있어 고령자들이 대부분 여성이다. 그러나 고령의 삶은 젊은 시절의 경험에 의해 크게 영향을 받기 마련인데, 가사노동과 육아의 책임 때문에 여성들은 전반적으로 남성들에 비해 유급 노동 참여율이 저조하다. 급여수준 또한 낮기 때문에 여성들이 고령에 접어든 후 물질적 삶의 상황에 강력한 영향을 미칠 수밖에 없다. 특히 사적 연금 혹은 직업 연금제도가 금융적 지원에 의존하고 있을 경우에는 더더욱 그렇다.

노년학(gerontology)은 나이를 먹는 신체적 과정뿐만 아니라 고령화와 관련된 사회적, 문화적 요인들에도 관심을 갖기 마련이다. 여기에는 다소 모순적인 두 가지 과정이 연루되어 있다. 근대 사회의 노인들은 전근대 사회에 비해 지위와 권력이 적다는 것이다. 전근대 문화에서는, 오늘날 비서구 사회에서와 마찬가지로, 연륜이 지혜를 낳는다고 믿었고 공동체 내의 최고 연장자가 흔히 주요 의사 결정권자였다. 오늘날 나이를 먹는다는 것은 흔히 이와 반대되는 무언가를 수반하고 있다. 더욱이 우리 사회와 같이 끊임없는 변화를 겪고 있는 사회에서, 젊은이들이 보기에 노인들의 축적된 지식은 더이상 가치 있는 지혜의 보고가 아니라 단지 구닥다리 지식에 불과할 것이라는 인식이 아직도 강하게 남아 있다.

다른 한편으로, 오늘날 노인들은 나이 먹는 것을 되도록 육체의 불가피한 쇠퇴 과정으로 받아들이려 하지 않는다는 데 문제의 또 다른 핵심이 있다. 여기서 한 번 더 자연적 현상에 관한 사회화가 갖는 중요성을 찾아볼 수 있다. 고령화 과정은 한때 시간의 파괴 행위의 불가피한 표시로 널리 받아들여졌던 것이 사실이다. 그러나 점차로 사람들은 고령화를 자연스러운 것으로 받아들이지 않게 되었다. 왜냐하면 의술과 섭생의 발달로 인해 과거에 불가피한 것으로 간주되었던 많은 고령화의 과정들은 막을 수 있거나 속도를 늦출 수 있는 것으로 판명되었기 때문이다. 영양, 위생, 의료 등의 개선 결과로 1세기 전의 사람들보다 평균적으로 더 높은 연배까지 수를 누리게 된 것이다.

3 사회의 노화에 따른 현상

1) 인구통계 변화에 따른 사회현상

자녀수가 장기적으로 안정적인 인구변화에 필요한 수준 이하로 떨어지기 시작한 지금 여전히 이런 물음이 떠오른다. 얼마간 인구가 감소한다고 무슨 문제가 되나? 그렇게 되면 교통 체증이 감소할 것인데 반대할 사람 있나? 소음이 줄고 주택난과 환경에 대한 부담감도 주는 걸 마다할 사람이 있을까? 옛날에는 지금보다 인구가 더 적었는데도 아무런 문제없이 잘 살아왔지 않은가? 그러기에 2010년 현재 8천 2백만 독일 인구나 4천 8백만 명 수준의 한국 인구 숫자가 꼭 유지되어야 한다고 고집할 이유도 없지 않은가 싶다. 그러나 문제는 사람들의 절대 수와 관련된 것이 아니라 인구 변화의 방향성과 지역에 따른 영향이 클 것이라는 점이다.

통계를 놓고 살펴보면 독일 인구의 경우 2003년부터 본격적으로 줄어들기 시작했다는 것이 정확하다. 첫해에 대략 5,000명이 줄었고, 그다음 해에는 31,000명이 줄었다. 이 수치들은 해가 거듭할수록 점점 더 커질 것으로 전망되어 2008년에는 53만 5천명이 감소되었다(Statistisches Bundesamt, 2009). 이에 코호트(Kohort), 그러니까 통계 인자를 공유하는 집단은 점점 더 고령에 이르고, 출산율 부족은 갈수록 심해지고 있다. 출산율 저하의 심화는 이미 오래전부터 부모 세대를 이루는 연령층이 좁아지고 또 평균 자녀 수도 전에 비해 훨씬 감소되고 있기 때문에 그 속도는 당연히 가속화되고 있다.

산업국가들 대부분의 인구변화는 정도의 차이는 있지만 독일이나 한국의 경우에도 비슷한 사정을 보여주고 있다. 그 이유는 1970년대부터 본격적으로 보급되기 시작한 경구피임약으로 인해 출산율의 격감과 함께 출산율 저하를 겪었기 때문이다. 그렇지만 이런 사정이 큰 위안거리가 될 수 없는 것이, 여성 1인당 평균 자녀 수를 볼 때 독일은 1.4명으로 OECD 국가 가운데에서도 한국의 1.15명(2009년 기준)과 함께 최하위 권을 형성하고 있다(중앙일보, 2010년 8월24일). 그러다 보니 독일이나 한국 두 나라 모두 자녀 수가 '현상유지' 이하로 감소한 국가일 뿐 아니라 대부분의 국민들이 평생 자식을 낳지 않으려는 나라로 꼽히기도 한다. 그런 이유들로 인구에 비례한 출산율을 살펴보면 세계 최하위 권을 형성하는 것은 당연한 이치인지 모른다.

현재 독일은 40년 전과 비교할 때 전체 인구가 650만 명이나 증가했음에도 자녀 수는 그때의 절반에 지나지 않는다. 그와 동시에 60세 이상 인구도 향후 20년 동안 1/3 정도 증가될 것으로 예측되고 있다. 한국도 베이비붐 세대 중 가장 숫자가 많은 1960년 쥐띠(92만 8,000명)들이 65세가 되는 2025년까지 노인들은 한 해 28만여 명씩 증가할 것으로 전망되고 있다. 반면 이들의 자녀나 손자 손녀인 초・중・고등・대학생(6~21세)들은 거꾸로 21만 9,900여 명씩 매년 줄어들기 때문에 한국과 독일 모두 일할 젊은이는 사라지고 은퇴한 노인들만 늘어 경제 자체가 온통 회색빛으로 채워질지 모를 일이다(조선일보, 2009년 3월11일). 특히 2000년 100세 이상 인구가 7,200명이었던 독일 노인들의 분포도가 2025년에는 44,000명에 이를 전망이고 이런 경향은 그 이후로도 계속될 것으로 예상되고 있다. 이는 실제 지난 2000년 전 세계 인구 가운데 100세 이상 노인인구가 총 13만 5000명이었지만 2050년에는 220만 명까지 증가될 것이라는 사실이 단적인 예라 하겠다(Statistisches Bundesamt, 2009).

피터 피터슨(Peter Peterson)은 현재 대부분 유럽 선진국들이 겪고 있는 고령화 변화를 가리켜 '회색 새벽'(gary dawn)이라 한 바 있다. 앞으로 펼쳐질 고령사회는 회색빛으로 물든 불안한 사회가 될 것임을 경고하는 뜻이다. 선진 세계의 7명 가운데 1명이 65세가 넘어선 지 오래되었기 때문에 이제 2030년이 되면, 65세 이상 인구의 비율은 한국 25%, 독일 45%에 달할 것으로 예측되고 있다. 늙은 노인(old old)의 수도 젊은 노인(young old)의 수보다 훨씬 더 빨리 늘어날 것이다. 따라서 다음 반세기 동안, 85세 이상 노인들의 숫자는 6배로 증가하여 고령자의 고령화(ageing of the aged)라 불릴 수 있을지도 모른다(김미숙 외, 2003).

2) 인구통계 변화에 따른 인력현상

건강하게 더 오래 장수한다는 것, 사람들 개개인에게는 그만한 기쁨도 없겠지만, 사회로서는 그와 맞물려 필요한 비용을 준비하지 못한 상태에서 사회문제가 될 수밖에 없다. 무엇보다 먼저 사회적 부양의 전체 체계, 곧 연금보험과 건강 및 수발보험에서 보험료는 오르고 보험의 급부 수준은 떨어질 것을 감안하지 않을 수 없다. 로베르트 보쉬(Robert Bosch)재단의 '가정과 인구통계학적 변화' 위원회의 표현처럼 붕괴가 이미 프로그램화되어 지속되는 셈이다. 이런 내용은 비록 내일 당장 연금 생활을 하게 될 사람들에게만 해당되는 비보가 아니라 국가의 늘어나는 채무에 대한 의무를 져야만 하는 성장 세대에게 더 큰 비보가 될 수밖에 없다.

더욱이 적절한 출산수준이 뒷받침되지 않는 인구의 고령화는 신규노동력 공급을 감소시키고 노동력의 고령화를 촉신하기 마련이다. 흔히 노동력의 고령화 정도를 예측하는 지표로 인구의 중위연령(전체 인구의 한가운데 있는 사람의 나이)을 이용하는데, 한국의 중위연령은 지난 1970년에 후진국형이었으나 2020년에는 43.8세로 독일을 앞설 것으로 예측되고 있다.

노동공급의 감소와 고령화가 진행되면 저축률이 하락하기 때문에 그만큼 경제성장이 위축될 수밖에 없다. 따라서 노동력과 자본투입의 감소로 생산성의 향상이 필요하나 노동력의 고령화가 빠르게 진행되는 사회에서는 이것마저 기대하기 어렵기 때문에 우리의 인구통계 변화가 그만큼 심각하다는 뜻이다(한국노인과학학술단체연합회 편, 2007).

물론 미래의 고령사회가 세상을 어떤 식으로 변화시킬지 정확하게 아는 사람은 아직 아무도 없다. 그럼에도 분명한 사실은 고령의 유럽에서도 특별히 더 고령화되는 독일도 국제 차원의 경쟁에서 불리할 수밖에 없으리란 점은 분명하다. 벌써 수십 년 전부터 인구통계학적 변화의 결과를 경고하면서 거의 숙명론적인 예상을 하고 있는 마인하르트 미겔(Meinhard Miegel)에 따르면 나이 많은 사회나 젊은 사회나 그저 나이 조금 더 먹은 것뿐이라고 생각한다면 아주 잘못된 판단이다. 평균연령 42세의 독일이나 37세의 한국이 이를테면 평균연령 24세인 인도에 비해 창의력, 혁신력, 위험감수 등에서 뒤지리라는 것은 너무나도 분명한 사실이기 때문이다. 인도의 경우 인구의 각계각층에서 눈부신 발전이 이루어지는 것은 당연한 사실이고, 또 활동적이며 부지런하고 지식욕에 굶주린 젊은 세대들이 경쟁 욕에 불타, 말 그대로 교육의 폭발이 이루어지고 있다.

그러나 독일의 경우 인구감소가 갈수록 심해지는 것은 오래전의 일이 되었고 실업자 수마저도 줄어들지 않는 현상을 보여주고 있다. 그 이유는 일자리가 없는 사람이라면 기술이나 자질이 모자라거나 아예 없기가 쉽고, 그런 사정이라면 장기적으로 일자리를 얻을 가능성마저 희박하기 때문이다. 그럼에도 독일 경제는 직업 활동을 하는 사람들 수가 정년으로 인해 줄어든다는 사실이 커다란 위협요인으로 작용하고 있다. 특히 이로 인한 문제는 지금보다도 앞으로 한결 더 첨예화될 것으로 전망되고 있다. 따라서 우수한 자질을 갖춘 인력의 부족이 심각해지는 것은 당연한 이치일 것이다. 더욱이 엎친 데 덮치는 격으로 이와 같은 인력 부족 현상과 실업률의 상승도 연속해서 증가되거나 확산될 전망이다.

4 인구의 지역적 이동

인구학적 변화과정에서 살펴본 독일이나 한국 모두에게 심각한 사실 가운데 하나는 각 지역적 상황에 따라 매우 다른 분포도를 보여주고 있다는 점이다. 한국은 수도권 위주로 젊은 세대 중심의 인구변화가 요동치고 있기 때문에, 독일보다 그 심각성이 훨씬 클 것이라 예측되고 있다. 특히 한국의 노인 인구 층은 대부분 농촌지역에 거주하는 관계로 농촌지역의 고령화 속도가 빠르게 진행되고 있다. 그럼에도 농촌지역 자치단체의 재정자립도가 매우 낮고 지역노인 복지체계가 구축되지 못하고 있는 현재의 실정을 감안할 때 농촌지역 노인문제는 더욱 심각해질 것으로 예측된다.

우리보다야 지역적 인구분포도가 비교적 잘 분산되어 있는 독일도 최근 들어 각 주마다 경제의 발달 정도가 다르기 때문에 수십만 명의 사람들이 지역을 옮겨 다니는 경향을 보인다. 그 결과 문제가 있는 지역은 문제가 더욱 심각해지고, 경제 성장을 이룩하는 지역에서는 다시 유입 인구로 더 많은 이익을 얻고 있다. 낮은 자녀수가 계속 이어질 경우 경제 성장을 이룩하는 지역만이 다른 지역의 인구들을 유인할 수 있고, 그에 따라 지역 간 경쟁이 더욱 치열해지는 것은 당연한 현상이다. 그런 이유들로 승자의 수는 줄고, 패자의 수는 늘어만 갈 것이다. 그야말로 '인구갈취'가 성공의 원칙이 될 수 있다는 부정적 이미지가 형성되고 있는 셈이다.

이러한 발전양상으로 헌법에서 촉구한 "생활 제반 관계의 평등"을 사실상 오래전에 달성한 셈인데, 이는 성장에 끝이 올 수 있으리라고 아무도 꿈도 꾸지 못했던 시절에 유래하였다. 그리고 이 평등의 요청 뒤에는 생활관계가 어디서나 높은 수준에서 고루 평등해져야 한다는 목표가 숨어 있다. 독일의 경제구조와 사회구조는 입안자들의 반응이 따라갈 수 없을 정도로 빠르게 변화되고 있다. 아직도 관료주의식으로 교묘하게 엮어 낸 '지역 간 불균형'이란 표현을 쓰면서 이를 막는 일이 중요하다고 말하는 이들이 많지만, 그러나 지역 간 균형은 이미 오래전에 전체 지역에서 무너지고 말았다[20].

20) 몇 가지 수치만으로도 이 불균형이란 말 속에 감추어진 게 무엇인지 드러난다. 일례로 작센 주

일례로서 한국의 경우 서울을 비롯한 수도권 지역의 인구 증가로 2005년 48.2% 수준이었던 전체 인구 대비 수도권 인구 구성비가 2011년 50%대를 넘어 2030년에는 54.1%까지 상승할 것으로 추정되고 있다. 이에 따라 지역별 인구 불균등 분포를 나타내는 인구집중계수는 2005년 0.64에서 2030년 0.67로 상승되어 불균등이 더욱 심화될 것으로 분석되고 있다(조선일보, 2008년 3월5일).

물론 인구통계학적 변화에 따른 국가 전체적인 차원을 연구한 자료들은 있지만, 각 지역적 분포에 따른 변화양상을 구체적으로 연구한 자료들이 부족했던 것이 사실이다. 그럼에도 학계나 정치 그리고 언론에서 이러한 인구통계학적 변화에 주의를 기울이지 않았던 것은 반성해야 할 부분인지 모른다. 독일의 경우 1996년까지 당시 야당이었던 사민당(SPD)은 사회노동부 장관이던 노르베르트 블륌(Norbert Blüm)이 주장한 연금개혁에서 '인구통계학적 요인'을 고려해야 한다는 제안들을 수없이 거절했던 사실이 있다.

그런 이유들로 현황조차 제대로 파악되지 않았기에, 이런 변화를 둘러싼 독일의 반응을 보면서 과연 한국은 어떠한지 한번쯤 고민해 볼 필요가 있겠다. 몇 년 전까지만 해도 온통 이데올로기에 얽매여 있었던 가족정책이 독단의 족쇄를 벗어나는 독일의 상황을 연구하면서, 무엇보다 한국에서는 겪지 말아야 할 시대착오적 발상을 조심할 필요가 있다. 일례로, 갈수록 학력 수준이 높아진 여성들이 그 교육을 바탕으로 직업생활을 하려 한다는 사실은 각 정당의 정책이념과 무관하게 하나의 굳어진 현실로 드러나고 있다. 물론 여성들이 아직 가정을 이룰 마음이 있다고 해도 두 가지 일을 다 한다는 이유만으로 못된 어머니로 탓을 듣고 싶은 마음은 없을 것이다. 따라서 독일

호이어스베르다(Hoyerswerda)다. 통독 이후 주민의 1/3을 잃었지만, 반대로 뮌헨(München) 인근의 에르딩(Erding)이라는 도시는 오히려 증가하였다. 물론 동서독 사이에서만 이러한 차이가 있는 것은 아니다. 팔츠 주의 남서부 지역은 평균 국내총생산액, 그러니까 지역 내 총생산 가치가 1인당 약 11,000유로지만, 뮌헨 행정지구의 경우 그 금액이 78,000유로에 이르고 있다. 이와 같은 생활관계의 차이에 따라 기대수명조차도 차이를 보이는데, 바이에른 주 퓌르스텐펠트브룩(Fürstenfeldbruck) 지구의 여성들은 팔츠 주 피르마센스(Pirmasens) 지구의 여성들보다 7년이나 더 오래 사는 것으로 나타났다. 남성들의 경우 그 차이가 더 심해서 바이에른의 부유한 슈타른베르크(Starnberg) 지구와 메클렌부르크 주의 가난한 데민(Demmin) 지구 사이에는 8년이나 된다(http://www.dza.de/).

정치인들의 경우 주와 지역의 경계를 넘어서서 가정과 직업에서 가정살림과 직업생활을 다 같이 꾸려나갈 수 있도록, 그래서 어린이들이 낮 동안 아무런 어려움 없이 보살핌을 받도록 하여 자녀 수를 높게 유지할 수 있도록 해야 한다는 인식을 갖게 되었다.

독일에서 꼭 필요했던 것으로 손꼽히는 것이 이데올로기에서 벗어나는 일이었다. 앙겔라 메르켈(Angela Merkel, 1954~)이 여성으로서 최초로 독일수상에 오르면서 비로소 가능해졌다는 사실은 주목할 만하다. 아울러 이러한 인구통계학적 문제들의 해결에 가장 큰 영향을 미칠 수 있는 가정, 교육, 사회통합, 이 세 부서의 장관이 2010년 현재 모두 여성이란 사실도 마찬가지로 눈여겨 볼 필요가 있다. 미래에 닥칠 사회 갈등들을 풀어가는 일이 어쩌면 그들 여성의 어깨에 달려 있는지도 모른다.

제 03 절 노인의 위상 변화

노인은 삐거덕거리는 다리로 중년을 벗어나서 "지팡이에 의지하고 새로운 시기의 문턱을 기듯 넘어간다"(Borscheid, 1987). 20년 전만 해도 노년연구에서 우리의 앞날을 이런 식으로 상상했었다. 그런데 어느덧 지팡이마저 내던졌다. "비행기 문이 열리자 그들은 태양을 보며 지팡이를 내던지고 춤을 추며 계단을 내려왔다." 마요르카-매거진은 독일인들이 가장 즐겨 찾는 휴양지 가운데 하나인 스페인의 섬 마요르카의 팔마 공항에 도착한 독일 연금생활자들의 모습을 이렇게 묘사한 바 있다. 독일에서 출발하여 두 시간이면 도착할 수 있는 마요르카 여행이 노인들의 삶을 바꿔놓은 셈이다. 이제 노인들에게 다름 아닌 날개가 자라난 것이라 할 수 있다. 똑같은 사람들 사이에서 남과 똑같은 사람으로서 저마다 다시금 중요한 존재가 되었다는 뜻이다. 어느 마을에선가는 경쟁을 벌이는 음식점 주인들에게 코냑 값을 정해주기도 했다. 이것이 바로 오래 사는 인생의 밝은 면 가운데 하나다.

물론 어두운 면은 이와는 좀 다르다. 여기서 중요한 것은 전설 속에 등장하는 므두셀라(Methuselah)와 그의 영원처럼 긴 수명에 대한 전설을 궁극적으로 끝내고서 그를 죽게 하는 일일 것이다. 이 전설은 오래된 인류의 꿈이지만, 21세기에도 그 꿈은 여전히 사라지지 않고 있다. 40년 전에 크리스티안 바나드(Christiaan Barnard, 1922~2001)란 의사가 최초로 필립 블레이버그(Philipp Blaiberg)란 환자에게 다른 사람의 심장을 이식하였고, 이 환자는 그 뒤로 600일 가까이 더 살았다. 그러나 정확히 1969년 8월 17일 필립의 새 기관은 그 기능을 멈추었다. 그 당시 사람들은 저 유명한 환자가 바나드 덕에 되찾은 생명력으로 얻어낸 인생을 기쁨에 차서 만끽하였을 것으로 확신하였다. 그런 이유들로 수백만의 환자들과 노인들이 다시금 희망을 길어 올렸던 것이다.

그러나 겨우 몇 달 지나지 않아서 두 번째 인생, 새로운 삶에 대한 그 전설은 블레이버그 부인 에일렌의 고발성 인터뷰에서 산산이 부서지고 말았다. 필립 블레이버그는 595일이라는 새로 선물 받은 인생 가운데 248일 이상을 병원에서 지내야 했고, 다시 나머지 95일은 집에서 병상에 누운 채 날마다 백 개에 이르는 약들을 먹어야 했다는 것이다. 언론사 사람들과의 짧은 인터뷰만 하더라도 그는 온갖 힘을 기울이고 약기운이 아주 센 약의 도움까지 받고서야 겨우 견뎌낼 정도였고, 스포츠 활동이라고는 엄두도 내지 못할 정도였다. 해수욕을 하기 위해서는 무려 여덟 시간이나 사전 준비를 해야 했다. 그 뒤로 7일이 지난 뒤 지칠 대로 지친 그는 도로 네 달 동안이나 병원 신세를 져야만 했다. 그는 실망과 무기력한 노여움을 참으며 세계 언론 앞에서 치료되어 인생을 즐거워하는 사람 흉내를 냈다. 사실은 살아도 정작 산 것이 아니고 그저 처참하게 목숨을 이어갔을 뿐인데도 말이다(Opaschowski et al., 2007). 그렇지만 길어진 인생에 대한 전설은 오늘날까지도 꺼지지 않은 채 활발하게 살아 있다. 그리고 광고가 그런 꿈을 지켜주는, 든든한 후원자 노릇을 하고 있다. 왜냐하면 사람들이 그렇게 길어지는 인생에 대해 끝없는 갈망에 젖어 있고 또 나이 드는 것에 대해 공황에 가까운 공포를 갖고 있기 때문이다.

1 현실과 바람 사이

사회 변화가 가속화되는 시대에는 인생에 대한 전망이 시대정신에 얽매이기 마련이다. 그러면서 끊임없는 세대교체가 거의 일상이 되다시피 한다. 세대들은 저마다 스스로를 — 좀더 나이가 든 세대에 비해 — 늘 더 젊게 보기 마련이다. "나이가 들수록 더 젊게 느낀다"(The elder you get — the younger you feel.) 심지어 국가 차원에서 영원한 젊음의 기분을 처방하기도 한다. 투르크메니스탄(Turkmeinens)의 사파르무라트 니야조프(Sarpurmuratt Njasow) 대통령은 노화의 길에 접어든 사회라는 주제를 자기 나름의 방식으로 설명한 바 있다. 국가의 결정 형식으로 '늙었다'는 말은 오로지 85세에 다다른 사람에게만 쓸 수 있다고 정하였다. 앞으로는 젊고 또 젊기만 하거나 — 아니면 늙기도 전에 벌써 수발을 받게 되고 마는 것인가? 이런 인생철학에 대한 궁극의 바탕을 대준 이가 바로 미하일 고르바초프(Michail Gorbatschow)다. 그는 60대 후반의 나이가 되었을 때 말하기를, 이 나이에 들어서야 사람은 바로 인생의 절반에 이른 셈이라고 하였다. 그러면서 여성들이 그다지 부러움을 살 정도의 상황에 있는 것은 아니라고도 하였다. 러시아에서 여성의 인생은 이런 식으로 그릴 수 있다는 것, 즉 "여자애 – 젊은 처녀 – 젊은 여자 – 젊은 여자 – 젊은 여자 – 그리고 마침내는 그 노파는 이미 죽었다가 된다. 나스트로비야(Nastrowje)!" 그 사이에 아무 것도 없기에 영원히 젊거나 아니면 이미 죽은 몸이다. 여기서 소비는 영원한 젊음의 샘 노릇을 한다.

그러는 사이 슬며시 거의 냉소적이랄 만한 물음이 떠오른다. "여성들에게 '만기일'이라도 있다는 말인가?"(Thiels, 2003) 이런 물음이 늙어감에 대한 두려움을 부채질하고 생물학적 시계 돌아가는 소리를 더 요란하게 만든다. 그 뒤에는 막강한 노화방지 산업계가 버티고 서 있다. 호르몬 치료에서부터 성형수술에 이르기까지 새로운 기적의 의학을 판다는 이 산업계의 모토는 말 그대로 나이를 잊어버리게 만들고 있다.

젊음과 늙음에서 떠오르는 생각은 옛날부터 사회적, 문화적으로 정해지기에 사회마다 그 모습이 무척 다를 수 있다. 근대 사회들을 돌이켜보면 17세기에는 어린이들이 마치 작은 어른들처럼 옷을 입었고 젊은 사람들은 흰색 가발을 쓰거나 머리털에 하얀 가루를 뿌렸다는 사실을 확인할 수 있다. 특별히 빅토리아여왕 시대에는 엄격한 나이의 구조가 두드러졌는데, 젊은 티를 내는 것은 무엇이든 무자비할 정도로 엄격하게 대했다. 빅토리아 여왕 시대에 벌어졌던 나이에 대한 이러한 청교도주의는 20세기 초까지 유럽에서 지배적인 상태로 유지되었다. 제1차 세계대전 이전까지만 해도 30세 여성들은 나이 지긋한 귀부인의 인상을 풍겼고, 남자들은 턱수염을 기르고 또 옷차림을 통해 진지하면서 위엄 있는 모습으로 비치게 하는 일에 큰 가치를 두었던 것이다.

따라서 낭만주의[21] 시대에만 젊음이 인생의 이상으로 미화되었다. 낭만주의 사상에서 젊음 또는 젊게 산다는 것이 인생의 정상 또는 정점을 뜻했다. 브렌타노(Brentano), 아르님(Arnim), 호프만(E. Th. A. Hoffmann), 아이헨도르프(Eichendorff), 샤미소(Chamisso), 파울(J. Paul), 노발리스(Novalis), 횔덜린(Hoelderlin) 같은 작가들은 환상과 꿈을 찾아내고 여기서 어린 시절과 젊음으로 들어가는 특별한 길을 찾아냈던 것이다. 낭만주의에서 어린이들과 젊은이들은 그 시절 특유의 보호와 아무 걱정 없는 안전함 속에서 사는 동경 대상의 모습이었다. 어른이 되고 나면 저런 안전과 보호에 대해 끊임없이 돌이켜보며 그리워하며 살기 마련이다.

근본에서부터 달라진 변화는 지난 세기 20년대 접어들어서야 일어났다. 사람들은 "포효하는 20대"에 전쟁을 통해 잃어버리고만 삶의 향락을 되찾아 만회하려고 하였다. 수염이며 넉넉한 폼의 옷들이 사라지고, 짧고 꽉 끼어 여성의 몸매를 강조하며 발과 다리를 드러내는 옷들이 유행하였다. 블랙 바텀이라는 1920년대 흑인 엉덩이춤과 지미 춤을 추면서 새로운 젊음의 기분을 만끽하며 즐거워하였다. 젊음에 대한 이러한 기쁨은 오늘날까지 우리 시대의 이상으로 남아 있다.

1930년대 네덜란드의 문화사가 요한 호이징가(Johann Huizinga)는 매일의 일상생활을 점점 더 지배하는 특징에 처음으로 주의를 기울이고, 이를 유치성 또는 유치증(puerilism)이라 불렀다. 그 이유는 어린 나이의 태도를 중심이 되는 정신자세로 보고 또 어린 시절과 청소년 시절 사이의 균형 잡히지 않은 상태를 내비쳤기 때문이다. 호

21) 낭만주의(romanticism)는 'romantic'이란 말에서 시작되었으며, 유래는 'romance'라 할 수 있다. 로망스는 기이하고 가공적이며 경이적인 이야기들을 총칭하는 것으로서 등장인물(신비의 보물을 찾아 모험을 떠나는 기사들, 고독한 영웅들), 풍경(폐허, 절벽, 폭포), 감정(우수, 정열, 자연에 대한 심취) 등 모든 면에서 낭만적인 요소를 갖추고 있다. 그러나 최초로 이 낭만주의란 말을 문학사에서 쓴 이폴리트테는 낭만주의 작가들이 고전적인 것과 대조되는 당대성을 지닌 점을 나타내기 위해서 이 용어를 사용하였다고 한다. 19세기 초반에 발달하였고 계몽사상을 비판하였으며 인간의 감정과 상상력을 중시하였던 낭만주의의 넓은 의미는 18세기 후반부터 19세기 전체에 걸쳐 서구에 나타난 문예사조이고, 좁은 의미는 18세기말부터 19세기 초 사이에 고전주의에 대한 반동으로 일어나 서구의 주관적이고 개성적인 문학예술을 가리키는 개념이라 할 수 있다. 인간에게는 이성이라는 것도 있지만 분명히 감정이라는 것도 있다. 그렇기 때문에 이성만을 중요시하고 감정을 억압한다면 분명히 문제가 발생하기 마련이다. 고전주의의 이성 제일주의가 온 유럽을 오랫동안 통치하는 동안 그에 불만을 느꼈던 사람들이 서서히 다른 주장을 하며 나타나기 시작했는데 그것이 바로 낭만주의라 할 수 있다.

이징가는 《내일의 그림자 속에서(*Im Schatten von Morgen*)》란 그의 책에서 구분 능력이 모자란 상태에서 있을 법한 미성년의 태도를 보이고 청소년을 어른으로 길러 교육하는 게 아니라 스스로의 태도를 어린 시절의 태도에 맞추려는 사회의 자세를 이러한 유치함 제일주의로 설명하였다.

호이징가가 그 당시 바라보았던 곳은 무엇보다 미국이었다. 그의 눈에 비친 미국은 유럽보다 '더 젊고 더 소년다웠다.' 유럽에서 유치한 것으로 치부되던 많은 것들이 미국에서는 순수하니 어린이다운 것으로 대접받았다. 참다운 순박함이야말로 유치함 제일주의의 비판에 대한 훌륭한 보호막이었던 셈이다. 호이징가는 '유치함 제일주의'와 '젊은이 숭배'를 결코 똑같은 것으로 보지 않았다. 유치함 제일주의에서는 나이를 알 수 없지만(젊은이고 늙은이고 가리지 않고 휩쓸렸다.), 젊은이 숭배는 그보다는 나이를 따지는 현상으로 미성년 상태 상속자의 퇴위와 비교할 만하다.

한편 호이징가보다 한 세대 뒤인 독일의 사회학자 프리드리히 H. 텐브루크(Friedrich H. Tenbruck)도 '전체 문화의 유치함 제일주의'라는 주제를 꺼내 들었다. 텐브루크에 따르면 지난 수십 년 동안 '젊음의 숭배'와 관련된 모든 현상에 따르는 인기며 위신이 눈에 띄게 높아졌던 것이다. 성인들의 사교형식이며 독서, 도덕, 언어, 온갖 습관들에 젊은이들의 특징이 갈수록 더 짙어만 갔다. 광고와 경제상황에서는 젊은이의 전형적인 바람들이며 상징 그리고 현실들에 대한 유혹이 목표요 수단으로 온통 다 휩쓸었다. "예술에서 어린이의 모습들이며 미성숙한 청소년 작가들의 작품들이 진지한 대접을 받으려 하였다"(Tenbruck, 1965: 56). 더욱이 소재선택이며 다루는 양식에서 젊은이의 세계에 대한 공감과 호감이 드러난다. 문학에서 나이든 사람의 모습이 여러모로 나타나지 않는다는 사실에서 그런 이들이 양로원으로 격리되고 국가의 사회부조 대상으로 배척당하는 사회의 분위기가 반영되었던 것이다.

몇 년 전 독일인이지만 영국인으로 살았던 사회학자 랄프 다렌도르프(Ralf Dahrendorf)[22]가 자신의 인생을 돌아보는 글들을 모아 책을 냈는데, 제목을 '경계를 넘

22) 1929년 독일 함부르크(Hamburg)에서 태어나 함부르크 대학교를 졸업한 뒤 런던대학에서 사회학을 연구했다. 1960년대부터 함부르크대학, 컬럼비아대학, 콘스탄츠대학, 옥스퍼드대학에서 교수로 일하면서 세계적 사회학자이자 정치학자, 경제학자로 유럽 지식사회에 확고한 지위를 가졌던 사

어'로 정했다. 그는 이 책에서 여러 가지 경계를 넘어서는 일들을 담으려 고민하며 애를 썼다. 전통의 조각보와 같은 이어 붙이기 공법의 '패치워크'(patchwork)를 연상시키는 자서전이었던 셈이다. 그러니까 한 조각 또 한 조각을 이어 붙여서 만든, 더 없이 다채로운 양탄자와도 같은 인생이란 말일까? 얼핏 다렌도르프 스스로가 하는 다음 말은 그렇다는 것 같다. "난 사실 늘 스물여덟 살이었고, 내 나머지 삶도 변함없이 그럴 것이다." 그러니까 비록 우리 저마다 어느 날 문득 60살이 되어 이른바 '은발의 표범(Graue Panther)[23)]'이라는 정당에 가담해 있는 모습을 보게 되는 한이 있더라도 어느 일정한 나이를 평생 간직할 수 있다는 투다. 다렌도르프가 말한 것은 그 창작력이 제대로 표현을 찾았던 인생단계를 뜻하였다. 그 뒤에 따른 인생은 그저 보완 내지 부수적인 것으로 파악하였다. 그러면서 항상 '영원히 28살로', 다시 말해 '언제나 1957년'생으로 남아 있었던 것이다(Dahrendorf, 2002: 25). 이것이 말하자면 제대로 된 시작, 그러니까 직장에 집과 아이가 있는 28살짜리의 인생이었고 지금도 그러하다는 말이다.

더글라스 쿠프랜드(Douglas Coupland)의 소설 《마이크로 노예(*Microslave*)》를 읽다

람이다. 1974년부터 10년간 런던 정경대 학장을 역임했고, 현대사회의 계급과 통합 문제에 천착했던 마르크스의 계급이론과 미국 사회학의 구조기능분석을 동시에 비판적으로 수용하면서 갈등의 일반론을 구축하기도 했다. 그는 사회발전 과정의 기초에 투쟁이 있다고 보고, 이를 건설적인 사회조직의 새로운 패턴을 형성하는 에너지원으로 간주하면서 '산업사회에서 계급과 계급투쟁(1964)', '새로운 자유' 등 유명한 저서를 남긴 바 있다. 1970년대 독일 자유주의 정당인 자민당(FDP) 당원으로 국회의원, 외무차관을 지내기도 했으나 1988년 탈당하면서 영국 국적을 획득한 뒤 1993년 영국 왕실로부터 기사 작위를 받았다. 말년에 가족이 있는 독일 쾰른 인근으로 돌아와 살았으나 한 언론 인터뷰에서 고향이 어디냐는 질문에 "나는 런던 시민"이라고 답변하는 등 영국에 강한 애착을 보였다고 한다(매일경제, 2009년 6월19일).

23) '은발의 표범(Graue Panther)'은 노인들을 대표하는 정당을 말한다. 1975년 결성된 노인단체가 모태가 됐으며 1989년에 노인들의 권익을 정강정책으로 채택하며 정식 정당으로 출범했다. 은발의 표범에 당원으로 등록한 사람은 2002년 9월 현재 1만명 정도다. 당원 수를 기준으로 했을 때 전체 정당 중 9위에 오를 만큼 규모 면에서도 손색이 없었다. 은발의 표범이 정식 정당으로 대접받는 데에는 국회의원을 실제로 배출한 경력이 있기 때문이다. 1987~1990년 의원직을 지낸 트루데 운루(Trude Unruh)라는 여성이 바로 그 주인공인데, 그녀는 이 정당에서 핵심적인 일들을 감당하였다. 은발의 표범은 '노인들의 보호에 기여하는 것'을 목표로 하고 있으며 그에 걸맞게 '노인의 집'이나 '노인을 위한 개별 공동주택' 등을 운영하고 있다. 물론 사회 전체의 조화를 위해 당원 자격에 세대적인 제한을 적용하지는 않았는데, 여기에는 정권 창출을 도모하려는 전략이 있었기 때문으로 보인다. 독일에서 이런 노인정당이 자리 잡을 수 있었던 것은 사회 전체의 정치 경험이 풍부하여 진정한 의미의 정당정치가 자리 잡았기 때문이다. 그럼에도 아쉽게 은발의 표범이라는 정당은 제 생명을 유지하지 못하고 2008년에 해체되고 말았다.

보면 바로 이런 그림이 떠오른다. 이 소설의 인물들은 말 그대로 31.2살로 고정된 삶을 사는데, 마치 사이언스 픽션 영화와도 같다. 쿠프랜드에 따르면 컴퓨터 업계에서 정확히 31.2살로 보이면서 첫 번째 장만한 집, 첫 번째 결혼, '앞으로는 어떻게 될까?'하는 위기의식, 스포츠카(miata)를 타고 나갔다가 미니밴을 타고 돌아오는 현상과 같이 정말로 31.2살 먹은 사람이라면 당연히 해야 할 일들을 하게끔 '저주를 받은' 사람은 아무도 없다(Coupland, 1996). 인생에서 무엇인가를 건진 것처럼 보이는 사람들이 더러 있지만 그것도 그저 그런 척하는 것뿐이다. 그들의 실제 현실의 삶은 언제나 똑같이 틀에 박혀 돌아간다. 일하고 잠자고 그리고 그 사이 꿈과 현실의 흐릿한 경계에서 허우적거린다는 것이다. 다만 인구사회학 차원의 회색지대에만큼은 빠져들고 싶지 않을 뿐이다.

30세까지의 젊은 세대만 하더라도 오늘날에는 어느 상황에서라도 스스로의 젊음을 고수하려고 하며 젊은이의 걱정 없는 상태를 지키려고 노력하기 마련이다. 다시 다른 말로 설명하자면 '사실대로 하자면 우리는 성장해야 맞다'라든가 아니면 '사실대로 하자면' 저들의 젊은 시절은 이미 지나갔어야 하는데, 다만 그렇게 느끼지를 않을 뿐이다. 사춘기 또는 청년기에 붙박여 있는데 반평생을 그러는 이들이 많다. 이들은 그러고 난 뒤에도 여전히 젊고 싶은, 그렇지만 이미 나이가 들어버리고 만, 그래서 지나치게 일찍 늙어버리는 데 대한 두려움에 휩싸여 사는 무리들에 지나지 않는다.

2 노년의 복권

사회가 갈수록 자기 연민으로 빠져드는 경향으로 지배되는 오늘날 "당신은 아직도 더부살이를 하는가, 아니면 이미 제 삶을 사는가?"와 같은 광고 카피라도 들리면 슬그머니 불안감이 엄습하기 마련이다. 30세 전후 세대 사람들이라면 저 물음에 이렇게 대답하고 싶은 마음 간절할 것이다. “그래, 난 제 삶을 살아 — 그렇지만 마음 같아서는 도로 더부살이 하고 싶어, 광적인 속도에 휩쓸리는 일도 없고 끝도 없는 경력 제일주의에 내몰리는 일도 없이 말이야.”라고 말이다. 자기 집, 급여 통장, 눈앞에 둔 조기퇴직과 같은 경제 차원의 구원 약속도 신경제의 전개에서 드러나다시피 적잖이 헛된 공약이 되고 만다. 그러기에 “이제 사실을 직시해야 한다. 그러고 나니 느닷없이 우리는 도로 처음 출발점에 와 있다(Illies, 2003: 150).” 왜냐하면 늘 새로 시작하는 인생은 차분하니 가라앉기는 하겠지만 그래도 또 희망의 끄나풀은 남았을지 모르기 때문이다.

우리는 안다. 아니 예감한다. 앞으로는 모두가 67세 또는 아예 70세까지도 일을 해야만 한다는 사실들을 말이다. 정치의 의도가 그렇다. ‘인구사회학적 요인’ 내지는 ‘부양 가능성 요인’이 고용정책의 사고전환을 강요한다는 말이다. 그렇다면 ‘경험의 르네상스’가 임박했을까? 머지않아서 경험 많은 노인들을 애타게 찾는 일이 과연 도래할 것인가? ‘벨하임(Bellheim)’–효과가 현실로 오는 것일까? 아니면 위기가 복이 될 수 있을까? 나이든 사람들이 다시금 호황을 누리게 되는가? 신경제와 그 과장된 젊음의 숭배가 가파른 몰락의 길을 가면서 경제에서 역전의 기미가 나타나고 있다. 나이 들고 경험 많은 이들의 귀환인 셈이다.

이러한 사례를 한눈에 볼 수 있는, 옛날 인디언의 전설이 하나 있다. 그 전설에 따르면 어느 혹독한 겨울에 알라스카의 저 위 북쪽에 커다란 기근이 닥쳤다. 부족을 구하기 위해 추장은 부족의 법에서 명하는 바대로 야영지를 철수하고 새로운 사냥터를 찾아 나설 작정을 하고 있었다. 그러면서 부족에서 가장 나이가 많은 두 사람, 그저 ‘하는 일 없이 먹을 것만 축내는’ 노파 둘은 그냥 남겨두기로 하였다. 그 사실을 전해 들은 두 노파는 당혹함을 눌러 감추고 부족들이 조용히 빠져나가는 동안 턱을 꼿꼿이 세우고 위엄을 갖추고 불 옆에 앉아 있었다.

그리 오래지 않아서 두 사람의 속에서 노여움이 끓어올랐다. 둘은 벌떡 일어나서 서로의 이름을 불렀다. “우리 그냥 앉아 죽느니 뭐라도 하면서 죽도록 하세.” 마음속의 강한 힘을 느끼면서 둘은 일찍이 어렸을 때부터 배우고 닦은 옛날 재주와 지식들을 끄집어냈다. 눈 신발 만들기에서부터 짐승 잡는 덫을 놓는 일에 이르기까지 말이다.

그렇게 움직이다가 부족 전체가 까맣게 잊고 만 자리, 아주 오래전에 낚시질을 했던 자리를 떠올리게 되었다. 힘겨운 걸음으로 겨우 목적지에 다다른 두 노파는 눈을 녹여 물을 만들고 나무를 모으고 먹을거리를 모았다.

그 사이 먹을 것을 찾아 새로운 야영지로 떠난 부족에게는 행운이 사라지고 말았다. 어쩔 수 없는 굶주림에 부족 사람들은 마침내 늙은 두 노파를 남겨 두었던 야영지로 되돌아왔다. 부족 사람들은 모두 새삼 굶주림에 시달렸고 거의 희망을 버릴 지경이 되었다. 마침내 추장이 먹을 것을 찾아 나섰다가 그 두 명의 노파를 만나게 되었다. 그들은 아직 살아 있을 뿐만 아니라 가장 튼튼한 부족의 사내들이 굶주림에 죽을 지경인데 더없이 건강한 모습이었다. 게다가 두 노파는 그 사이에 부족사람들 전체가 먹을 수 있을 만큼 먹을거리를 많이 비축해 놓았다. “저희가 두 분께 몹쓸 짓을 했습니다.” 추장이 말했다. “두 분만 남겨두고 떠나다니. 이제 우리들의 존경심을 보여드리는 것으로 용서를 빌 수밖에 없습니다.” 그리고 그 뒤로 그 부족에서는 아무리 늙은 부족사람이라 하더라도 버리는 일이 결코 없었다고 한다.

저 나이든 두 명의 노인들은 부족 전체에게 커다란 깨달음을 주었음이 분명하다. 하필이면 가장 힘이 없고 의지력마저 부족해 보여 아무것도 기대할 것이 없게 보인 두 노인이 다른 어느 누구보다 더 큰 일을 한 것은, 오랜 세월에 걸쳐 갈고 닦은 재주와 지식을 자각하고 이끌어낼 수 있었기 때문이다. 갑자기 그들의 충고가 필요하게 된 것이다. 세대에서 세대로 입에서 입으로 전해진 이 이야기는 몇 해 전에 어느 후손의 손으로 묶여 책으로 나왔다(Wallis, 1993).

할아버지를 버리는 아버지를 버릴 때 쓰겠다고 아버지가 버리는 지게를 챙겨가는 아들의 모습에서 제도의 부조리함을 느낀 끝에 고려장이 없어지게 됐다는 우리 고려장 전설과는 다른 면이 보인다. 인디언의 저 전설에서는 노인들의 경험에서 오는 지혜가 위기 상황에서 부족을 살린다는, 그러니까 노인의 지혜 또는 능력이 돋보인다면, 우리 전설에서는 스스로 받게 될 대접을 생각하여 부모 세대를 제대로 모시게 되었다는 이야기이기 때문이다. 그러나 이와 비슷한 일본의 우나기 풍속까지 함께 볼 때, 일관되게 보이는 것은 사회가 궁핍해져 위기에 처할 때 노인들부터 우선하여 ‘배제’시킴으로써 공동체의 입을 덜었다는 사실이다. 다만 신라시대 '돌종'의 이야기가 예외적인데, 여기서 젊은 부부는 노모를 모시기 위해 철부지 자식을 버릴 결심을 한다(김근홍 외, 2010). 우리가 조심해야 할 것은 노인들을 비생산적 피부양자요 짐으로 여기는 풍조는 아주 오래된 것이요, 이따금 예외가 있을 뿐 꾸준히 지속되어 왔다는 사실이다. 따라서 노년 또는 노화에 대한 일반 인식을 바꾸는 일은 여간 어렵지 않으리라는 것을 염두에 두어야 한다. 물론 그렇다고 포기하자는 말이 아니라, 그만큼 어려움을 각오하고 현실적으로 차분하게 접근해야 한다는 말이다.

3 노년의 권리와 꿈

1) 노년의 권위

다른 한편 옛날에는 나이 많은 사람들에게 그 나이를 근거로 젊은 사람들에 대한 권위가 지금보다 컸다. 나이가 더 어린 사람들에게 경험과 판단력과 인생의 성숙에서 더 우월한 것으로 대접받았기 때문이다. 오비디우스가 말하기를 "경험은 나이에서 온다"고 하였고 실러는 "경험이 대미를 장식한다"고 언급한 바 있다. 특히 강력한 가부장제가 두드러진 생활관계와 사회에서는 중장년층 내지 노인들은 권력과 영향력을 행사하여 이러한 '나이에서 오는 권위'를 인정할 것을 요구하기도 하였다. 그러다가 이러한 종류의 권위는 나이에 따라 당연히 뒤따르는 것이기를 그만두었다. 사회적 변화가 신속한 시대에는 '나이에서 오는 존엄성'(모세서 3, 19, 32: "은빛 머리 앞에서는 몸을 일으켜 세워야 하리니……")은 더이상 우월함에 대한 요구를 이끌어낼 수 없게 되었다. 한때 노인의 정보와 경험이 누리던 우월한 지위가 이제는 심지어 단점으로까지 취급되는 일도 드물지가 않다. 젊은이들에게 노년이란 그저 '구식'이니 '시대에 뒤진' 것과 똑같은 의미다. 그래서 수백 년에 걸쳐 추구할 만한 가치가 있던 것, 그러니까 "평생직업"을 익히는 일도 오히려 미심쩍은 것이 되고 말았다. 대략 둘 중 하나는 더이상 젊은 시절에 배워 익힌 직업을 이어가지 않고 있다.

오늘날 기업가들이라면 누구나 다 아는 사실이 있다. 기술발달의 질적 도약을 따라잡는 데에는 젊은이들이 더 빠르다는 사실을 말이다. 그러나 기술 진보 하나하나를 받아들이고 비판적 안목으로 평가할 줄 아는 배경지식은 나이 든 세대에 더 많다는 사실을 그들은 간과하는 듯하다. 기업들은 머지않아서 이러한 '맹점'을 포기하고 30세 광고 팀에서 마치 평균적인 현실인 양 내세우는 '노인'으로부터 '베이지 색'을 거쳐 '노쇠'로 이어지는 판박이 말로부터 벗어나야만 할 것이다. 왜냐하면 젊은이들이 소수에 속하고 50세 이상의 세대야말로 미래의 결정요인이 되었기 때문이다. 앞으로 기업들이 경쟁력을 계속 지켜내고 싶다면 이중의 경험으로부터 — 나이든 이들의 인생 경험과 직업 경험 — 이윤을 창출해야 할 것이다. 따라서 다음과 같이 오래전부터 전해 내려왔던 인생의 원칙들로부터 다시 배워야 한다는 논리가 가능할 수도 있다(Opaschowski et al., 2007).

- 정한 목표들을 고집스레 추구하라.
- 다각도로 연결 관계들을 만들어내라.
- 어수룩하고 단순한 사고방식에서 벗어나라.
- 빠름과 서두름을 상대화하라.
- 계획들과 프로젝트들은 차분히 익혀가도록 하라.
- 스스로가 세상의 중심이라고 생각하지 말라.
- 저만의 관심사와 전문적인 면을 함께 엮어라.
- 잘못의 원인들을 깨달아 잘못으로부터 배워라.
- 좌절들을 소화시켜 버리고 실패들을 이겨내라.

젊은이들은 나이든 사람들로부터 서로 교류하는 법이며 책임을 넘겨받는 법 그리고 자제하여 포기하거나 위기를 극복하는 법 같은 것들을 배울 수 있을 것이다.

미래 기업문화에서는 강한 자아와 사회적 역량에다 동료애를 갖춘 태도가 강하게 요구되고 뒷받침될 것이다. 그러니까 사람다운 태도의 르네상스가 임박한 셈이다. 생산품들은 갈수록 교환 가능성이 커지지만, 사람다운 태도는 그저 쉽게 대체될 수 없기 때문에 개개인의 인성 개발이 그만큼 더 중요해진다. 그러니까 사람의 가치가 그만큼 더 높아진다는 말이다. 말하자면 사람의 프로필 차이가 판가름의 기준이 된다.

함께 일하는 사람들의 가치가 높아지면 기업의 가치도 그만큼 오르기 마련이다. 미국인 아리 드 호이스(Arie de Geus)가 '살아남은 회사'(1998)라 부른 것에서 반영되어 나타나는 것이 있다. 기업이 그 나름의 인성을 갖춘 유기적 전체로서 — 동료들과 마찬가지로 — 영원히 발전해 간다는 사실이다. 앞으로 회사에서 일하는 사람들의 인성을 역으로 추론하면 기업의 평균수명을 알아낼 수 있다(전공지식에 그치지 않는). 경험을 갖춘 근로자들이 기업을 움직일 수 있기 때문에 미래의 기업은 경험 많은 근로자들 덕에 살아갈 수 있을 것이다[24].

2) 노년의 꿈

"사람을 늙게 만들기 전에 스스로 먹은 나이로부터 무언가를 배울 수 있다"는 사실을 설득력 있으면서도 힘주어 촉구한 것은 다름 아닌 헤닝 셰르프(Henning Scherf)의 공이다. 셰르프는 노화라는 주제를 두려움과 공포의 구석으로부터 건져 올렸다. "은빛이야말로 다채로운 색이다"라고 주장하면서, 노년기에 직업이야 벽의 못에 걸어둘 수 있을지 몰라도 인생까지 그럴 수는 없는 노릇이다(Scherf, 2006).

---

24) 평균 수명이 긴 사회에서 노년의 삶은 질적으로 새로운 수준을 구가하며, 그 수준을 미래의 기회로 활용할 줄 아는 것, 그것이 사람들 저마다의 커다란 도전이 된다. 스스로의 삶을 마지못해 사는 게 아니라 스스로 능동적으로 살고자 한다면, 스스로 저러한 도전에 의연하게 맞서야만 한다. 노년의 삶이 낙원 같은 꿈과 비교할 수 없다는 것은 분명하다. 그렇다고 해도 여전히 꿈을 꿀 수는 있다. 그렇지 않다면야 일찌감치 정말로 늙어버리고 마는 것이다. 그러기에 본 책자에서 소개되는 노년의 르네상스 꿈들이 삶의 영약 노릇을 할 수 있으면 좋겠다는 바람이다.

오히려 그와 정반대다. 노년에는 자기만의 것 그리고 다함께 할 수 있는 것을 위한 새로운 여지가 열리고 발전해 가게 된다. 또 인생의 여러 가지 꿈들을 너무 멀리 밀어두는 게 아니라 실현하는 것에 대해 깊이 생각할 시간을 낼 수 있다. 다시 한 번 대학에 다닐 수도 있고 취미를 새로운, 제2의 직업으로 삼을 수도 있으며 또 용감하게 몽고를 두루 여행할 수도 있다. 그렇게 생각하며 그런 식으로 사는 사람에게 미래는 잿빛이 아니라 얼마든지 다채로울 수 있다. 그러면 종말의 시나리오로부터 몸으로 실천하는 노년의 꿈들을 건져낼 수 있지 않을까 싶다.

벌써 아주 오랜 옛날부터 사람들은 더 나은 세상과 더 나은 삶에 대해 꿈꾸어 왔던 것이 사실이다. 그렇지만 50대 중반과 60대 중반의 사람들이 그 황금기('최고의 나이')에 무엇을 꿈꾸고 있는 것일까? 거의 4반세기쯤 전인 조지 오웰의 역사적인 해인 1984년, 독일 BAT 연구소에서는 노인들의 꿈들이 전반적으로 환상에 지나지 않는다고 폭로한 바 있다. 그 가운데 무엇보다 가장 커다란 부분을 차지한 내용이 바로 여행에 대한 영원한 꿈이었다. 그 당시 노인들은 이 꿈들을 그저 상상 속에서만 보듬어 만지작거릴 뿐이었다. 지도에 손가락을 대고 움직여 가면서. 말하자면 소파 관광객의 역할에 빠져서 그 실현에 대한 꿈은 꾸어보지도 못하고 말았다. 거기에는 그들의 고유한 무기력감이 길을 가로막았다. 그럼에도 꿈의 여행은 그들에게 "인생을 살아볼 만한 것으로 만들어주는 모든 것을 위한 이상이요 상징 담지자인 심리학적 현실이었다"(BAT, 1984: 31). 그들은 아주 소박한 성공으로 만족하며 살아갔다. 은퇴 후 연금생활이 그들에게 새로운 인생의 국면이기는 하였지만, 그렇다고 전혀 새로운 시작도 아니고, 그보다는 현상유지를 하며 여생을 살아가는 이의 인생 관리에 가까웠다고 볼 수 있다.

그때부터 지금까지 무엇이 바뀌었을까? 한 세대 뒤의 '새로운 노인들'은 그때보다 더 의욕적이고 진취적이 되었는가? 아니면 그 사이 계속 더 여유로운 생활의 향상을 꿈꾸는 대신 표준적인 생활수준을 지키기에 급급한 나머지 꿈꾸는 일을 아예 잊어버리고 말지는 않았는가?

광고며 경제 쪽에서는 '새로운 노인들'이 수십억 달러의 잠재 구매력을 가진 고객들('막강 소비자' Master Consumer)이란 사실을 인식하게 되었다. 이들을 대상으로 한 맞춤형 마케팅 전략으로 시니어시장(실버세대)을 은광 캐듯이, 더 나아가 골든 올디스(golden oldies)를 금광을 캐듯이 하고 있다. 실제로 중년층에서는 그들을 가리키는 '베스트에이저(best ager)'란 말을 말 뜻 그대로 받아들이는 경우도 있다. 그래서 중년층 사람들은 훌륭한 생활을 꿈꾸되, 그렇다고 끝없이 더 많은 걸 바라지는 않는다. 50세가 넘은 독일 사람들 두 명 가운데 하나 정도는 서슴없이 "나는 더 바랄 것 없이 행복해"라고 말한다. 첫눈에 보더라도 소비재 산업의 지나치리만큼 높은 기대들이 그저 환상으로 그치지 않았음을 확인할 수 있을 것 같다(Opaschowski et al., 2006).

이른바 '포스트 물질주의자들'의 첫째 세대로서 독일의 중년층 사람들에게는 사회적 생활수준의 유지와 향상이 물질적 생활 표준을 높이는 일보다 근본적으로 더 중요하게

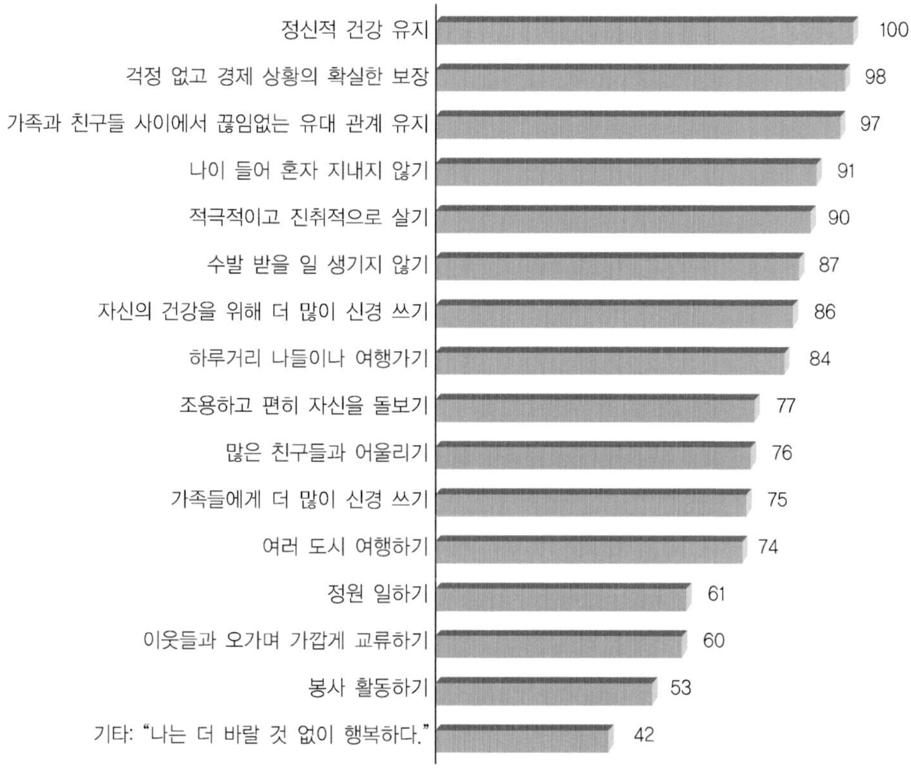

▌그림 2-3▐ 50세 이상 세대의 노년에 대한 꿈

출처: Opaschowski, et al., 2007: 23

되었다. 이들의 꿈과 미래에 대한 기대들은 생활에 더 많은 기쁨을 누리는 데에 집중되고 있다. 여기서 중요한 것은 참다운 의미에서 자기 스스로의 집안에서 자기 스스로 자족하고 행복하다는 것이다. 다른 사람들에게 짐이 되지 않고 싶다는 바람은 매우 두드러질 정도로 부각된다. 이처럼 50세 이상 독일 국민들에게 미래에 대해 갖는 가장 중요한 바람들을 독일 BAT 연구소에서 질문한 결과 다음〈그림 2-3〉과 같이 나타났다.

중년층 세대 사람들은 정신적으로 정체되지 않고 계속해서 변화하며 움직이고 싶어 한다. 그러니까 친구들과 정기적으로 만나 어울리며 술이나 차를 마시는 일로 만족하기보다 정신적으로 신경을 써야 하는 '대학의 강연'을 찾아다니며 듣는 일을 하는 편이 더 좋다는 것이다. 꿈의 유람선 여행이라든가 꿈의 여행 같은 것은 중년 세대 사람들의 미처 채우지 못한 바람들의 중심에 들지 못한다는 놀라운 결과들이다. 정신 건강, 사회적 교류와 활동, 물질적 안정이 그보다 더 중심에 있다는 것이다. 그런데 이러한 일들은 물질적인 상품들의 축적이라든가 부유한 상태와는 별다른 관계가 없을 듯하다. 그보다는 돈 걱정과 살림걱정에서 벗어나 사는 일이 더 중요하기 때문이다. 근심 걱정 없이 살기, 그러니까 미리 잘 대비하고 경제적 보장을 다져놓는 일이 50세 이상 세대의 희망목록에서 상위를 차지하고 있다. 책임을 완수한 전쟁 및 전후 세대 사람들은 삶의 기쁨을 누리는 세대가 되길 바란다. 나이가 들어감에 따라 자기 스스로 자유롭게 느끼는 일에서 오는 기쁨도 뚜렷하게 커간다. 훌륭한 삶에 대한 꿈들은 땅에 뿌리내린 삶에 대한 꿈과 궤를 같이 하고 있다. 중년층 사람들은 스스로의 두 다리로 자기 삶을 지탱하며 살길 바란다. '재미'를 위해 자유롭기보다는 걱정과 근심에서 자유로운 삶을 바라는 것이다. 이들에게는 그런 삶이 최고의 행복일 것이다.

그러나 이러한 노년의 행복을 그들이 거저 얻는 것은 아니다. 그 행복을 위해 그들은 이미 상당한 일을 하였다. 그러한 일은 '최저임금'과 '최저연금'을 둘러싼 토론을 배경으로 물질적 보장이란 의미에서 개인 차원에서 준비하는 일로부터 시작하여 가족과 친구 그리고 이웃과 어울림을 잘 가꾸어 사회적 교류를 돈독히 하는 일을 거쳐 그런 일에 지나쳐 스스로를 잊어버리고 마는 일이 없게끔 하는 일에서 끝나기 마련일 것이다. 왜냐하면 건강을 잃는다면야 그보다 더이상 값진 것은 없다시피 할 테니 말이다.

연륜이 묻어나오는 노년의 꿈들도 많다. 나이가 들어서야 제대로 깨닫는 것들, 이를테면 '가족들과 더 많은 일을 하기'라든가 '친구들과 함께 어울리기' 그리고 '이웃들과 더 가깝게 지내기'같은 바람들이 그렇다.

노년의 꿈은 사치가 아니라, 노년기에 맞는 많은 시간을 제대로 활용하기 위해 생활에 꼭 필요한 것이다. 더 늦기 전에 말이다. 훌륭한 삶에 대한 꿈이 너무 늦거나 아니면 아예 실현되지 못하거나 한다면, 결국 소홀히 하다가 꿈을 놓쳐버리고 말기 쉽다. 평생 살아가며 사회적 교류를 제대로 가꾸지 않은 사람은 노년기에 홀로 지내거나 혼자 남을 수 있다.

그런 점에서 BAT에서 연구한 자료 결과처럼 50세 이상 세대의 절반 겨우 넘는 사람들이 이제껏 해보지 않은 '봉사활동에 참여하기'란 바람을 꼽았다는 것도 놀랄 일이 아니다. 다른 사람들을 위해 살겠다거나 사회적 관심사에 참여하겠다는 바람은 무척 큰 것이지만, 현실과 바람 사이의 간격도 그 못지않게 크다. 추측컨대, 50세 이상 세대의 봉사 잠재력(이를테면 "중년의 사람들이 노년의 사람들을 돕는다.")을 아직까지 사회에서나 정치계에서 제대로 간파하지 못한 상태다. 따라서 저 잠재력을 키우고 현실로 유도하는 일이 필요하다. 병원이며 수발시설에서 사회적 수발이 크게 부족하다는 소리가 높은데, 만일 은퇴이후 연금생활 단계의 사람들이 서로 돕겠다는 바람과 희망들을 진지하게 여기고 받아들이고 인정하게 된다면, 일정 정도는 해소할 수 있는 일이다. 50세 이상 세대 사람들은 계속해서 도움이 되는 일을 하고 싶어 한다. 물론 여기에는 — 고령에 이르기까지 — 사회적 인정에 대한 바람도 담겨 있을 것이다(BAT, 2002).

'이상'이란 젊은이들의 말을 '꿈'으로 바꾸어 놓으면 알베르트 슈바이저(Albert Schwartser)가 한 말의 뜻 그대로 이렇게 말할 수 있다. "세월과 함께 피부에 주름이 잡히지만 꿈을 포기하면 영혼에 주름이 잡힌다. 그저 살아온 햇수가 많다고 늙는 것은 결코 아니다. 오직 스스로의 꿈들에 안녕을 고할 때에만 늙을 뿐이다."

Chapter

03

퇴직준비와 노후생활의 현실

제 01 절 퇴직제도

퇴직제도란 한마디로 산업화 과정을 겪는 중에 필연적으로 발생되는 이윤추구의 "부산물"이라 할 수 있다. 20세기 초에 들어와서 노령인구의 급속한 증가 및 산업화의 가속화에 따라 도입된 퇴직제도는 점차 그 영역이 확산되기 시작하였다. 산업화가 궤도에 오르기 전까지는 퇴직제도란 것이 존재하지 않았다. 언제나 지나친 인력착취가 문제가 되었을 뿐 자기 의사와 무관하게 일자리에서 물러나는 경우는 일부 상류층의 경우나 혹은 극히 예외적인 경우를 제외하고는 찾아볼 수 없었다. 신체적・정신적 능력이 허락되는 한 언제까지나 자신의 생계활동을 계속할 수 있었기 때문에, 인생에서 퇴직이란 자체가 존재하지 않았다고 볼 수 있다. 따라서 사람들이 살아왔던 평생의 기간이 그들의 근로시간과 동일했던 것이다. 이는 평균수명이 짧은 관계로 언제나 일손이 부족했기 때문이라고도 볼 수 있다.

본래 독일에서의 연령제한은 '보험가입'의 상한선, 즉 보험료납부 만기와 연금수령의 시작 연령을 나타내는 지표로 이해되었다. 따라서 1889년 6월 22일 세계 최초로 제정된 양로 및 폐질 보험법(Rentenversicherung)의 법 조항에 그 상한선은 70세였고, 1916년에는 65세로 단축되었다. 그 당시 연령 제한이란 사고나 병에 의한 작업능력의 상실을 의미하였기 때문에, 오늘날과는 달리 생계를 위한 근로활동을 지속할 수 있었다[25]. 따라서 65세 한계연령의 시발점은 노인들을 위한 것도 또 합리적 근거에 따른

25) 문제는 65세의 한계연령 설정이 독일 노인들의 제반 특성을 고려하여 합리적이고 과학적인 근거를 바탕으로 설정한 것이 아니라, 철혈재상(鐵血宰相) 비스마르크(Otto Eduard Leopold Bismarck)가 임의적으로 결정한 것이었기 때문에 비판의 여지가 남아있다. 그 당시 65세에 이르러 양로보험의 혜택을 받을 수 있었던 사람들은 실제로 그리 많지 않았다는 사실에서도 이를 확인할 수

것도 아니고, 단지 보험의 명분축적과 아울러 보험의 재원확충을 위한 얄팍한 술수였다고 볼 수 있다. 현실적으로 노인을 규정하는 한계연령을 둘러싸고 달력상의 나이나 사회적 또는 기능상의 나이가 합치되지 않는 것도 그런 점에서 이해할 수 있다(Ley, 1991). 노년학의 시각에서 볼 때도 정년퇴직의 연령은 자의적으로 설정된 것으로, 이러한 한계 연령의 타당성이 입증된 일은 연구사상 거의 없었다(Schmitz－Scherzer, 1973). 이와 달리 한국의 경우에는 60년대부터 민간기업들에 의해 정년제가 도입되어 보편화되면서 현재 한국 기업에서의 평균퇴직 연령은 55세로 추정되고 있다(방하남, 2008).

이제 퇴직제도는 어느 사회를 막론하고 당연한 것으로 받아들여지고 있다. 다만 그 운영방법은 사회에 따라 차이가 있고, 또 산업의 발달 정도와 소득의 정도에 따른 차이를 나타내고 있다[26]. 그러나 평균 수명의 연장에 따라 정년 이후의 여가시간이 크게 늘어났고, 아울러 정년에 달한 사람들도 옛날에 노인 취급을 받아야 했던 정도의 건강상태가 아닌 상황에서 무조건적인 퇴직은 한편으로 유용한 인력의 사장을 의미한다. 그런데 다른 한편으로 보면 정년까지 기다리는 것이 일정정도 삶의 의미를 상실할 수 있기 때문에 굳이 정년퇴직의 법적 기간까지 기다리지 않고 새로운 방식의 삶을 시작하려는 사람들도 있다(김근홍, 2001, 재인용).

1 은퇴와 퇴직의 의미

은퇴(retirement)라는 의미는 일(work)의 개념보다 직업(job)의 개념과의 관련성을 근거로 정의 내리는 경우가 많다. 따라서 은퇴의 개념을 직업적 고용상태에서 물러나

있다.

26) 근로정책은 사회적 경향에 발맞출 수밖에 없기 때문에 오늘날 산업국가의 경우 조기퇴직의 경향이 두드러지는 반면에 개발도상국이나 미개발국가에서는 가능한 퇴직을 늦추고 싶어 한다.

는 퇴직으로 그 개념을 한정하여 논의하기 마련이다. 그에 비해 퇴직이라는 개념은 공식적으로 어떤 일에서 물러나는 것으로 직업을 가지고 있던 사람의 직업적 역할이 끝난 것으로 인정되는 절차다. 즉, 고용상태의 어떤 직위에서 물러나 그 직위에 관련된 역할수행을 중단하게 된 현상을 의미한다. 그리고 이때부터 은퇴생활 혹은 연금생활이라는 과정이 시작된다[27]. 퇴직과 은퇴의 개념은 일반적으로 사회・문화적 배경과 관계가 있을 뿐 아니라 국가에 따라서도 조금씩 차이가 있다. 서구에서는 노령연금의 지급 개시시기를 퇴직, 즉 정년(停年)으로 보는 경우가 일반적이다. 현실적으로 퇴직은 인생주기에 있어서 겪지 않을 수 없는 통과의례적 사건이며, 그와 동시에 전혀 새로운 역할에의 적응이 요구된다. 이 새로운 역할에 대한 적응이 순조롭게 이루어진다면 노후생활은 별로 문제가 되지 않을 것이다. 그러나 산업화와 더불어 제도화된 퇴직제도는 강제적으로 이루어지는 것이 일반적이어서 노후보장을 위해 다각적인 준비를 하지 않으면 노후의 은퇴생활은 불안과 긴장을 피할 수 없게 된다. 노후에 대한 준비 중에서도 특히 경제적 차원이 중요한 이유는 기본적인 소득이 퇴직과 아울러 감소할 수밖에 없기 때문이다. "은퇴란 개인의 직업활동이 전임(full−time)에 미치지 못하고, 아울러 수입이 이전 직업에 봉사했던 기간을 통해 획득한 연금에 의존하는 상태"라는 애칠리(Atchley)의 은퇴에 대한 정의는 바로 이러한 경제적 차원을 강조한 것이다.

현대 산업사회에서 퇴직과 은퇴는 여전히 충격으로 받아들여지는 것이 일반적이다. 인생 중년기에서 후반기로 넘어가는 과정에서 일어나는 가장 중요한 사건의 하나가 바로 퇴직이다. 이에 퇴직과 은퇴생활의 시작이 위기감을 수반하는 문젯거리로 받아들여지는 것은 당연하다고 하겠다. 퇴직과 관련하여 노인문제가 심각하게 논의되어야 하는 것은, 전체 인구에서 노인들이 차지하는 비중이 높아졌기 때문만은 아니다. 그보다는 실적주의적인 산업사회 풍토에서 퇴직의 원인이 되는 노화와 노인이란 존재가 부정적인 의미를 띠게 된다는 점에 더 큰 문제가 있다. 대부분의 경우 연령제한에 따라 퇴직을 하고 퇴직금 혹은 노후보장을 위한 연금을 받게 되는데, 이와 더불어 노인

27) 퇴직은 현재의 직임에서 물러나는 것을 의미하므로 경우에 따라서는 전직(turnover), 사직(quit), 파면이나 해고(lay off), 일시해고(temporary lay off), 정년퇴직(retirement)등을 포함하는 개념이라고 주장하는 학자도 있다(현외성, 2010).

들의 경험, 숙련미, 지식 및 전통의 이월 등이 담보하고 있던 가치가 급격히 떨어지면서 비로소 심각한 문제가 제기되는 것이다. 어떤 사회든 변화와 변혁에 따른 영향의 파장이 클수록 노인들에 대한 배척과 소외 정도는 그만큼 커지기 마련이다. 왜냐하면 노인세대일수록 그러한 변화에 적응하고 동참할 수 있는 가능성이 적기 때문이다(Radebold, 1983).

산업화 이전의 농경사회까지도 노화로 인한 직업생활의 중단이란 생각하기 어려운 일이었다. 더욱이 그 당시 전형적이었던 생산 공동체로서의 대가족 제도에서는 노인들에게도 나름대로의 역할과 기능들이 부여되었다. 변화와 변혁이 빠르게 진행되지 않았던 상황에서 노인들이 평생동안 쌓았던 경험, 숙달된 솜씨, 그리고 전통의 전수 등이 젊은 세대들에게 대단히 중요하였다. 노인의 지혜가 젊은 세대가 살아가는 데 있어서 필수적이면서도 실생활에 대단히 유익했기 때문에 직접적인 직업활동을 그만두는 것은 능력의 저하에 따라 서서히 그리고 자연스럽게 이루어지는 것이 보통이었다(허준수, 2010).

2 퇴직에 따른 노후생활의 진입

노후 단계의 시작 또는 노인으로 분류되는 시기로 정해진 것은 따로 없지만, 대체로 퇴직을 기준으로 하는 경우가 많다. 말하자면 제도가 사람들의 의식을 결정한 셈이다. 그런데 제도의 변화는 다시 사람들 일반 인식의 변화를 통해서도 가능하게 되었다. 따라서 제도의 변화를 위해서라도 일반 인식의 변화가 필요하다. 더 나아가 인식과 의식의 변화 없이는 제도의 변화만으로 근본적인 변화도 어려운 것이 사실이다. 그런데 이를테면 퇴직제도의 경우 문제에 대한 인식은 제법 넓게 자리 잡은 상태지만, 다만 아직 제도 변화로 이어지지는 못한 상태다. 이는 아마도 현실제도에서 부족한 일자리 때문에, 정년제도가 사라지거나 개정될 경우 젊은이들의 일자리 문제가 더 심각해지리란 인식을 비롯해 정년제도의 변화가 가져올 온갖 제도들의 변화 폭 때문일 것으로 추측된다.

그렇다면 우선 기존에 퇴직을 기준으로 했던 독일 사회의 노후 진입 단계들의 모습을 살펴보기로 하자. 퇴직과 더불어 시작되는 은퇴생활의 단계는 직업생활을 하던 사람들에게 전혀 새로운 인생의 국면이다. 이때 나타나는 가장 두드러진 특징이라면, 스스로 알아서 처리해야 하는 시간이 엄청나게 많아진다는 것이다. 왜냐하면 하루의 생활리듬, 주나 달의 생활리듬 및 연간 생활리듬이 더이상 직업에 의해 결정되지 않기 때문이다. 그렇기 때문에 은퇴생활단계에서는 직업생활자의 한정된 여가와 달리 비교적 자유롭게 자신의 여가시간을 마음대로 쓸 수 있게 된다. 그러나 많은 사람들에게 이러한 새로운 자유시간은 도움이라기보다는 문젯거리로 받아들여지기 쉽다. 어느 날 문득 현실로 다가온 퇴직으로 인해 갑자기 많아진 시간을 제대로 처리하지 못할 경우 무료하게 시간을 "죽일" 수밖에 없다. 그런 의미에서 은퇴생활 또는 노후생활의 성공 여부는 많아진 여가 시간을 얼마만큼 만족스럽게 다스릴 수 있는가에 따라 결정된다고 해도 과언이 아니다.

사회적 지위와 역할이 달라지고, 소득이 감소되며 친교관계조차 줄어드는 생활전반의 많은 변화에 제대로 대응하는 것도 처리 곤란할 정도로 많아진 여가와 마찬가지로 그리 쉬운 일이 아니다. 특히 이러한 변화들은 여가의 처리과정과 항상 서로 연결되어 있는데, 소득의 감소·줄어든 친교관계·역할의 변화 등 모두가 여가활동의 여지와 영역을 오히려 축소시키는 것이다. 그렇기 때문에 은퇴로 접어들기 전에, 그리고 접어들어 은퇴생활을 하면서도 그에 대한 준비와 대처를 제대로 해야만 할 것이다. 그렇지 못하면 은퇴생활은 불만과 불행의 연속이 될 수 있다.

1) 퇴직의 단계

일생 주기에서 혁명적인 전환점이 되는 퇴직과 그에 이은 노후생활, 그만큼 진입이 순조롭지만은 않다. 이와 관련하여 애칠리는 다음 여섯 단계로 구분하여 퇴직과 노후생활로의 진입과정을 설명하고 있다.

(1) 퇴직 전 단계(Preretirement)

이 단계에서는 퇴직 후의 상황에 대한 계획들을 수립할 수 있는 단계이다. 그러나 대부분의 경우에는 퇴직이 아직은 먼 미래의 일로 생각하면서 구체적인 대비를 하지 않는다. 퇴직을 코앞에 두고 나서야 비로소 은퇴생활을 현실감 있게 받아들이고 이에 대한 구체적인 관심을 갖기 시작한다. 은퇴에 대한 환상은 퇴직생활에 대한 적응을 보다 쉽게 해줄 수도 있지만, 지나친 환상이 오히려 퇴직 후의 생활을 더 어렵게 하고 환멸을 느끼게 할 수도 있다.

(2) 밀월단계(Honeymoon)

의무적이고 시간제약적인 직업 활동에서 벗어난 직후의 밀월단계에서 퇴직자들은 어느 정도 도취된 편안한 단계를 맞게 된다. 이 단계에서는 그 동안 시간부족으로 마음만 간절했지 실행할 수 없었던 일들을 하고자 한다. 늘 관심을 갖고 있었던 쉬운 일부터 하면서 여가활동에 대부분 시간을 할애하며, 아울러 상당한 경제적 지출이 요구되기도 한다. 그렇기에 경제적 여건이 좋지 않은 사람들은 밀월단계를 우회하여 그대로 안정단계로 넘어가기도 한다. 밀월단계는 경제적 여건에 따라 수년간 계속될 수도 있지만, 대부분의 경우 곧 밀월의 단계를 벗어나 안정의 단계로 들어가게 된다. 경제적 여건이 좋지 못한 사람이나 강제 퇴직을 당한 사람들의 경우는 밀월의 단계를 거치지 않는 경우가 보통이다.

(3) **환멸단계**(Disenchantment)

밀월단계를 벗어난 대부분의 사람들은 안정적인 적응단계에 들어가지 못하고 마음속의 이상이 환상에 불과하다는 것을 아프게 깨닫는다. 이로 인해 생활 자체가 침체되고, 그에 따라 환멸을 느끼거나 우울한 상태에 빠지게 된다. 그렇기 때문에 이 단계에서는 생활이 정체되고 지루해져 심한 경우 절망감에 빠질 수도 있다.

(4) **방향 재정립단계**(Reorientation)

환멸을 느낀 대부분의 사람들은 자신의 재정 상태, 한계성, 어떤 특정한 일에 대한 실천가능성 등을 점검하고, 자신의 실제 현실을 비교적 정확하게 깨닫게 된다. 이를 통해 지금까지 등한시했던 인간관계를 새롭게 재정립하고, 자기 자신에게 보다 적합한 새로운 방향을 지향하면서 안정적 퇴직생활단계로 발전시켜 나가게 된다.

(5) **안정단계**(Stability)

변화된 생활상황에 순응하며 이를 충분히 안정시키면서 안정단계에 들어서게 된다. 이 단계에 도달한 은퇴생활자는 자신의 생활을 어느 정도 예측할 수 있고 또 변화에 용이하게 대처할 수 있다. 밀월단계를 어느 정도 거친 후 바로 안정단계에 들어오게 되는 사람들도 많다. 이 단계는 은퇴생활에 대해 퇴직자의 긍정적인 적응이 이루어진 상황으로 적응이 잘 되면 안정단계는 그만큼 오랫동안 지속될 수 있다.

(6) **종결단계**(Termination)

종결단계는 여러 가지 이유로 은퇴생활자로서의 역할이 종료되는 시기라 할 수 있는데 대부분의 경우 질병과 노환으로 특징지어진다. 질병이나 노환으로 독립성의 전반적 상실과 함께 타인에 대한 의존도가 증가되면서 지금까지의 퇴직자 역할이 중단되고 환자의 역할로 바뀌게 되는 시기이다(Atchley, 1980).

이를 요약해서 애췰리는 배러시(Atchley & Barusch)와 함께 직업세계를 떠난 인생단계를 다음과 같이 네 개 국면으로 재정리하여 세분화시킨 바 있다.

- **만족 단계:** 마침내 얻은 자유로서 시간을 긍정적으로 받아들인다. 두 사람은 이 단계의 강한 만족감을 '새로 사랑에 빠지는 일'과 비교하였는데, 이 기간은 대략 2~3달 정도 지속되는 것이 일반적이다.
- **차분해지는 단계:** 이 단계는 훨씬 더 오래 지속되는데 대략 2년까지도 가능하다. 이 단계에서 은퇴 생활자들은 자기 스스로의 나이를 깨닫고 아울러 나이와 관련된 여러 제한들이며 장애들을 경험하게 된다.
- **새로운 방향잡기 단계:** 인생의 새로운 중요한 점들을 새로 찾는 단계로서 사람마다 매우 다른 양상을 보여주는 것이 일반적이다. 일례로 가족중심의 취미나 개인적 면을 꼽을 수 있다.
- **안정의 단계:** 이 단계에서는 노인들이 저마다의 관심사를 지켜가면서 더욱 키워가는 과정이라 할 수 있다(Atchley et al., 2003).

2) 지식소유와 퇴직단계

일반적으로 은퇴상태에 대한 기본생각은 퇴직의 시점이 가까워질수록 악화되는 것이 보통이다(Atchley, 1982). 그렇지만 이러한 상황의 악화는 은퇴생활을 시작하여 2년째로 접어들면서 잠정적인 정점에 도달하기 마련이다(Ekerdt, Bossé & Levkoff, 1985). 물론 위에서 제시한 퇴직단계 모델처럼 모든 퇴직자가 이러한 생활단계를 일정하게 경험하는 것은 아니다. 경제적 상황이나 선택에 따른 예상과 경험 등 개인차에 따라 다르게 나타날 수 있고 또 퇴직생활에 대해 가졌던 태도 여하에 따라서도 영향을 받을 수 있다. 어떤 경우든 중요한 것은 일반적인 진입 및 진행과정을 염두에 두고 자신의 처지를 스스로 평가하며 생활방식을 수정하거나 변화시켜갈 수 있다는 사실이다. 일례로 환멸기에 빠졌을 때 자신만이 그런 것이 아니란 사실을 알고, 그리고 스스로의 노력으로 곧 안정기로 들어갈 수 있다는 사실을 알고 있는 것은 그 극복을 한결 수월하게 해줄 수 있다.

애췰리와 배러시가 강조하고 있듯이 직업생활이라는 것이 일상으로부터 벗어나면서 여러 가지 새로운 인생 상황과 국면들이 발생된다고 한다. 그에 따라 노년학은 은퇴 후 연금생활이란 개념과 대략 30~35년에 이르는 이 기간을 나타내는 명칭을 의심하게 되었다(Tokarski, 1989). 생계활동에서 벗어나면서 그저 불가피하게 연금생활이 시작되는 것뿐만 아니라, 거기에 더하여 통계적으로 보더라도 이른바 정상이라고 보았던 경우(65세로 정년퇴직)가 점점 드물어지고 있다. 특히 전문 지식과 기술이 별로 없는 중년층 사람들의 경우 여러 가지 원인에서 남보다 더 일찍 일자리를 떠나기 마련이다. 따라서 〈그림 3-1〉에서 볼 수 있는 것처럼 독일의 경우에도 55세에서 64세까지 일을 하는 남성은 세 명 중 한 명(36%)이고, 여성은 네 명 중 한 명(24%)에 지나지 않는다는 통계보고서가 나와 있다. 이를 전체로 보자면 65세 또는 그 이후에 연금생활로 넘어가는 경우가 20명 중 1명(5.1%)에 불과하다는 것을 의미하고 있다(Statistisches

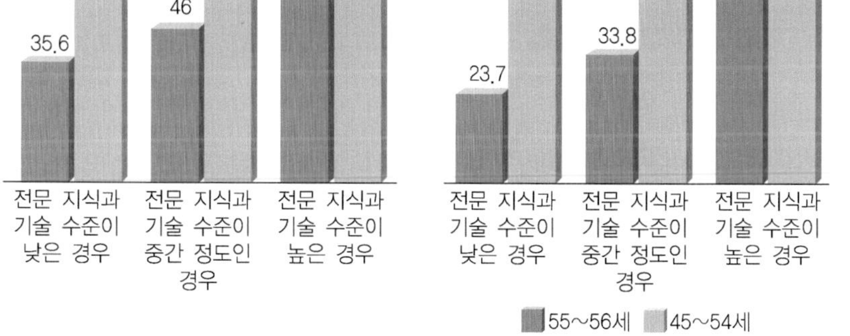

그림 3-1 중년층 이상 사람들이 일할 기회

출처: BMFSFJ, 2006

Bundesamt, 2007; BMFSFJ, 2006).

특히 오늘날에 더 일찍 은퇴하여 연금생활을 하겠다는 계획을 세우는 직업인들이 12명 중 1명이나 되는 것은 그리 놀랄 일도 아니다. 그런데 은퇴에 대한 태도에 가장 큰 영향을 미치는 요소는 아무래도 은퇴 후에 예상되는 경제적 보장을 꼽을 수 있다. 경제적 보장의 정도가 높을수록 퇴직 후 연금생활에 긍정적 경향을 보이겠지만 반면에 경제적 사정이 좋지 않을 것으로 예상된다면 부정적 태도로서 이른 퇴직을 원치 않을 것이다.

또한 일할 수 있는 한 일을 해야 하고, 일을 통하여 자기의 가치를 발휘해야 한다고 생각하는 사람도 이른 퇴직에 부정적일 수밖에 없다. 예를 들어 전문지식을 소유한 사람들은 힘든 육체노동을 영위하는 사람들보다 법정 정년퇴직 이후까지도 오랫동안 일하기를 원하는 것이 일반적인 경향이다. 이런 상황을 놓고 볼 때 은퇴상황이 갖는 문제점에 대해서 새로 생각해보지 않을 수 없을 것 같다. 왜냐하면 우리가 흔히 지적하고 있는 적응(adjustment)부족, 고립(loneliness) 또는 자기에 대한 부정적인 생각(negative self-concept) 등은 은퇴 후 연금생활의 다양한 면모들 가운데 한 단면에 지나지 않을 것이기 때문이다.

제 02 절 퇴직준비에 따른 노후대비

1 퇴직준비에 따른 인식

젊은 시절 평소 극장·음악회·전시회나 기타 문학과 예술 등의 활동에 참여할 기회를 가져보지 못했던 사람들은 노년에 이르러서도 이를 제대로 활용하지 못하는 것이 일반적이다. 직장생활의 단조로움이 지나치게 힘에 겨워 그저 TV에 매달리거나 음주에 큰 관심을 두느라고, 혹은 경제적 여유가 충분치 않아 개인적 취미생활을 하지 못했던 사람들도 노년에 무언가를 새로 시작한다는 것이 무척 힘들기 마련이다. 따라서 직업생활 기간에 미리 나름의 문화생활이나 취미생활에 습관을 들이는 것이 바람직한데, 일반적으로 은퇴생활에 대비한 정신적 준비가 우리보다 독일의 은퇴생활자들이 훨씬 잘 되어 있는 것으로 보인다. 현실적으로 노후의 은퇴생활 기간에 즐기는 여가활동의 범위란 것이 산책, 여행 또는 가벼운 오락 등에 한정되는 것이 일반적이지만, 그럼에도 한국의 노인들은 이러한 가벼운 여가활동의 여지마저도 독일인들에 비해 더 적다는 것이 지금까지 통계적으로 나타난 지표다.

50~60년 전에만 해도 정년퇴직 이후의 연금 수령기간이 5년에서 10년 정도가 일반적이었던 것에 반해, 오늘날에는 약 20년에서 30년까지 연장되었다. 직업활동을 했던 기간의 절반 정도에 해당하는 시간을 다시금 연금 생활자로서 보내야 되기 때문에, 이 기간을 건강하고 만족스럽게 지내기 위해서는 일찍부터 세심한 계획을 세워야 한다. 노후대책을 수립하기 위해서는 우선 언제 퇴직하는 것이 자신에게 가장 적당한지,

그리고 어느 시기부터 그에 대한 구체적인 준비를 할 것인지 스스로 계산하여 분명하게 의식하고 준비하는 자세가 필요하다.

퇴직에 대한 준비가 충분할수록 퇴직 이후의 생활을 긍정적으로 꾸려갈 수 있으리란 것은 당연하다. 그것은 곧 노후의 생활을 수동적으로 보내거나 남의 도움에 기대지 않고 매사를 능동적이고 자율적으로 처리해 가는 것을 의미한다. 그러기 위해서는 미래의 상황에 대한 보다 폭넓은 지식을 쌓음으로써 현실의 변화에 대처하고, 아울러 경험의 교류와 훈련을 통해서 여가활동의 방향을 정립하는 것도 필요하다(Atchley, 1982; Schönholzer, 1979). 그런데 최근 들어 정년퇴직을 앞둔 사람들의 퇴직에 대한 준비가 개인적 차원에만 맡겨지는 것은 바람직하지 못하다는 주장들이 힘을 얻고 있다. 서구 산업국가들은 오래전부터 퇴직준비 프로그램들을 제공하고 있기 때문에 많은 사람들이 이 프로그램에 참여하여 적절한 퇴직 대책을 세우고 있다. 물론 교육시설(예: 독일의 시민대학이나 전문대학 또는 대학교의 평생교육 시스템 등)을 통한 퇴직준비 서비스도 일반적인 공감을 얻고 있지만, 그럼에도 근본적으로 이러한 서비스는 교육수준이 높은 계층이나, 이미 노후 준비를 어느 정도 갖춘 그런 사람들에게만 해당되었던 것이 현실이다. 이러한 사실은 노동자나 중산층 이하의 사무근로자들의 경우 일반적으로 교육시설에 참여하지 않는다는 사실에서 입증될 수 있다. 서구의 정년퇴직 준비강좌나 상담프로그램은 역사가 나름 오래 되었고, 미국이나 영국의 경우만 해도 50년대까지 거슬러 올라간다(Tews, 1979). 다행히 우리도 이런 종류의 강좌가 지난 1990년경부터 생겨났지만, 아직까지 그 실상은 매우 빈약하다. 그 이유는 여러 가지를 들 수 있겠지만, 역시 제도상의 뒷받침 미비와 문화적 전통의 부재 그리고 그에 따른 당연한 귀결이랄 수 있는 개인 차원의 인식부족 등 총체적 차원에서 생각해야 할 듯하다.

2 퇴직준비 과정에 따른 자세

퇴직준비 과정에서 드러나는 일반적 문제점과 개선방향을 정리해 본다면 크게 세 가지 사항을 지적할 수 있다. 첫째, 퇴직규정과 관련된 연령의 적용에 융통성이 필요하다는 점이다. 이와 아울러 연금제도가 없는 사회에서는 연금제도의 실현을 위한 노력을 기울여야 하며, 또 연금제도가 있는 경우라도 신축성 있는 운용으로 퇴직과 관련된 경제적 손실을 최소화할 수 있어야 한다. 둘째, 퇴직을 맞는 각 개인의 준비 자세에 대한 중요성이다. 퇴직과 그 이후의 은퇴생활에 대비한 준비는 비단 경제적인 차원뿐만 아니라 의학적, 심리학적 건강의 유지와 여가활동을 위한 준비 등 광범위하다. 그러한 준비가 체계적으로 이루어지는 경우 퇴직이 불행이라기보다는 오히려 보다 만족스런 자기계발의 기회가 될 수 있다. 그리고 퇴직에 대비한 준비를 위한 사회적 · 기업적 차원의 지원문제를 꼽을 수 있다. 기업의 경우 사실상 직원에 대한 이러한 준비 프로그램은 장기적인 안목에서 회사에 이익이 될 수 있다는 깨인 인식을 가질 필요가 있다. 또 독일처럼 시민대학과 같은 평생교육의 기회는 노후에 대한 준비뿐만 아니라 지속적인 자기계발의 면에서도 큰 의미가 있기 때문에 우리의 경우 선진 모델의 장점들을 개선 발전시키려는 노력이 필요하다. 이 밖에 노후생활을 위한 세미나들도 같은 차원에서 의미가 있겠지만, 이를 실행하기에는 아직까지 여러 가지 한계들이 존재하는 것이 현실이기 때문에 우선적으로 참여자 자신들의 마음가짐이 중요하다. 왜냐하면 새로운 것을 받아들이고 스스로를 변화시키는 능력, 즉 유연한 적응능력을 꾸준히 계발하기에는 현실적으로 직업생활과 여가시간이 여유롭지 못하기 때문이다. 이러한 현실에서 그와 같은 준비를 의식적으로 하는 경우는 드물다. 준비과정을 위한 조치들이 참여자들에게 지나친 부담이 되지 않기 위해서라도 참여자들 스스로가 미리부터 장기적으로 준비를 시작해야 한다. 그리고 사회적 차원에서는 퇴직생활자들에게 부여하는 역할에 변화가 있어야 한다. 또한 적극적인 참여를 통해 사회에 통합될 수 있기 위해서는 특히 반려자와 가족들의 협조도 요구된다.

한편 퇴직준비에 따른 노후대책은 시기와 기간에 따라 여러 가지 유형으로 나눌 수 있다. 물론 노후대책과 준비가 비단 경제적인 차원에만 국한되는 것은 아니기 때문에 건강이라든가 여가활동을 위한 지식이나 교양 등에서도 준비가 필요하다. 이에 대해 쾨펠(Köppel)은 독일인들의 상황을 위주로 장기간의 준비단계로서 학교교육을 비롯하여 성인단계가 시작되면서 준비하는 것과 중간정도 기간의 준비단계로 중년을 넘어서면서 시작하는 것 그리고 단기간의 준비단계로 직업으로부터 은퇴하기 몇 년 전부터 시작되는 것 등을 정년퇴직 준비모델로 소개한 바 있다.

쾨펠이 분류한 퇴직준비과정의 역점사항을 테마별로 살펴보면 다음과 같다.

첫째 – '심리–사회적' 측면으로 노화에 대해서 정신적 · 심리적으로 대처하는 것.

둘째 – '경제적' 측면으로서 적절한 경제적 대책을 준비하는 것.

셋째 – '의학적' 측면으로 건강과 관련한 대책들을 말한다(Köppel, 1977).

노년기의 주요 발달과업 중의 하나가 바로 퇴직에 대한 적응일 정도로 퇴직 이후의 생활적응은 노년기 삶의 질을 결정하는 중요한 요인 중의 하나이다. 따라서 퇴직에 따르는 지위와 역할의 변화, 경제적 조건의 변화, 상황적 요인의 변화, 사회적 관계망의 변화 등과 같은 생활 전반에 나타나는 변화들을 수용하고 자신이나 주변의 대처자원을 활용할 수 있는 요인들을 퇴직준비 과정에서부터 견지해야 될 것이다(권중돈, 2010).

제 03 절 퇴직준비 프로그램(독일)

1 개인차원의 퇴직준비 프로그램

취미생활을 위한 준비도 직업적 준비 못지않게 중요한데, 대부분 서유럽 OECD 국가들은 중장기적 노후대책 일환으로 외국어 학습이 중요한 몫을 차지하고 있다. 비교적 물가수준이 낮으면서도 기후가 좋은 이태리, 스페인 혹은 그리스 등으로 장기간의 여행이나 아니면 교양여행을 희망하는 사람들이 많다. 따라서 노년기의 여가코스로 여행을 떠나기 위해 외국어를 배우려는 열기가 대단하다(Stoffer, 1989). 건강 체조코스나 스포츠 클럽활동도 건강과 여가활동에 유용하지만 그밖에 비슷한 처지의 새로운 친구들을 사귀어 노년기의 우정을 이어갈 수도 있다는 장점들이 내포되어 있다. 독일을 일컬어 소위 '생활체육의 천국 또는 선진국'이라고 말하는 이유가 있다. 생활체육의 중심에는 스포츠클럽이 있는데 독일연방스포츠과학연구소, 독일쾰른체육대학 스포츠경영연구소, 독일올림픽체육회가 2008년 공동으로 발표한 자료에 따르면 그 상황이 더욱 분명해진다. 2008년 기준으로 독일에는 90,775개에 달하는 스포츠클럽이 있고, 여기에 등록된 회원수가 무려 2천 4백만 명을 넘어섰다(Statistisches Bundesamt, 2009). 독일 전체인구가 8천 2백만 명임을 감안할 때 세 사람 가운데 한 사람은 스포츠클럽 회원인 셈이다. 스포츠클럽 활동과 관련하여 주목할 만 사실은 최근 저출산 고령화에 따른 인구통계 변화에 따라 노인층 회원들에게 보다 적합한 프로그램과 시설을 제공하기 위해[28] 끊임없이 노력하고 있다는 사실이다.

노인들은 낯선 사람들과의 교제를 통해서도 스스로의 노후대책에 대한 자극을 찾을 수 있다. 이를테면 거리의 노상 카페나 호프집에서 고립되어 앉아 있는 노인들을 대화에 끌어들여 친교를 맺고 그들이 겪는 일상의 문제들을 도와주는 방식으로 스스로의 노후생활에 필요한 일들을 보다 구체적으로 고려할 수 있다. 독일의 경우 개인적 차원의 퇴직준비를 도와주기 위한 여러 기관들이 있는데 그중 대표적인 것이 바로 시민대학과 일반 대학의 평생교육 강좌들이 있다[29]. 특히 교회단체의 각종 프로그램들과 사원들을 대상으로 한 기업체의 강좌들도 빼놓을 수 없는 중요한 위치를 차지한다.

완전한 인생이라면 직업생활의 합리적 생활과 직업세계에서 위축되기 쉬운 정서적·사회적 활동이 서로 이상적인 조화를 이룬 것을 의미한다. 따라서 직업적 이해와 사적 이해의 조화는 인생을 살아가는 데 필수적이다. 그것은 육체와 정신 그리고 영혼까지를 포함하는 이른바 '몸' 혹은 '삶'이 어느 한 부분에 치우치지 않고 조화를 이루며 발전할 때 비로소 가능한 것인데, 현대사회로 들어오면서 신체와 정신과 영혼을 따로 떼어 구분하는 풍조가 만연되면서 극히 어려워졌던 것이 사실이다. 여기서 사적인 이해란 가족·여가·친구관계와 같은 개인적이고 사적인 차원의 관심사를 의미한다. 오파쇼스키(Opaschowski)를 비롯한 많은 학자들은, 직업생활을 하는 동안 인간을 이원화하는 풍토가 퇴직 이후의 생활에서 '실존적 문제'로 제기될 수 있다고 보았다. 즉, 직

28) 노인들이 공익적 스포츠클럽을 저렴하게 이용할 수 있는 것은 회원들의 가입비나 이용료가 비교적 저렴하다는 데 있다. 공익적 스포츠클럽의 운영은 회원들의 가입비와 월 회비 그리고 체육단체, 연방 및 주정부, 지방자치단체가 지원하는 공적보조금, 자체사업수익, 기부금, 각종광고 수익 등을 통해 예산을 마련하고 있다. 특히 국가로부터 각종 세금면제 환급을 받을 수 있으며 납세자가 클럽에 기부금을 낼 경우 그에 해당하는 만큼의 세금을 환급 받을 수도 있다. 스포츠클럽이 상업적 스포츠 공급자들과 달리 이러한 혜택을 받는 이유는 이것이 공익 추구를 목적으로 할 뿐 아니라 모든 이가 참여할 수 있도록 개방성이 보장된 비영리 조직이라는 법적 위상을 지니기 때문이다(송형석, 2009).

29) 시민대학(Volkshochschule)은 1950년대부터 일반 시민들의 직업교육 내지는 평생교육을 위해 시작되었다. 시민대학은 정당과 종파를 초월하는 교육기관으로, 교육은 직업교사보다는 대부분 우리식의 자원봉사자나 부업(현직에 근무하고 있는 전문인)으로 강의를 하는 사람들이 맡는다. 주간과 야간이 있으며, 직업교육(직업의 전환을 위해서도 필요한)의 기능이 갈수록 강화된 결과 일반 회사에서도 시민대학 교육과정의 이수를 인정하고 있다. 수업료는 강의를 받는 사람들이 어느 정도 부담하지만 매우 저렴하며, 대부분의 재정운영은 행정단위 상 우리의 구(區)나 동(洞) 정도의 단위에서 책임지고 있다(김근홍, 2001).

업생활 중에 직업적 이해에만 치중하고 사적인 이해가 등한시되다가, 직업적 이해가 사라지고 난 다음에는 스스로의 존재 의미마저 상실하기 쉽다는 말이다. 또 직업적 이해가 강조될수록 자율적인 이해에 따른 여가활동의 여지가 적기 마련인데, 직업활동 기간에는 여가활동의 위축이 현상적인 문제로 제기되지 않을 수 있지만, 여가시간이 주가 되는 퇴직 이후의 생활에서 갑작스럽게 새로이 여가활동을 시작한다는 것은 여간 어려운 일이 아니라는 것이다. 그렇기 때문에 오파숍스키는 은퇴생활을 위해서라도 여가활동을 위한 조기훈련이 필수적이라고 강조하면서, 최소한 퇴직을 앞둔 10년 동안을 단계적 퇴직준비 기간으로 삼아서 개인적 특성과 여건에 따라 작업시간 단축 등의 조치와 교육 등을 통해 적응훈련이 이루어져야 한다는 제안을 제시한 바 있다 (BAT, 1984).

따라서 개인적인 차원에서 적극적인 여가활동을 하기 위해서는 생활 스타일까지도 바꿀 수 있는 자세가 전제되어야 한다. 여가활동이라는 것이 갑작스럽게 시작하여 성공을 거두기 힘들기 때문에 가능한 한 젊은 시절부터 습관으로 길들이는 것이 바람직하다. 아울러 노년기에 들어서기 이전에 이미 다양한 관심사를 개발하여, 짜임새 있고 충만한 노년기의 일과를 보낼 수 있도록 준비하는 것도 중요하다. 자족적이고 할 일이 있으면서 의미 있는 일로 충만한 노년기를 보내기 위한 최초의 토대는 결국 미리미리 닦아야만 한다는 것이다.

2 퇴직준비 프로그램 일례

인생단계에서 중년기야말로 가장 풍요로운 단계라고 할 수 있다. 따라서 다양한 체험들과 인간관계, 물질적 풍요, 가정생활 및 친구나 동료들과의 관계와 교류 등이 중년기에 가장 활발하기 마련이다. 그런 점에서 이때부터 미리 퇴직 이후의 생활을 대비하는 것이 매우 중요하다. 그렇지 않고 현재생활에 만족하여 준비를 게을리할 경우 퇴직과 더불어 직장동료들과의 교류가 상당부분 끊어지고, 또 경제적 풍요로움도 사라지게 되면 은퇴생활은 그야말로 힘든 위기상황으로 빠질 수 있다. 물론 일반적인 경험에 의하면 퇴직 후 처음에는 비교적 직장동료들과의 교제가 이어지기도 하겠지만 시간이 지남에 따라 줄어들 수밖에 없고 그러면서 새로운 친구들을 사귀는 것이 보통이다. 그러나 새로운 친구들을 사귀기 위해서는 스스로 다른 사람들에게 접근할 수 있어야 한다. 문제는 대부분의 연금생활자들이 직업활동 중 너무나 현실 세계에 매여서 새로운 교제의 경험을 쌓지 못하였기 때문에 새롭게 교류를 시도한다거나 교제 자체가 문제가 되는 경우가 많다는 점이다.

독일에서 퇴직자에 대한 법적 지원은 사회법(Sozialgesetzbuch III)에 구체적으로 명시되어 있다. 재취업을 원하는 퇴직자에 대한 실업관련 대책도 기본적으로 고용정책사업과 고용창출, 고용유지사업, 실업자지원이라는 관점에서 실시되고 있다.

노후 준비에서 경제적인 대책이 전면에 부각되는 경우가 많지만, 사실 바람직한 노후대책이란 경제적인 문제를 넘어서는 광범위한 것이다. 이런 이유들로 직업활동 중에 미리부터 지금까지의 생활습관 및 관심사 등을 고려하여 새로운 인생단계에 대비하는 것이 바람직하다. 특히 기업에서는 근로자의 복지 차원에서 그러한 준비가 제대로 이루어질 수 있도록 다양한 지원을 하는 것이 매우 중요하다.

기업 내에서 퇴직을 위한 준비 프로그램을 만든다면, 무엇보다 퇴직과 관련하여 경제적 · 심리적 · 물리적 및 사회적 관점 등 다양한 시각의 정보를 교환할 수 있도록 하는 것이 중요하다. 이를 위한 기업 차원의 조치들을 실시하기 위해서는 복합적 정보와 기능이 필요하기 때문에 보통 인사 부서에서 주로 담당을 하는 것이 일반적이지만, 실질적인 교육에서는 사원 재교육을 담당한 부서에서 공동으로 책임을 지기 마련이다. 현재 OECD 국가가운데 경제적 상태가 상위권에 놓여 있는 독일의 경우 기업 측에서 제공하고 있는 퇴직준비 프로그램은 일반적으로 정년을 1～2년 앞둔 사람들이 대상자들이며, 대부분 급료의 호봉과 직위에 따라 차이가 나지만 경우에 따라서는 함께 섞이기도 한다. 아울러 퇴직을 앞둔 당사자만이 아니라 배우자가 동반하여 교육을 받도록 하는 곳도 많다. 상황에 따라서는 이미 정년퇴직을 맞아 은퇴생활에 들어간 이전의 동료들도 프로그램에 함께 참석할 수 있도록 하고 있다(김근홍, 2001).

베엠베 주식회사(BMW AG)의 경우 1976년부터 "은퇴생활을 위한 계획"에 관한 세미나를 운영해온 바 있다. 1980년부터는 기업차원의 노후대책 · 법적 연금 · 식생활과 관련한 문제 · 노인 스포츠 · 상속 · 유언 및 의학적 조치 등에 대한 강좌들도 운영하였다. 이러한 강좌들은 회사의 훈련센터에서 작업시간에 실시되며, 아울러 주말을 이용한 2박 3일 코스의 학습을 겸한 단체여행이 회사의 비용부담으로 진행된다. 특히 사원의 배우자들을 대상으로 소그룹을 지어 이 시기에 겪는 여러 가지 가정사의 어려움들에 대한 새로운 정보들도 제공하고 있다(BMW AG, 1987).

이처럼 퇴직준비 교육 프로그램을 살펴보면 주로 법적 및 기업차원의 노후보장, 법률문제(세금 · 상속 등), 신체 및 정신건강문제, 가족관계 등에 집중되고, 제 3의 인생단계가 갖는 의미에 대한 토론으로 교육내용이 마무리되는 것이 보통이다. 퇴직교육은 상담센터, 직업센터, 아웃플레스먼트센터 등을 통해 관리되며, 선행단계로 퇴직예정자나 계획자는 상담을 통해 퇴직준비에 대한 자신의 준비도를 진단하기 마련이다. 구체적으로 교육과정에서 특별히 "배우자관계", "학습능력", "노인들의 사회적 위치", "세대간 갈등문제" 등에 대한 학습세미나가 이루어지기도 하며, 부분적으로 "노인스포츠"가 포함되기도 한다. 이러한 강좌나 세미나는 보통 작은 규모의 그룹 단위로 이루어짐으로써 보다 관심과 흥미를 고양시키고 있다(http://www.dza.de/).

언제부터 기업에서 제공하는 퇴직 프로그램을 참석하는 것이 좋으냐에 대해서는 여러 가지 의견이 분분하지만 대개 정년퇴직을 2~3년 정도 앞두고 참석하는 것이 바람직하다는 의견들이 지배적이다. 퇴직생활을 대비한 시기 적절한 준비는 중 · 고령자들에게 필수적인 사항일 뿐만 아니라 사용자 측에도 생산적이라 할 수 있다. 퇴직 준비를 위한 프로그램들이 기업에 주는 이익으로는 기업 이미지의 개선, 기업이윤의 증대, 기업 내 동료, 즉 사원들의 불만 감소 그리고 정년을 목전에 둔 근로자들에게서 나타나는 비능률성의 감소(O'Neal, 1982) 등을 많이 꼽는다.

특히 퇴직 이후의 근로자들에게 적절한 일자리를 마련해 주는 것도 기업차원에서

할 수 있는 바람직한 역할이다. 직업생활에서 퇴직상태로의 갑작스런 변화는 심각한 부담이 될 수 있기 때문에 미리부터 은퇴생활을 어떻게 지낼 것인지, 또는 어떤 관심사들을 추구할 것인지에 대한 계획을 세워두는 것이 바람직한데, 그 일환으로 급료를 받으며 하는 일거리도 있겠지만 무보수로 자원봉사를 하며 자아성취를 할 수도 있다. 따라서 기업과 그밖에 다른 여러 기관들에서 지금보다 더 많은 사람들에게 적절한 프로그램과 일거리를 제공하는 것이 필요하다. 물론 기업이나 민간단체들 스스로의 노력도 중요하겠지만 정부 차원의 강력한 정책적 지원이 이루어질 때 그 효과가 배가될 것이기 때문에 정부에서 먼저 기업 및 민간단체며 기관들에 대한 지원과 일반적 정책을 동시에 수립 병행하는 노력을 기울이는 것은 매우 중요하다고 하겠다(김근홍, 2001, 재인용; 허준수, 2010).

제 04 절 퇴직준비 프로그램(한국)

1 한국의 퇴직준비 현주소

한국의 경우 서구에 비해 아직까지 정년퇴직 준비 프로그램에 대한 일반적인 인식이 미비하다. 더욱이 노인은 물론 청장년까지 고려대상이 되는 제2의 인생을 위한 사회적 기반 역시 논의하기 어려운 것이 사실이다. 그런 이유들로 제2의 인생준비를 위한 사회적 기반은 매우 넓은 분야를 아우르는 개념이 될 수 있지만, 안타깝게도 제2의 인생 준비를 위한 국내 프로그램들의 존재 여부를 확인하는 것은 쉽지 않다. 이는 노후준비와 관련된 프로그램들이 아직 오래되지 않았을 뿐 아니라, 많은 경우 실시기관의 상황에 따라 일시적으로 운영되고 있으며, 있다고 해도 널리 홍보되어 있지 않은 경우들이 대부분이어서 파악하기조차 쉽지 않다. 그러나 이에 대한 이론적 연구가 이루어진다면 이를 토대로 빠른 인식의 확산과 그 필요성이 부각될 수 있을 것이다.

그럼에도 지난 2009년 초 "피델리티"가 한국을 비롯하여 독일, 프랑스, 스웨덴 등 유럽 8개국 20대 이상 각 500여 명의 직장인을 대상으로 은퇴준비 상황에 대한 조사 결과에서 한국은 '은퇴에 대한 준비가 전혀 안 됐다'고 응답한 비율이 32%로 가장 높게 나타났다. 이는 스웨덴이나 스위스(7%), 독일・네덜란드(9%) 보다도 월등히 높은 수치다. 또 은퇴 후 필요한 자금을 "현재 수입 수준"이라고 응답한 비율이 75%에 달해 독일(49%)이나 스웨덴(31%)을 앞지르는 것으로 나타났다. 이와 함께 은퇴준비에 대한 정보도 한국 직장인들은 체계적이지 않은 정보가 많은 인터넷(52%)을 통해서 가장 많이 습득하고 있었다. 반면 독일(70%)은 재무상담사를 통해 은퇴준비 정보를 얻고 있지만 한국은 그 비율이 10%에 그쳤다(한국경제, 2009년 1월 14일).

한편 여러 조사연구에서 밝혀진 바로는 대다수 노인들의 경우에도 퇴직 이후의 생활에 대한 전반적인 준비가 되어 있지 않으며, 퇴직에 대한 준비를 한다고 하더라도 대부분은 그저 노후의 경제적 보장에만 한정되는 경우가 많다고 한다. 물론 경제적인 문제가 퇴직 문제와 관련하여 가장 중요한 요인이 되는 것은 분명하지만, 그렇다고 '밥만 먹고 살 수는 없는' 일이라는 사실을 퇴직에 들어서야만 깨닫는 것이 현실이다.

2 퇴직준비 프로그램 일례

외국과 달리 우리는 일부기업을 제외한 대부분의 사회단체나 기업들이 정년퇴직한 사람이나 정년을 앞둔 사람들을 대상으로 퇴직 후의 생활에 대비한 퇴직준비 프로그램에 아직까지 특별한 배려가 없는 것이 현실이다. 더욱이 공공기관에서 주관하는 것은 극히 빈약하고 사기업에 의해 운영되는 것도 소수에 그치고 있다. 이를테면 한국전력에서 1985년 정년을 6개월 정도 앞둔 사원들을 대상으로 실시한 프로그램이 최초의 퇴직준비 프로그램으로 알려져 있다(김근홍, 2001).

현재 국내에서 실시되고 있는 대표적인 퇴직준비 프로그램 몇 가지를 살펴보면 다음과 같은 것들을 꼽을 수 있다[30].

30) 퇴직준비관련 국내 프로그램은 이소정・정경희・이윤경・유삼현・한정란(2008)의 '성공적인 제3기 인생준비를 위한 사회적 기반조성'이라는 보건복지가족부 정책보고서를 인용하여 작성하였음을 밝힌다. 특히 현재 진행 중인 미발표 자료까지 넘겨준 한정란 교수의 배려로 본 분야의 연구가 가능했다.

1) 한국노인인력개발원

한국노인인력개발원은 노인일자리 사업을 총괄·관리하는 중앙노인일자리 전담기관으로서, 노인 적합형 일자리 개발 및 보급, 인적자원 개발, 평가, 홍보, 수행기관 서비스 환경 최적화 및 고령화 대비 교육과정 운영 등을 수행하기 위하여 보건복지가족부 산하에 설립된 기관이다.

개발원에서는 노인들의 일자리 연계를 위한 교육과 관련 지원 서비스를 주로 담당하지만, 2006년 시범사업을 걸쳐 2007년부터 그 사업의 폭을 보다 확대하여 제2 인생설계를 위한 은퇴 후 생애설계서비스(PBL)와 노인생애경력조언자(SLCA) 양성 프로그램을 실시해오고 있다.

은퇴 후 생애설계서비스는 퇴직예정자를 대상으로 노후에 대한 막연한 불안감을 인식하고 새로운 인생설계 수립을 지원하기 위한 프로그램을 말한다. 사업의 주요목적은 대상에 따라 크게 두 가지로 구분되는데, 은퇴예정자 준비교육의 경우 50세 이상 은퇴예정자들을 대상으로 하고 있다. 그에 비해 은퇴자 노후생활교육은 만 60세 이상 은퇴자를 대상으로 하며, 두 과정 모두 총 4개월에 걸쳐 진행되고 있다. 프로그램은 희망하는 외부기관으로부터 위탁을 받아 실시하기도 하지만, 개발원 자체적으로 지역교육센터에서 지역사회서비스혁신사업과 연계하여 직접 실시하기도 한다. 구체적인 프로그램 교육내용을 살펴보면 다음 〈표 3-1〉과 같다.

표 3-1 PBL 프로그램 구성

1단계	2단계	3단계	4단계	5단계
노년기 생애 설계과정 I	노년기 생애 설계과정 II	생애경력개발 방향 설정	맞춤형 상담 및 지역데뷔 실습	사후관리 서비스
• 은퇴 전후 변화의 이해 • 자기진단	• 삶의 균형 유지를 위한 영역별 진단 • 생애경력 목표 설정	• Action Plan • 생애경력목표 실천을 위한 구체적 방법 학습	• 지역데뷔실습 프로그램지원	• 해당 교육 센터 연계

PBL(생애설계서비스) 과정의 가장 두드러진 특징이라면 무엇보다 '지역사회데뷔'라 할 수 있다. 이는 프로그램을 통해 참여자들이 세운 자기설계 목표를 위한 활동들, 즉 사회공헌이나 자원봉사, 재취업 등을 직접 지역사회에서 실현할 수 있도록 하는 과정을 말한다. 따라서 지금까지 사회생활을 통해 연결된 관계, 예컨대 회사중심의 인간관계로부터 벗어나 퇴직자들이 퇴직 후에 자신이 거주하는 지역사회 속의 인간관계로 순조롭게 들어갈 수 있도록 출구를 열어주는 것이다. 은퇴 후 적응을 위해서는 단순히 이론적으로만 아는 것, 즉 PBL의 교육과정을 이수하는 것만으로는 부족하며, 지역사회에서 실습이 중요하다는 전제에서 시작된 것이다. 이에 PBL 과정을 마치고 나면 지역사회의 기관들, 예를 들면 NGO, NPO, 복지관, 미술관, 문화센터 등에서 인턴십을 하면서 자기가 거주하는 지역사회에 어떤 기관이 있고, 어떤 일을 하는지 알 수 있는 기회를 갖게 된다.

그에 비해 노인생애경력조언자 양성과정(SLCA: Senior Life Career Advisor)은 노년기 생애경력 목표를 수립하고 실천하도록 지원하기 위한 전문상담 서비스 제공인력(SLCA) 양성을 주 방향으로 하고 있다. 프로그램은 바우처 사업의 특성상 교육대상의 연령이 만 20세 이상으로 규정되어 있지만, 실제로는 중・고령층의 참여가 대부분을 차지한다. 대상자격은 노인관련 공공서비스 제공기관 담당자(담당 공무원 및 실무자), 민간부문의 고령자 대상 서비스 제공인력, 기업・공공기관 고령재직자 대상 대응전략 수립을 위한 교육 및 인사담당 등을 포함하며, 전문과정의 경우에는 SLCA 입문과정을 이수한 자로 제한하고 있다.

2) KT 라이프 플랜(Life Plan)

퇴직금을 손에 쥐어 주는 것으로 퇴직 절차를 마무리하는 대부분의 기업과 달리, 퇴직 사원이 자립기반을 닦을 수 있도록 도와주고자 하는 취지로 지난 1999년 4월 문을 열었던 (구)한국통신 'KT 그린플랜지원센터'가 오늘의 KT Life Plan이다. 지난 2005년 10월부터 '라이프 플랜(Life Plan)' 제도를 새롭게 단장하여 운영 중에 있는데 하나의 성공적인 퇴직준비 사례라 하겠다. 이는 퇴직 후 직원들의 생활 안정을 꾀하기 위해 회사가 책임감을 갖고서 임직원들의 경력관리를 지원해 주는 제도라서 더욱 그러하다. 퇴직이 가까운 사람들에게 창업을 지원하거나 재취업을 알선해 주며, 재테크 관리 기법까지 강의하고 있기에 '퇴직자를 감싸 안는 훌륭한 배려'라는 평이 가능할 것 같다. 한편 온라인 사이트(www.ktlifeplan.com)에서는 퇴직자들의 근황도 알려줘 그들의 경험을 직원들과 공유하도록 하고 있다. 따라서 본 제도는 임직원과 퇴직자가 KT 라이프플랜 프로그램을 통하여 지속적인 자기개발로 스스로 불확실한 미래를 준비할 수 있도록 변화관리 능력을 제고하는 든든한 배려자 역할을 하고 있다.

KT 라이프플랜은 개인의 불안요소를 제거하여 심리적 안정을 조성하고 직무능력을 향상시킬 수 있도록 다양한 생애지원 프로그램을 운영하고 있기 때문에 제2의 인생설계까지 가능한 셈이다. 특히 일반 강의 교육 방식에서 벗어나 KT 가족들이 실제로 원하는 체험 위주의 프로그램을 구성하여 지원하고 있는데, 실제로 종사자와 퇴직자 그리고 KT 가족 창업 지원의 구체적인 내용을 살펴보면 다음과 같다.

(1) 재직자를 위한 생애설계 지원프로그램

재직자를 대상으로 생애설계를 지원하는 라이프플랜 프로그램은 재직 중에서부터 퇴직 후 제2의 삶에 대한 생애설계가 필요하다는 직원들의 요구사항을 반영하여 설계된 프로그램이다. KT 전 사원을 대상으로 가치관 및 삶의 목표를 확인하는 '자기혁명 프로젝트' 과정과 경력개발을 통한 평생직업 개발 프로그램인 '자기혁명 집합교육' 과정을 제공하고 있다. 또한 2009년부터는 재직자의 평생직업 탐색 및 개발에 대한 요구가 증가하는 것을 반영하여 개인별 평생직업 발굴 및 제2인생에 대한 구체적 실행을 지원하는 소위 'NBP(New Business Planning)' 과정도 운영하고 있다. 이는 어떠한 업무 분야가 자신에게 적합한지 탐색해 보고 이를 위해 필요한 준비사항이 무엇인지를 알려주는 실행력 향상 교육과정이라 할 수 있다.

(2) 퇴직자를 위한 전직지원과 창업지원 프로그램

재직자뿐 아니라 퇴직예정자와 기 퇴직자에게 성공적인 제2인생 정착을 위한 전직지원 프로그램도 운영 중에 있다. 창업 전문 교육과정은 소상공인진흥원, 중앙대학교 산업창업경영대학원 등 전문기관과의 제휴를 통해 성공 창업지원을 위한 전략적인 노력을 아끼지 않고 있다. 이 과정은 배우자는 물론 가족이 함께 참석하여 교육받게 함으로써 성공적인 제2인생설계를 지원하는 기능도 가능하다.

교육 이수 후에는 2006년 9월 개설되어 운영 중에 있는 커리어디자인센터에서 창업 전문 컨설트의 컨설팅이 이어진다. 이러한 컨설팅을 통해 KT 가족의 제2의 삶에 대한 설계와 정착까지 실행력을 높여줌으로써 KT 패밀리의 활동력을 키우고 있다.

한편 2009년 말 기준으로 약 100여 개의 프랜차이즈업체가 KT와의 전략적 제휴를 통해 KT 직원들에게 다양한 혜택을 제공한 바 있다. 특히 전직지원프로그램에서는 퇴직직원의 창업성공사례집과 전직지원서비스 매뉴얼을 제작, 배부하여 창업 준비 중인 예비 창업자에게 선배들의 창업 사례 및 운영노하우를 공유하게 하고 있다.

그에 대한 일례로 2009년 말 6천여 명의 대대적인 명예퇴직을 단행하면서 퇴직직원의 성공적인 전직을 위해 전직지원 프로그램을 제공한 바 있다. 2010년 초부터 전국 8개 도시에서 11회에 걸쳐 생애설계워크숍을 개최하였고, 창업교육, 재취업 교육들도 진행한 바 있다. 이와 함께 홈페이지를 통해서 구인/구직 서비스도 제공하고 있는데, 자신의 시장가치를 평가 받음과 동시에 KT 관계사, 협력사, 제휴사 등에서 인력충원이 필요할 경우 자율적으로 자신이 원하는 업무에 지원할 수 있는 프로세스도 구비하여 운영하고 있다(시티신문, 2010년 5월 19일, 재인용). 이처럼 KT 라이프플랜 프로그램은 젊은 사원들에게 미래에 대비한 자립능력을 향상시켜 고용불안을 해소함으로써 업무에 몰입할 수 있도록 하고 퇴직을 앞둔 직원들에게 안정적인 생활기반을 지원하고자 하는 목적이 달성되는 한국의 대표적인 퇴직준비 프로그램이라 하겠다.

3) 포스코의 그린라이프서비스

포스코의 그린라이프서비스(GLS: Green Life Service)는 POSCO 인재개발원 내 GLS 센터에서 진행하는 퇴직준비 프로그램으로 2001년부터 진행되어 왔으며, 2009년 9월 기준으로 21기까지 총 1,147명이 배출되었다. 초기 프로그램 설계시 일본기업을 벤치마킹하고 국내 전문가의 컨설팅을 받아 30대, 40대, 50대의 연령대별 생애설계 교육으로 시작되었다. 그러나 현재는 정년 퇴직자를 대상으로 한 그린라이프서비스만 진행되고 있다(http://egls.wowweb.net).

프로그램 시행시 처음에는 DBM 코리아를 통해 컨설팅을 받아 실시하였는데, 현재는 POMIC(POSCO의 분사법인)이 전적으로 위탁하여 운영하고 있다. 시작은 1년 과정으로 진행하였지만 수요가 점차 증가하여 현재는 10주 과정으로 진행되고 있는데 프로그램의 목적은 회사, 정년퇴직자, 재직 직원 등 세 입장으로 나누어 살펴볼 수 있다.

먼저 회사의 입장에서는 다음과 같은 3가지 차원에서 구체성을 갖고 있다.

첫째 – 회사 성장 및 발전에 기여한 종업원의 퇴직 후 생애설계 지원을 통하여 재직원의 근로의욕을 고취하고 고용안정을 도모한다.

둘째 – 고령화 사회에 부응한 사회적 역할 수행을 통한 기업 이미지를 제고한다.

셋째 – 회사에 대한 이해도가 높고, 충성심을 갖춘 퇴직자를 배출한다.

정년 퇴직자의 입장에서도 다음과 같이 5가지 차원에서 논의되고 있다.

첫째 – 퇴직으로 인한 급격한 변화에 대비하여 심리적 안정을 지원한다.

둘째 – 퇴직 후 삶에 대한 주도성과 자신감을 함양한다.

셋째 – 객관적이고 신뢰성 있는 전문서비스 제공으로 경력전환을 지원한다.

넷째 – 환경변화 및 새로운 직업에 신속히 적응한다.

다섯째 – 능률적이고 긍정적인 사회참여 및 회사에 대한 충성심을 형성한다.

재직 직원의 측면에서는 3가지 차원으로 나눠서 구체성을 살펴볼 수 있다.

첫째 – 개인의 진로에 대한 막연한 불안감을 완화한다.

둘째 – 회사에 대한 충성심을 제고하고 작업 능률을 향상시킨다.

셋째 – 퇴직자들의 긍정적인 사례를 통하여 변화하는 직업환경 및 생애주기를 예측한다.

이런 이유들로 본 프로그램의 대상은 현장직 정년퇴직 예정자 중 희망자에 한하여 실시하고 있다. POSCO 기업특성상 여성은 전혀 없으며, 대상자 모두가 남성으로서 정년퇴직예정자 56세에 해당된다. 기수별 차이는 있으나 보통 50명 정도의 인원이 참여하지만 그 숫자는 점차 늘어나고 있는 추세다. 프로그램은 분기별로 진행되며, 약 2개월(9주) 동안 이루어진다. 본 교육(2개월 과정)을 시작하기 전에 예비교육이 이루어지는데, 예비교육은 1년 전, 6개월 전에 2일 과정으로 2번에 걸쳐 진행되고 있다. 파워스타트 워크숍(오리엔테이션, 동기의 중요성, 생활의 변화관리 등)을 시작으로 취업, 창업, 재테크, 테마은퇴(봉사활동, 건강, 여행 등) 4가지 테마를 가지고 워크숍, 개별 및 소그룹 상담, 강의, 팀파워 활동, 현장탐방 등의 교육과정이 이루어진다(이소정 외, 2008).

교육은 GLS 센터에 상주하는 고정컨설턴트나 외부강사를 통해 강의 및 토론이 진행되며, 상담, 팀 활동, 외부활동 등 다양한 방법으로 활발한 프로그램이 활성화되어 있다. 일주일에 1~2번 이상 평생교육원이나 목공예학교, 창업, 상권분석, 귀농, 경매법정 등 다양한 주제를 놓고 현장탐방이 이루어지기도 하며, 퇴직자들과 만남의 자리를 통해 실제 생생한 이야기와 정보를 나눌 수 있는 시간들을 가질 수 있는 프로그램도 운영중에 있다. GLS 교육의 특징은 다음 〈표 3-2〉와 같다.

그린라이프서비스 프로그램 비용은 전액 POSCO에서 지원하고 있으며, 아웃플레이스먼트의 경우, 전직지원 장려금과 같은 지원금이 나오는 반면, 이 프로그램은 은퇴프로그램이기 때문에 정부나 지자체 어느 곳에서도 지원이 없다.

통계수치를 놓고 보면 교육 수료 후 퇴직자들의 재취업률은 굉장히 높은 편으로 나

▌표 3-2▐ 그린라이프서비스의 교육내용

항 목	내 용
전문화된 Process 설계 및 프로그램 개발 제공	• 기획: 맞춤형 컨텐츠 및 프로그램 개발(전문가집단, 정부지원기관과의 네트워크 활용) • Process관리 • 테마 W/S 및 강좌 개설 운영 • 관심분야별 그룹 Leading Process 설정
카운셀링 & 교육 서비스	• counseling: 심리, 재취업, 창업, 재무상담 • 동반 현장활동: 취업, 창업 현장조사 및 분석 • Job Leading 및 창업 Incubating
관심사별 테마 소그룹 지원	• 자체 소그룹 테마 그룹을 편성, 전문가 지원 • 테마 활동 및 발표 지원
Service Center 운영	• 구성: 개인사무공간, 카운셀링룸, 세미나, 휴게, 정보지원실 • PC, On-line학습, 정보자료, OA시스템, 도서 및 간행물 지원 • 정기 팀파워활동(퇴직동기 모임 활성화) 지원
전직지원 System 운영	• 개인별 상담 및 경력관리 DB (카운셀러) • 취업 정보 및 창업 동향 정보 수집, 제공 (전직지원 정보지) • 정부지원기관, 헤드헌터사, Job-Recruiting사 정보Infra 연계

타났는데, 2006년의 경우 약 80%이상 재취업에 성공하였던 것으로 나타났다. 특이한 점은 기수별 모임이 활발히 진행되고 있다는 점이고, 재취업, 창업, 은퇴, 박람회 등 다양한 정보와 GLS 센터의 소식 등이 담긴 정보소식지를 2주에 1번씩 모든 수강생에게 발행되고 있다는 점이다. 이런 점을 놓고 볼 때 POSCO 그린라이프서비스 프로그램은 상당히 안정된 상태라 할 수 있다(http://egls.wowweb.net).

4) 아웃플레이스먼트 컨설팅(Outplacement Consulting: OPC) 업체

아웃플레이스먼트(outplacement), 즉 전문컨설팅 업체란 기업 및 개인고객에게 재취업, 창업, 은퇴 등에 관한 상담 및 교육활동을 하는 기업을 말한다. 국내에서는 IMF 이후 구조조정 과정에서 주로 아웃플레이스먼트 프로그램을 담당하며 성장해 왔다[31].

이후 대기업 중심의 민간 영역과 정부 및 공공기관의 전직지원 사업에 참여하면서, 창업·재취업 프로그램뿐만 아니라, 은퇴, 생활설계, 임원퇴직 등 다양한 프로그램들이 운영되고 있다. 현재 일부 대기업들과 금융기관 등의 아웃플레이스먼트 프로그램은 DBM코리아[32], 라이트매니지먼트 코리아(Right Management Korea), 리헥트해리슨 코리아 등 국내에 진출한 외국기업 3곳과 스카우트(Scout), 제이엠커리어(JMCareer) 등 2곳의 회사가 치열하게 경쟁하고 있다.

아웃플레이스먼트의 주사업방향은 퇴직으로 인한 심리적 충격을 완화시키고 전문적인 교육을 통해 다른 회사로의 재취업, 개인 창업 등 새로운 인생을 개척해 나갈 수 있도록 도와주는 것이라 할 수 있다. 국내에 도입된 아웃플레이스먼트는 초기에 퇴직자들의 재취업과 창업을 도와주는 순수한 목적 외에 기업들이 구조조정 과정에서 발생하는 갈등을 미리 방지하기 위한 의도가 강했다. 그러나 최근에는 기업의 이미지를 상승시키려는 취지에서 이 제도를 도입하는 경우가 늘어나고 있다. 특히 퇴직자들의 전직 및 창업 지원 서비스에 대한 사회적 관심과 역할이 높아지면서 금융권과 사업자 및 노동자 단체 등에서도 아웃플레이스먼트 제도를 적극적으로 도입하고 있는 것으로

---

31) 아웃플레이스먼트 제도는 사전적 의미(the process of facilitating a terminated employee's search for a new job by provisional service, such as counseling, paid for by the former employer)에서 나타나듯이 일반적으로 퇴직자(a terminated employee)를 대상으로 하고 있다. 그런 의미에서 IMF 이후 구조조정기업에서 퇴직자의 새 출발을 지원한다는 의미에서 퇴직자 관리 프로그램으로 일부 기업에서 도입하였지만, 재직 중인 정년퇴직 예정 직원을 대상으로 실질적 도움을 주고자 1년의 장기과정으로 프로그램을 운영한 경우도 있다(정용진, 2003).

32) DBM코리아의 특징은 컨설턴트가 시니어 위주로 구성되고 있다는 점이다. 내부적인 구조조정 과정을 거치면서 전체 컨설턴트 중 70~80% 정도를 사회적 경력과 경험이 풍부하고 직업상담사 등 관련 자격증을 보유한 시니어 컨설턴트로 구성하고 있다. 특히, 정년프로그램의 경우 중년 이상의 정년예정자들을 컨설팅하는 과정에서 고객과의 라포(rapport) 형성이 중요하며, 기존 컨설턴트와 정년예정자들의 연령차에서 오는 거리감을 줄이려는 노력으로 시니어 컨설턴트들을 3년 전부터 주로 채용하고 있다. 컨설턴트의 모집과정은 일반 컨설턴트의 경우 주로 심리학, 교육학, 행정학과 등의 출신들로 상담 관련 자격증을 갖고 있으며, 직업상담사, 심리전문가, 교육학, 심리학, 경력관리 관련 자격증 위주의 경력자들을 대상으로 2~3개월 정도 교육을 통해 활동을 시작하게 된다. 일반 컨설턴트와 시니어 컨설턴트 직책을 구분하지는 않고 있지만, 젊은 신입직원과 달리 경험이 풍부한 고령자나, 은퇴프로그램 진행과정에서 발굴한 퇴직자들을 주로 채용하고 있다. 별도의 선발과정을 거친 후 다시 전문 교육과정을 밟고 현장에 투입하게 된다. 시니어 컨설턴트는 대개 50대 이상으로 대기업 임원 출신이나, 상담 관련 경력을 보유하고 있는 사람들이 활동 중이며, 업체에 소속된 제한된 형태의 프리랜서 자격으로 활동하고 있다(이소정 외, 2008).

알려져 있다. 이에 국내 아웃플레이스먼트 시장은 더욱 활성화될 것으로 전망되는데, 우리은행, 국민은행, 기업은행 등도 자체적으로 퇴직 지원센터를 운영하거나 전문 아웃플레이스먼트 회사를 활용하기 시작하고 있다. 또한 한국경영자총협회와 한국노총이 공동으로 참여하는 '노사공동재취업센터'도 출범하였다. 경총은 중소기업 실직근로자를 중심으로 실직근로자에 대한 재취업 및 창업 지원, 구직자를 위한 기업 정보 DB 구축 및 구인·구직 네트워크 구축, 전문 상담인력 양성 등 종합적인 아웃플레이스먼트 서비스를 제공하고 있다. 이처럼 아웃플레이스먼트는 기업의 재직자들에게는 회사의 신뢰성을 강화시켜 직원들의 사기를 증진시키고, 퇴직자들에게는 상실감을 최소화할 수 있도록 도와주는 역할을 하고 있다(www.dbm.co.ur).

5) 기타

이 밖에 LG 그룹의 경우 "LG클럽"을 만들어 퇴직한 임원들에게 6개월 정도 2~3평 규모의 사무실을 대여해 주고 창업정보 등을 제공해 주는 프로그램을 운영한 바 있다. GS칼텍스는 퇴직임직원 부부 12쌍이 모여 가정 내 의사소통에서 생길 수 있는 문제점에 대한 이해, 행복한 가정을 위해 필요한 의사소통방법 등에 대해 의견을 나누고 토론하는 프로그램들을 진행하기도 하였다[33].

이처럼 기업 측에서 큰 예산을 들이지 않더라도 실행할 수 있는 아웃플레이스먼트나 퇴직준비 프로그램은 근로자와 기업 측 모두에게 긍정적인 면들이 많다. 일례로 퇴직준비 과정에 참여한 사원들이 미래의 퇴직생활에 대해서 정신적으로 안정을 찾을

---

33) 국내 최대 공기업인 한국전력이 베이비붐 세대 은퇴에 대응하기 위해 임금피크제 시행을 전제로 정년을 현행 58세에서 60세로 2년 연장하기로 하여 재계의 비상한 관심을 끌고 있다. 한전은 2010년 7월부터 보직에 따라 56세를 넘는 직원은 퇴직 때까지 점차적으로 임금을 줄이는 임금피크제를 도입해 운영하기로 했다. 정년연장은 최근 사회문제로 떠오른 베이비붐 세대의 은퇴와 고령화 문제에 대응하기 위한 하나의 대안으로서 한전이 주요 공기업 중 최초로 시행하는 임금피크제 제도라 할 수 있다. 한전이 정년을 연장하면, 현재 정년이 58세인 다른 공기업에도 상당한 영향을 미칠 것으로 보이며 '임금피크제를 전제로 한 정년 연장'이 하나의 대안으로 확산될 전망이다(조선일보, 2010년 1월 12일).

수 있다면 말기(末期) 근무기간에 맡은 업무들을 보다 충실하게 수행할 수 있는 것은 당연한 귀결이 될 것이다. 더욱이 다른 젊은 사원들에게도 신뢰를 주는 등 전반적인 근로분위기가 향상되어 생산성의 극대화로 이어질 수 있다면 결국은 기업 측에도 긍정적인 결과를 가져올 수 있다. 그러나 회사의 운영자나 기업 자체의 이해 부족으로 이러한 퇴직준비 프로그램들이 장기적인 계획 없이 그저 형식적으로만 진행됨으로써 별다른 의미를 주지 못하는 경우도 적지 않은 것으로 드러나, 보다 체계적이고 장기적인 계획에 입각한 프로그램 개발이 필요하다.

제 05 절 퇴직준비 프로그램의 사회적 효과와 보람된 삶

1 사회적 효과와 보람된 삶

평생직장 개념이 사라진 요즘 기업들이 퇴직자의 능력을 개발하고, 자신의 적성에 맞는 일을 찾을 수 있도록 지원해야 하는 과제는 시대적 기류라 하겠다. 근로자나 임원들이 장차 적절한 퇴직준비를 하지 못한 채 갑작스럽게 퇴직생활에 들어서게 될 경우, 노인이기에는 아직도 젊은 나이에 누구의 도움도 없이 스스로의 또 다른 생활을 꾸려가야만 하는 것은 인생길의 커다란 난관이 될 수 있다. 따라서 기업 측에서 퇴직자들을 위해 다양한 프로그램을 제공하여 그들이 다른 직종의 일자리를 찾거나 적절한 노후를 준비할 수 있도록 그 가능성들을 만들어 주는 것은 이제 시대적 대세다. 이는 기업 차원에서 볼 때 프로그램의 실시에 어느 정도 비용이 드는 것 이외에는 큰 제약점이 없으므로 기업가가 그 중요성만 인식하고 결정을 내린다면 별다른 어려움 없이 시행될 수 있는 문제이다. 비용도 프로그램의 홍보효과를 통한 기업 이미지 제고와 근로자의 생산성 향상을 감안하면 오히려 좋은 투자가 될 수 있다.

그럼에도 기업조직의 군살을 빼는 인력 구조조정에만 기업들이 관심을 갖는다면 당장의 경영이나 주가상승에는 도움이 될 수 있겠지만, 회사를 떠나는 퇴직자에 대한 관리가 소홀할 때 그에 따르는 큰 대가들은 얼마든지 많다. 우선 개인에게 오랫동안 축적된 지식자산이 한순간에 날아갈 수 있고, 그것은 숱한 시행착오를 통해 터득한 노하우가 사장된다는 것을 의미할 수 있다. 또한 조직에 대한 신뢰도가 급격히 하락하여

'기업의 별'인 임원의 책상이 하루아침에 빠져버린다면 부하직원들의 '충성심'은 기약하기 어려울 것이다. 또 하나 사회적 책임을 도외시하는 기업의 경우는 기업 이미지 하락으로 장기적으로 살아남기 점점 힘들어지기 쉽다. 소비자들마저 이제 현명하고 의식 있는 소비를 통해 더 바람직한 사회만들기에 참여하는 추세다.

미국의 경우 촘촘한 퇴직준비 프로그램을 가동하여 그들이 퇴직 후 다른 일자리를 쉽게 찾을 수 있도록 지원하는 전직 및 재취업 프로그램을 갖고 있는 회사가 500대 기업 가운데 70%가 넘는다고 한다. 전직 프로그램에는 일자리 주선 등 직접적인 지원만 있는 것이 아니라, 해고자와 그 가족들에 대한 카운슬링을 실시하여 퇴직 후 겪게 되는 심리적 충격을 빨리 털어내도록 도와주는 프로그램까지 다양하다. 또한 퇴직 이후 일정 기간 임금 지급과 재고용을 보장하는 '일시 해고(lay-off)' 제도를 운영하는 곳도 적지 않다. 따라서 해고 통지를 받더라도 최장 2년 정도까지는 기본급의 80~90%가량을 보장하는 것이다. 이 기간에 재취업 프로그램을 통해 다른 곳에 일자리를 마련하도록 지원하거나 회사 사정이 좋아져 신규 인력이 필요할 때는 해고자를 우선적으로 뽑는 정책을 활용하고 있기 때문에 근로자들의 충성심이 좋아질 수밖에 없다(한국경제, 2009년 2월 14일).

2 정년에 따른 여가진입

직업생활을 마감하면서 시작되는 은퇴생활은 인생의 새로운 시작이라고 할 수 있다. 이러한 인생단계에 대해 학술적으로 일치된 견해는 아직까지 나타나지 않은 상태지만, 정년퇴직이라는 상황이 여성보다 남성들에게 어려운 위기의 상황이 된다는 사실에 대해서는 대부분의 학자들이 의견의 일치를 보이고 있다. 로젠마이어(Rosenmayr)는 "정년상태"에 대해 비교적 긍정적인 입장을 취하면서, "특정한 연령에 도달하여 직업활동에서 물러날 수 있는 기회는 현대 사회가 할 수 있는 최선의 복지행위 중 하나"(Rosenmayr, 1978)라고 주장한 바 있다. 여기서 로젠마이어가 정당한 "정년상태"를 복지행위로 찬양하는 것이라면, 그것은 아마도 노동이 임금관계 및 외적 강요로 나타나는 그런 계급사회 속에서의 구체적인 역사적 맥락을 내포하고 있는 것이라 생각된다. 하지만 연금 수급액이 퇴직 전의 수입보다 적기 때문에 정년퇴직이 곧 경제적 여건의 악화를 의미한다고 보는 학자들도 많다. 또 직업이란 것이 단지 생계수단의 의미만이 아니라 자아실현의 장 또는 적어도 사람의 사회적 의미에 중요하다는 사실에서 보면 직업생활에서 벗어나는 과정 자체가 인생의 위기로 느껴질 소지가 다분하다.

직업생활을 벗어나는 과정에서 파생하는 문제는 실적 중심의 사회에서 한결 더 심각하게 나타나기 마련이다. 실적 중심의 사회에서 직업을 떠난다는 것은 전반적인 기능의 상실과 함께 사회적으로 가치가 없다는 자기비하적 평가를 내리기 쉽다. 왜냐하면 실적 중심의 사회에서 존중되는 가장 핵심적인 가치란 바로 직업적 업무수행 능력, 즉 개인의 실적과 동일시되기 때문이다. 이런 분위기 때문에 여가가 직업의 상실에 대한 보상이 되기 어렵다고 할 수 있다.

어떤 학자들은 자신이 맡아온 역할로부터 개인이 밀려난다는 사실 하나만으로도 정년제도는 비판을 받아야 한다고 주장하면서 정년퇴직을 정체성의 위기로까지 설명한다. 평생 동안의 창조적인 활동에 대한 보상조차 받지 못한 채 은퇴생활로 떠밀릴 경우 직업적 역할에서뿐만 아니라 다른 일상생활의 많은 영역에서도 마찬가지로 스스로의 존재 이유를 찾기 어렵기 때문이다.

직업활동을 조기에 그만두는 것이 사회적으로나 개인적으로 손실이 된다는 논거들의 경우 가능하면 조기정년을 막고자 한다. 계속해서 일을 할 경우 육체적, 정신적 한계는 점점 더 연장되는 반면에, 반대로 직업활동을 조기에 그만두게 되면 육체적, 정신적 활동능력이 급격히 감퇴함으로써 조로 현상을 부추길 수 있다는 관점에서다. 그로 인해 주변세계로부터 제대로 평가받지 못하게 될 뿐만 아니라, 자신에 대한 스스로의 감정도 통제하지 못하게 된다. 결국 한마디로 표현해서 일할 수 있는 한 계속해서 일을 할 수 있도록 해야 한다는 것이다(Fritze, 1969). 그러나 불행하게도 한국은 '정년

퇴직이나 은퇴 = 한가로이 노는 것'이란 잘못된 인식에서 벗어나지 못한 경우가 많다. 한국 남성들의 평균 정년퇴직 연령이 55세인 점을 감안하면 태어나 30세까지 부모의 도움을 받고, 그 다음 30년은 경제활동을 하고, 마지막 30년인 퇴직 이후의 '트리플 30'시대가 너무 길 수밖에 없다.

현 세대들이 평균수명의 연장으로 직업생활을 떠나고도 20~30년 이상을 더 살게 된다고 볼 때, 그 이전의 인생의 틀을 결정짓던 직업활동을 벗어나는 일에 대한 새로운 방향정립은 불가피하다. 이러한 방향정립을 위한 과도기는 대략 3년 정도의 시간이 소요되는 것이 보통인데, 그러나 이 과도기 동안의 방향정립과 적응은 매우 중요하면서 어려운 것이 현실이다.

실적 중심의 산업사회에서 직업은 개인의 사회적 지위를 결정하는데 근본적으로 중요한 역할을 하고 있다. 연금생활자는 이제 그러한 지위를 누리지 못하는 상황에서 쓸 수 있는 돈도 전보다 적고, 직업상의 교제도 없으며 그저 여가에만 가치를 두어야 하는, '부족한 존재'로 느껴지고 또 남들에게도 그렇게 보이기 쉽다. 따라서 정년상태에 대해 미리부터 생각하고 대비하여 구체적인 계획을 수립해 놓아야만 새로운 상황에 대한 적응에 성공할 수 있을 것이다. 앞에서 언급한 것처럼 이를테면 정년 이전에 노후생활에 대한 대비강좌로 여가활용의 방법이라든가 경제적 계획수립 등에 참여하는 것도 한 방법이라 할 수 있다.

50대의 빌 게이츠 마이크로 소프트 회장이 은퇴를 예고하면서, '빌&멜린다 게이츠 재단'에서 일하면서 자선사업으로 제2의 인생을 살겠다고 선언한 것도 어쩌면 인생 2모작의 중요성을 실감했기 때문인지 모른다. 산업화 시대에 퇴직이 휴식의 측면이 강했다면 창조적 시대인 21세기에는 '하고 싶은 일을 새롭게 할 수 있는 또 다른 기회'가 될 수 있다. 이에 보다 적극적인 의미에서 인생 2모작을 위해서도 은퇴생활을 한가로이 노는 시기가 아니라 진정으로 하고 싶은 일을 할 수 있도록 정년퇴직 준비는 지금 당장 실천해야 할 영역이라 하겠다.

Chapter
04

독일 노인세대들의 노후생활

제 01 절 독일 은퇴생활자들의 일상생활

BAT 연구소의 오파숍스키(Opaschowski)는 1983년부터 독일 노인여가와 관련된 프로젝트를 진행하면서 노년여가학계에 커다란 영향력을 끼쳐왔다[34]. 그는 지난 2007년

34) 오파숍스키 교수가 대표로 봉직하고 있는 미래의 문제들을 위한 재단 내 여가학연구소(BAT)에서는 1983년 초 — 조기퇴직이란 단어가 전반적으로 낯설던 때 — 근로자들 가운데 자의로 또는 압력을 받아서 직업 활동에서 벗어나는 수가 자꾸 증가하면서 노인여가에 대한 체계적인 Project를 구상하게 되었다. 사회학, 교육학, 심리학, 경제학 등 여러 분과 학제들이 연계하여 은퇴생활자들이 기대하는 것과 현실적 차이가 어떠할 것인가에 대한 학술적 동기부여로 연구를 구상하게 되었다. Project는 1983년 12월 1차 결과가 발표되면서 독일여가학계에 커다란 반향감을 불러일으켰다. 연구에서 밝혀진 사실의 근본이라면 "두 얼굴의 새로운 자유"라 표현할 수 있다. 즉, 두 개의 얼굴이란, 첫째 생계활동으로부터 벗어나는 자유요, 둘째 정말 말 그대로 무한한 시간을 가지고 무언가 의미 있는 일을 시작해야만 한다는 필연성을 뜻한다. 그렇게 되자 이 새로운 자유가 그저 우연에 맡겨두어서는 안 될, 심각하게 받아들여야 할 일이란 사실을 깨달은 사람들이 많았다. 그러나 은퇴 생활자들이 스스로의 책임 하에서 전체 일과를 알아서 하기에는 턱없이 준비가 부족했다. 이에 BAT 연구소는 1997년 6월 1983년 연구에서 다루었던 주제와 문제들을 중심으로 새로운 내용을 업데이트 시켜 또 한번 Project를 진행하게 되었다. 그리고 이 두 차례 기초연구 사이의 15년이란 세월 동안 경제정책과 사회정책에서 많은 변화들이 있었다. 특히 1997년 연구 단초에서는 1983년의 표준 문제들 외에도 부가적으로 새로운 핵심 물음으로서 미래에 대한 전망을 추가하게 되었다. 2002년에도 BAT 연구소에서는 세 번째로 나이든 세대의 생활상을 다시 조사하게 되었다. 이때 연구의 핵심은 세대들 사이의 관계가 주요 내용이었다. 그 시절 언론에서는 나이든 사람들로 인한 젊은이들의 경제적 부담에 대한 비판이 날로 격해졌는데, 그러한 사정은 '노인부담', '연금생활자 과잉' 같은 말들에서 냉소적으로 반영되어 나타났다. 나이든 사람들이 — 이런 비난에 따르면 — 젊은이들이 내는 비용으로 살고, 젊은이들은 스스로의 장래 기회를 대가로 그 비용을 댄다는 것이다. 이렇게 되니 이제 '세대 간의 전쟁'이 염려스러운 지경이 되어버렸다. 심지어 나이든 사람들을 '미래를 앗아가는 도둑', 그러니까 자식들의 기회를 날려버리는 존재로 취급하기도 하였지만, 조사결과 그와 정반대되는 사실들이 증명되었다. 젊은이·중년·노년 세대 표본조사를 바탕으로 볼 때 점점 더 극적으로 치닫는 저 시나리오와는 전혀 다른 모습이 드러난 것이다. 그리고 2007년은 21세기 인구통계학적 변화, 그러니까 젊은이보다 노인 수가 더 많은 현상이 미칠 효과들에 대한 공개 토론이 늘어났던 시기이다. 이에 독일 시민들이 갈수록 노화되고, 기대수명이 높아지며, 젊은이들의 비중이 감소하면서 그에 따른 사회적 결과들은 무엇일까라는 의구심으로 본 연구의 대단위 Project가 진행되었다. 따라서 본 장에서 언

에도 종단연구 일환으로 독일 노인여가 관련 기획을 진행한 바 있다. 그 가운데 50세부터 80세 이상까지 은퇴자들을 세 그룹으로 100명 선정하여 그들에 일상생활을 분석한 자료를 살펴보면 다음과 같은 홍미로운 결과들이 나타난다. BAT 연구소에서 분류한 연령그룹은 50~64세, 65~79세, 그리고 80세 이상이고 각자 은퇴자들이 느끼는 평소의 생각들을 양적 및 질적 조사방법을 혼합하여 진행하였다[35].

1 미디어 활용과 일상

독일 방송사에서 그간 견고하고 확고한 주요 시청자 층이라 여겨왔던 14세부터 49세까지의 연령대 사람들의 수가 갈수록 줄고 있다. 영화를 주로 방송하는 RTL-TV와 SAT.1-TV 같은 방송사들마저도 50세 이상 세대 쪽으로 이동하는 상황이다. 이런 이유들로 중심 시청자 연령층이 머지않아 새롭게 정의되거나 연령 스펙트럼을 확대하지 않을 수 없을 것 같다. 그렇게 되면 50세 이하 층은 갈수록 더 멀어지게 될지 모른다. 몇 년 지나지 않아서 민영 방송사의 평균 시청자 연령대가 50대 이상이고, 공영방송사의 경우에도 60세 이상이 될 것이다.

현대의 시니어세대들은 시간의 리듬에 따라 살아가는 경우가 많다. 거의 모든 이들이 날마다 새로 일어난 사건들에 대한 정보를 얻는 것이 하루의 주요일과라는 뜻이다. 특히 독일의 베스트에이저(50~64세)들은 85%가 일간신문을 읽고 40%는 잡지를 정기구독하는 것으로 나타났다. 연예거리며 가십을 비롯한 일상 잡지들 외에도 특별히 홍

급 되는 내용들은 BAT 연구소에서 1983년, 1997년, 2002년 그리고 2007년 조사한 자료들의 통계분석들임을 밝혀둔다.

35) 독일 BAT 연구소의 조사자료 분석을 통해 일부나마 독일 은퇴생활자들의 노후 삶에 대한 일상을 일정부분 파악할 수 있는 귀중한 자료가 될 것이다.

미를 주는 기사가 실리는 시사 잡지들이 두드러진다. 그런 이유들로 이를테면 〈시니어 도우미〉란 잡지의 경우 독자 수가 무려 5백만 이상이나 된다(AWA, 2005). 텔레비전은 역시 인기 있는 미디어 프로그램으로 손꼽고 있다. 조사에 따르면 일례로 50세 이상 사람들은 매일같이 텔레비전을 평균 290분 이상 켜 놓고 있다고 한다. 이는 독일 연방정부 통계청에서 2002년 말 기준으로 65세 이상 노인층의 여가시간 활용 매체로서 텔레비전과 비디오의 주당 평균 16시 38분 시청시간을 좀더 뒷받침해 주는 결과라 하겠다(Statistisches Bundesamt, 2009). 더욱이 이들은 아침마다 자리에서 일어나면 바로 텔레비전부터 켠 뒤, 그냥 그대로 켜둔 채로 놓아둔다는 것이다. 그런데 특이한 사항은 광고업계에서 주요 대상으로 삼고 있는 14세 이상 49세 이하 세대가 텔레비전을 시청하는 시간은 하루 평균 한 시간 반에 지나지 않는다는 사실이다.

그러나 은퇴생활자들에게는 나이가 들어감에 따라 평균 텔레비전 시청 시간도 함께 늘어난다. 그런 이유 때문인지 TV 방송사들도 자꾸만 '늙어'가고 있다. 독일 뉘른베르크 소비자연구회의 조사자료에 따르면 50세 이상 사람들이 개별 방송사에서 차지하는 비중은 다음과 같다.

RTL－TV(사설 케이블방송) 45%, SAT.1－TV(사설 케이블방송) 49%, n－tv(뉴스 전문 케이블방송) 57% Arte－TV(문화예술전문 케이블방송) 58%, Eurosport－TV 60%, 3sat－TV(독일전통지역방송) 63%, ARD－TV(독일 제1 공영방송) 72%, ZDF－TV(독일 제2 공영방송) 75% 등이고 독일 전체 방송사 시청률은 53%이다(http://www.zdf.de/; http://www. zdf.de/).

전체를 놓고 보면 은퇴생활자들의 매체 활용은 전과 다름없이 둘로 나뉘고 있다. 오래된 미디어들이 주를 이루는데, 바로 텔레비전과 라디오 그리고 신문과 잡지, 전화가 그것이다. 이런 매체들은 노년기에도 거의 똑같은 정도로 사용되고 있다. 다만 비교적 고령층들의 경우 라디오 청취가 다소 줄어들고 대신 독서가 다시금 두드러지는 경향을 보인다. 그리고 컴퓨터, 인터넷, DVD와 같은 새로운 매체들은 베스트에이저들 사이에서만 비교적 자주 쓰이는 것으로 밝혀졌다. 그 이상의 고령층에게 이 새로운 매체들은 거의 아무런 작용을 하지 않는다는 말이다. 오늘날 젊은 층의 필수품인 휴대폰조

차도 고령층에게는 그저 어느 정도로만 쓰일 뿐이다. 특히 고령자들 가운데 휴대폰을 사용하는 일이 전혀 없다고 대답하는 경우가 상당히 높은 것으로 파악되고 있다.

미디어 분야의 바람이라면 텔레비전 시청자와 컴퓨터 사용자, 뷰어와 유저들이 머지않은 장래에 통합되어 성장하는 것인데, 그리 빨리 이루어질 것 같지는 않다. 왜냐하면 웹이 TV를 잠식한다는 예측도 TV와 PC는 함께 성장한다는 낙관적인 예상과 마찬가지로 현실성이 별로 없어 보이기 때문이다. 다만 후자가 실현될 경우에는 오직 안과 의사들만 덕을 볼 것 같다.

독일에서 미디어의 미래는 여러 대상층으로 갈라지고 있는 것이 현실이다. 그렇기 때문에 새로운 미디어기술은 여기서 오래된 매체습관과 충돌할 가능성이 커지고 있다. 물론 미디어들은 계속해서 발달하겠지만 — 기술적인 면에서 볼 때 — 옛 미디어에 남아 있는 사람들이 아직도 많고, 나이든 사람들은 무엇보다 뉴스나 영화와 오락에 익숙하기 때문에 미래에도 옛날 그대로 유지하고 싶어할 것이라는 전망이 다소 우세하다.

2 사교 활동

은퇴생활이 길어질수록 다른 사람들과 함께 하는 활동의 중요성이 갈수록 커지고 있는 것은 당연하다. 양적인 면뿐만 아니라 질적인 차원에서도 마찬가지다. 무슨 일이든지 간에 은퇴생활자들에게 연령을 초월하여 가족들이나 이웃 또는 친구들과 함께 하는 일이야말로 가장 좋아하는 일이 될 수 있다. 가족 외에 친구들이나 이웃들과의 관계를 가꾸는 일은 바로 노년을 위한 장래의 가장 중요한 투자가 될 수 있다는 의미이다. 친구들 사이의 어울림은 — 친지들에 대한 보충으로 — 사회적 중요성이 지난 여러 해 동안 눈에 띄게 커지고, 이웃과의 관계도 르네상스를 맞고 있다. 그렇기 때문에 50세 이상 세대는 물론 다른 그룹도 마찬가지로 체계적인 교류를 가꾸어가야 한다는 것은 당연한 귀결이 될 것이다. 사교생활에 대한 기쁨에서만 그런 게 아니라 이를 통해 전체 인생을 위한 지속적인 토대를 이루어낼 수 있다는 생각도 똑같다.

여러 연구결과들을 살펴보면 동서양 모두 연령을 불문하고 어울려 하는 활동 가운데 가장 많이 언급되는 것은 가족과 함께 지내는 일이다. 아이들이나 손자들, 형제자매나 그밖에 다른 친척들 가릴 것 없이 친척들과 함께 하는 일은 각 연령별 모두가 가장 공들여 많이 하는 활동들로 나타난다. 뿐만 아니라 이웃이나 친구들도 은퇴생활자들의 활동 스펙트럼에서 높은 자리를 굳히고 있다. 그렇지만 나이가 들수록 다른 사람들과 함께 하는 일의 중요성은 감소하는 것이 일반적이다. 그런 이유들로 가족, 친구, 이웃과의 관계를 체계적으로 가꾸어가는 일이 정신적, 사회적으로 매우 중요한 노후의 대비책이 될 것이라는 것은 자명한 사실이다(Engstler et. al., 2003).

3 문화 활동

은퇴 생활자들이 문화 행사로부터 기대하는 것은 무엇보다 많은 사람들을 만나고 많은 것을 보는 것이다. 그렇기 때문에 이를 위해서라면 시간과 돈 등 많은 것을 '희생할' 각오가 되어 있다. 이러한 변화 과정에서 특히 나이든 세대 일수록 문화–소비–오락 시간을 무척 값진 시간으로 받아들이게 된다(Leyen, 2007). 독일의 경우 해마다 국가에서 극장, 도서관, 박물관, 콘서트 등에 지출하는 보조금이 84억 유로다. 각 가정에서 문화와 오락에 들이는 금액도 월 218유로다. 5,000개에 이르는 독일의 박물관을 방문하는 사람들이 연간 1억 명 이상이고, 1,000개에 이르는 극장 방문객 수도 연간 3천만 명 가깝다고 한다. 거기 더하여 영화관에 가는 사람 수도 거의 1억 3천만 명에 가깝다.

인구 고령화에 따라 문화정책상의 변화도 뒤따르고 있다. 독일 문화위원회에서는 "문화교육의 개념 III"(2005)에서 인구사회학적 변화와 그와 결부되어 초래된 문화 영역의 변화들을 다루고 있다. 인구사회학적 변화는 문화시설과 프로그램의 방향을 설정할 때 감안해야만 하는 중요한 부분이다. 일례로 문화 프로그램 방문자들의 평균연령이 점점 높아지고 있어 그에 따른 문화적 관심이나 욕구들도 달라져야 한다는 것이다.

이제까지 여가-문화 활동 영역에 대해서 나이든 사람들의 관심은 제한적인 것이 사실이었다. 그에 따른 비근한 일례가 베스트에이저들(50~64세) 가운데 둘 중 하나는 놀이공원에 한 번도 가본 적이 없다고 한다. 또한 65~79세 노인들 둘 중 한 명도 스포츠 행사에 참여해본 적이 없고, 셋 중 둘은 극장을 방문하는데 아무런 관심이 없었다. 특히 고령 노인들 셋 중 둘은 극장가기를 마다하고 거의 넷 중 하나는 동물원에 가본 적이 없었다(〈그림 4-1〉 참조).

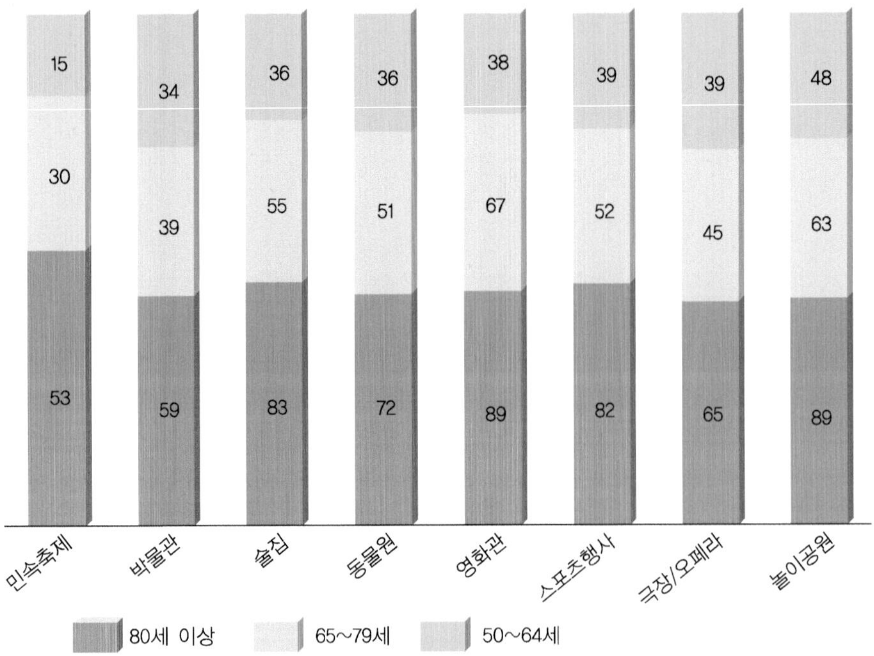

그림 4-1 각 연령별 문화행사에 참여하지 않는 영역

출처: BAT, 2002; Opaschowski et al., 2007

그렇다면 문화 세계가 어떻게 달라져야만 할까? 대상층이 넓은 대중문화의 경우는 그대로 유지될까? 여기에 대해서 쉽게 답변하기는 수월하지 않은 것이 현실이다. 왜냐하면 벌써 여러 해 전부터 진행되고 있는 출산율 저하와 함께 우려하던 문화 충격은 일어나지 않고 있기 때문이다. 오히려 그 반대의 경우로서, '팝 문화'의 중요성은 더 커졌고, 확장된 문화 개념으로의 길이 놓이고 있다.

특이한 사실은 이제 고급문화와 대중문화가 계속해서 서로 제 영역만을 고집하지 않는다는 것이다. 오페라 테너가수가 축구 경기장에서 노래하고, 교회에서 록 콘서트가 열린다. 이런 섞임 과정에서 나타난 뮤지컬은 전통적인 극장의 연극과 마찬가지로 나이든 사람들의 관심을 끌고 있다.

지금까지 경향들을 살펴보면 일반적으로 '대중문화는 재미있다'는 것이 의문의 여지없는 것으로 확인된 사실이다. 그런 이유들로 무한 경쟁에서 살아남을 수 있으려면 고급문화도 마찬가지로 재미있어야 한다. 2003년과 2007년에 독일인 대상 2,000명을 표본 추출하여 문화에 관한 관심을 질문한 조사 연구자료를 분석해 보면 다음과 같은 결과들이 나타난다. 시기의 비교에서 확인할 수 있듯이 4년 사이에 시(市)나 지자체의 축제 내지는 전통 민속축제 참여가 가장 큰 폭으로 증가하였다. 야외 콘서트, 뮤지컬, 길거리 예술도 저마다 +3% 성장하여 증가 대열에 포함되어 있다. 그에 비해 전통의 고급문화 영역은 약간 후퇴하는 모습을 보여주고 있는데, 이를테면 미술전시회는 −2%, 극장관람은 −1%의 감소를 보여주었다.

그럼에도 두드러진 면이라면, 대중문화에 관심을 가진 사람들의 비중이 조금씩 커지고 있다는 사실이다. 특히 50세 이상에서 이를테면 뮤지컬 여행이나 박물관 전시회, 미술사 강연 그리고 음악수업 등에 참여하는 비율이 점점 높아지고 있다. 즉, 예술에 대한 관심이나 대중문화 영역에 새롭게 눈을 뜨는 비중이 높아지는 것은 이른바 '허전한 둥지 증후'를 적극적으로 극복하는 동시에 오래전 젊은 시절 간직했던 꿈들을 실현하는 방편이 되는 것 같다.

미국에서는 문화시설이며 행사들에 대한 나이든 사람들의 잠재력을 이미 오래전에 간파하고 활용하고 있다. 이를테면 워싱턴 국립 미술관은 1999년부터 미술사에 대한 성인 특별 수업 프로그램을 제공하여 이들을 전시회 안내자 봉사요원으로 교육시키고 있다. 이런 교육 과정은 공개적으로 수강생을 모집하기 때문에 프로그램 참여에 갈수록 높은 경쟁률을 보여주고 있다. 일단 등록을 하고 나면 1년 동안 엄격한 미술사 공부를 하고, 이어서 미술관 내지 박물관에서 일을 한다. 프로그램의 참여 동기는 스스로의 결정에 따른 것으로서 개인적으로 만족감을 얻게 되고 게다가 지적인 도전거리가 생긴다는 점을 꼽고 있다. 참여자들과 관련하여 주안점을 두는 것은 먼저 나이든 사람들 가운데 기꺼이 배움의 뜻이 있고 다른 사람들과 나눔의 삶을 살고자 하며 의미 있는 일거리를 찾는 이들이다.

물론 이런 식의 프로젝트들은 인구사회학적 변화 때문만이 아니고 시민의 참여 증진의 이유 때문에도 긍정적인 평가를 받는다. 독일의 BAT 연구소 조사 자료에 따르면 무엇보다 나이든 사람들이 기꺼이 참여활동의 의사가 있음에도, 그들이 참여할 활동거리며 정보들이 부족하다는 점을 지적한 바 있다(BAT, 2004).

사실 엄격하게 따져보면 독일에서도 이제까지 나이든 사람들의 문화적 욕구를 적절히 충족시킬 만큼의 프로그램들이 부족했던 것이 사실이다. 또 대상 그룹에 따른 특별 맞춤 행사가 있을 경우에도 나이든 사람들의 기대에 부합되지 않았을 때가 많았다. 따라서 문화학자 롬바흐(Rombach)의 확인에 따르면, 노인들만을 위한 공연을 마련하는 일은 이상적인 해결책이 아니라고 한다. 왜냐하면 노인들은 노인들끼리만 어울리길 바라지 않고, 편안한 의자에서 일어나는 일을 그저 바라보기만 하더라도 젊은이들과 가족들이 함께 만나 어울리는 자리를 좋아하기 때문이라는 것이다(Rombach, 2007).

그렇기 때문에 나이든 사람들의 문화 활동이 그저 시간을 메우는 걸 목표로 해서는 안 된다. 그보다는 나이든 사람들이 여러 세대들과 함께 어울릴 수 있도록 함으로써 자기에 대한 가치 의식을 일깨워 다지도록 해주는 걸 목적으로 삼아야 한다. 새로 발견한 문화적 관심을 통해 새로운 인간관계와 아울러 사회적 관심사를 이루어낼 수 있을 것이다(Hoffmann, 1981). 이로부터 문화, 사회 또는 정치 분야 참여활동이 생겨날 수 있는데, 이는 다시 사회에 득이 되기 마련이다. 나이든 세대 사람들은 많아진 자유시간으로 알맞은 기회가 있을 때 더 많은 참여 활동을 할 준비가 되어 있다.

문화 관련 교육 프로그램들이 고령에 이르기까지 매력을 줄 수 있을 것이라는 것은 주지의 사실이다. 물론 고령자들에게는 '사고의 유연성, 추상화 능력, 새로운 상황에 대한 적응력' 같은 능력들이 감퇴할 수 있겠지만, 반면에 '폭넓은 지식, 경험에서 얻은 지혜, 어휘와 언어 이해'와 같은 능력들은 증가하기 마련이다. 노인들은 젊은이들에 비해 훨씬 더 여유 지향적이기 때문에 이 점이 문화 행사들에는 큰 덕이 될 수 있다. 그런 이유들로 노인들은 '일정 정도의 안정과 질서 그리고 청결' 등에 가치를 두기 마련이다(Nahrstedt, 2002). 미래 지향적인 문화 행사를 마련하고 싶다면 인구사회학적 변화야말로 피해 갈 수 없는 주제라 할 수 있다.

4 은퇴자들이 생각하는 여가프로그램의 오해

노인들을 여가프로그램 주 수요대상 그룹으로 삼았을 때 다툼이 심해질 수 있는데, 이는 프로그램 제공자 모두와 관계되기 마련이다. 왜냐하면 자기 돈과 시간을 어느 여가활동 프로그램에 투자한 은퇴생활자라면 자신의 이해와 관심사를 고려해 주길 기대하기 때문이다. 그런데 이러한 기대는 분위기와 서비스로부터 휴양과 체험 그리고 일상의 탈출을 넘어 어울림의 자리, 사교와 교류의 기회까지 무척 다양하다. 그렇기 때문에 운영자들에게는 다양한 욕구들을 제대로 만족시키기가 쉽지 않은 과제가 될 수 있다.

일반적으로 나무랄 것 없게 시간을 만끽한 사람만이 다시 그 프로그램에 참여하거나 방문할 결정을 내리기 쉽다. 만약 어떤 프로그램에 한번 참여했던 사람들이 다시 참여하기를 원하지 않는다면 그 프로그램 제공자는 장기적으로 시장에서 살아남기가 불가능하다. 실제로 인터넷 광고며 박람회 참가 또는 화려한 광고책자나 판촉행사 그리고 고전적인 광고나 혁신적인 마케팅 기법 등에도 불구하고 대다수 노인들에게는 재방문 결정에 결정적인 역할을 하는 요인이 두 가지 있다. 바로 스스로의 체험과 제

3자의 추천이라는 점이다.

독일인 100명의 대상자에게 여가프로그램 만족도를 질문한 결과 몸은 순회 장터나 쇼핑센터 체험에 가 있지만 마음은 유람선이나 도시여행에 더 높은 점수를 주고 있다는 답변을 보여주고 있다(〈그림 4-2〉 참고). 즉, 대부분의 사람들은 평소 자주 접하지 못했던 부분의 여가 프로그램에 더 높은 평가항목의 점수를 매기고 있다는 사실이다.

설문 조사한 내용을 좀더 구체적으로 분석해 보면 나름 의미 있는 결과들이 나타난다. 일례로 〈그림 4-3〉에서 제시된 서비스들을 이용하지 않겠다고 결정한 답변의 내

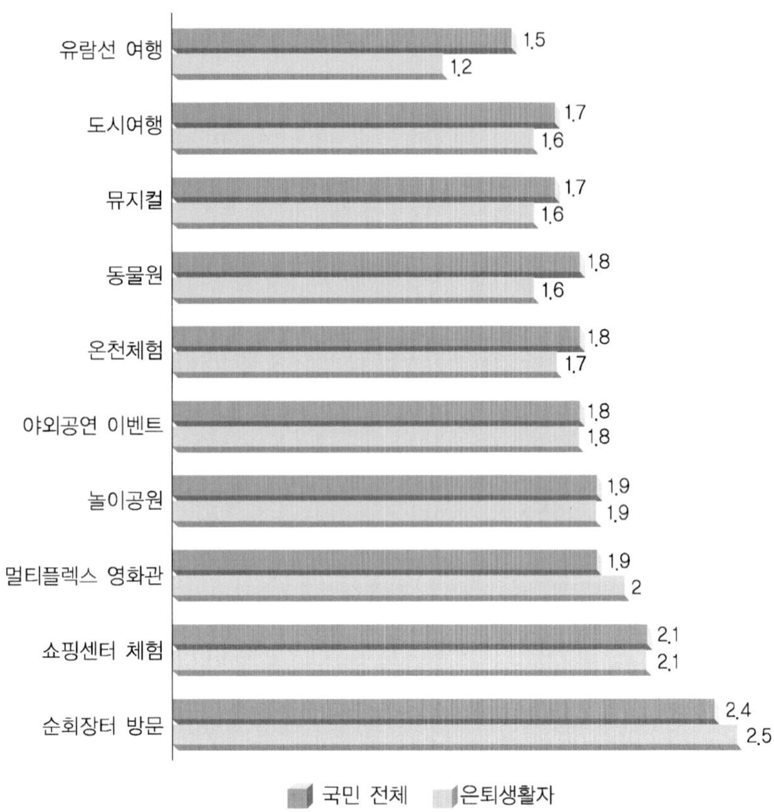

▮그림 4-2▮ 1(열광)부터 5(실망) 사이의 여가프로그램

주: 각 100명의 방문객들이 열광에서 실망 사이에 평가한 항목들의 답변임.

출처: Opaschowski et al., 2007

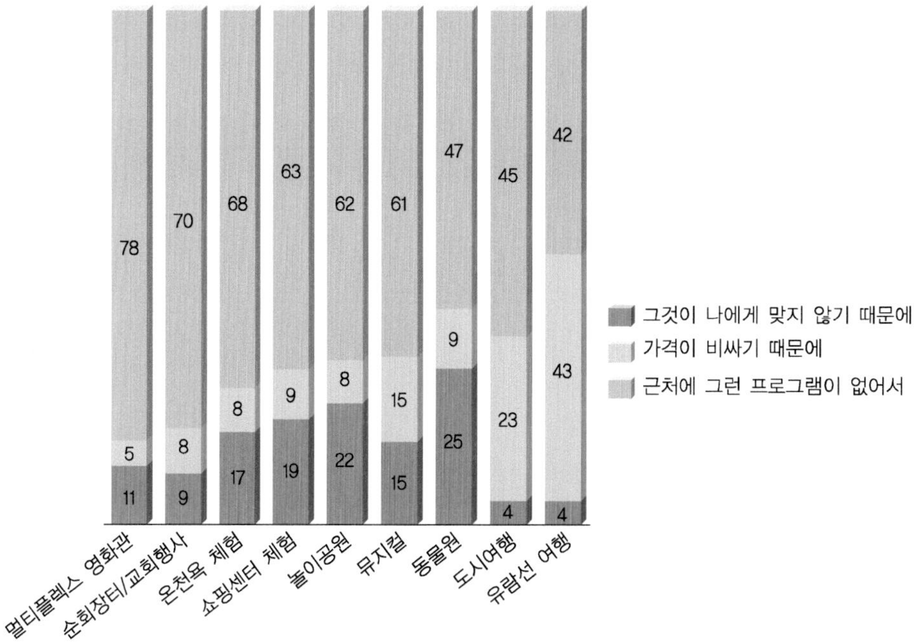

그림 4-3 은퇴생활자들이 여가활동 프로그램을 이용하지 않는 이유

주: 각 100명의 은퇴생활자들이 여가활동 프로그램을 이용하지 않는 이유로 답변한 결과임.
출처: Opaschowski et al., 2007

용은 여러 뉘앙스를 내포하고 있다. 먼저 프로그램 참여를 위한 가격은 전혀 부수적인 역할밖에 하지 못한다는 사실이다. 일반적으로 유람선 여행이나 도시 여행을 제외하면 가격은 전체적으로 방문하지 않겠다는 결정의 이유로 최하위에 지나지 않았다. 이를테면 가격 때문에 영화관에 가지 않는다는 은퇴생활자의 답변율은 전체에서 20%에 지나지 않았다. 그리고 놀이공원이나 온천 체험에 참가하지 않겠다고 결정한 이유로 입장료를 제시한 사람은 12명 중 1명꼴에 지나지 않는다. 다음으로 근처에 마땅한 프로그램이 없기 때문에 그러할 것이라는 것도 무시할 정도의 숫자에 불과하다. 다만 동물원이나 여가공원의 경우에만 어느 정도 비율이 높게 나타난 정도였다.

대부분의 은퇴생활자들이 프로그램에 참여하지 않는 주요인을 살펴보면 '그저 프로그램이 좋지 않다'는 이유를 답변하고 있다. 일례로 멀티플렉스 영화관을 두고서 '나한테는 맞지 않는다'고 대답한 노인들이 무려 5명에 4명이나 되었다. 뮤지컬, 온천욕 체험, 놀이공원, 순회 장터 또는 쇼핑센터 체험 같은 것들도 바로 이러한 이유들로 방문

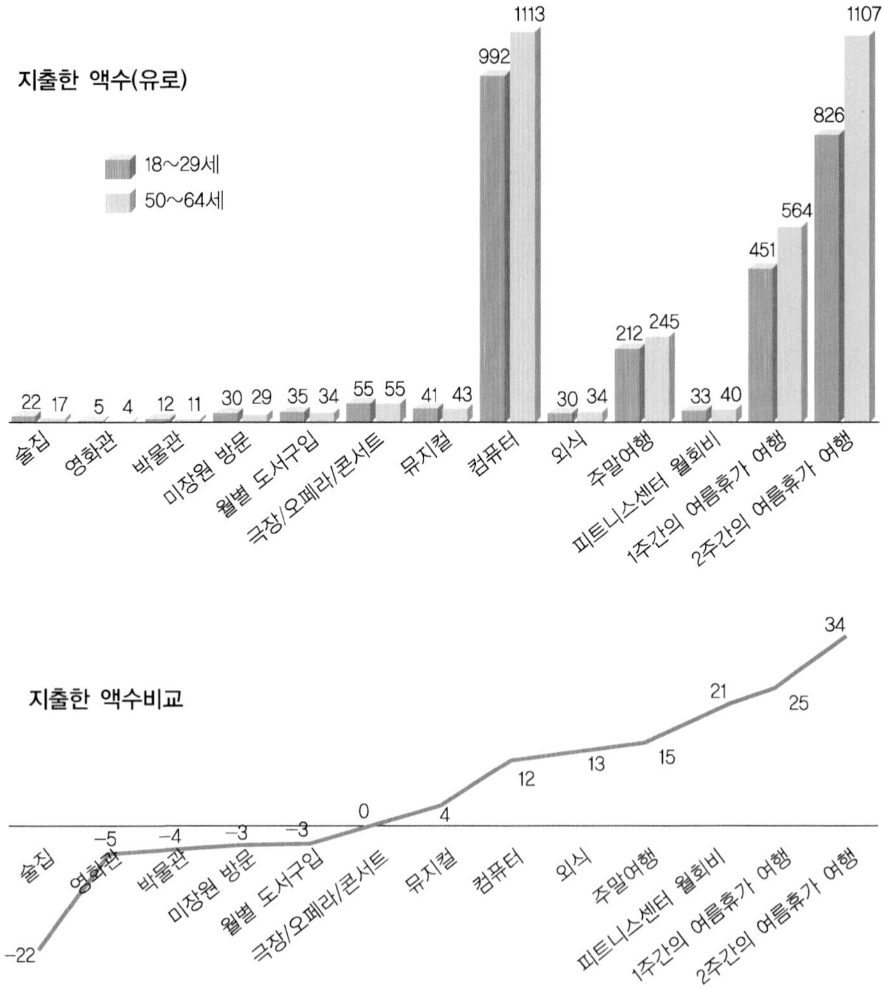

▮그림 4-4▮ 돈을 낼 의사가 있다고 제시한 프로그램과 서비스

주: 각 100명의 은퇴생활자들이 일주일에 적어도 한 번 이상 하는 활동
출처: Opaschowski et al., 2007

하지 않는다는 것이다. 그에 비해 프로그램 제공자들은 해당 프로그램에 대하여 소비자들에게 제대로 정보 전달이 이루어지지 않았기 때문에 이런 결과의 답변이 나왔다고 주장하는 경우가 있다. 그러나 실제 결과를 분석해 보면 전혀 부합하지 않는 경우가 더 자주 등장한다. 나이든 세대 사람들도 그 나름의 생각이 있기 때문에 그저 '젊은이를 위한 프로그램을 노인용으로 변형한 것'이라든가 '버팀 바퀴를 단 인라인스케이트', '노인용 식단', '북해 해안으로의 버스여행' 같은 것들을 달가워하지 않는다는 답변이 더 정확할 것 같다. 그렇다면 프로그램 제공자들의 생각이 바뀌는 편이 시급한 과제가 되지 않을까 싶다.

한편 〈그림 4－4〉를 분석해 보면 프로그램 14개 가운데 7개에서 베스트에이저들이 18～29세 사이의 인터넷 세대보다 돈을 더 지불할 의사가 더 높다고 답변한 경우를 볼 수 있다. 또한 컴퓨터 장만이라든가 휴가여행과 같이 큰돈이 들어가는 일에서도 그 차이가 특히 더 두드러진다. 구체적으로 살펴보면, 여름휴가 여행에 평균 271유로, 겨울 휴가여행에는 113유로를 더 지불할 의사가 있다고 한다. 외식, 피트니스센터 월 회비 또는 주말여행을 위한 지출 의사에서도 베스트에이저들이 젊은 세대를 훨씬 앞선 것으로 나타났다. 그에 반해 인터넷세대가 돈을 지불하겠다는 분야는 술집방문(+22%)이 가장 두드러졌고, 영화관, 박물관, 미용실 등이 다소 높았다. 이런 결과들을 놓고 볼 때 프로그램 제공자들이나 서비스 업체들의 생각이 바뀌어야 할 것 같다. 젊은이들만이 소비를 즐기고 또 그를 위한 돈을 지불할 의사가 있는 것이 아니라 베스트에이저들도 얼마든지 기꺼이 돈을 지불할 마음이 있다는 사실이 바로 이 결과에서 나타나기 때문이다. 더 나아가 은퇴생활자들은 품질과 서비스만 좋다면 얼마든지 돈을 쓰겠다는 마음가짐이 큰 것으로 나타났다. 따라서 그들에게 맞는 눈높이의 프로그램들이 개발되어야 함은 자명한 사실이라 하겠다.

제 02 절 독일 노인들의 충고

1 정년과 은퇴

평균수명은 갈수록 증가하고 있는데, 기업에 종사하는 사람들은 역으로 갈수록 젊어지고 있다. 이러다 보니 젊은이들일수록 환영받고, 나이가 들수록 차별을 받는다. 그러기에 일자리 알선업체의 "50 플러스"란 캠페인이 실현되려면 아직도 먼 구호의 일부분에 불과한 것이 현실인지 모른다.

오늘날 직업인들의 모습은 이쪽저쪽 여러 가지 방향으로 나뉘어져 있는 것이 사실이다. 그러다 보니 표준적인 생활을 장기적으로 유지하거나 더 나아가 오히려 수준을 높이려는 경우가 많다. 그러나 일을 하여 돈을 벌지 않고서는 그것이 불가능하다. 다른 한편으로는 기꺼이 직업생활에서 일찍 벗어나 인생을 더 많이 누리려고 하는 경우도 있다. 그런 이유들로 직업인들의 생각도 하나의 관점으로 통일되어 있지 않다. 독일인에게 "언제쯤 일을 그만둘 계획이냐?"는 질문에 2/3에 가까운 사람들이 '법적 정년이 되고 나서'라고 대답한다. 그렇지만 4명 중 1명은 당장 오늘부터 서서히 직업생활로부터 벗어날 계획들을 세우는 중이라고 한다. 이러한 분포도는 남성들이 여성보다 약간 더 높은 수치를 보여주고 있다.

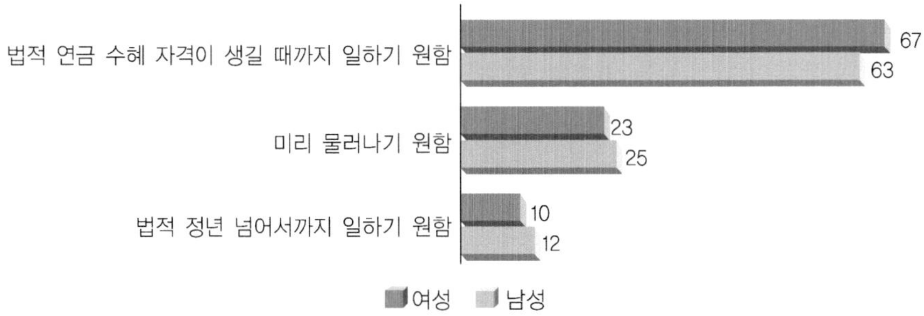

그림 4-5 직장인들이 근무하고 싶은 기간

주: 각 100명의 직장인들이 근무하기를 원하는 기간에 대한 답변임.
출처: Opaschowski et al., 2007

〈그림 4−5〉처럼 직장인 2/3는 '법적' 정년에 기준을 두는데, 현실로 볼 때 이러한 그룹의 사람들이 옳아 보인다. 일례로 법정 사회수발보험에 가입한 근로자들 가운데 65세까지 일을 하는 경우는 겨우 5%에 지나지 않는다. 이런 상황은 지난 수십 년 동안 달라진 것이 별로 없다. 〈표 4−1〉의 경우처럼 연금생활을 시작한 평균 나이를 비교해 보아도 분명하게 드러난다. 더욱이 독일인들의 기대수명은 해마다 2~3개월씩 증가하고 있다. 그렇다고 한다면 새로 얻게 되는 인생기간의 일부를 다시 사회와 사회체계에 재투자하는 편이 공정하고 사회적으로도 올바르지 않을까 싶다.

표 4-1 독일인의 평균연금 시작연령

연도/성별	1960	1970	1980	1990	2000	2006
남 성	59.5세	61.6세	58.5세	59.5세	59.8세	60.7세
여 성	58.8세	61.3세	59.8세	61.6세	60.5세	61.0세

출처: Statistisches Bundesamt, 2009

독일인들에게 연금생활을 시작한 나이가 가장 높은 경우는 오일쇼크(1973년)때인데, 그 당시 평균적으로 남성은 62.2세, 여성 61.6세였다. 1960년대 이후 가장 이른 나이라면 1981년의 경우 남성 58.2세, 여성 59.5세였다. 그렇지만 차이가 2.5세밖에 나지 않았던 사실에서 이 현상이 꾸준하다는 걸 분명하게 알 수 있다. 그러나 다른 한편으로 1960년대 독일인 가운데 60세 이상 인구가 차지하는 비율은 17%에 지나지 않았지만, 2006년에는 25%나 되었다는 사실을 고려해야 한다. 그렇게 되면 비슷한 평균치에서 양적으로 조기 퇴직이 그만큼 늘어나고 있다는 걸 알 수 있다.

2 정년연한의 유동화

평균 연금생활 연령이 증가하면서 65세 이상까지 일할 수 있다고 생각하는 사람들의 수가 계속 증가하고 있다. 법적 정년이 넘어서까지도 계속해서 일을 하고 싶다는 경우가 10명 중 1명 꼴로 답변을 보여주고 있다. 고졸 이상의 학력자는 그 비율이 다른 학력의 소지자보다 세 배나 높다. 그렇기 때문에 앞으로는 정년 연한의 유동화 모델이 분명하게 시작되어야 할 과제가 더욱 명확하게 다가오고 있다. 이미 30년도 넘게 해결책으로 제시되었던 이 모델은 '자기 책임 하에 선택 가능성과 정년 연한의 유동화를 포함한 정년 연한의 단계화'(Opaschowski, 1974)를 말한다. 이에 따르면 65세 넘어서까지 일을 하는 사람은 사용자로부터 가산금으로 보상을 받는다는 방식이다. 즉, 공식 정년 연한을 넘어서 일을 하게 되면 달마다 월 연금을 0.5% 높게 한다는 것인데, 이 모델의 궁극적 의미는 다음과 같다[36].

- 자의로 조기 퇴직하는 사람은 감액된 연금에 만족해야 한다(현재 연간 연금 액수가 3.6% 감액된다.).

---

36) 2005년 이후부터 표준적인 65세 은퇴연령이 모든 사람들에게 적용되어 왔던 것이 사실이다. 그렇기 때문에 조기 은퇴를 원하는 사람들은 공식적인 은퇴연령 보다 빠른 연도수에 대해서 각 년도당 3.6%씩 삭감된 연금을 받게 된다. 이런 규제는 2007년 이후부터 더욱 강화되어 나타나고 있는데, 이제 2012년 이후로는 은퇴연령이 67세로 연장 적용되는 시기가 될 것이다.

• 마찬가지 결과로 더 오래도록 일을 하는 사람의 경우 연금 증액이 있다(현재 연간 연금 액수가 6% 증액).

언제나 그저 부정적이기만 한 사회정책 토론에서 감액의 정도를 키우자고 요구할 게 아니라 오늘날부터라도 한번 가능한 가산금에 대한 홍보를 더 하는 편이 바람직하다. 예컨대 독일 보험사 연합의 보고에 따르면 현재 자신의 의지대로 67세까지 일을 했다고 하면, 평생 12%의 연금을 더 받게 된다는 계산이 나온다. 이런 사실은 이미 현실로 나타난 부분이지만 사람들에게 제대로 알려지지는 않은 것이 현실이다. 그렇기 때문에 양 방향으로 — 아래 방향의 경우 연금 감액을, 위 방향의 경우 연금 증액을 — 정년 연한을 개방하여 유동화 하는 것이야말로 평생 근로시간의 21세기 모델이 될 수 있다.

현재 독일 대부분의 기업에서는 젊은 근로자들만 일하고 있는 것이 현실이다. 55~65세 사이의 고령자 가운데 오늘날까지 일하는 사람은 절반에도 미치지 못한다(독일 40%, 스위스 65%, 스웨덴 68%). 노동시장 및 직업 연구소의 조사 자료에 따르면 독일 기업들 가운데 50세 이상 고령자들이 근무하는 경우는 이제 절반도 채 되지 않는다고 한다. 이러한 사실을 놓고 볼 때 기업 내 인사정책이 사회의 인구사회학적 분할을 부추기는 것이 아닌가 하는 의문이 제기되는 것은 당연한 귀결이다.

여러 가지 원인에서 앞으로 평생 근로시간의 연장이 기대되는 것은 당연하다. 그래서 하르츠-구상(Harz-Konzept)에서도 55세 이상의 나이 든 실업자가 우대받는 것을 예상하고 있다. EU에서는 조기은퇴 규정을 아예 삭제하고 생업활동에서 '활동적인 노년'을 더 지원하려는 시도를 하고 있다. 그저 연금 보험료나 대폭 인상하고 의무보험 산정 기준이 되는 최고 호봉을 무작정 높이는 일은 '개념 없는 응급수술'밖에 되지 않는다는 전문위원회의 견해도 이와 일치하고 있다. 그 이유는 연금 보험료를 높여보았자 결국 지급할 연금이 높아질 수밖에 없기 때문이다. 그럴 경우 인구사회학적 문제들은 오히려 더 심각해지기만 할 것이다.

EU 회원국들 대부분은 연금생활로 접어드는 공식 연령이 65세로 규정되어 있다. 그러나 가난에 빠질 위험을 피하기 위해서는 65세 이상 나이에도 더 오래도록 일하는 사람들이 있는 것은 당연하다. EU의 노동력조사 자료에 따르면 65~74세 사이의 사람들 가운데 여전히 직업 활동을 하는 사람들의 비율은 남성의 경우 7%, 여성은 3%로 나타났다. 그렇지만 각 국가마다 사정은 다음과 같이 크게 다르다는 점도 눈여겨보아야 할 대목이다.

- 직업 생활을 하는 남녀 수가 비교적 많은 국가들은 영국(11%), 그리스(12%), 스웨덴(15%), 아일랜드(19%) 순이다.
- 포르투갈의 경우 이 연령대 남성들 가운데 아직도 일을 하는 사람들 비율이 무려 30%나 된다(여성의 경우 18%).
- 독일, 벨기에, 프랑스, 룩셈부르크, 스페인 같은 경우 65세 이상 남성 가운데 아직 직업 생활을 하는 비율은 4%에 미치지 못한다(http://www.dza.de/).

3 독일 은퇴생활자들의 충고

오래된 삶의 지혜 가운데 하나가 바로 저마다 자기 경험은 자기 스스로 해야 한다는 것이다. 자신의 은퇴생활을 어떻게 꾸려 나가느냐 하는 문제는 각자마다 다른, 아주 개인적인 문제일 수밖에 없다. 취미활동과 스포츠를 오가며 활발하게 사는 것도 좋고, 목표 의식을 가지고 준비하여 봉사와 부업 또는 근무시간 단축을 하는 것도 좋고, 또 의식적으로 미리부터 은퇴생활에 대한 기쁜 마음을 품으면서 정신적인 준비를 하는 것도 좋다. 이런 형식의 준비가 마음에 들지 않는다면 "은퇴생활을 극복"하는 방법밖에 없다.

현재 근로자들 대다수는 미래에도 조기 은퇴를 하거나 또 어쩔 수 없이 일자리를 떠나야만 하는 경우가 있다. 따라서 직업교육에서 시작하여 정년까지 이어지는 직업의 이력과 마찬가지로 평생을 위한 직업도 매우 드물기 마련이다. 각 개인마다 이런 의미에 대한 물음이 첨예해지고 있지만 대부분의 사람들에게 일이 없는 생활에 대한 준비는 부족한 것이 현실이다.

목표 설정 없이 또는 할 일거리도 정하지 않은 채 조기 퇴직을 맞게 된다면 여러 가지 두려움들이 일어나기 마련이다. 인생에서 이처럼 새로운 도전을 제대로 맞을 수 없다는 고백은 바로 이런 두려움들과 맞물리는 것이다. 한 사람이 갑자기 다른 사람이 될 수 없는 것이지만, 그러나 자신의 현실을 냉철하게 파악할 수 있는 사람이라면 나이가 들수록 은퇴생활에 대한 준비를 할 수 있다는 확신도 함께 동반해야 한다. 직업생활의 일상으로부터 벗어나면서 문제가 생기는 것은 회의론자 스스로 문제들을 만들어내기라도 한 것처럼 말이다. 따라서 당연한 귀결로 미래를 위한 다음과 같은 요구를 실현시켜야 한다.

"정년제를 폐지하라!"

달리 말한다면, 스스로 (사용 기한이 다 지난 용광로처럼) 그저 일을 그만두는 일이 없도록 해야 된다. 직업생활로부터 벗어나는 일이 능력위주 사회로부터의 추방이어서는 안 된다는 의미다. 만일 그렇다면 곧바로 사회적 폐기로 이어진다는 사실을 명심해야 된다. 어느 연금생활자는 동년배들을 위한 충고에 따라 이렇게 말했다.

"셋째 이가 있지 않은가? 마침내 그걸 쓸 때다."

직업생활을 그만두고 난 뒤의 인생단계에서는 그에 걸맞은 인생계획이 필요하지만, 대부분 미리부터 그럴 시간이 없거나 시간을 내지 않는 것이 현실이다. 그러다 그 시기에 닥치게 되면 도전은 과도한 부담이 되고 만다. 옛날부터 해오던 활동들이며 질서를 그대로 유지한다고 해도 그리 오래 가기는 어렵다. 억지로 일어나고 바쁜 일과에 쫓기지 않는 '자유'를 즐긴다 해도 역시 그리 오래가지 않는다. 의미 있는 일과 이어져야만 자유도 의미가 있는 법인데, 그런 일이 없기 때문이다(Bertram, 1997).

이와 같은 의미의 문제들은 암암리에 받아들인 금기의 계율처럼 누구나 스스로 알아서 해결해야만 한다. 그래야만 현존의 은퇴생활자들이 내일의 예비 은퇴생활자들을 위한 구체적인 조언이며 충고들을 줄 수 있다. 그런 조언들로는 무엇보다 스스로 은퇴생활을 기쁘게 생각한다거나 미리부터 찾아드는 기쁨을 즐기는 것 같은 것들이 있다. 그러한 이유 때문에 은퇴생활에 대해 긍정적인 사고를 기르도록 하라는 조언들이 등장하는 것인지 모른다.

은퇴생활은 가급적 활동적으로 계획하고 구성해야 하기 때문에 친구나 가족 그리고 문화와 스포츠 같은 것들이 필요하다. 즉, "되도록 바쁘게 지내라"와 "빈둥거리지 말라"가 직업생활자들에게 주는 대부분 은퇴생활자들의 핵심 충고이다. 미리부터 여러 가지 취미들을 가꾸라는 충고도 진정한 생활의 도움이 될 수 있다. 그런 방법으로 다가오는 의문, 회의, 문제들을 얼마 동안은 억압하여 몰아낼 수 있을 것이다. 스스로의 눈을 돌리게 만드는 기만작전으로 일거리 요법도 있는데, 많은 직업생활자들이 이를 기회로 보고 있다고 한다.

한편 일과의 관계를 유지하는 것도 도움이 될 수 있다. 생업활동에서 벗어나기 몇 해 전부터 스스로의 근무 시간을 알아서 단축시키면서 해가 갈수록 일을 줄여 가도록 하여 일로부터 충격 없이 벗어나는 것도 중요하다. 그러면서 다른 한편으로 소일거리를 찾고 봉사할 자리를 물색하게 된다면 유연하게 또는 미끄러지듯이 연금생활로 넘어가는 일이 더 쉬워질 수도 있다.

미래 은퇴생활자 세대가 갖게 될 많은 문제들의 기미는 오늘날 이미 드러나고 있다. 나중에 받을 연금에 대한 두려움에 더하여 신체 문제와 얽힌 그늘들도 가중되고 있다. 따라서 수발이 필요한 상황은 그야말로 악몽이 될 수밖에 없다. 이에 대해 '스포츠를 즐기면서 건강하게 살라'는 충고가 나온다. 여기에 더하여 전에 없이 많아진 시간상의 관리가 주요문제로 대두된다. 앞으로 대부분의 사람은 4반세기를 은퇴생활로 보내게 될 것이다. 이런 상황에 대해 차세대 은퇴생활자들이 어떻게 대비할 것인가에 관해서 현존의 은퇴생활자들이 다음과 같은 세 가지 차원의 구체적인 충고를 하고 있다.

첫째 – 마음의 준비를 하라!

은퇴 후 생활에 대한 생각들은 되도록 피하고 싶고 또 몰아내고 싶은 것이 인지상정이다. 게다가 직업생활 중에는 그런 생각을 피할 수 있도록 하는 핑계거리가 많다. 따라서 현재의 은퇴생활자들이 구체적인 충고를 한다면, 그에 대한 생각을 그저 몰아낼 게 아니라 '마음으로'부터 준비를 하라는 것이다. 오직 그렇게 할 때에만 은퇴생활에 대한 긍정적인 사고방식을 할 수 있고 또 그래야만 균형을 잃지 않고 살아갈 수 있다.

둘째 – 일을 갑자기 그만두기보다 서서히 줄여나가라!

오늘날 은퇴생활자들이 목적은 같지만 구체적인 충고에서는 서로 어긋나는 모습을 보이는 경우가 많다. 한쪽에서는 직업생활을 하는 마지막 몇 해 동안 서서히 일을 줄여나가면서 직업생활 이후로 자연스럽게 넘어가도록 하라고 충고한다. 반면 다른 한편에서는 평생에 걸쳐 일을 유지하여 은퇴생활도 다른 수단들을 동원해 분주함을 유지하는 편이 더 의미가 크다고 한다. 따라서 하던 일과 가까운 일을 찾고 부업의 기회를 물색하여 직업생활에서 물러나더라도 갑작스런 변화가 없도록 하는 것이 중요하다.

셋째 – 취미활동과 사람들과의 교류를 가꾸어 나가라!

되도록 일찍부터 취미를 길러서 스스로의 관심과 흥미를 계속 키워나가고 또 새로운 것들을 배워나가야 한다. 그리고 이웃, 친구, 친지들과의 사회적 교류를 유지하고 가꾸어가는 것도 마찬가지로 중요하다(Opaschpwski et al, 2007: 67–68).

4 트레이닝과 코칭의 필요성

오파숍스키는 1980년대 초 본격적으로 진행시켜온 독일인들의 여가 프로젝트에서 미래에는 직업생활 이후 인생단계를 살아갈 새로운 세대가 있게 될 것이라며 다음과 같이 예상한 바 있다. "(아직) 이름조차 제대로 명명할 수 없는 이 세대는 '노년'과 '은퇴생활'을 준비할 것이 아니라 직업생활에서 벗어난 새로운 인생단계를 어떻게 하면 의미 충만하게 살아갈 수 있을까 하는 물음에 대한 대답을 준비해야 한다. 어느 경우에서든 필요한 것이 워크아웃—생활트레이닝인데, 이것은 직업 외적인 인생목적과 인생의 과제를 찾는 데에도 도움이 될 수 있다(Opaschowski, 1983: 37)."

오늘날과 미래에는 그 어느 때보다도 1983년에 실시했던 이러한 프로젝트 요구의 구체화와 실현이 요구된다. 왜냐하면 30년 뒤에 독일 사람들 절반이 50세 이상이 될 것이기 때문이다. 그렇기 때문에 직업 생활에서 벗어난 인생단계를 위한 능력이야말로 그 어느 때보다도 필수적이라 하겠다. 우리가 생각해볼 수 있는 방법이라면 트레이닝(Training)과 코칭(Coaching) 사이의 워크아웃—구상(Workout—concept)이다. 이 구조조정 구상은 직업외의 관심사 찾기, 다시 말해 생계활동을 떠나고 난 뒤의 새로운 인생단계를 어떻게 하면 의미 충만하게 계획하고 꾸려갈 수 있을까에 대한 대답을 찾는 데 도움이 될 수 있다. 능력을 기르는 일은 자질분석과 관심분야 테스트 그리고 의사소통 트레이닝이나 스스로 제공하는 코칭 — 여러 가지 세미나에서부터 인터넷 온라인 서비스까지 — 등의 혼합 형태가 될 수밖에 없다. 예를 들어 보면 다음과 같은 것들이 있다.

- **시간 재고 관리:** 자기 자신만의 시간 자원을 구체적인 시간 및 생활 계획의 밑바탕으로 삼아야 한다. 이를 뒷받침하는 깨달음이 바로 "시간예산은 자금예산과 똑같이 중요하다"는 것이다.
- **건강 테스트:** 의사의 진찰을 받아 스스로의 몸 상태와 체력을 테스트하도록 한다. 건강 체크야말로 보다 의식적으로 스스로의 생체 시계에 맞춰 살아갈 수 있게 해

준다.

- **관심분야 체크**: 핵심이 되는 것은 바로 자기만의 관심분야를 찾아서 길러 나가는 일이다. 그런 관심 분야라면 이를테면 가족과 이웃을 돕는 일로부터 시작하여 문화와 정치 활동과 스스로의 의지에 따른 사회 참여 활동까지 다양하다.
- **멘탈 코칭**: 멘탈 코칭을 통해 스스로의 인성을 안정시키고 신경 손상을 막으면서 집중력 연습과 명상을 통한 긴장완화로 정신적 · 신체적 · 영적인 힘들이 균형을 이루는 생활을 할 수 있다.
- **의사소통 트레이닝**: 다른 사람들과 특히 젊은이들과 의사소통을 할 때 신뢰감과 안정감을 주고 대화에 열린 자세로 소통을 연습하고 몸에 익혀야 한다. 이는 사회적 고립과 고독해지는 걸 막기 위해서도 중요하다.
- **제 2의 커리어-계획 세우기**: 시간의 압박이나 생존 걱정이 없다면 제2의 직업 또는 진지한 성격에 의미를 줄 수 있는 직업 외의 활동 가능성을 찾아야 한다. 그렇게 되면 은퇴생활에서도 다시 할 일이 생기기 마련이다.
- **미디어 역량**: 이제까지 은퇴생활자에게 컴퓨터, 인터넷, 휴대폰 등은 대중매체가 아니었다. 그럼에도 다른 한편으로 이 매체들은 갈수록 일상생활을 좌우하게 된다. 따라서 이 매체들을 다룰 줄 알고 기술에 대한 거리낌을 없애는 일이야말로 새로 배워 익혀야만 할 미디어 역량의 일부가 될 수 있다(Opaschowski, 2006).

위에서 언급한 역량 획득은 강제 퇴출이나 조기 은퇴와 같은 위기상황에서 어쩔 수 없이 할 게 아니라, 인생 중반의 직업생활에서 함께 추구해야 할 역량 획득으로 생각하며 시작해야 한다. 따라서 가장 중요한 점이라면 우선 예방의학적 의미를 갖는 직업 외적 생활역량 획득을 언급할 수 있다. 그런 점에서 위와 같은 프로젝트를 위한 재정 지원에 건강보험사에서 참여하는 것도 하나의 과제가 될 수 있다. 왜냐하면 높은 비용을 수반하는 심신상관적 질병들(이를테면 우울증, 노이로제)을 예방하는 길이 될 수 있기 때문이다.

제 03 절 바람직한 노후생활

미래에 대한 문제는 우리 모두가 100살까지 사느냐는 문제가 아니라, 살아갈 세월이 길어진 만큼 그것이 그만한 가치가 있는지 그리고 그걸 추구할 만한지의 문제가 될 수 있다.

1 작아지는 바람

직업생활을 하는 사람들이 바라는 은퇴생활의 모습은 그저 하나의 해프닝과도 같다. 직업생활이 끝나고 난 뒤의 생활은 비일상적인 일과 특별한 사건을 전전하는, 활동과 기동성 그리고 사교성의 혼합이어야 한다. 실제로 은퇴 후 생활은 극적인 것과는 거리가 멀고 거의 일상적인 모습 그대로라 할 수 있다. 따라서 은퇴 후의 생활이 직업생활을 하는 사람들의 바람들에 부합되는 경우는 매우 드문 것이 사실이다. 나이가 들수록 사람들은 있는 그대로의 자신과 자기 생활을 받아들인다. 끊임없이 새로운 일이나 익숙하지 않은 일에 그다지 쏠리지 않는 경향을 보이기 마련이다. 그런 이유들로 은퇴 생활자들의 시간은 주로 일상적인 일들로 채워지는 것이 일반적이다.

특히 고령에 이르면 일상 습관들의 연장효과가 나타나기 마련인데, 다시 말해 오래된 습관들이 대부분의 시간을 차지하면서 확장되고 강화된다. 따라서 무엇보다 가정의 영역에서 하는 일로 시간을 채우게 되는데, 이는 스스로의 편의 추구에 따른 결과라 할 수 있다. 그럼에도 가끔은 자기 집안에서 하는 여러 가지 일들에도 힘에 부친다는 표현을 쓰는 경우가 많다.

은퇴생활자들이라면 사실 늘 활동적이고 정력적이며 활기찬 '새로운 노인'의 역할을 하길 바라고 또 그래야 마땅하다. 그러나 정작 그들의 행동과 태도는 그와 반대로 오히려 활발한 활동에 대한 관심보다는 관조적인 쪽이 많다. 1980년대 은퇴생활자들과 비교할 때 오늘날 은퇴생활자들은 이런 모순을 제대로 의식하고 있다. 바라는 대로 할 수만 있다면 집안에서 하는 활동들 거의 모두를 줄이거나 아니면 시간을 덜 들이면서

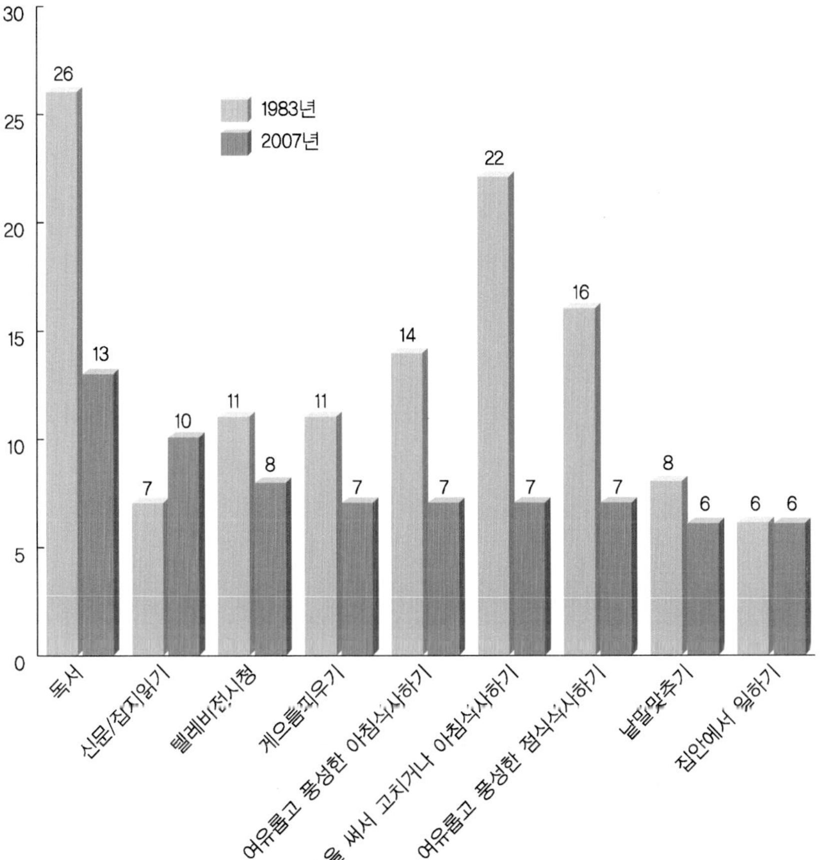

▮그림 4-6▮ 시대에 따른 일상욕구 현황

출처: BAT, 1984, Opaschowski et al., 2007

할 것이다. 오늘날 이와 관련하여 아직도 솔직한 바람을 피력하는 은퇴생활자들의 수는 극적으로 줄어들고 있다. 〈그림 4-6〉처럼 독일 BAT 연구소에서 1983년과 2007년 은퇴생활자들을 대상으로 조사한 자료에 따르면 대부분이 집안에 있으면 시간을 절약할 수 있을 것이라는 생각을 하면서도 정작 집안에서 하는 일들에 대한 바람들은 시간이 흐를수록 눈에 띄게 줄어들었음을 알 수 있다.

집안에서 하는 활동들만 보더라도 이러한 사실이 금방 드러난다. 더 자주 독서를 하고, 아침 또는 점심을 여유롭고 풍성하게 먹는 것과 같은 바람들이 1980년대 초에 비하면 무려 절반이나 줄어들었다. 손으로 고치거나 만드는 일에 더 시간을 들이겠다는 경우도 1983년에 비해 무려 세 배나 높다. 텔레비전 보는 일에 대한 가치부여마저도 — 비록 당시에는 민영 케이블방송사가 없었기 때문에 텔레비전 프로그램들이 1983년 이래로 네 배나 늘었지만 — 줄어들었다.

이보다 더 극적인 감소를 보인 것은 바로 가정 바깥에서 하는 여가활동에 대한 바람이다. 모든 분야에 걸쳐 바람들이 축소되었는데, 특히 눈에 띄는 것이라면 여행에 대한 바람이다. 여행은 오래전부터 독일인들이 '가장 좋아하고 값지게' 생각하는 일이었다. 그러나 조사 자료에 따르면 더 자주 여행하겠다는 사람들이 3명 가운데 1명꼴로 감소하였다. 1997년까지만 하더라도 은퇴생활자 2명 가운데 1명이었지만, 1983년에는 3명 중 2명이나 되었다(Opaschowski, 1998). 그렇다면 이런 결과들이 심리학적으로 만족감의 한계에 이른 탓일까, 아니면 갈수록 많은 노인들이 그 사이 여행경험이 많아서 더이상 여행을 통한 새로움의 매력이 사라진 것일까? 놀라운 사실들은 문화영역이나 외출 그리고 스포츠 활동 또는 친구며 가족들과 함께 하는 일에서도 축소 현상이 나타나고 있다는 사실이다. 다만 르네상스를 맞은 분야가 딱 하나 있는데 그것은 바로 이웃들과 수다 떨기가 다시 중요성을 띠게 되었다는 점이다.

오늘날 은퇴생활자들은 한편으로 '체험했던 일', '경험하거나 들었던 일' 그리고 '실현된 일'을 돌아보는 걸 좋아하는 것으로 나타났다. 다른 한편으로 정말로 실현할 수 있는 것보다 더 많이, 그리고 더 어려운 일들을 계획했다는 사실을 깨닫는 것 같다.

한편 나이층에 따른 비교 결과 나이에 따라 기대들이 줄어든다는 사실도 드러난다.

50에서 64세의 베스트에이저들의 경우 2명 중 1명이 여행을 꿈꾸었지만, 고령자의 경우에는 7명 중 1명에 지나지 않는다. 다른 한편 미래에 대한 잠재력도 마찬가지다. 80세 이상 노인들 가운데 더 자주 여행을 하겠다는 사람들 수가 50만이 넘는다. 그렇지만 이와 반대되는 현상을 보이는 활동들도 있다. 일례로 집 바깥에서 가장 자주하는 활동으로 극장/영화관 방문이나 찻집/식당 찾아가기의 경우, 80세 이상 세대 노인들은 그동안 아꼈던 걸 보상할 겸 자주 하겠다는 욕구가 크게 나타났다. 커피를 마시러 가고 외식을 하러 가는 일에서도 베스트에이저들보다 앞서고 있다. 그러나 하나 언급할 만한 사실은, 80세 이상 세대의 경우 독서에 대한 바람이 줄어드는 추세라는 사실이다.

미래와 연계하여 볼 때 이러한 현상은 다음과 같은 의미를 갖는다. 프로그램이며 서비스 제공자들이 노인들에게 맞는 제품을 개발하고, 세 단계 나이층의 은퇴생활자 모두에게 어울리는 서비스와 프로그램이 나란히 존재하도록 구성할 책임과 의무를 더 많이 의식해야 한다는 것이다. 다른 한편으로 베스트에이저들에 대한 요구도 더 많아져야 할 것이다. 그런데 '새로운 노인들'이 정말로 언론에서 스스로 공개적으로 표현하는 것처럼 그렇게 건강하고, 소비를 즐기고, 계획을 세워 일하는 걸 좋아한다면, 사실 그들은 24시간 내내 활동적이고 늘 움직여야 하지 않을까 싶다.

2 가족과 친구와 이웃의 중요성

친구관계는 같은 관심사와 경험에 바탕을 두고 서로 간의 신뢰와 이해를 담보로 하기 때문에 아주 소수의 사람들만이 간직할 수 있는 값진 관계다. 특히 친구들은 필요할 때에 항상 옆에 있어주는 사람들이기에 소중한 친구관계 중요성은 고령에 이르기까지 유지되는 것이 무엇보다도 중요하다.

은퇴생활을 낙관적인 파트너관계의 개선으로부터 시작하는 사람들이 많다. 스스로를 위해 더 많은 시간을 들이고, 서로 함께 하는 시간을 늘리는 일, 사실 그렇게 하는 것이 함께 하는 삶에 대해 긍정적인 영향을 미치기 마련이다. 그렇게 하다보면 마침내 한결 편안한 마음으로 함께 어울릴 수 있겠지만, 생활에서 하게 되는 경험은 꼭 그렇지만은 않다. 왜냐하면 공간적으로 가까운 상태에서 끊임없이 함께 하는 생활 자체가 어떤 부분에서는 낯선 상황이 될 수 있기 때문이다. 특히 새로 생긴 자유 영역들에서 다음과 같은, 예기치 못했던 갈등의 잠재요소들도 드러난다.

- 전보다 더 많은 계획이 있어야만 해요. 이젠 남편까지 함께 있으니까.
- 이를테면 텔레비전 프로그램에서 그렇듯이 우리 관심사들이 똑같지가 않아요.
- 이제 많은 것들이 정상이 됐어요. 전에는 함께 하는 시간이 순간순간 그렇게 기쁠 수가 없었는데.
- 가사 일이 줄어들기는커녕 오히려 늘어났어요. 은퇴 이후 일을 더이상 하지 않으면서부터 말예요.
- 내 부인이 이렇게나 꼼꼼한 줄 미처 몰랐어요.

은퇴생활기에 위대한 사회적 조화가 이루어지리란 희망은 저절로 달성되지 않는다. 오히려 그와 정반대인 경우가 많다. 그렇기 때문에 은퇴를 맞이한 사람들의 파트너관계는 심각한 시련을 거치는 경우가 많다. 왜냐하면 바깥일로 하루의 일정들을 감당하던 파트너가 어느 날 갑자기 '밤낮없이' 주변을 맴돌게 되는 상황이 되어버린 것이다. 따라서 함께 무슨 일을 하더라도 이제는 더이상 '그저 똑같이만' 해서는 안 되고, 또 무엇보다도 더이상 '시간 계획에 맞추려' 해서도 안 될 것이다. 그것보다는 더 많은 변화에 신경을 써야만 한다. '집중적으로 파트너에게 신경을 써야' 하기 때문에 파트너관계 그 자체가 부분적으로는 일이 되기도 한다. 이런 부분과 관련하여 자못 심각하게 받아들여야 할 물음이 있다. "와이프의 신경을 건드리지 않고 할 수 있는 일이 도대체 뭐가 있을까?" 다른 한편으로 활동이 없는 한쪽 파트너가 더 활동적인 다른 파트너에 의해 동기를 부여받고 또 이끌려가게 되는 까닭에 새로운 생활 상황이 파트너관계에 매우 긍정적인 영향을 미칠 수도 있다(Engstler et al., 2003). 사람들은 문득, 한평생 그저 주말부부요 주말에만 결혼관계를 해왔구나 하는 사실을 확인하게 된다. 그러나 이제 갑자기 서로를 위한 시간이 더 많아졌다는 사실에 또 다른 놀라움에 봉착하는 경우도 많다.

- 이제는 일하는 시간도 없고 여가 시간도 없고, 그저 나를 위한 시간과 와이프와 어머니와 아이들을 위한 시간만이 있게 됐다.
- 이제 우리는 놀라울 정도로 서로를 잘 이해한다.
- 그사이 얼마나 멋진 나들이며 소풍을 많이 했는지, 놀랄 정도다.
- 마침내 우리는 함께 극장에도 가고 스포츠 활동에도 갈 수 있게 됐다.
- 이제 시간이 전보다 훨씬 빨리 지나간다.
- 함께 이야기하는 시간이 많아졌다.

노년기 가정이야말로 제대로 방향만 잡을 수 있다면 가장 중요한 생활의 보장이요 보험으로 발전할 수 있는 지름길이다. 적어도 가정은 아직 쓸 데가 있구나 하는 자기 가치감정을 주고 생활에 변화를 주며 홀로 외롭지 않다는 느낌을 줄 수 있다면 가정은 생활의 만족과 삶의 충만함에 도움이 될 것이다.

가정은 고독과 지루함과 무용성의 감정을 막아주는 치료법 노릇도 할 수 있다. '새로운 노인들' 가운데 가정에 이런 중요한 사회적 기능을 부여하는 사람들이 절반은 훨씬 넘는다. 이를테면 병수발이라든가 물질적인 지원처럼 언론에서 전면에 부각되는 다른 관점들은 거의 부차적인 것으로 보인다. '필요한 상황이면', 그러니까 급박한 위기 상황 때문이라면 위와 같은 가족적인 기능들은 당연히 생겨날 수 있다(Bertram, 1997).

한편 실존과 관련하여 살펴보면 지속적인 가정의 심리적 지지가 훨씬 더 중요하다는 점도 발견된다. 가정은 그저 기능이 좋은 비상공동체 역할만 있는 것이 아니라 삶의 동반자가 될 수 있기 때문에 서로 요구도 할 수 있고 지원도 하기 마련이다. 따라서 가정은 80세 노인의 수발만 하는 게 아니라, 충고를 한다든가 중요한 결정을 함께 거드는 등의 도움을 받을 수도 있다. 아울러 가정은 크고 작은 호의와 친절을 서로 주고받을 수 있으며, 사회심리학적 안정을 주면서 정체성 유지를 돕기도 한다.

3 바람직한 주거형식

2040년 미래에 펼쳐질 시나리오를 앞당겨 살펴보면 다음과 같은 내용들을 상상할 수 있다.

“사람 모습이 보이지 않는 도시구역, 텅 빈 채로 늘어선 집들, 무너진 집들과 못을 박아버린 가게들, 문을 닫은 실내수영장들이며 학교가 눈에 들어온다. 도시는 온통 인구 감소와 떠나는 사람들뿐이고 도시마다 인구 증가가 가장 큰 현안문제가 되어 버린다. 그리고 도시마다 실업자나 외국인과 가난한 사람들이 사는 ‘A 구역’과 벌이가 좋은 사람들, 교육수준이 높은 시민들과 베스트에이저들이 사는 ‘B 구역’으로 갈려 있다. B 구역에서는 거리들이 깨끗하고 상점마다 전문화되어 있으며 서비스 에이전시들이 아직 남아 있는 일자리들을 중계한다. 주택들 역시 24시간 서비스 체계를 갖추고 있다. 은퇴생활자 공동체, 단독주택 형식의 공동체, 공동주택 공동체 등이 전 방위 서비스를 갖추어 가장 애호 받는 주거형식이 되어있기 때문에, 저마다 마음에 드는 곳을 골라 살 수도 있다. 24시간 수발 서비스를 갖춘 노인 거주구역에는 가족이나 친구들이 없지만 유복한 사람들이 살아간다. 이곳에서는 수발이 필요한 사람들 저마다에게 수발사가 한 명씩 따로 배정되어 있다……”(Opaschowski et al., 2007).

미래의 모습이 정말로 위에서 언급한 상황처럼 될 수 있을까? 그러나 〈그림 4-7〉처럼 사람들이 노년기에 지내며 살고 싶은 주거형식을 질문한 내용에는 전혀 다른 모습이 나타난다.

- 인구의 절반은 독자적으로 자기 집에서 살게 되는데, 55세 이상 고령자들의 경우 그보다 젊은 세대에 비해 그 수가 확연히 많다.
- 집 관리 서비스나 식사 배달과 같은 추가 서비스를 받으며 자기 집에서 살아가는 생활에 대해 역시 가장 많은 수의 노인들이 좋아하였다. 남녀를 불문하고 이 나이대에 들면 자기 주거지역을 떠날 필요 없이 서비스 업체나 단체에서 제공하는 편의를 제대로 활용할 수 있기를 꿈꾼다.
- 방문수발과 연계한 주택에서 사는 일 — 노인들의 경우 5명 중 1명이 이런 주거모델을 생각하였다.

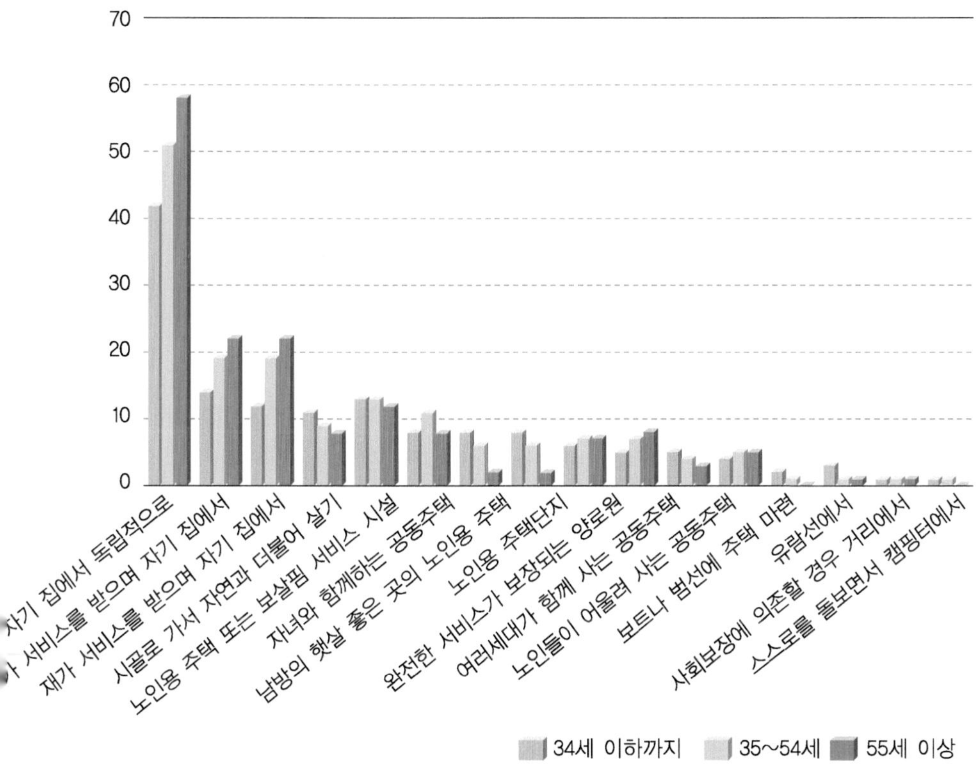

▌그림 4-7▐ 노년기에 바라는 주거형식

주: 각 100명의 사람들이 노년기를 지내며 살 주거형식으로 답변한 결과임.

출처: Opaschowski et al., 2007: 108

- 중년 세대의 경우 — 다른 세대보다 많은 사람들이 — 자녀들의 가정에서 사는 것과 간호와 보살핌 서비스를 갖춘 주거형식을 생각하였다.
- 젊은이들은 노년기 주거 형식에 대해 아무래도 다음 대답처럼 유토피아 식으로 생각할 때가 많다. “노년기라면 미국의 플로리다나 스페인처럼 햇살 좋은 곳에서 살겠다.” “서비스와 의료진을 갖춘 유람선에서 살겠다.” “보트 집이나 범선에서 살겠다.”

오늘날 주택과 관련한 노인들의 생각은 독자성과 서비스 사이의 현실적인 시나리오 안에서 움직이는 경우가 많다. 물론 노인들은 다른 대안이 별로 없기 때문에 예로부터 전해 내려오는 전통 형식의 주택에 대체로 익숙한 것이 사실이다. 그러나 이들이 중요하게 생각하는 것이 딱 하나 있는데, 그것은 바로 스스로의 독립성 유지와 필요하다면, 의료 서비스의 보장이다(김근홍 외, 2005). 중년 세대에는 그에 반해 의사소통, 가족, 친구들에 무게를 더 두었고, 더 젊은 세대에는 다양한 대안들을 생각하는 용기를 보여주고 있다. 완전한 사회적 추락(‘거리에 나앉아 사회복지 혜택에 의존하는 경우’)에 대해서는 언급조차 하지 않는 경우가 대부분이지만, 게다가 인구의 3% 정도가 대놓고 이런 말을 하고 있다는 사실은 참 의미 있어 보인다.

“내가 늙으리라고 생각하지 않는다.”

4 은퇴생활의 현실과 이상

‘새로운 노인들’은 가족, 사회적 교류, 활동성, 여가활동 등과 관련하여 스스로의 삶에 대한 요구 수준이 높다. 소위 1980년대 은퇴생활자 세대와 달리 이들 새로운 노인들은 가족이며 친구들과 함께 하는 일에 더 많은 가치를 둔다. 그뿐만이 아니라 외출이며 온갖 종류의 계획적인 활동과 행사들이 은퇴기 새로운 삶의 질에 당연하게 포함된다.

스스로의 생활에 대한 평가에서 오늘날 '새로운 노인들'은 과거의 은퇴생활자 세대와는 뚜렷하게 구분되는 다음과 같은 평가를 내리고 있다.

- 은퇴생활자 가운데 대체로 자기 생활에 만족하며 편안해 하는 사람들의 비율이 1980년대 초에 비해 거의 두 배로 늘었다(1983년 18% → 2007년 30%).
- 점점 더 많은 계획을 세우고 지루함 같은 말은 마치 낯선 외국어처럼 된 사람들의 비율도 더 확연한 차이를 보이고 있다(1983년 12% → 2007년 29%).
- 오늘날 은퇴생활자들의 재정적 독립성이 한결 커졌다는 걸 확인할 수 있다. 즉, 4명의 노인들 중 1명 이상이 재정문제에 대해 아무런 걱정이 없다고 답변하였는데, 4반세기 전만 해도 그 수치는 3%에 지나지 않았다(BAT, 1984; Opaschowski et al., 2007).

오늘날에는 '온전한 가정생활'에 대한 강조가 그 어느 때보다도 두드러지고 있다. 그런데 이 점은 그저 긍정적인 쪽으로만 볼 필요는 없을 것 같다. 왜냐하면 1980년대 초까지만 해도 질적 연구조사에 따르면, 이와 관련한 주제는 토론의 의미조차 없는 정도였다. 게다가 그 당시 이혼율은 오늘날보다 확연히 낮았고 아이들 수도 한결 많았다.

전체로 볼 때 오늘날 은퇴생활자들의 기분 상태라면 큰 만족이라고 할 수 있다. 부정적인 기분상태는 별다른 자리를 차지하지 않고 있으며, 부정적인 생각을 꺼낸 사람들의 수도 눈에 띄게 그 수가 적다. 다만 예외라면 그저 자기 건강에 대한 평가이다.

1983년과 2007년도 조사에서 나온 이상적인 은퇴생활에 대한 개개인의 생각들을 비교할 때 두드러진 점이라면 무엇보다 가족에 대한 평가의 상승이다. 생계활동이 끝나고 난 뒤 삶의 의미를 충족시키는 것이 무엇이냐는 질문에 생활과 밀접한 것이 바로 가족과 함께 보낸 시간, 특히 손자손녀와 함께 보낸 시간이란 대답이 상당히 높았다. 더욱이 '새로운 노인들'에게는 이러한 활동영역의 의미가 현저하게 증가하고 있다는 특징을 보여주고 있다. 1980년대 초만 해도 은퇴생활자 12명 중 1명만이 다음과 같은 대답을 하였다. "손자손녀와 함께 시간을 보내는 일이 은퇴생활의 일부다." 그런데 오늘날 3명 중 1명 가까이나 되는 사람들이 일주일에 적어도 한 번은 손자손녀와 어울린다는 결과는 상당히 놀랍다.

오늘날 '새로운 노인들'의 요구는 이렇다. "은퇴생활기 삶의 질은 더이상 내게 주어진 것 그대로가 아니라 거기서 내가 만들어내는 것이다." '새로운 노인들'은 표준적인 생활수준을 개선하기보다는 삶의 질을 바라는 것이 강한 것으로 나타났다. 즉, 무엇을 위해 사는가 하는 물음에 대한 대답을 찾고자 한다는 의미가 강하다(Opaschowski, 2006). 사실 어느 정도 사치를 할 수도 있고 애써 일한 다음 정당하게 맞은 은퇴생활을 양심의 거리낌 없이 즐길 수도 있다. 그런데 다른 한편으로 새로운 노인들은 인생으로부터 더 많은 것을 이루어내고자 한다.

여러모로 강조되는 것이 노후에 의미 충만한 생활을 해야만 할 '의무' 또는 '필연'인데, 그 배경에는 업적과 성공에 대한 요구들이 숨어 있다. 성공적으로 저물어가는 것, 다시 말해 오직 성공적으로 늙어가는 것(successful aging)만이 장기간에 걸친 사회적 인정을 보장한다는 관점이다.

연금생활 시기의 만족감과 행복감이 그저 공짜로 생기는 것은 아니다. 연금생활자

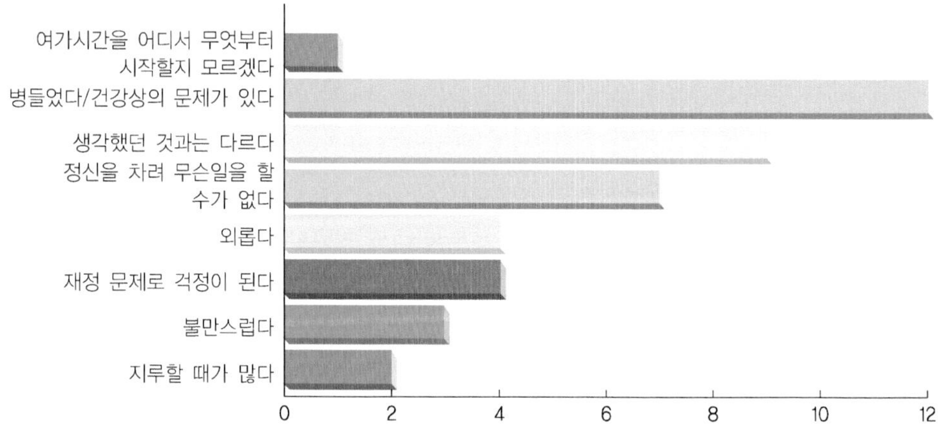

▌그림 4-8▐ 은퇴생활자 스스로의 생활상황

주: 각 100명의 은퇴생활자들이 스스로의 생활상황에 대해 위와 같이 평가함
출처: Opaschowski et al., 2007

들이 스스로에 대해서도 당당하게 맞설 수 있기 위해서는 스스로 생활에서 무엇인가를 이룩해 내야만 한다. 그것은 '새로운 노인들' 모두가 인정하는 사실이다. 즉, 모든 사람들은 — 어느 연령대에 있든지 — 과도한 부담(요구)을 지지도 않으면서 부담(요구)이 지나치게 적지도 않은 과제가 필요하다.

5 다른 사람들을 위한 배려

배려야말로 여러 세대들 사이의 활발한 관계들을 위해 중요한 구성요건의 하나가 될 수 있다. 따라서 여러 세대 사람들의 주관적인 느낌과 감정들은 바로 지속적인 관계들을 위한 발판이 되는 셈이다. "마음으로 다른 세대 사람들과 멀어진 사람이라면 더이상 그들을 위해 배려를 할 필요도 없고 또 그래서 더이상 걱정도 하지 않는다"(Szydlik, 2002: 149). 그러나 세대들 사이의 배려는 연대 행위로 이어지기 마련이다. 돕는다는 것은 긍정적인 감정들을 불러일으키는가 하면, 다른 한편으로는 그러한 배려들이 부담이 되기도 한다.

1) 노인들의 염려대상에 대한 걱정거리

유연성과 가변성이 지배적인 시절에는 사회와 정치, 경제가 오로시 단기적인 목표에만 매달리기 마련이다. 사람들은 저마다 따로 흩어질 위험이 있는 시대에 배려나 신뢰와 사회적 의무와 관련한 장기적인 관점이 빈약하다. 그렇기 때문에 스쳐 겉도는 관계들로부터는 참다운 동정이 나오기 어렵다.

사회학자 세네트(Sennett)가 자라나는 세대가 종속성에 대한 두려움이 지나치게 큰 나머지 윤리적으로 또 정서적으로 겉돌 위험이 있다는 사실에 대해 걱정한 것도 그런 까닭에서다. 사람들에게 '서로를 위해주고 아껴줄 뿌리 깊은 근거를 마련해주지 못하는'(Sennett, 1998: 203) 사회에서는 장기적으로 사회적 안정성을 위태롭게 만든다는 것이다.

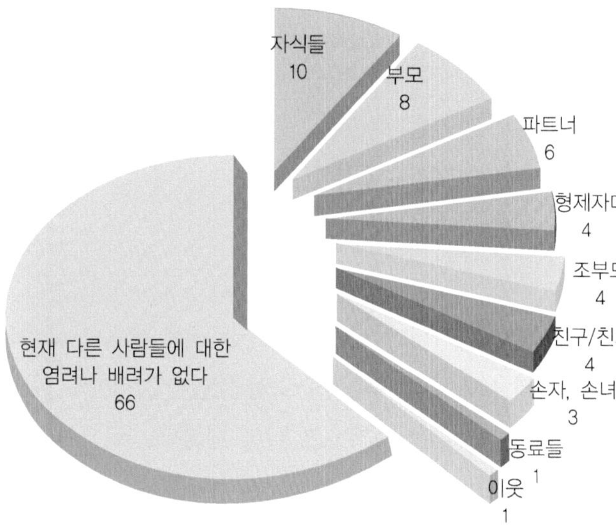

▌그림 4-9▐ 현재 염려하고 배려하는 대상

주: 각 100명의 사람들이 현재 염려하고 배려하는 대상들에 대한 설문 결과임
출처: Opaschowski et al., 2007

〈그림 4-9〉를 구체적으로 분석해 보면 은퇴생활자들의 경우 긍정적인 모습이 높은 것으로 보인다. 즉, 3명 중 1명이 현재 가족들, 친구들, 이웃들, 동료들을 배려하며 염려하고 있다는 답변을 보여주었다. 그럼에도 그들이 가장 걱정하는 것으로는 자녀들에 대한 부분을 꼽고 있으며, 또한 재정적 염려도 두드러진다. 손주들에게 세상이 아직 열려 있는 상태이기는 하지만 대다수의 은퇴생활자들은 자라나는 세대들의 장래를 걱정하고 있다. 물론 일자리 부족, 연금불안, 범죄, 출산율 저하, 냉담한 사회 분위기와 같이 풀리지 않는 문제들과 관련하여 이들의 걱정은 당연한지도 모른다.

배우자도 걱정거리로서 마찬가지이지만, 대부분 건강 문제가 거론되고 있는데 물론 걱정과 배려가 가족들에게만 제한되는 것은 아니다. 친구들(4%)과 이웃들(1%)도 노인들에게는 마찬가지로 염려와 걱정의 대상으로 꼽혔다. 그러나 다른 한편으로 3사람 중 2명은 현재 다른 사람들에 대한 염려나 배려가 없다고 걱정했다.

2) 냉랭한 사회의 각 세대별 역할

'냉랭한 사회'에서 사람들 사이의 관계들은 오로지 문젯거리만 되고 사람들과의 거리를 가까이 만들 수 없고 지속 가능한 결속관계를 이룰 수 없다. 그렇기 때문인지 21세기 들어서 젊은 세대도 또 중년세대나 노년세대에서도 더이상 이런 사회에 대한 말이 없다. 다른 사람들에 대한 걱정과 염려가 드러나는 표현은 사회적 결속에 대해 많은 말을 하며 취약한 관계들이나 결속을 거론하는 일이 드물기 마련이다. 걱정과 배려의 감정은 인간적 따스함과 동정이라는 긍정적인 경험들과 연결되는 편이 강할 수 밖에 없다(Szczesny−Friedmann, 1991). 청소년들이 조부모에 대해 걱정하고 배려하며 또 조부모들이 손자・손녀들을 염려하는 한, 세대 간 계약은 긴밀한 세대 간의 관계로서 그 '생명'을 계속 이어갈 것이다.

이에 은퇴생활자들은 자기 가정의 안녕에 대해 염려하고 배려하는 만큼이나 더 행복하게 살 수 있도록 도움을 줄 마음자세를 갖추고 있다고 한다. 살아 있는 연대감은 과거 시대의 유물이 아니라, 오히려 21세기의 산물이다. 이러한 연대감은 스스로의 의지로 떠안은 책임들에 그 바탕을 두고 있다. 더욱이 이 연대감은 줄어들지 않고 오히려 늘고 있다는 점이 눈에 띈다. 수로 보나 범위로 보나 또 지속성으로 보더라도 마찬가지다. 현대의 가족연구 결과에 따르면 독일 시민들은 일주일에 생계활동보다 무급의 일들에 더 많은 시간을 들인다는 연구결과도 발표된 바 있다(Engstler & Menning, 2003). 이런 무급의 일들에 속하는 것들을 꼽아 본다면 다음과 같다.

• 자녀들과 성인들에 대한 수발과 돌봄(아이 돌보기, 수발이 필요한 사람 보살피기, 차

량 운전 서비스, 바깥 일처리)

- 가사일 관련 활동들(식사준비, 집안청소, 빨래, 장보기, 관청 관련 업무 처리, 모임 관련 활동, 바깥 일처리)
- 손품 드는 일(집 짓거나 수선하기, 물건 만들거나 중고물품 수선하기, 차량 수선과 손질)
- 사회봉사와 자원봉사

자료를 통해서 좀더 구체적으로 살펴보면 일 년 열두 달, 주말과 공휴일 그리고 휴가철에 독일 시민들은 날마다 평균 약 4시간씩 스스로 급여를 받지 않는 일을 한다고 한다. 그런데 이런 종류의 자원봉사활동을 하는 동기들로 다음과 같은 이유를 꼽고 있다.

- 의무감에 따른 동기("한마디로 내 식구들을 도울 의무가 내게 있다.")
- 호혜성의 동기("식구들을 도우면 나 역시 식구들한테 도움을 기대할 수 있다.")
- 이타주의에서 오는 동기("내 나이에 돈을 더 모아서 뭐하겠는가? 내 식구들한테 더 요긴할 수 있을 텐데.")
- 애정에서 오는 동기("식구들 가운데 누가 좋아지면, 그를 돕는 게 좋다.")

일반적으로 무급의 봉사활동에 참여하는 사람은 자기의 뜻과 의지에 따라서 활동하기 때문에 스스로 느끼는 만족감이 그 어떤 분야보다 높기 마련이다. 스스로 솔선하고 만족하는 자원봉사 활동은 젊은 시절은 물론이고 노후에도 커다란 보탬이 될 수 있다. 특히 노후에 봉사활동은 생명의 묘약 효과를 보일 수 있을 정도다. 왜냐하면 솔선하는 마음가짐을 통해 정체성을 잃을 위험을 막을 수 있기 때문이다(김수영 외, 2009). 미래에 새로운 봉사활동을 하려는 사람들이라면 과거 자신의 명예나 활동력에 호소하는 것보다 더 많은 일을 해야만 한다는 것은 당연한 노릇이다. 스스로의 뜻에 의한 봉사활동이기에 이를테면 사람들 만나기, 친구 사귀기, 개인적으로 성공체험 해보기, 인생의 경험 쌓거나 전해주기, 무엇인가 의미 있는 일 하기 또는 그저 재미 삼아 등 그 동기는 천차만별이 될 수 있다. 따라서 가족과 친구관계를 꾸준히 가꾸어나가는 일,

단체의 회원이 되거나 봉사활동에 참여하는 일 또는 스스로 일을 찾아 일하는 능력 등은 노후를 위한 정신적, 사회적 대비책으로 중요한 요인들이라 할 수 있다.

6 세대별 역할

노후보장 문제를 놓고 현재 벌어지고 있는 사회적 토론에서 가장 앞서 설명되는 것은 아마도 재정적인 면이라 할 수 있다. 그럼에도 가족 내에서 세대들 사이에 상당한 양의 재정적 이전이 이루어진다는 사실을 간과하는 경우가 많다. 대체로 재정 이전은 일방적으로 나이 많은 세대로부터 젊은 세대로 옮겨간다고 생각하기 쉽다. 그러나 실제 조사 결과를 살펴보면 꼭 그렇지만은 않다.

〈그림 4-10〉에서 언급한 젊은세대(34세 이하), 중년세대(35~54세), 노년세대(55세 이상)들을 대상으로 조사한 자료에 따르면 그 차이점은 더욱 명확하게 들어난다. 특히

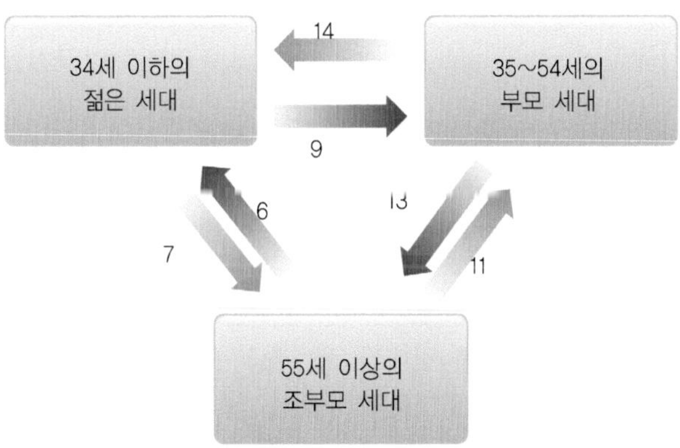

▌그림 4-10▐ 각 세대들이 현재 걱정하고 배려하는 대상

주: 각 100명의 사람들이 현재 걱정하고 배려하는 대상으로 꼽은 세대에 대한 답변임.
출처: Opaschowski et al., 2007

젊은 세대에게 “부모나 자식들을 돈과 물적 자원 또는 개인적으로 도움 등을 지원하느냐”는 물음에서도 다음과 같은 흥미로운 답변들이 나왔다. 자신의 부모님에 대한 개인적인 도움은 12%로 가장 높았지만, 물적 자원은 가장 낮게 나왔다. 그에 비해 자식에 대한 개인적 도움 8%, 금전적 도움 6% 등 큰 차이가 나타나지 않았다. 이런 결과를 놓고 볼 때 34세 미만 젊은 세대들은 아직도 부모로부터 받고 있는 도움이 자식에게 주는 도움보다 더 높은 비율을 차지하고 있는 것으로 보인다.

이에 비해 현재 중년 세대를 일컬어 소위 ‘샌드위치 세대’로 부르는 경우가 많다. 그들은 35세에서 54세 사이로서 자신보다 위 세대인 부모와 조부모는 물론이요 자신의 도움을 필요로 하는 손자손녀로부터 자식들까지 돌봐야 하는 위치에 있다. 이런 이유들로 중년세대들은 사방으로부터 요구를 받고 있고, 그러면서 또 스스로의 생활(특히 직업생활)도 꾸려나가는 역할을 감당하는 시기에 있다.

노년세대에게 ‘부모나 자식들을 돈과 물적 자원 또는 개인적인 도움 등으로 지원하는지’의 조사결과는 다음과 같다. 노년세대가 하는 역할은 돈(22%), 물적 자원(11%), 개인적 도움(18%) 등과 같이 자식들에 대한 이전 중년세대를 지나 노년세대에도 계속 진행되는 것으로 나타났다. 이들 세대들은 인생의 많은 부분을 젊은 세대들에게 여러모로 돈과 서비스를 제공하였는데, 바로 자식들이며 손자손녀 돌보기, 선물이나 상속과 같은 형식으로 제공되는 금전 등이 여기에 속한다. 그런데 이러한 행동과 태도는 여러 면에서 개인적인 풍요에도 보탬이 되는 것으로 나타난다. 자식들과 손자손녀들은 돈 걱정에서 풀려나거나 조부모의 금전적 축복으로 더 큰 풍요를 누리게 되기 때문이다. 또 노년 세대 사람들은 그로 인한 소비의 포기보다는 이처럼 줄 수 있다는 것에서 개인적 충만감을 더 크게 느끼기도 한다. 그렇기 때문에 나이든 세대들이 젊은 세대들의 비용으로 살아간다기보다는 평생에 걸쳐 세대 간 계약의 유지에 여러모로 기여하는 셈이라 할 수 있다. 이들은 앞서간 세대들의 연금을 충당하였고, 스스로의 연금을 받을 수 있는 요건을 갖추었으며 또 자식들에게도 상당한 규모로 추가적인 재정지원과 개인적인 도움을 제공하고 있는 것이 현실이다.

21세기에 사회적으로 가장 커다란 도전은 연금재정의 충당이 아니라 삶의 질 유지가 될 수 있다. 현재 살고 있는 사회에서 삶의 질은 스스로의 권리이지만, 앞으로 더 이상 스스로 요구할 수 없는 여건이 되었을 때, 그 권리를 행사할 수 있는지의 여부는 미래 사회가 인류에게 던져주는 하나의 시험무대가 될 것이다.

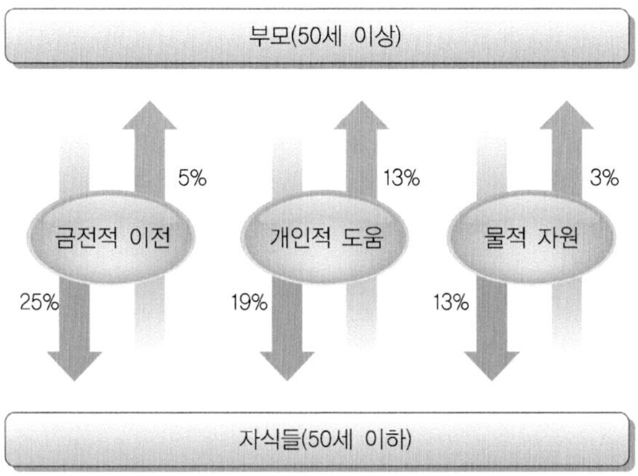

그림 4-11 살아 있는 세대 간 연대감

주: 연대감 유지는 일방통행일 수 없을 것이라는 결과라 할 수 있음.
출처: BAT, 2002; Opaschowski et al., 2007

〈그림 4-11〉은 살아 있는 세대 간 연대감의 유지는 일방적인 통행이 아니라는 사실을 보여주고 있다. 즉, 50세 이상 부모세대들의 금전적 이전이나 개인적 도움, 그리고 물적 자원의 모든 면에서 50세 이하 자식들 세대보다 월등히 높다는 것이 그 일례다. 소위 일부에서 제기되고 있는 현재 은퇴생활자들의 평균수명 증가가 젊은 세대들의 부양부담을 키운다는 식의 단순한 통계논리는 맞지 않을 수 있다는 의미다.

2002년 BAT 연구소에서 독일인들을 대상으로 세 번째로 나이든 세대의 생활을 조사하여 발표한 연구 자료에 따르면 이런 내용은 더욱 분명하게 나타난다. BAT에서 다루고자 했던 핵심은 세대들 사이의 관계였는데, 그 당시 언론에서는 나이든 사람들로 인한 젊은이들의 경제적 부담에 대한 비판이 날로 격해졌다. 그러한 사정은 '노인부담', '연금생활자 과잉' 같은 말들에서 냉소적으로 반영되어 나타난 경우를 봐도 알 수 있다. 나이든 사람들이 — 이런 비난에 따르면 — 젊은이들이 내는 비용으로 살고, 젊은이들은 스스로의 장래 기회를 대가로 그 비용을 댄다는 것이다. 따라서 그 당시에는 '세대 간의 전쟁'이 염려스러운 지경이었다. 심지어 나이든 사람들을 '미래를 앗아가는 도둑', 그러니까 자식들의 기회를 날려버리는 존재로까지 취급되기도 하였다. 그러나 연구결과 그와 정반대라는 사실을 증명하고 있다. 젊은이, 중년, 노년 세대 표본조사를 바탕으로 볼 때 점점 더 극적으로 치닫는 저 시나리오와는 전혀 다른 모습이 드러났던 것이다. 옛 세대 간 계약 외에도 새로운 세대 간 계약이 개발되었는데, 다름 아닌 세대 간의 살아 있는 연대감이다. 즉, 가족의 가치에 바탕을 둔 합의와 생활 자원과 상호 뒷받침의 자연스런 교환을 강조한 것이다. 세대 간의 이러한 계약은 일상의 연대감, 자라난 사회적 관계들이며 결속력으로 유지되는 것이지 밖에서 법으로 부과한 의무들로 유지되지 않는다는 사실을 강조하고 있다(BAT, 2002).

제 04 절 노후여가 준비 필요성

누구에게나 아침은 온다. 그러나 누구에게나 아침이 찬란한 것은 아니다. 만약 우리의 아침이 찬란하지 않다면 태양을 탓하지 말고 우리 자신을 탓하라. 우리의 모든 미래는 우리 자신이 만들어가는 것이다.

1 베이비붐 세대의 노후준비(한국)

누구에게나 곧 닥칠 노인문제에서 자유로울 수 있는 사람은 독일이나 한국 더 나아가 이 세상 아무 곳에도 없다. 향후 20년 이내에 현재 60세 이상이 인구 중 차지하는 비율이 훨씬 더 클 것은 자명한 사실이다. 한국의 경우에도 53~65년생인 현재 40대 후반에서 50대 중반인 베이비붐 세대가 그때에는 '노인 붐'으로 바뀔 것으로 예측되고 있다. 따라서 이들이 노인세대로 진입하는 2025년경에는 높은 사회참여와 주체의식을 가진 최대 여가소비층으로 부상할 것으로 전망된다. 그렇게 되면 그때에는 노인문제가 남의 문제가 아닌 바로 우리 자신의 문제로 바뀐다는 뜻이다[37].

한국 통계청에서 2008~2009년 사이의 조사를 바탕으로 2010년 4월에 발표한 "사

37) 2003년 사회통계조사 보고서에 따르면 노후준비가 되어 있다고 답변한 비율이 64.5%로 나타나, 1998년 자료와 비교할 때 그 비율이 10%정도 상승한 것으로 나타났다. 그러나 3분의 1이 넘는 사람들이 여전히 노후준비를 하지 않고 있는 점이나 60세 이상 노인의 경우 그 준비 정도가 가장 낮다는 문제점은 시급히 해결해야 할 과제라 하겠다(통계청, 2003).

회조사를 통해 살펴본 한국 베이비붐 세대의 특징"을 분석해 보면 '베이비부머' 역시 미래가 그리 밝아 보이지 않는다. 2009년 '노후준비를 하고 있다'고 응답한 베이비부머 연령층도 80.0%에 지나지 않았는데, 그 내용을 살펴보면 주된 준비 방법이 '국민연금(38.5%)'과 '예금・적금(24.3%)'순이었다. 준비의 정도는 교육의 정도에 비례해 대졸 이상의 경우 10명 중 9명이 노후준비를 하는데 반해 '초졸이하'는 6명에 불과했다. 또 베이비부머 인구 중 노후준비를 하고 있지 않다는 이들의 50.3%가 그 이유로 '준비능력이 없다'는 걸 꼽았다.

▌표 4-2▐ 한국 베이비부머들의 노후 준비방법

(2009, 18세 이상 인구) (단위: %)

	계	준비하고 있음	소계	국민연금	기타공적연금	사적연금	퇴직금	예금,적금	부동산운용	기타1	준비하고 있지 않음	소계	아직 생각 안함	앞으로 준비할 계획	준비 능력 없음	자녀에게 의탁
2009	100.0	66.3	100.0	37.0	7.1	20.1	3.4	25.6	5.7	1.1	33.7	100.0	16.6	32.6	38.9	12.0
베이비부머	100.0	80.0	100.0	38.5	7.1	19.5	3.8	24.3	6.0	0.8	20.0	100.0	7.4	39.8	50.3	2.5
초졸이하	100.0	59.6	100.0	42.0	1.6	18.1	1.6	32.0	4.3	0.4	40.4	100.0	8.5	33.4	53.4	4.7
중 졸	100.0	69.1	100.0	44.5	1.6	18.3	3.9	28.6	2.7	0.3	30.9	100.0	5.7	34.3	56.2	3.8
고 졸	100.0	81.9	100.0	40.7	4.7	20.6	3.8	24.6	5.5	0.2	18.1	100.0	8.6	41.4	48.5	1.5
대졸이상	100.0	90.9	100.0	31.7	14.5	18.7	4.3	20.2	8.6	1.9	9.1	100.0	5.4	56.1	38.5	-

출처: 통계청, 2010

그런 상황에서도 베이비부머들이 앞으로 가장 필요하거나 늘려야 한다고 생각하는 복지서비스는 절반 이상이 '노인 돌봄 서비스(52.6%)'를 원하는 것으로 나타났다. 이는 곧 전통적인 부모 자식 관계, 곧 자식의 부모 부양의 전통이 유지되지 않는다는 증거라 하겠다.

조사 자료에 따른 베이비부머들의 여가생활이 현재 노인세대들과 비교해도 그렇게 커다란 차이점이 없어 보인다. 일례로 여가 활동 중에서 문화생활과 관련하여

2009년 현재 지난 1년 동안 문화예술의 공연이나 전시 또는 스포츠 경기를 한 번이라도 관람한 사람은 절반을 넘지 못한 것으로 나타났다.

이에 비해 계명대학교에서 진행한 2008년 전국 노인생활실태 조사 자료에 따르면 노인들의 여가활동 가운데 지난 1년간 가장 즐거웠던 활동은 '가족과 함께하는 일'이 52.3%로 가장 높은 수치를 보여주었다. 그 다음이 친구들과 만남 및 회식 18.5%, 신문보기 · 책 읽기 · 텔레비전 시청 · 라디오 청취 10.5%, 종교활동 6.7%, 운동 · 등산 · 낚시 2.9%, 국내여행 또는 해외여행 2.5% 등의 순서로 나타났다(계명대학교, 2009). 이처럼 한국 노인세대들은 아직도 활동적인 여가활동보다 가족과 함께하는 개별적이고 정적인 모습을 간직하려는 모습이 독일 노인들과 단순 비교에서 보여주는 차이점인 것 같다.

표 4-3 문화예술 및 스포츠관람(2009, 복수응답)

	계	관람함						
			공연장 이 용				전시장 이용 (박물관, 미술관)	스포츠 관람
				음악 · 연주회	연극 · 뮤지컬	영화		
2009	100.0	55.0	89.5	26.1	26.2	91.0	32.5	20.5
베이비부머	100.0	47.8	86.0	32.8	25.2	86.9	31.0	21.6
도시(동부)	100.0	50.7	86.7	32.9	25.0	88.0	30.9	21.6
농어촌(읍 · 면부)	100.0	33.4	80.2	32.3	27.6	78.6	31.9	21.7

출처: 통계청, 2010

한편 현재 한국의 베이비부머 세대 일부와 노인세대는 생계와 자녀교육에 모든 것을 헌신한 세대로서 여가에 대한 예비사회화가 거의 이루어지지 못한 경우가 많다. 따라서 여가시간이 주어져도 활용할 수 있는 능력이 제한되어 있어, 여가시간을 효과적으로 활용하지 못한 채 소일하는 경향이 매우 높다. 이는 오랜 시간 일에 종속된 생활영역에서 갑자기 특별한 여가활동 프로그램을 만들어 수행하기가 수월하지 않을 수도 있고 또 만족감을 높일 수도 없을 것이라는 단적인 일례라 하겠다.

2 적극적인 노후준비

여가활동의 정도가 생활에 대한 만족도에 결정적인 역할을 한다는 사실은 이미 밝혀진 결과들이다. 노후 들어 새로운 여가활동을 시작한다는 것은 그리 쉽지 않기 마련이지만 베이비부머들의 전반적인 문화활동 참여율도 높게 나타나지 않은 현상을 놓고 볼 때, 평생 동안 일에 종속된 생활에 익숙해 있던 상황에서 스스로의 결정에 따른 행동과 자유시간을 자기 자신의 재량에 따라 보낸다는 것이 낯설기 마련이다(〈그림 4-3〉 참조). 따라서 그에 적응할 수 있는 훈련과 역량의 조기 개발은 무엇보다도 중요하고 필요하다 하겠다. 그럼에도 현재 한국의 50대 베이비부머 세대들은 노후가 상당히 걱정되는 시기에 놓여 있다. 왜냐하면 인생의 절반 이상을 보냈으나 남은 인생을 계획하는 은퇴설계라는 과제가 남겨져 있기 때문이다. 따라서 더이상 머릿속으로만 생각하지 말고 당장 노후준비를 적극적으로 실천에 옮겨야 한다. 은퇴설계란 은퇴 이후의 삶을 윤택하게 보내기 위한 준비이기 때문에 50대인 지금이 마지막 노후준비 기회라는 사실을 잊지 말아야 할 것이다. 이런 의미에서 오파숍스키는 은퇴생활기가 결코 고립된 생활영역이 아니라고 강조한 바 있다. 퇴직 이후의 생활을 우연에 내맡기지 않고 의미 있는 생활이 되길 원한다면 일찍부터 인생 전반에 대한 입장을 조율해야 한다는 것이다(BAT, 1984). 노년기에 만족한 생활을 보내기 위해서는 남성이든 여성이든 적극적인 가족관계와 직업활동 이후의 인생에 의미를 줄 수 있는 새로운 목표를 가져야 한다. 나름의 인생의미를 찾을 수 있을 때 사람들은 자신의 존재가 가치 있다고 생각할 수 있으며, 이러한 자기 존재의 가치를 인정하는 것이야말로 노년기 삶의 만족에 대단히 중요하다.

그리고 노년기 인생의 의미는 더이상 직업활동을 통해 외적으로 주어지지 않기 때문에 스스로 찾아야 한다. 스스로 의미부여가 가능한 일이나 여가활동의 유무는 그대로 자신의 존재가치, 인생의 의미부여와 직접적으로 연관되기 마련이다. 의미 있는 활동을 미리부터 찾지 못했을 때 자신의 삶이 무의미하다는 느낌을 갖게 되고, 이는 다시 사회적 교류의 상실・고립・고독 등으로 이어질 수 있다. 흔히 퇴직을 하게 될 경우 여가시간이 증가함으로써 여가활동 참여도가 높아질 것이라고 예상하지만, 실제로는 노인의 건강, 경제, 여가에 대한 예비사회와 정도 그리고 준비된 자세에 따라 얼마든지 다른 결과들을 보여줄 수 있다. 따라서 노후시간에 대한 준비와 훈련은 미리부터 시작되어야 한다. 그런 의미에서 지금 이 시간 매분, 매시간이 흘러가고 있음에도 우리 스스로 나이 먹어가는 사실을 망각하면서 노년의 르네상스 시대에 대한 시대적 가치관을 어디에 두고 있는지 제대로 뒤돌아봐야 한다.

Chapter

05

여가와 휴가문화

제 01 절 여가의 어원과 개념

1 여가의 어원

'여가'의 어원은 그리스어인 Schole(Scole)와 라틴어 Licere에서 유래되었고[38], Schole는 학교를 뜻하는 영어 단어 'School'과 'Scholar'의 기원이 되는 단어로 교육과 밀접한 관련이 있다. 말하자면 애초 학교 역시 지금의 학교처럼 배움에 짓눌리는 곳이 아니라 '자유로운 사색의 공간'이었다는 말이 된다(베르나르 마리스(Bernard Maris)/조홍식(역), 2008: 239). 또한 라틴어의 Licere는 '허락되다(to be permitted)', '자유롭게 되다(to be free)'라는 뜻으로 직업과 노동으로부터의 해방을 의미하며, 자유시간(free time)보다는 자유정신에 더 가깝다고 할 수 있다. 물론 여기에서 자유는 단순한 자유시간이라기보다는 선택의 자유(freedom of choice)를 그 내용으로 하고 있다. 따라서 여가에 해당하는 어원들은 무료한 시간을 뜻하는 것이 아니라 '평화', '조용함', '의무가 없는', '자발적인', '강제성이 없는' 등의 의미를 지닌다. 아울러 여가는 한가한 시간을 뜻하기보다는 시간의 내용과 깊은 연관이 있다. 그렇기 때문에 그 시간을 어떻게 이용할 것이며,

---

38) Schole는 본래 자기생활공간으로부터의 자유나 해방, 조용함(quietness), 평화(peace), 남는 시간(spare time), 자유시간, 배움과 교양, 학식을 뜻한다. 물론 여기에서 의미하는 '남다'와 '자유'는 시간에 대한 개념이 아니라 어떤 구속과 의무, 강제로부터 자유로운 상태를 말한다. 따라서 School과 Scholar의 기원이기도 한 'Schole'는 학문이나 교육과 관련된 장소와 관련된다. 또한 라틴어 'Licere'의 의미는 허락되다 혹은 자유롭게 되다 등을 뜻하는 말이었는데 이러한 어원은 당시의 사회계급 의식에서 시작된 것이라고 볼 수 있다. 왜냐하면 노동을 직분으로 하였던 하류 계층들이 항상 일에 얽매어 있는 상태였다고 한다면 노동을 할 필요가 없었던 귀족계층들은 자유롭고 무엇이든지 할 수 있는 형편이었기 때문일 것이다(Klaus, 1971).

무엇을 어떻게 해야 할 것인가 하는 문제가 중요한 관건이라 할 수 있다.

여가에 대한 많은 개념정의는 학자에 따라 다양하게 표현되기 때문에 명확하고 보편타당한 내용이 존재하기란 쉽지 않다.

2 여가의 개념

여가에 대한 정의는 학자마다 다양하게 나타나는데, 그 가운데서 우리가 일상에서 흔하게 쓰고 또 받아들이는 여가의 정의라면, '구속으로부터의 자유', '노동에서 벗어난 시간', '선택의 기회', '사회적 임무수행 후의 자유로운 시간', '자신만의 시간', '자신이 하고 싶은 것을 할 수 있는 시간' 등으로 표현된다. 사회학 전공사전에서도 여가는 24시간 중에서 노동과 수면 그리고 기타 자기 보존을 위한 시간들을 제외한 잉여시간으로 정의되어 있다. 파커(Parker) 역시 '일과 생존을 위한 기초적 욕구가 충족되고 남은 잔여시간'이라고 표현한바 있다(Parker, 1979). 따라서 우리 현실에서 여가는 아무래도 여러 가지 측면에서 일 혹은 노동과 밀접한 연관을 갖고 있다. 그러나 여가가 노동의 반대개념으로 이해되기 쉽고 실제로 노동 이외의 시간으로 정의되기도 하지만, 여가와 노동의 관계는 그렇게 단순하지 않다.

그런데 노년기의 여가개념을 정의 내리기는 한층 더 복잡한 면이 있다. 여가의 개념이 거의 언제나 일이라는 개념과 관련되는데, 직업활동에서 은퇴한 노인들의 경우와 직업생활자의 여가를 비교한다는 것이 쉽지 않기 때문이다. 그런 점만 보더라도 노인들의 여가가 직업생활자의 그것과는 원칙적으로 성격이 다르다는 것은 분명하다.

여가, 그 중에서도 노인과 여가의 관계에 수많은 학술자료들을 발표한 바 있는 오파쇼스키는 은퇴생활기의 여가를 '무언가를 위한 자유', 그리고 직업생활자의 여가를 '무언가로부터의 자유'로 정의한 바 있다. 아울러 그는 직업생활자의 여가와 휴식에 대해서도 구분을 하고 있다. 경험상 하루 일과가 끝난 시간은 결코 정상적인 여가가 아니라 일의 부속물일 뿐이고, 단어의 개념적 의미상 이 경우에는 여가란 말보다 휴식이란 개념이 보다 더 적합하다는 것이다(Opaschowski, 1988)[39]. 여기서 '경험상'이란 말은 주관적이란 말과 상통한다. 따라서 여가의 개념에서 주관적 개념도 고려 대상이 될 수 밖에 없다. 이 모든 것을 감안할 때 여가란 "반드시 해야만 하는 직업적인 일이나 가사일, 그리고 생존에 필요한 수면과 식사 등을 제외하고 남는 시간으로, 하고 싶은 일을 마음대로 할 수 있는 시간"이라고 할 수 있다.

한편 오파숍스키는 다시 여가의 범주를 하루-여가, 주간-여가, 연간-여가 및 일생-여가 등으로 좀더 구체적으로 나눠 구분하기도 한다.

- **하루**: 여가는 보통 8시간으로 규정되어 있는 일상적인 노동시간으로서의 일과가 시작되기 전과 일과가 끝나고 난 뒤의 시간을 말한다.
- **주간**: 여가는 노동을 하지 않는 휴일과 관련되는데, 특히 주말은 나란히 이어진 여가시간으로 매우 중요한 의미를 갖는다.
- **연간**: 여가는 휴가를 통한 부가적인 여가시간을 두고 말한다.
- **일생**: 여가는 직업생활 이전의 시기와 직업생활 이후의 시기와 관련된다 (Opaschowski, 1983).

하지만 이러한 범주의 여가개념은 인간의 감정, 즉 주관적 측면이 고려되지 않았기 때문에 보편적인 내용으로 이해하기에는 다소 문제가 있다.

사고할 수 있고 또 의식이 있는 한 인간의 모든 행위는 활동으로 간주될 수 있다. 활동을 노동과 여가로 구분하여 살펴본다면, 노동이 시간적으로 제한된 활동이고 의무적인 것임에 반해서, 여가는 자유로운 시간에 임의적인 활동이다. 그런 의미에서 여

39) 쇼위크(Scheuch)는 'exnegative'라는 변형된 형태의 개념을 통해서, "여가란 기능적 역할에서 필연적으로 요구되는 것이 아닌 활동들이다"(Scheuch, 1972: 31)라고 하고 있다. 물론 이런 표현이 다소간에 설득력이 있어 보이긴 하지만, 이 개념에서 기능적 역할이 무엇을 의미하는 것인지, 그 역할에 '필연적인' 활동과 '필연적이지 않은' 활동은 어떤 것을 말하는지 분명하게 설명되지 않는다(Rosenmayr, 1972: 233).

가활동이란 일반적으로 자유로이 사용할 수 있는 시간의 범위에서 스스로의 욕구와 흥미에 따라 임의로 하는 행위라고 볼 수 있다(Stamm, 1987). 오파숍스키가 인생을 시기에 따라 배치기 · 의무기 · 결정기 등 세 개의 단계로 구분한 것도 결국 시간에 대한 임의 사용 가능성의 정도를 바탕에 두고 있는 것이다. 그에 따른 인생구분 내용은 다음과 같다.

- **배치기**: 사용하는 시간의 단위를 스스로의 선택에 따라 결정하거나 다른 사람과 함께 결정한다.
- **의무기**: 직업적 · 가정적 또는 사회적 원인에 따라 특정한 행동에 의무를 지고 있으며, 해당 활동에 구속된 느낌을 갖게 된다.
- **결정기**: 어떤 행동을 강요받거나 어떤 행동의 실행이 시간적 · 공간적 및 내용적으로 확고하게 결정된 것으로 느끼게 된다.

주관적 의미에 의거한 노동과 여가는 다시 이 세 가지 유형의 시기에 포함될 수 있다. 이러한 고찰방식에 따르면 결국 직업생활자뿐만 아니라 모든 부류, 계층의 사람들이 모두 이 범주에 포함된다(Tokarski et al., 1985).

3 여가와 노동의 관계에 대한 이론들

여가와 노동의 관계에 관한 이론들은 대략적으로 다음 〈표 5-1〉과 같이 정리될 수 있다.

표 5-1 여가와 노동의 이론

이 론	내 용
방출론(잉여에너지론) (Valvetheory)	여가란 노동에서 사용되지 않는 잉여 에너지가 발산, 정화되는 영역이라는 관점
휴식론(Rest-theory)	여가는 노동으로부터의 휴식으로서 핵심적 역할을 한다는 관점
카타르시스론 (Catharsistheory)	여가는 노동에서 억압되었던 정서와 심리적 긴장이 정화되는 영역이라는 관점
보상론 (Compansationstheory)	여가는 결핍, 거부 및 노동에 의한 부담과 압박에 대한 보상이 이루어질 수 있는 영역이라는 관점
소비론 (Consumtionstheory)	여가는 노동에서 생산된 물질적 상품과 체험적 내용들을 소비하고 소화시키는 데 기여한다는 관점
대비론 (Contrasttheory)	여가의 활동방식은 노동의 그것과 뚜렷하게 대비된다는 관점
경합론 (Competitionstheory)	노동과 여가는 유사한 생활영역이며, 또 그에 따라 두 영역의 구조도 유사하다는 관점
환원론 (Reductionstheory)	노동에서 얻는 자기경험이 제한될 경우 여가활동에서도 위축을 초래한다는 관점
일반화론 (Generalizationstheory)	여가란 노동에서 얻어진 행동양식의 레퍼토리가 '재생산되는' 영역이라는 관점
동질론 (Identitytheory)	노동이란 여가시간에도 역시 하게 될 일이 수행되는 영역이라는 관점
중립성론 (Neutralitytheory)	노동과 여가 사이에는 직접적인 연관관계가 없기 때문에 연관관계라면 그저 상호간섭적 변형들을 통해 간접적으로 주어질 뿐이라는 관점

출처: Tokarski et al., 1985.

이러한 이론적 논거들에서 정도의 차이는 있지만 노동에 대한 여가의 종속성을 그 바탕에 깔고 있다는 사실을 알 수 있다. 왜냐하면 〈표 5-1〉에서 살펴본 이론들 대부분에서 노동영역에 대한 여가의 내포적 또는 외형적 종속성이 드러나기 때문이다. 그런 시각에서는 노동과의 관계에서 여가를 작용-반작용으로 이해하게 된다. 이러한 특징은 여가에 대한 개념적 분석에서부터 드러나는데, 이에 따르면 여가가 그저 노동에 대한 반작용으로 간주되면서 노동의 우선권은 운명적이고 불가피한 것으로 보인다. 이러한 여가관이나 변형의 여지가 별로 없는 이론적 논거들에서는 어떤 혁신적인 자극을 찾아내기 어렵다. 〈표 5-1〉에서 살펴본 11개의 논거들에서도 5개의 모델은 대비론적 모델 및 경합론적 모델에 대한 나름의 설명에 지나지 않는다. 따라서 여가에 대한 이론적 논거의 선택은 다음 세 가지 가설로 환원될 수 있다.

첫째 - 여가가 노동과 확연히 구분되거나 여가활동의 영역이 노동에서의 활동영역과 대조를 이룰 때는 이른바 '대비론적 가설'에 부합된다.

둘째 - 노동과 여가 사이의 유사성이 성립한다면 이른바 '경합론'에 부합된다.

셋째 - 노동과 여가 사이에 직접적인 관련성이 성립되지 않는다면 '중립성 이론'에 부합된다(Tokarski et al., 1985).

서구라파와 미국에서의 여가분석을 살펴보더라도 이러한 사실은 분명하게 드러난다(Wilensky, 1960: 543). 아울러 〈표 5-1〉에서 열거된 이론들의 명증성을 경험적으로 입증하기 위한 학문적 연구 결과들도 그 동안 많이 발표되었다. 세 가지 논거들에 대해서 다양한 차원의 경험적 연구들이 이루어졌고, 그 결과 정도의 차이는 있지만 위의 논거들이 입증 또는 반박되고 있다(Hecker et al., 1981). 그 과정에서 경합론적 가설은 가장 설득력이 떨어진 것으로, 그리고 대비론적 가설도 거의 부합되지 않는 것으로 드러났다. 특히 토카스키(Tokarski)는 노동의 규범, 가치 및 의미내용들이 여가로 그대로 이월되는 것은 극히 예외적인 경우에 한해 일어날 수 있다는 것을 입증한 바 있다(Tokarski et al., 1985).

여가개념의 다양성으로 인해 다차원적 논리를 이용하는 것이 필요한데, 여가의 개념정의 역시도 이 다차원성에 부합될 수 있어야 한다. 이에 대해 카플란(Kaplan)은 여가의 근본적인 속성들을 경제적 기능으로서 노동에 반대되는 것, 유쾌하게 기대되고 유쾌하게 기억될 수 있는 것, 자발성이 최대한으로 발휘되고 의무성이 최소화된 것, 심리적으로 자유의 느낌을 간직할 수 있는 것, 문화적 가치에 위배되지 않는 것, 중대함과 중요한 영역으로부터 무의미함과 사소한 영역에 이르기까지 전체 영역이 포괄된 것, 놀이의 요소를 어느 정도 포함하고 있는 것(즉, 놀이 혹은 유희라는 요소가 필연적인 것은 아니다.) 등으로 설명하고 있다(Kaplan, 1960)[40]. 따라서 여가란 카플란이 제시한 부분적 관점들 중의 어느 하나가 아니라 이들 전체의 조합이라고 보아야 할 것이다.

정리하자면 '여가'라는 개념은 주관적으로 체험된 시간영역으로 생각할 수 있지만 정확하게 노동 혹은 일과 경계를 구분할 수는 없다. 많은 경우에 행해진 활동이나 행위들이 서로 부합되지 않는 이중적인 성격을 띠기 때문이다. 자이퍼트(Seifert)의 생각도 마찬가지다. 그에 따르면 여가란 근대에 들어서 만들어진 새로운 것으로, 근대 산업화의 시작과 더불어 노동시간의 경제적 의미가 커지면서 노동을 벗어난, 즉 일을 하지 않는 시간으로 간주되기 시작했다는 것이다. 따라서 자이퍼트는 여가의 미래가 결국 노동의 미래와 연계된다고 보고 있다. 왜냐하면 직업생활에서 물러나 은퇴생활을 하는 노인들은 결과적으로 생을 마감할 때까지 '여가'를 갖게 되기 때문이다(Seifert, 1987).

여기서 노인여가와 관련하여 문제가 될 수 있는 것은 자유시간, 즉 여가를 어떻게 하면 의미 있게 보낼 수 있느냐 하는 것인데, 그것은 개인적 성향, 가족 및 친척관계, 거주지, 경제적 여건, 건강상황 그리고 교육수준 등에 따라 크게 달라질 수 있다. 게다가 스스로의 역할에 대한 가치관이 부정적이냐 또는 긍정적이냐 하는 것도 노년기 여가활동에 중요한 요인이 된다.

한편 여가와 노동의 관계와 관련하여 노이링거(Neulinger)는 여가란 노동의 반대개념이지만 경우에 따라 노동의 형태로 나타날 수도 있으며, 이때 노동과 다른 특징이라면 개인의 내재적 동기에 따라 임의로 선택할 수 있다는 점뿐이라고 설명하고 있다(Neulinger, 1976). 일례로 독일의 분데스리가 프로 축구선수가 리그전에서 이기기 위해 열심히 공을 찬다면, 그것은 어떤 경제적 수입을 목적으로 행하는 일이기 때문에 노동의 개념이 된다. 그러나 이와 반대로 그가 조기축구회 등에서 취미활동의 일환으

40) 카플란의 이러한 정의는 그의 후기 논문에서 다음과 같이 서술식으로 다시 강조되어 있다. "여가는 스스로의 결정권이 비교적 큰 활동-경험들로 이루어진 것이다. 경제적으로 보면 일과 무관한 자유시간의 역할로 귀결되며, 참여 당사자의 시각에서 여가로 보이게 된다. 심리적으로 그에 대한 예상과 회상에서 즐거움을 얻을 수 있는 것이며 잠재적으로는 적극적이고 활발한 모든 분야를 포괄한다. 아울러 여가에는 그 나름의 특징적인 규칙과 강제가 있다. 여가는 레크리에이션, 개인적 성장 및 다른 사람에 대한 봉사 등을 위한 기회를 제공한다(Kaplan, 1975: 26).

로 공을 찰 경우에는 노동이 아니라 여가활동이 될 수 있다는 것이다. 축구가 한 사람에게는 직업일 수 있고 다른 사람에게는 여가가 될 수 있기 때문에, 예술이나 스포츠 활동이 직업의 방향으로 진행될 경우와 여가활동의 방편으로 삼을 때와는 각기 다른 개념으로 받아들여야 한다[41]. 다시 말하자면 어떠한 프로그램이든지 노인이 원하고 즐겁게 대할 수 있는 것이면 그것은 창조적인 활동이 될 수 있으나 심리적인 의무감으로 작용한다면 노동이 될 수 있다는 말이다.

하빅허스트(Havighurst)는 한 걸음 더 나아가 노년기의 여가개념을 생활과 여가로 따로 구분하지 않고 생활 자체를 여가의 개념에 포함시키고 있다. 이러한 관점에는 젊은 시절의 생활이 일 자체인 것처럼 노년기의 여가시간은 그것이 곧 생활 자체라는 의미가 내포되어 있다(최순남, 2000). 하지만 이는 지나치게 단순화한 것으로, 일이 많을 때 아무리 짧더라도 여가가 대단한 활력소, 즉 즐거움의 원천이 될 수 있듯이, 여가가 주를 이룰 때 자신에게 부여된 어떤 역할은 삶의 보람을 줄 수도 있다는 사실을 간과한 것으로 보인다. 그렇게 단순화시킨다면 밥을 먹고 잠을 자는 것 모두가 여가가 된다고 보아야 할 것이기 때문이다.

4 여가 관련 욕구

여가와 관련한 보편적 욕구를 토카스키와 쉬미테-쉐르쩌(Schmite-Scherzer)는 휴양, 사회적 교제, 의사소통, 신체적 활동 및 창조적 체험 개발(Tokarski et al., 1985) 등 다섯 가지로 구분한 바 있다. 오파숍스키의 경우에도 노인들의 여가에 대한 욕구를 다음과 같이 구분하면서 이들 욕구가 각각 상호 영향을 받고 있다고 설명한다.

---

41) 일은 한 개인에게서 노동으로서 시작되는 것이고, 여가 나름의 특성이나 잠재력은 놀이를 할 때 나타난다. 예술은 그 자체의 목적을 위해 존재하는 것으로 예술 작품을 통해 그것이 지닌 정서나 통찰을 전달할 수 있으며, 그밖에 단순히 아름답게 인식되는 것 등의 목적이 있다.

• 보상은 밸런스 또는 평형유지, 기분전환 및 오락에 대한 욕구이며, 여기서 주가 되는 활동으로는 취미생활, 휴가여행, 사교모임 또는 행사의 방문 등을 들 수 있다.

• 레크리에이션은 휴양, 건강 및 안녕에 대한 욕구로서 노인들의 경우 건강상에 문제가 있을 가능성이 크기 때문에 이들에게 이 욕구는 대단히 부각되어 나타난다.

• 교육은 지식습득, 재교육 및 평생교육에 대한 욕구로서 여기서 고려되어야 할 사항은 교육기관만이 이 욕구를 해결할 수 있는 것이 아니라는 사실이다. 교육의 과정이란 원칙적으로 모든 인간관계의 교류에서 이루어질 수 있다.

• 명상은 자기결정, 자기체험 및 자기발견에 대한 욕구를 나타낸다. 이 욕구는 특히 신체적 상황이 다른 사람 혹은 보조 서비스에 의존하지 않을 수 없는 사람들에게서 두드러진다.

• 의사소통은 대화 · 친교 및 사교에 대한 욕구로서 노인들이야말로 의사소통의 가능성이 한정되어 있기 때문에 이 욕구가 크다고 할 수 있다. 보통 노인들은 고립되어 살면서 고독을 느끼는 경우가 많다.

• 통합은 공동생활 · 소속감 · 단체생활 등에 관한 욕구로서 노인들이 의사소통의 가능성을 찾기 위해서는 이웃 · 가정 및 동년배 등의 집단에 통합되어 있어야 한다. 이들은 모든 사회단체에서 동등한 가치를 지닌 파트너로서 인정받기를 원한다.

• 참여는 가담 · 공동의 의사결정 및 사회참여활동 등에 대한 욕구를 말한다. 이 욕구와 관련하여 노인시설에서 특히 관심을 가져야 하는데, 왜냐하면 노인 주거 시설들은 대체로 사람들을 무기력하게 만들거나 후견이 필요한 상태로 만드는 경향이 있기 때문이다.

• 문화적 성향은 창의성 · 생산성 및 문화적 자기계발에 대한 욕구를 말한다 (Opaschowski, 1979).

카플란도 여가활동과 관련한 노인의 욕구를 다음 여덟 가지로 구분하고 있다.

첫째 – 여가를 친구들과 함께 지내고 싶어하는 욕구

둘째 – 오래도록 건강을 유지하고 싶은 욕구

셋째 – 사회적으로 공헌하면서 봉사활동을 하고자 하는 욕구

넷째 – 자신의 존재를 타인에게 인정받고 싶어하는 욕구

다섯째 – 심리적인 자극을 받아보려는 욕구

여섯째 – 가족관계를 원만히 유지하려는 욕구

일곱째 – 종교적 신앙을 포함한 정신적 안정을 얻으려는 욕구

여덟째 – 자기표현과 성취감의 기회를 가지려는 욕구(Kaplan, 1961)

하빅허스트도 연령이나 성별 또는 사회계층별에 따라 여가의 의미가 다르더라도 그 본질은 같다고 전제하면서 여가에 대한 욕구를 '참여의 즐거움', '친구들과의 교제', '새로운 경험 획득', '시간 보내기 집중' 등 네 가지로 구분한 바 있다. 아울러 그는 여가와 관련 깊은 개념으로 놀이(play), 오락(recreation), 여행(tourism) 등을 꼽았다. 이러한 영역은 노년기 삶에 활력소가 되는 한편 노인들의 건강을 유지하는 데 필수 불가결한 개념으로 볼 수 있다(Havighurst, 1975).

물론 개인이 속한 계층이나 연령층 또는 성별 및 지역에 따라 여가의 욕구는 얼마든지 달라질 수 있다. 그리고 그런 다양한 욕구들을 충족시키는 것이 바로 여가활동의 목적이라 볼 수 있다. 이렇게 볼 때 여가정책 관련자나 여가상품 제공자들의 교육적·방법론적 과정은 이러한 욕구의 성공적인 실현에 대한 전제조건들에 입각하여 진행되어야 할 것이다. 그 구체적 방향에 대해서는 다음과 같은 지침들이 적용될 수 있다.

- 여가문화를 위한 공중적 활동은 근본적으로 분위기의 활성화를 통해서 이루어진다. 말하자면 폭넓은 층의 대중들에 대해 문화적 소양계발을 위해 여가를 활용하도록 교류의 기회와 동기를 부여하고 그것을 촉발시켜야 한다. 분위기 활성화를 위해서는 특정한 방법론적 절차보다는 여가의 영역을 구조적으로 인지적·정서적 및 사회적 소통이 가능하도록 만드는 것이 필요하다. 즉, 상호간의 의사소통이 이루어질 수 있는 상황을 조성하고 아울러 그에 대한 참여의 기회를 만들어 자발적

인 행동을 촉진시키는 것이다.

- 성인들과의 상호교류 및 공동 활동에서 기본강령으로 취급되는 것이 참여의 자발성이다. 자발성은 어떤 결정과정에서 실현될 수 있는데, 결정이란 실제적인 대안들이 성립되어 있을 경우에만 이루어질 수 있다. 따라서 선택 및 결정의 가능성들이 자발적 참여를 위한 토대가 된다.
- 시간의 배분과 조정이 개인적으로 결정될 수 있어야 한다. 왜냐하면 시간이 있을 때 비로소 그 시간을 활용할 수 있기 때문이다.
- 장소・공간・시간・그룹과 개인・성공과 실적 등이 공개적이고 개방적으로 짜여야 한다. 이는 여가 이외의 다른 활동 상황들에도 똑같이 적용된다.
- 여가에서도 개방적인 여지가 확보되고 나야만 자발적 행동이 계발될 수 있다 (Opaschowski, 1979).

여가 욕구들에 대한 교육적, 방법론적 전제들은 노인들을 위한 문화프로그램・교육프로그램 및 기타 다른 분야별 프로그램들과 같은 여가개념의 영역들을 형성하게 된다. 이러한 방식들은 연령・성별・소속 계층 등의 다양한 목표 집단에 따라 그 변형이 생겨날 수 있다. 따라서 분위기의 활성화는 여가사업・교육사업・사회사업 및 문화사업에 대한 상위 행동지침으로 간주되어야 할 것이다.

제 02 절 여가에 대한 학문적 접근방법

1 사회과학적 접근방법

흔히들 학문 전체를 하나의 과학이라고 부르는 것은 과학을 연구하는 과학학(과학철학 또는 과학사회학)이 형식과학(formal science)과 사실과학(factual sciences)으로 구분되기 때문이다. 근대들어 과학적 지식이 엄청나게 생산되고 있으며 이들 지식에 관한한 유럽을 포함한 서구의 업적이 동양에 비해 비교적 크다는 것은 이미 알려진 사실이다. 그러나 중세 이전까지만 하더라도 중국이나 인도를 포함한 동양에서의 과학적 지식이 서양을 능가했다는 점은 부인할 수 없는 역사였다. 그럼에도 어쩌다 동양의 과학적 지식축적과 발전이 서구에 비해 부진하게 되었는지에 대한 일치된 견해는 아직까지 보이지 않는다. 이에 대해 정치경제나 제도적인 문제 또는 사회 문화적인 문제로 여기는 사람들이 많다. 방법론적인 차원에서 살펴보면 학문 목표상의 차이, 사고방식의 차이, 사유형식의 차이, 논리성에서의 차이, 추상화 수준에서의 차이들을 보편적으로 생각하고 있는 것 같다(김문겸, 1999).

이런 사고의 차이가 동양과 서양의 학문적 발걸음을 다르게 정립하는 계기가 되고 있는 상황에서 본 책자에서 다루고자 하는 노년의 르네상스가 과연 하나의 개별학문으로서 정립될 수 있을 것인지 판단이 쉽지 않다. 왜냐하면 여가라는 자체가 사회적 복합 현상으로서 철학, 사회학, 심리학, 사회복지학, 경제학, 경영학, 체육학, 관광학, 행정학, 인류학 그리고 가정학 등에서 학문적 관심과 배경에 따라 연구가 수행되고 있기 때문이다.

이들 학문은 종합 또는 응용 사회과학 분야로서 독자적인 준거의 틀을 가지고 나름대로 업적을 이룩한 것이라기보다는 다른 분야에서 발전된 이론을 종합하거나 응용하여 이룩한 학문들이다. 따라서 이들의 관심분야는 다른 학문들과 구분되지만 새롭게 자신들이 독자적으로 발전시킨 이론적 관점은 별로 축적된 것이 없다고 해도 과언이 아닐 것이다. 물론 어떤 학문분과든지 그것이 하나의 학문(學問)으로 자리매김되기 위해서는 학문 공동체 내에서의 학문적 정체성(academic identity)이 요구되기 마련이다. 여가학이 다른 학문들과 비교해 볼 때 아직 신생학문으로서 학문적 정체성을 확립했다고 보기 어렵기 때문에 그에 대한 체계적 연구가 더욱 필요한 과제인지 모른다[42].

한편 사회과학의 다양한 분과 학문들은 어떤 의미에서 모두 사회문제를 다루고 있다고 해도 과언이 아닌 듯하다. 사람들이 절실하게 원하는 것 또는 그것을 확보하는 수단들이 결핍되어 있을 때 그것이 사회문제라고 정의한다면 노후의 여가가 심각한 사회문제로 부각되고 있음을 알 수 있다. 그럼에도 노후의 여가문제는 아직까지 학술적 차원의 연구가 미비한 것이 현실이다.

사회문제의 해결이 그 목적인 사회복지학의 경우에도 모든 교과과정이 이들 문제를 중심으로 구성되어 있고, 사회에 대한 종합적 학문인 사회학의 경우에도 그 태동 당시부터 당대 사회의 중요한 문제들이 주요 연구 대상이었다. 사회학 출발점은 산업혁명 이후의 급격한 변화와 그로 인해 전례 없이 발생한 광범위하고 다양한 문제들에 대해 기존의 인문과학과 사회과학으로부터 충분한 해답을 찾지 못한 데 있었던 것으로 보인다.

---

42) 한국의 경우 현재 여가학은 초창기 체육관련 학과에서 여가 연구의 중심 분야를 활동 중심의 레크리에이션 연구와 동일시한 것 같다. 물론 관광학을 전공한 몇몇 학생들이 선진 여가 레크리에이션을 공부하기 위해 서구로 유학을 떠나면서 관심의 폭이 증폭되는 수준이었다. 이런 이유들로 1990년대 초반까지만 하더라도 한국에서 여가 연구는 레크리에이션이라는 이름 아래 집단적인 여흥을 즐기는 활동 또는 상업적으로 지도하는 게임수준을 벗어나지 못했다. 그러다가 2000년 이후 우리 사회의 급격한 변화 조류에 발맞춰 여가와 레크리에이션에 대한 중요성이 강조되는 현상을 보여주고 있다. 그럼에도 한국의 여가학은 아직 여러 가지 면에서 미흡하고 현실에서의 적용도 불안전하여 하나의 독립된 학문세계로 인정받지 못한 상황이라 할 수 있다(김영순 외, 2006).

이런 점에서 여가연구 특히 노인들의 여가관련 연구가 아직까지 하나의 학문으로서 인정받지 못한 것은 기존 학문세계에서 일상 생활연구에 취약했던 점과 노동을 중시하는 전통적 사고, 그리고 기존 학문의 배타적인 태도에 기인한 것으로 보인다.

정치학, 철학, 경제학, 심리학, 교육학 등도 사회문제에 대해 직접적인 설명과 대책들을 제공하지는 않지만, 다양한 방법으로 사회문제에 대한 이론적 틀을 제시하면서 학문적 기틀을 다졌다는 것은 이미 알려진 사실이다. 일례로 사회문제와 거리가 있어 보이는 철학은 가치론과 윤리학에서 제반 사회문제를 규정하는 규범의 타당성을 확인할 이론적 근간을 제공하고, 심리학이나 교육학의 경우에도 인간행동을 결정하는 기제(mechanism)들을 분석, 파악함으로써 일탈과 범죄, 실업, 부적응, 가정해체, 인성문제, 사회화 문제 및 그 대책들에 대한 시각들을 제공한다(김근홍 외, 2010).

그런 의미에서 이제 여가학이 하나의 독립적인 학문으로서 정체성을 확보하지 않는다면 여가연구는 하나의 흥미 있는 연구의 소재거리로 취급되고 말지 모른다는 과제를 안고 있다. 특히 실제 활용성과 문제 해결능력만을 지나치게 강조하는 기능주의자들로 인하여 여가연구는 학문이 아닌 여가활동을 가르치는 기술로 전락하게 될지도 모른다(이연택 외, 1995).

따라서 여가학이 하나의 독립과학으로 대접받기 위해서는 인간행위의 다양한 내용 중 서로 다른 측면을 다른 관점으로 부각시킬 필요가 있다. 학문적 관점은 여러 분야에서 공유하는 경우도 있고 한 분야에서만 통용되는 경우가 있을 수 있다. 따라서 사회과학 여러 분야간의 경계선은 희미할 수밖에 없는 것이 사실이다. 그러므로 사회과학의 여러 분야들 가운데 하나의 학문으로서 여가학을 연구해야 되는 과제는 그만큼 타당성이 크다고 하겠다.

2 철학적 접근방법

여가에 대한 고전적이고 철학적 분석의 출발은 먼저 아리스토텔레스(Aristotle)를 꼽을 수 있다. 고대시대 유한계급의 정신적 상태로서 아리스토텔레스의 '여가개념'은 고전적 여가개념을 대표한다. 그럼에도 여가에 대한 그리스 철학은 없다고 해도 과원이 아닐 듯하다.

아리스토텔레스의 개인적이고 정신적 차원의 여가개념과 달리 사회체계와 노동의 문맥에서 여가개념을 본격적으로 논의한 대표적 인물은 막스 베버(Max Weber)를 비롯하여 그의 영향을 받고 있는 헤르베르트 마르쿠제(Herbert Marcuse)[43] 등도 눈에 띈다. 마르쿠제는 자본주의 체제에서 노동과 여가, 지배의 상호관련성을 분석함으로써

43) 마르쿠제는 1960년대 가장 많이 거론되었던 철학자들 중 한 사람으로 '신좌파의 아버지'로 칭송되었던 사람이다. 현대 철학자들 중에서 마르쿠제처럼 학계뿐만 아니라 대중 매체에서도 논쟁거리가 되었던 인물은 매우 드물다. 그는 위계적인 체계를 고안하는 사람이 아니라 록 음악처럼 환상과 실천적 행동을 자극하는 사람이었다. 비판이론을 체계화했던 프랑크푸르트학파의 중심적 이론가 및 신좌파의 대표적 사상가로서 68학생운동의 이론적 지도자 모델이 되기도 하였다. 이런 이유들로 기존의 억압적인 낡은 체제를 거부하면서 자유와 해방을 갈망하던 수많은 학생과 젊은이들에게 상당한 영향력이 있었다. 마르쿠제는 우리가 추구하는 행복과 자유가 진정한 행복과 자유인가에 대한 물음에서부터 질문을 던지고 있다. 우리는 자유를 선택한다고 했는데, 과연 그 선택의 행위는 주체적인 것이었는가? 자본주의의 위력은 엄청난 생산력에 있는데, 이러한 자본주의의 생산력은 효율성을 바탕으로 한 기술화, 관료화를 구조화함으로써 사회를 일차원적인 상태에 머물게 하며, 그 구성원의 사유 역시 일차원적인 사유에 머물게 한다는 것이다. 직업을 신택할 때 우리는 행복을 위해, 사아실현을 위해 직입을 신택한다고 생각한다. 그러나 기입 안에서 직장인으로서 살아가는 일은 열심히 일하거나 회사를 그만두고 굶어 죽거나 둘 중의 하나를 선택하는 문제가 될 수 있다. 따라서 우리에게 주어진 자유라는 것은 회사에서 열심히 일하는 수밖에 없는 강제적인 선택에 불과하다는 것이다. 그러한 현상이 구조화되면서 우리는 회사의 발전을 위해 나의 전부를 바치게 된다. 따라서 회사의 운영 방침에 대해 문제 제기를 하거나 회사가 나의 삶을 어떻게 침해하고 있는가라는 문제 제기를 할 수 없는 상태에 이르게 된다. 더불어 '열심히 일한 자'만이 떠날 수 있는 휴가를 받았을 때 간만에 누리는 행복한 시간이라고 착각하게 된다는 것이다. 실제 우리에게 여가라고 하는 것은 행복을 가장한 불행임에도 불구하고, 간만의 휴식을 위해 대부분의 직장인들은 워크홀릭이 되어 간다. 일차원적인 사회는 '풍요와 자유를 가장해 사적 및 공적 생활의 모든 영역에서 진지한 반대를 통합하고 모든 선택 가능성을 흡수'하는 것이다. 이러한 현대인에게 현실의 너머를 추구하고, 현실을 뛰어넘는 가능성을 실현하기 위해 끊임없이 투쟁하는 이차원적인 사유를 기대할 수 없음은 당연한 노릇이다.

아리스토텔레스의 여가개념과 대립되는 '근대적 여가' 개념을 등장시킨 사람으로 알려져 있다.

1) 아리스토텔레스의 여가 개념

여가에 대한 고전적 또는 규범적 견해는 예수 탄생 4세기 전 아리스토텔레스에 의하여 표현되었다. 그것이 13세기 때 토마스 아퀴나스(St. Thomas Aquinas)와 20세기 요제프 피퍼(Josef Pieper), 세바스찬 그라지아(Sebastian de Grazia)에 의해 시대적 배경에 따라 수정되어 왔다. 그 견해가 고전적인 까닭은 기원전 800년경에 시작된 고대 그리스 문명의 기간부터 초기 기독교시대까지 지속되는 동안 발전한 것이기 때문이다. 여가가 지닌 규준이나 형태를 규정해 줄 수 있기 때문에 그것을 소위 '규범적(normative)'이라고도 한다.

아리스토텔레스의 여가에 대한 성찰은 오늘날 생각하는 여가에 대한 일반적 관념과 커다란 차이가 있다. 아리스토텔레스는 삶을 활동과 여가(휴식)로 구분하면서 '함께 마시고, 함께 주사위 놀이를 하며, 운동이나 사냥을 같이 즐기는 것을 여가활동으로 보지는 않았다. 이러한 활동은 아리스토텔레스에 의하면 '유흥과 오락'의 범주에 속하지 여가가 아니라는 것이다. 그에 따르면 유흥과 오락은 직업 활동으로부터 해방감과 휴식을 제공하며 일을 하는 사람에게 꼭 필요한 것이다[44].

---

44) 현대 사회의 경우, 여가계급을 위한 봉사자가 실제 노예인 경우는 좀처럼 찾아보기 쉽지 않다. 그러나 상대적으로 가난하고 힘없는 사람들이 여가를 누리는 사람들을 위해 봉사한다는 사실에는 변함이 없다. 일례로 호텔이나 모텔의 침대시트를 가는 일은 저임금에 법적으로 대항할 수 없는 미등록(unregistered), 그러니까 소위 '불법체류' 노동자가 도맡아 하는 경우가 많다. 이런 종류의 서비스 직업 종사자들은 대부분 최저임금이나 그 이하 수준의 임금을 받는다. 서구의 경우 레스토랑의 종업원은 시간급이 아니라 팁으로 살아가는 경우도 있다. 대부분 여행의 성격은 바로 다른 사람으로부터 보살핌을 받는 것을 함축하기 마련이다. 여행지 현지에서는 이런 목적을 위해 이처럼 낮은 임금으로 노동자들을 고용한다. 따라서 여행은 본의 아니게 토지와 전통적인 경제 기반을 상실한 그 지방 노동자를 착취하게끔 되어 있다. 최근 여가 여행이나 나들이를 지원해준 저임금 초입 수준의 노동자들을 모두 기록해보라. 현대의 시장중심 체제에서 여가는 저임금과 팁을 받고 살아가는 다른 사람들로부터 보살핌을 받는 것과 떼어놓고 생각할 수 없다는 걸 알 수 있을 것이다.

윤리학에서 아리스토텔레스는 유흥과 오락의 개념을 더욱 명확히 서술하고 있다. 아리스토텔레스는 아나카리시스(Anacharisis)의 말을 인용하여 유흥과 오락은 일을 하기 위한 놀이로 간주한다고 한다. 따라서 유흥과 오락은 일종의 휴식이요, 연속적으로 일을 할 수는 없기 때문에 휴식을 필요로 한다. 이런 이유들로 휴식은 하나의 목적이 아니라, 직업 활동 때문에 취하는 것이다. 여기서 아리스토텔레스가 유흥과 오락을 일종의 노동 연장으로 바라보는 관점이 분명해진다.

여가에 대한 아리스토텔레스의 언급은 바로 노동의 연장이나 창조적 휴식의 성격이 아니라 어떤 정신적 계발이나 정신적 삶과 관련된다는 것을 시사하고 있다. 또한 노동 패러다임으로부터 분리된 어떤 다른 종류의 정신적 행복과 관련이 있다는 것을 짐작할 수 있다. 아리스토텔레스에게 여가는 그가 생각하는 '좋은 삶'과 인간의 최고인 '행복'의 조건이다. 그의 여가철학은 결국 좋은 삶, 최고선인 행복한 삶에 대한 아리스토텔레스의 사유체계를 살펴볼 때 그 성격이 명확해진다(김영순 외, 2006).

그러나 아리스토텔레스는 행복이 (심리적) 쾌락과 동일시될 수 없으며 행복은 오락 속에 깃들어 있는 것이 아니라고 단언한 바 있다. 그는 행복은 하나의 상태가 아니라 오히려 하나의 활동으로 보아야 한다고 주장한다. 행복은 일종의 좋은 생활 및 좋은 행위이며, 그 자체가 바람직한 활동으로서 그 활동 이외에는 아무 것도 희구되지 않는 활동이라는 것이다. 여기서 활동의 내용이란 정신적으로 유덕한 활동, 덕을 따른 정신의 활동을 의미한다. 행복이란 결국 이 활동의 결과인 셈이다[45]. 덕을 따르는 활동이 행복일 때, 덕이란 칭찬할 만한 정신상태로서 이성적 원리를 가지고 실천적 지혜를 발휘할 때 성립하는 '중용'을 의미한다(Aristotle, 1995).

이처럼 여가에 관한 중요한 고전적 해석을 시도한 철학자가 바로 아리스토텔레스이

45) 그리스 민주주의는 오리엔트의 전제주의와 대를 이루는 것으로 노예와 여성 그리고 외국인 이외의 모든 시민에게 법 앞에서의 평등을 보장하려는 시도였다. 그러나 오늘날 서부 유럽의 민주주의를 고대 그리스의 민주주의와 똑같이 비교할 수는 없다. 아테네에서는 도시의 모든 시민들이 직접 출석하여 투표했다. 그러니까 대의제인 우리 시대와 달리 직접 민주주의였다. 아테네 시민들이 정치를 담당했던 반면, 정치적 권리가 없던 노예와 외국인 그리고 여성들은 노동에 종사했다. 아리스토텔레스는 인간이란 오직 공동체의 일에 적극적으로 참여하는 사람을 의미할 뿐이었다. 그의 견해에 따르면 여자나 어린이들의 경우 이성이 모자라지만 그래도 사람에 속한 반면, 노예와 외국인의 경우 인간의 범주에 들어가지 않았다(윤승준 역, 1992: 61).

다. 그는 말하기를 “교육의 목적은 여가를 슬기롭게 선용하게 하는 데 있다”고 하였다. 그러면서도 그는 성숙한 사람에게는 “덕을 생산하는 일이나 예술과 철학과 같은 고도의 문화적 대화를 즐기기 위한 한가로운 시간이 필요한 것”이라고 단서를 달았다. 다시 말하면 이런 한가한 시간이나 여가란 노동자나 노예계급을 위한 것이 아니고 특수 귀족계급만을 위한 것이라 본 점에 그 한계성이 있다[46]. 소크라테스도 여가를 “인간이 가진 소유물 중에서 가장 귀한 것”이라고 높이 평가했지만 역시 여가는 철인이 아닌 우민에게는 도리어 해로운 것이라고 경고까지 하였다. 그래서 소크라테스마저도 오늘날과 같은 대중적 여가혁명 시대에 적용할 올바른 지침을 찾아내기 어렵다.

아리스토텔레스의 여가에 대한 시각은 고독을 조절하는 것(solitary contemplation) 이상의 것을 포함하고 있다. 훌륭한 삶에 대한 아리스토텔레스의 견해는 진정으로 덕을 갖춘 인간이 될 것을 요구하고, 덕(virtue)이란 저마다 분수에 맞는, 그러니까 신분에 어울리는 일을 하면서 기를 수 있다는 것이다. 따라서 훌륭한 시민이 갖추어야 할 시민다움(civility)에는 이성과 여가가 함께 포함된다. 이때 인간이 지닌 최상의 것인 이성(reason)에는 두 가지 중요한 기능이 있다. 하나는 이론적인 것이고, 나머지 하나는 실천적인 것이다(Bammel, 1963). 다재다능한 사람이 되기 위해서는 이런 기능들을 활성화시킬 필요가 있는데, 이론적 능력을 가진다면 진리를 조정할 수 있고, 실용적 이

46) 아리스토텔레스는 레저를 ‘행위 그 자체를 즐기기 위해서 어떤 행동을 하는 것’ 이라고 말했다. 이런 의미의 레저는 노동이나 어떤 다른 목적을 위해서 하는 행위(일례: 일반적으로 예술, 정치적인 논쟁, 철학적인 토론 그리고 교육 등)와는 확연히 대조된다. 그리스인들은 노동을 천시하고, 지루하고 단조로운 것으로 여겼다. 노동을 의미하는 일반적인 그리스어는 ascholia였는데, 레저를 안 하는 행위를 의미한다. 반면에 현대인은 ‘노동으로부터 해방된 자유로운 행위’를 레저라고 정의한다. 그렇다면 이와 같은 견해는 현대사회의 레저에 비교하여 어떤 의미가 있을까? 여기에는 두 가지 약점이 있다. 첫째, 이런 견해는 노예들의 노동력을 사용할 수 있었던 귀족계급제도에 기반을 두고 있다는 점이다. 그러나 현대사회에서 레저는 소수의 사람들을 위한 특권이 될 수 없다. 대신에 모든 사람들이 광범위하게 즐길 수 있는 수단이 되어야 한다. 레저는 현대사회에서 그 가치를 높이 인정받는 노동과 함께 중요한 행위로 대접을 받아야 하고, 또 노동과 서로 도움을 주고받는 상호 연관관계를 가져야 한다. 또 다른 두번째 약점은 이 당시의 레저는 leisurely라는 말이 함축하는 바와 같이 조용하고, 차분하고, 명상적이고, 여유로운 것이어야 한다는 점이다. 그러나 이런 개념은 현대사회의 레저의 특성에 들어맞지 않는다. 현대의 많은 레저활동은 다이내믹하고, 활동적이며, 상당한 운동을 요구하고, 레저 그 자체의 목적 말고도 부수적인 효과(일례: 기분전환, 건강증진, 치유기능, 사회복지)도 요구하고 있기 때문이다(고태규, 2008: 21).

성을 가진다면 덕을 갖출 수 있다는 것이다(하동현 외, 2006).

그런데 이런 고전적 견해에서 여가는 마음, 정신, 그리고 성격의 배양이 나타나기 마련이다. 시간은 논의되지 않았지만 그것은 여가를 구성하는 고전적 개념과는 상관이 없다. 여가는 한 개인의 상태나 조건, 태도 또는 습관이라 할 수 있다. 그리고 비록 시간 내에서 발생하는 과정이긴 하지만 자유시간은 여가의 핵심 요인이 아니다. 즉, 고전적 견해에서 여가의 핵심은 자유시간에 대한 한 개인의 태도나 마음가짐(predisposition)일 뿐이다. 그러기에 고전적 견해에서 여가를 위해 시간 계획을 짜는 것은 생각할 수 없고, 그에 따라 여가는 계획할 수도 없다. 여가가 시간에 영향을 받지 않는다고 주장하는 것은 시간 외에서 발생하는 것이 아니라 여가가 당연시되고 평가될 필요가 없는 것으로 여겨질 때 나타날 수 있다. 결국 현대의 어떤 비평가는 현대의 산업문화 또는 근대의 자명종 시계문화에서는 고대의 여가란 불가능하고 매우 상이한 것이라고 주장한 바 있다(Klaus, 1971).

우리는 유치원에서부터 최고로 중요한 것에 대해 알고자 문화의 한 구성원으로서 교육을 받으며 자란다. 초기부터 나태는 가장 큰 위협으로 시간을 빈둥빈둥 낭비하는 것보다 더 큰 손실은 없다고 교육받아 왔다. 사람들은 여행할 때 인사로 '좋은 시간을 보내라'(making good time)고 말하고, 또 현대의 운전기술은 가능한 더 빨리 원하는 장소로 이동시켜 준다. 그러다 보니 시간에 대한 강박관념이 증가하였다. 그러나 그리스에서 여가는 시간과는 상관이 없었다. 만약 여가가 주기적으로 발생하는 것이라고 한다면 현대를 살아가는 개인은 여가에서 제외될 수 있을까? 많은 철학자들은 그렇게 생각하지 않있다는데 중요한 차이가 있다(하동현 외, 2006).

2) 플라톤의 여가 개념

아리스토텔레스는 플라톤(Platon)의 20명 제자들 중 한 사람으로서 그 시대의 아테네 문화에 적극 참여한 것으로 알려진 사람이다. 그 당시 아테네가 지닌 부와 권력은 노동할 필요가 없는 자유시간을 가진 소수의 사람만이 여가를 누릴 수 있게 해 주었다. 그렇기 때문에 자신을 돌아볼 여유가 없이는 여가가 무엇인지 알기는 어렵기 마련이다. 플라톤은 그의 저서 《공화국(*The Repulic*)》에서 완전한 사회에서 통치계급은 현세의 세속적인 모든 일들로부터 자유로워야 한다고 말한다. 그대신 그들은 선(the good), 진리(the true), 미(the beautiful) 등의 개념을 조정하여 좋은 결과를 산출하는, 훌륭한 통치자가 되어야 한다는 것이다. 그들의 삶이 지닌 완벽함은 통치자의 완벽하고 행복한 삶을 모방하려는 그 사회의 군인이나 상인계급에게 좋은 본보기를 제시해 준다. 플라톤이 보기에 이러한 철학자 — 왕(철인왕)이야말로 진정한 여가사회, 이상사회를 형성할 수 있다. 그들이 받아온 교육 덕분에 모든 것을 적절한 견해로 검토할 수 있음은 그들이 일반적으로 선하고 모범적인 방식으로 삶을 영위해 나갈 수 있기 때문이라는 것이다.

문화에 대한 플라톤의 철학에는 자유로이 되는 것은 노예가 되지 않는 것을 의미했다. 따라서 여가는 자아 발달과 표현을 위한 자유시간으로 이해되었다. 물론 필수사항으로부터의 자유라기보다는 문화 특히 음악, 시 그리고 철학 등 예술에 종사하는 자유에 가깝기도 하다. 이에 자유롭게 종사하는 사람은 영원한 '이데아', 즉 의미의 형태를 맛보게 된다. 진정한 행복은 어떤 사람이 되려고 의도하는지에 접근할 때 얻어지는 것이며, 또한 그런 활동을 통하여 국가 리더십의 질이 향상된다는 관점이다.

제 03 절 노동과 여가

1 막스 베버의 노동 개념

독일의 사회학자 막스 베버(Max Weber)는 마르크스(Karl Marx)의 영향을 받았으면서도, 다른 한편으로 마르크스의 일부 주요한 견해에 매우 비판적인 사람이었다. 역사는 근본적으로 경제적 · 물질적 구조와 힘에 의해서 결정된다는 마르크스주의자의 주장과 대항하려고 시도한 것이 비근한 일례라 할 수 있다. 베버의 견해에 의하면, 관념과 가치와 같은, 이른바 '상부구조'는 경제적 조건과 마찬가지로 사회 변동에 많은 영향을 끼친다. 이전의 사회학적 사상가들과 다르게 베버는 사회학이 구조가 아닌 사회적 행위에 초점을 두어야 한다고 생각했다. 그는 인간의 동기와 사상이 변화를 추동하는 힘이라고 생각했다. 즉, 사상, 가치, 믿음이 변화를 가져오는 힘이라는 것이다. 특히 베버는 종교적인 것도 경제적 변화를 만드는 요인이 될 수 있다는 것을 보여주려고 했다. 그는 자본주의가 유럽의 프로테스탄트, 그중에서도 캘비니스트(Calvinist)의 영향력이 가장 강하였던 지역에서 발달했다는 것을 지적한 바 있다.

베버의 중요한 몇몇 저술 가운데 다른 문명들과 서구 사회의 특징을 비교 분석한 〈프로테스탄트 윤리와 자본주의 정신〉에서도 베버는 근본적인 문제를 제기한 바 있다[47]. 왜 다른 곳이 아닌 서구에서 자본주의가 발달하였는가? 라는 질문을 던지면서

47) 자본주의에 대한 마르크스와 베버의 생각 차이는 다음과 같은 일례로 설명이 가능하다. 마르크스는 근대 발전의 주요한 동력은 자본주의 경제 메커니즘의 팽창이라고 주장한 바 있다. 그에 따르면 근대사회는 계급 불평등으로 분열되어 있으며, 그것은 근대사회의 근본적인 성격이다. 남성

고대 로마가 멸망한 이후 13세기 동안, 세계사에서 다른 문명들은 서구보다 더욱 앞서 나갔다는 사실에 주목하였다. 왜냐하면 중국, 인도와 극동의 오스만제국이 열강이었던 세계에서 유럽은 변변치 못한 지역이었기 때문이다. 당시 중국은 기술적, 경제적 발전 수준에서 서구보다 한참이나 앞서 있었던 것이 사실이다. 그런데 17세기 이래로 유럽에서 급격한 경제적 변화를 가져온 것은 과연 무엇인가? 라는 물음에 대해 베버는 근대 산업과 이전 경제활동의 구별점을 다음과 같이 추론해 냈다.

"우리는 다양한 문명에서 부를 축적하려는 욕망을 발견하는데, 이를 설명하는 것은 어려운 말이 아니다. 부는 안락과 안전, 권력과 즐거움을 가져다주기 때문에 사람들은 부를 중요하게 여기는 것이다. 그들은 결핍으로부터 자유로워지길 원하므로 부를 축적하고, 편안함을 누리기 위해서 그것을 사용한다. 그런데 서구의 경제적 발전을 살펴보면 이와는 확연히 다른 무엇인가를 발견하게 된다. 그것은 역사상 어느 곳에서도 발견할 수 없는 부의 축적에 대한 태도다(Weber, 1963)."

베버가 자본주의 정신이라고 부르는 이러한 태도는 초기 상인 자본가들과 산업 자본가들이 가진 신념과 가치체계라 할 수 있다. 그에 따르면 이들은 다른 곳의 부자들

과 여성의 차별에 영향을 주는 것과 같은, 주요한 권력분리는 궁극적으로 경제적 불평등에서 나오기 때문에 오늘날 자본주의 사회라고 알고 있는 근대사회는 과도기 형태다. 그렇기 때문에 미래에 그것이 급진적으로 재조직될 것이라고 기대할 수 있고, 그 결과 사회주의가 궁극적으로 자본주의를 대체하게 된다. 이에 따르면 서구의 세계적 영향력 확대는 주로 자본주의 기업의 팽창주의적 경향의 결과가 된다. 그에 반해 베버는 근대 발전의 주요 동력은 생산의 합리화에 있다고 주장하였다. 그에 따르면 계급은 근대 사회의 많은 불평등, 예컨대 남성과 여성 간 불평등 중 하나의 형태다. 그렇기 때문에 경제 체제에서의 권력은 다른 원인과 분리할 수 있는데, 일례로 남성-여성 간 불평등은 경제적 용어로 설명될 수 없다. 사회생활의 모든 영역에서 합리화는 더욱 진전되고, 그에 따라 모든 근대사회는 동일한 사회적, 경제적 조직의 기본적인 양식에 의존하게 된다. 결국 서구의 세계적 영향력은 우월한 군사력과 함께 산업적 자원에 대한 지배력에서 온다는 것이 베버의 주장이다. 한편 위와 같은 주장들에 대해 근대 사회학자 위르겐 하버마스(Jürgen Habermas)는 마르크스의 생각이 상당 부분 의미가 없다고 여기고, 베버의 생각들을 대안으로 동조하는 글들을 발표한 바 있다. 그럼에도 하버마스는 여전히 마르크스의 저작이 성취한 기본적인 원칙의 상당 부분이 지지될 필요는 있다고 보았다. 왜냐하면 자본주의에 대한 대안은 존재하지 않을뿐더러 그럴 필요도 없다는 시각 때문이다. 물론 자본주의는 엄청난 부를 창출할 수 있음이 판명되었지만, 마르크스가 자본주의 경제에서 규명한 근본적인 문제점들 — 경기 침체나 공황을 만들어 내는 경향 — 은 여전히 존재하는 것이 사실이다. 따라서 우리가 경제적 과정을 통제하는 것보다 더 많이 우리를 통제해 온 경제과정에 대해 우리의 통제력을 재구축할 필요가 있을 것 같다(김미숙 외, 2003).

과는 다르게 자신이 축적한 부를 사치스런 생활 방식을 영위하기 위하여 사용하지 않았다. 오히려 그들의 생활양식은 금욕적이고 검소하였고, 통상적으로 부를 과시하는 것을 꺼리며, 건전하고 조용하게 살았다. 베버가 보여주려고 한 것은 이러한 이례적인 성격이 초기 서구 경제발전에 필수적이었다는 사실이다. 과거와 다른 문화에 속한 부자들과 달리 이 집단은 부를 낭비하지 않았고, 그들이 이끄는 사업의 확장을 위해서 그것을 재투자하였던 것이다.

베버 이론의 핵심은 이러한 태도가 바로 종교로부터 유래한 자본주의 정신과 연관되어 있다는 데 있다. 일반적으로 기독교 정신은 그러한 가치관을 형성하는 데 중요하지만, 결정적인 동력은 프로테스탄티즘, 그 중에서도 특히 프로테스탄티즘의 한 종파인 청교도주의가 제공하였다. 초기 자본가들의 대다수는 청교도였고, 상당수는 칼뱅 교도였다. 이에 베버는 특정한 칼뱅교리가 바로 자본주의 정신의 직접적인 원천이라고 주장하였다. 전지전능한 힘이 인간으로 하여금 지상에서 신의 도구로서의 소명 — 더 큰 신의 영광을 위한 직업 — 속에서 일하도록 요구한다는 것이다(김미숙 외, 2003).

한편 베버는 역사적 분석의 정확성에 대해서도 여러 가지 의문을 제기하였지만, 일 윤리에 대한 개념은 그 자체로서 의미를 가지게 되었다. 더 나아가, 이 개념은 청교도의 형태로 영국과 신대륙에 이 가치체계가 확산된 것을 이해하는 데 도움을 주었다. 세속적 형태의 노동 윤리는 바로 종교적 기원으로부터 최근에 분리되어 나왔다. 그럼에도 생산성에 대한 세속적 소명을 높게 평가하는 프로테스탄트의 노동 윤리가 이상하다고 생각하는 사람은 없다. 노동의 윤리는 생신 기업에 자신과 자본을 투자한 사람이나 그것으로부터 가장 많은 혜택을 받는 사람에 의해서 널리 퍼졌다는 것은 조금도 놀라운 일이 아니다.

물론 노동 윤리의 부정적 측면과 관련하여 계속적으로 나타나는 증거도 보이기 때문에 쾌락을 추구하는 형태의 여가는 개인과 지역사회에 위험요소가 될지도 모른다는 의구심이 아직도 있다. 일로 인한 피로를 회복한다는 의미의 레크리에이션은 생산성과 건강에 도움이 된다는 측면에서 정당화되고 있다. 그러나 건설적 발전이기보다는 경험, 특히 쾌락과 관련된 경험을 위한 여가활동은 세속적 금욕주의나 노동 윤리로 무장된 많은 사람들에 의해 긍정적으로 평가되지 못하고 있다. 이런 이유들로 여러 측의 문화 밑에 숨어 있는 청교도주의의 흔적이 아직도 존재하고 있는지 모른다(이정환 외, 2008).

고대철학에서 노동은 무엇보다도 변화 및 전이(轉移)에 결부되어 있다는 이유로 불신되었던 것이 사실이다. 그 시대의 사상가들에게 우주는 본질적이고 고착되고 안정된 것이었으며, 그들이 그 안에서 살고 또 움직이는 세계는 단지 그것의 불완전한 반영체에 불과하였다. 따라서 변화하는 모든 것은 그 반영체의 덧없음과 불완전성을 증명하는 것으로 간주되었고, 순수한 명상을 통해서만 접근될 수 있으며, 나날의 일상이 갖는 임의성에서 벗어난 진리, 즉 이데아의 완전성보다 열등한 것으로서 경멸받았다(김문겸, 1999).

여가에 대한 철학적 의미는 인간으로서 인간다운 '좋은 삶'들을 앞으로 닥쳐올 여가혁명에서 얼마만큼 성숙한 태도로 맞이할 것인가에 좌우될 것 같다. 그렇지 못할 때 인간의 삶은 풍요속의 빈곤처럼 걷잡을 수 없는 혼돈에 빠져들지도 모르는 일이다.

2 마르크스의 노동 가치

산업사회에서 가치란 투여된 노동시간에 비례해서 나오기 마련이다. 즉, 근면과 성실만이 가치를 창출한다는 이야기다. 사회가 복잡해지면서 가치는 분화되는데, 물건의 사용가치와 그 물건의 가치를 객관적으로 규정하는 교환가치, 즉 화폐로 나눠지기 마련이다. 그런데 문제는 교환가치와 사용가치가 더이상 일치하지 않는다는 점에서 나타난다. 가치의 자본주의적 왜곡이기 때문에 이는 곧바로 상품생산의 전 과정에서 노동자가 소외되는 인간소외현상으로 이어진다. 그뿐만 아니라 가치가 마치 자본에 의해 만들어지는 것과 같은 착시현상이 일어난다는 게 마르크스 가치론의 핵심내용이다.

노동의 기본철학만 놓고 본다면 마르크스 이론은 산업사회를 설명하는 가장 훌륭한 이론이다. 대량생산 대량소비의 산업사회가 발전할 수 있는 동력은 쉬지 않고 일하는 노동뿐이다. 자본 축적을 위한 근면, 성실한 노동의 가치가 마르크스의 가치론에서만큼 확실하고 분명하게 설명된 경우는 없다. 마르크스는 노동이야말로 인간을 다른 동물들과 구분 짓는 기본적 특성이요 인간을 인간답게 하는 본성으로 보았다. 그런 만큼 노동이 인간으로부터, 또는 인간이 노동으로부터 소외된다면, 인간은 그만큼 인간 본연의 모습에서 벗어날 수밖에 없다는 말이다. 그런데 황광우는 이렇게 인간을 노동으로부터 소외시키는 가장 큰 주범은 근대 이후의 분업체제와 노동력을 단순한 교환수단으로 보는 자본주의 때문이라고 보았다. 그러면서 마르크스의 잉여가치와 여가를 함께 엮어 설명하고자 하였다. 생산성의 향상이 여가시간의 연장으로 이어지지 않는다면, 그만큼의 잉여가치가 다른 누군가에게 독식, 또는 착취당한다는 말이다. 그러면서 그는 여가 보장이야말로 정의로운 사회의 필수 요건이라고 주장하면서 다음과 같이 논하고 있다. “여가는 단순한 휴식이길 넘어설 것이다. 먹고살기 위해 몸을 팔아야 하는, 필연의 영역에 발 묶여 사는 노동자에게 여가는 자유로운 활동 시간을 의미한다. 생필품을 얻기 위해 어쩔 수 없이 해야 하는 임금노동이 아니라 자신의 취향과 개성을 창조적으로 발휘하는 활동을 의미한다. 창조적 활동은 이웃과 함께 나누어 먹는 먹을거리 농사일 수도 있고, 사회의 약자를 돕는 봉사 활동일 수도 있으며, 그림을 그리고 글을 쓰는 예술 활동일 수도 있다. 인간 행복의 원천이 자아를 실현하는 자유로운 활동 속에 존재하는 것이라면 우리가 만들고자 하는 정의로운 사회는 최대다수의 사람에게 최대의 여가를 보장하는 사회일 것이다. …… 애덤 스미스(Adam Smith)가 국부의 원천이 어디에 있는지를 탐색했다면, 이제 우리는 행복의 원천이 어디에 있는지를 탐색할 때가 되었다. 우리가 누리는 물질의 풍요는 행복한 삶의 한 조건일 뿐 행복을 보장하지는 않는다. 인간은 빵만으로 살지 않는다는 명제를 진지하게 고찰할 때가 되었다”(황광우, 2007: 219−220).

이런 의미에서 베버가 설명하는 프로테스탄트 정신은 마르크스의 가치론에 비하면

급 낮은 취급을 받는 것인지도 모른다. 천국의 보상을 믿고 현실에서 참고 인내하며, 현실의 직업(Beruf)을 하늘의 소명(Berufung)으로 받아들이는 프로테스탄트적 이념이 잉여가치의 축적을 가능케 했다는 베버의 주장은 매우 서구 중심적이다. 왜냐하면 동양의 자본주의 발전이 늦었던 이유가 프로테스탄트 정신의 부재로 설명되기 때문이다.

사회변혁 이데올로기로서 마르크스의 후기 이론을 제하고 살펴보면 박정희 시대의 새마을 운동은 매우 마르크스적이라 할 수 있다. 새벽부터 일어나 노동하는 시간만큼 가치가 만들어지기 때문이다. 그러니까 마르크스의 잉여가치론, 박정희 시대의 새마을 운동, 북한의 새벽별보기운동과 천리마운동 등은 산업사회의 동일한 철학에 기반을 둔 쌍둥이들이라 할 수 있다. 아이러니하게도 좌파정권을 종식한다며 나타난 MB 정권의 아침형인간도 바라보는 관점에 따라 심각한 좌파정권이 되어버린다.

20세기 초 러시아를 무너뜨리며 호기롭게 시작한 사회주의는 1989년 11월 9일 베를린 장벽과 함께 붕괴되기 시작해 21세기가 시작되기 직전, 흔적도 없이 지구상에서 사라져 버렸다. 20세기 초반에 마르크스 이론이 21세기가 시작하기 바로 직전에 사라진 것은 전혀 우연히 아니다. 왜냐하면 21세기에는 노동시간이 더이상 가치를 창출하지 않기 때문이다. 마르크스의 잉여가치론은 노동시간이 아닌, 지식이 가치를 창출하는 새로운 시대를 설명하기에는 턱없이 낭만적인 이론이었다. 가치가 노동에서 나오는 것이니, 지식노동자가 가치를 생산하는 것은 아니기 때문이다. 그런 시각에서 보자면 가치가 자본에 의해 생겨나는 것이 아님에도 자본주의가 주인처럼 행세하는 자본주의는 해체되어야 하는 것인지 모른다.

20세기의 산업 사회에서 노동소외 현상이 문제였다면 앞으로는 여가소외 현상이 문제가 될 수 있다. 주말은 물론 야간에도 제대로 쉬지 못하는 저소득층의 박탈감은 사회적 갈등을 증폭시키는 계기가 될 것이다. 계층 간의 갈등이 더욱 심각해질 수 있는 상황에서 진정한 삶의 질 제고와는 거리가 먼 단순한 여가시간의 증대는 문제가 될 수밖에 없다(김정운, 2005).

3 노동과 여가

18세기 산업혁명 이후의 노동운동사는 노동시간을 줄이고, 보다 많은 여가시간을 얻어내기 위한 투쟁의 역사라고 할 수 있다. 그럼에도 진정한 여가의 출발은 단지 노동으로부터의 휴식을 의미하지 않는다. 고전 이론가에 따르면 여가는 존재의 상태, 즉 삶의 질이다. 그것은 삶의 일상적 책무를 초월하기 때문에 다른 사람들이 이런 요구사항을 충족시켜줘야 한다는 것이다. 일상적 노동자는 '즐거움'을 찾는, 단편적 시간을 가질 수 있지만, 여가는 인간의 정신을 그런 협상과 투쟁 이상으로 고양시키기 마련이다. 그것은 진정으로 삶의 스타일 혹은 상태라 할 수 있다. 일상적인 노동자는 노동 때문에 너무나 지쳐 있어 진정한 여가를 위한 동기나 개인적 자원이 모자라기 마련이다(이정환 외, 2008).

기독교 윤리학자들은 노동은 인간의 시조 아담과 이브가 저지른 원죄의 죄과로 지워진 인간의 근원적인 멍에라고 한다[48]. 그런 의미에서 마르크스가 노동을 멍에로 보지 않고 노동개념으로서 인간 존재를 철학적으로 규명한 최초의 학자라 거론되기도 한다. 그러나 노동의 의미를 보다 깊이 보고 신성시한 사상적 근원은 마르크스 이전의 종교개혁자들에게서 찾아야 마땅하다는 주장이 더 설득력 있다. 이러한 입장을 뒷받침해 주는 학자로 바로 베버나 트뢸치를 내세울 수 있다. 이들은 루터나 특히 칼뱅이 성서에 썼던 소명[49]이란 말을 일반 직업에도 적용시킨 데서 그 근거를 찾고 있다. 물

48) 다른 한편 성서에서는 아담과 이브가 원죄를 저지르기 이전부터 이미 이들에게는 노동의 권리와 의무가 부여되어 있음을 보여주는 부분이 있다. 하나님은 인류의 시조에게 모든 생물의 이름을 지어주게 하고 또 만물을 다스리고 관리하도록 하였다는 점이다. 노동은 하나님의 은혜로운 선물이어서 노동을 통하여 문화를 창조하며, 인간이 인간답게 되는 삶의 중요한 요소가 되었기 때문에 노동은 창조질서에 속한 것으로서 인간에게 본질적인 것이라 할 수 있다.

49) 소명(召命)이란 말 자체가 '부름', 곧 하나님의 부르심이란 말과 하느님의 명, 타고난 운명과 같은 뜻의 말이 합쳐진 말이다. 독일어 Beruf, 영어의 vocation이나 calling과 궤를 같이 한다. 루터나 칼뱅 이전까지 이런 말은 성직에만 쓰였다. 그런데 두 사람은 세속의 직업도 천한 게 아니라 다 하나님의 뜻이 담긴 것이라며, 모든 직업에 두루 이 말을 쓰게 되었다. 물론 대부업과 같은 업종에 대해서는 아직 태도가 달랐다. 루터만 해도 아직은 고리대금을 인정하지 않았지만,

론 어떤 학자는 이 이론에 이견(異見)을 제기하여 반론하기를, 종교학자들이 세속 직업에 소명의식을 불어넣었기 때문에, 노동자들로 하여금 불합리한 신분의 차별제도를 종교의 이름으로 감내하게 만들었다고 주장한다. 노동자들의 상향의식을 고착시키고 착취와 불의에 대항하는 투쟁의식을 둔화시켰다는 것이다. 아울러 부를 쌓기 위한 지나친 수단을 종교적 차원에서 금기시했던 전통을 허물어뜨림으로써 부자들의 수단방법 가리지 않는 축재 수단을 정당화시키고, 빈부의 격차를 개인의 노력 여부 또는 하느님의 축복 여부로 여기게 만들었다는 비판에서도 자유롭지 못하다.

이와 같이 경청할 만한 비판이 있었음에도 불구하고 종교개혁 이후 직업과 노동에 종교적 의미를 부여함으로써 보다 활발한 노동 의욕을 북돋아 준 것만은 부인할 수 없다. 현대 노동양식의 공적인 측면과 함께 사회학자들은 노동의 변화가 어떻게 개인이나 가족의 사적인 삶에 영향을 미치는지 관심을 갖고 있다. 노동은 개인의 개성 실현을 위한 중요한 수단이고, 또 사회적 관련성을 갖는 계기가 된다. 다른 한편 노동은 오늘날 종속노동이 일반화되어 있는 현실에서 생활의 물질적 기반을 보장하기 마련이다. 즉, 물질적 측면에서 개인의 자기책임에 기초한 자유로운 생활형성의 전제조건이 되는 기본권으로서의 성격을 갖는다. 이러한 맥락에서 실업은 개인에게 경제적 소득의 상실이라는 의미를 가질 뿐 아니라 인격적 상실감, 즉 사회적 소외의 원인이 되기도 한다. 또 오늘날 간과할 수 없는 점은 노동의 결과 취득되는 임금이 개인의 사회보장을 위한 사전 기여로서 기능한다는 것이다. 즉, 노동의 기회가 상실되면 현재의 생계뿐 아니라 미래의 불확실한 운명에 대한 배려를 할 수 없는 상황이 야기된다.

노동은 다른 어떤 활동보다도 우리의 삶에서 큰 부분을 차지하기 마련이다. 우리는 때로 노동의 개념을 원하는 과업, 가능하면 한꺼번에 벗어나고 싶은 고역과 연결시켜 최소화한다. 그러나 노동은 고역에 머물지 않는다. 만약 그렇지 않다면 사람들이 실직했을 때 상실감을 느끼고 방황을 하지 않을 것이다. 현대사회에서 일이 있다는 것은 자긍심을 유지하는 데 중요한 요소가 될 수 있다. 일의 조건이 상대적으로 유쾌하지 못하고 업무가 지루하다고 할지라도 일은 사람들의 심리적 기질과 일상적인 활동 주

칼뱅의 경우는 인정하였다.

기를 구조화하는 역할을 한다. 따라서 임금이나 봉급은 많은 사람들이 사는 데 필요한 것을 충족시키기 위하여 의존하는 주된 자원이다. 일이라는 것은 기술과 능력의 습득과 행사의 토대를 제공하기 마련이다. 일이 일상적인 곳에서조차 일은 개인의 힘이 흡수되고 구조화된 환경을 제공하기 때문에 일 없이는 이러한 기술과 능력을 발휘할 기회가 줄어들 수밖에 없다.

초기 사회학자들은 분업의 잠재적인 결과에 대해서 개별 노동자들이나 사회 전체를 모두 아울러 광범위하게 저술한 바 있는데, 마르크스는 산업화와 임금 노동으로 이동하는 것이 노동자들의 소외를 낳을 것이라고 확신했다. 즉, 공장에 고용되면 노동자들은 자신의 노동에 대한 모든 통제를 상실하고 타고난 창의적인 가치를 빼앗아 가는 일상적이고 단조로운 업무를 수행하도록 강요된다는 것이다. 그렇기 때문에 자본주의 체제에서는 궁극적으로 노동자들이 일에 대한 도구적 태도를 가지며 일을 돈벌이로만 생각한다는 것이 마르크스의 주장이다(김미숙 외, 2003).

1) 노동 여가행동

프랑스 여가사회학자 뒤마즈디에(Joffre Dumazedier, 1976)는 여가에 대해 가정, 직장, 사회로부터 부과된 의무에서 벗어난 자발적 선택 행위로서 정서적인 면에서는 자유, 휴식 및 즐거움 등과 관련된다고 정의한 바 있다. 따라서 인간은 인간의 역사와 결코 분리될 수 없기 때문에 노동이 중요한 것이라고 한다. 더욱이 노동은 순수하게 생존을 위해 필요한 것이고 또 사회기준에 맞는 생존을 위해서도 필요한 것이다. 여가의 황금시대를 바라는 희망이 어떤 필요한 일에서 자유로워지기를 바라지는 않았지만 이완과 개인적 성장을 위한 증가된 시간으로서의 여가는 많은 현대사회에서 당연한 것으로 여겨졌다. 여가는 삶에서의 일차적인 목표로 이해되고, 노동은 여가의 성장을 위해 필요한 것이 되었다. 여가를 더 나은 노동과 더 높은 생산성을 위한 휴식으로 이해하였던 19세기의 이상은 개인이 부유해지고 삶에서 기쁨을 얻는 것이 가능하게끔 노동에 대한 새로운 개념을 제시하였다.

특히 뒤마즈디에는 노동은 인간행동에서 부수적인 것이고, 모든 다른 것이 여가와 연결되어 있다는 이론을 제공하였다. 그것은 여가에 대한 아리스토텔레스의 이론을 보다 현대적인 언어로 표현한 것이다. 그 이론은 단순하고도 복합적이지 않고 그것이 지닌 최종적인 어떤 의미를 설명해줄 수 있다. 노동과 여가를 연결시키려는 시도를 한 이론들은 상대적으로 까다롭고 복합적이면서 여가행동이 지닌 영역을 이해하는 데에도 별 도움이 되지 못한다. 여가의 보상이론과 잉여이론이 지닌 실재적인 어려움은 그것이 여가보다 노동에 더 초점을 둔 것이라는 점이다. 뒤마즈디에의 이론은 여가를 가장 으뜸으로 여기고, 다른 관심사를 여가와 관련시켰다.

더욱이 뒤마즈디에는 여가가 보다 서비스 지향적이 될수록 더 중요해진다는 가정을 확신하였다. 그는 생존을 위한 노동이 아니라 개인적 성장을 할 때 나타나는 어떤 시간이 삶에서 일차적인 동기 유발 요인이 될 것이라 예언하였다. 아리스토텔레스의 전통을 따르면서도 대조적으로 여가가 지닌 잠재력에 대해 비관적으로 생각하는 이론들도 있다. 이를테면 세바스티안 그라지아(Sebastaian de Grazia)의 경우도 여가가 충분한 정도로 실현되기 힘들고, 이상(ideal)이 그대로 실현 가능한 아이디어(idea)가 되는 것은 아니라고 하였다. 여가는 소수의 사람들이 욕망의 일부만을 성취할 수 있는 인간의 조건 또는 인간 생활의 상태를 말하는 것이라는 주장도 있다(하동현 외, 2006).

2) 노동과 여가의 의미 차이

많은 사람들은 "인간의 노동이야말로 행동으로 나타난 시"라고 말하고 있다. 그러나 현대의 과학기술 산업사회의 구조는 인간의 행동을 극도로 추상화시키고 있으며, 생활을 형식화시켜 무의미하게 만들고 있다. 그럼에도 불구하고 로버트 헤일브로너(Robert L. Heilbrouner)가 지적한 바와 같이 현대인의 의식은 이러한 현상들을 극복해내기엔 너무나도 '노화된 그릇'처럼 되고 말았다. 게다가 종교마저도 이러한 현상에 대해 속수무책인 그야말로 큼직한 '에어 포켓(air pocket)'과 같은 실정에 있다. 폭발해 오는 여가시간을 통해 모두가 복된 인간적 생활을 영위할 수 있으리라는 낙관적인 전망만은 결코 쉽지 않은 것이 현실이다.

여가혁명의 시대에는 무엇보다 인간의 성숙성이 고도로 요청되기 마련이다. 시간이란 인간의 자기실현을 위한 기본적 형식이다. 그러므로 자유로운 시간인 여가는 '선택의 자유'를 행사하여 자아 완성을 이루어 가야만 한다. 참된 여가 개념은 단순한 시간적 개념이라기보다는 오히려 도덕적 개념으로 이해해야 된다는 말도 있다. 여가 선용은 무절제한 양과 수로 이루어지는 것이 아니기 때문에, 수와 양에 치우칠 경우 여가와 휴일은 도리어 돌이키기 어려운 뼈아픈 후회와 피곤 그리고 허무감에 깊숙이 빠져들게 할 수 있다. 그라지아(Grazia)는 "여가의 참된 의미를 깨닫지 못하고 있는 사람에겐 아예 여가란 존재하지 않는다"라는 의미심장한 말을 주장을 한바 있다.

진실로 역사의 종말은 사실상 전혀 다른 하나의 '새로운 것'이다. 장차 누릴 이 새로운 것의 비유는 싸움의 승리, 노동이나 성공과 같은 법칙적인 것이 아닐 것이다. 산업화 시대가 노동의 시대였다면, 오늘날 많은 논자들은 '노동의 종말'을 주장하고 있다. 노동 종말시대에 노동과 여가의 성격관계는 산업화 시대의 그것과 분명한 차이가 있다. 변화된 노동현실 속에서 여가의 의미와 지위는 복잡하기 마련이다(김근홍 외, 2007).

노동사회에서 여가의 의미는 노동과의 관련 속에서 그 의미가 해명될 수 있다. 그렇다면 노동세계와 노동사회의 변화에 어떠한 변화가 발생했는가? 노동과 여가의 관계 양상을 고찰하는 논자들은 1980년대 중반 이후 변화하는 노동의 성격에 주목하여 왔다.

노동과 여가의 관계에 대한 경험연구에 기초해 증대되는 여가욕구와 자발적인 노동시간 단축요구가 21세기 초에 전 세계적으로 실행될 것으로 전망된다. 문제는 '장시간 노동으로부터 해방됨에 따라 인류는 두 번째 르네상스시대로 진입하게 된다'는 점이다. 다시 말해 엄청난 '사회적 변화'를 경험하게 된다는 사실이다. 점진적으로 자동화되는 세계경제가 가져온 기회와 도전은 노동해방(여가를 누릴 수 있는 삶)과 대량실업의 양날이다. 따라서 여가적 삶의 조건을 가지지 못하고 이러한 추세에 쓰임새가 적거나 아니면 전혀 쓸모가 없는 수백만의 젊은이들을 어떻게 할 것인가라는 중요한 문제가 대두된다.

여가는 단순히 개인적이고 정신적인 차원에서 논의될 수 없으며 사회적, 정치적 성격을 가지고 있다는 사실들이 밝혀지고 있다. 따라서 여가에 대한 모든 논의는 노동패러다임의 변화관계 속에서 파악되어야 한다는 주장은 나름 의미가 있다(김영순 외, 2006).

노동시간의 단축에서 우리는 아주 놀라운 변화를 이뤄냈다. 서구 사회가 근 200년에 걸쳐 이뤄낸 주 40시간 근무제를 우리는 단 50년 만에 이룩한 것이다. 한 사회의 근대화 정도를 나타내는 다양한 척도 중 가장 설득력 있는 척도는 바로 노동시간이라 할 수 있다. 서구에 노동조합이 결성된 가장 중요한 이유는 임금협상과 노동시간 단축이다.

1864년 9월 28일 영국 런던의 세인트 마틴홀에서 마르크스와 엥겔스가 주도한 제1회 인터내셔널 국제노동자협회가 창립되었을 때 가장 중요한 의제는 1일 8시간 노동시간이었다. 이후 노동시간 단축은 사회주의 혁명의 목표가 되었고, 19세기와 20세기 사회문화 변동의 핵심은 바로 이 노동시간의 단축과 불가분의 관계가 있다. 주 40시간 근무제를 이뤄내기 위해 서구의 노동조합이 그토록 오랫동안 투쟁한 반면, 우리의 주 40시간 근무제는 노사정 근로시간단축 특별위원회에서 2000년 5월부터 2003년 9월까지 불과 3년여의 논의를 통해 실시하게 되었다. 이와 같은 노동시간 단축은 여가시간 증가의 실질적 토대가 된다. 그런 의미에서 서구사회가 200년에 걸쳐 주 40시간 근무제를 이뤄냈다는 사실은 또한 200년에 걸친 여가문화를 만들어 왔다는 뜻이기도 하다. 즉, 200년 동안 다양한 시행착오를 거쳐 생산적인 여가문화가 형성되었기에 서구사회가 오늘날과 같이 발전할 수 있었다는 이야기다. 서구사회가 200년 걸려 이룬 근대화를 우리가 50년 만에 해치웠다면, 역으로 서구사회의 200여년에 걸친 여가문화의 형성을 우리는 50년에 이뤄냈어야 한다. 그러나 여가문화는 그렇게 번갯불에 콩 구워 먹듯 이뤄지는 것이 아니다.

주 40시간 근무제는 한 개인의 차원에서만 보자면, 자기 마음대로 사용할 수 있는 시간이 노동시간보다 많아지는 것을 의미한다. 일주일의 168시간 중에서 노동시간 40시간, 수면시간 56시간(하루 8시간 수면기준)을 빼고 나면 42시간이 남는다. 자기가 마음대로 사용할 수 있는 시간이 노동시간보다 2시간이나 많아졌다. 그러나 여가시간이 늘어날수록 그만큼 더 좋아지는 것만은 아니다. 독일, 프랑스 등 유럽국가의 노동조합에서는 노동시간을 30시간까지 단축할 것을 요구했다가 요즘은 다시 늘려 대부분 주 35시간, 40시간 정도로 합의하고 있다. 이는 일과 여가의 균형이 깨진 삶이 두려운 까닭이다. 그렇기 때문에 이들 국가의 노동부 주요정책이 일과 삶의 균형(work-life balance)이라는 사실은 우연이 아니다(김정운, 2005; 김근홍 외, 2007).

노동시간의 절약은 자유시간의 증대, 즉 개인의 완전한 발전을 위한 시간의 증대와 같은데, 이 발전은 그 자체가 다시 가장 큰 생산력으로서 노동의 생산력에 반작용하기 마련이다. 직접적인 생산과정의 관점에서 볼 때 이 발전은 고정자본의 생산으로 간주될 수 있는데, 고정 자본은 바로 인간 자신이다. 덧붙여 말하자면 직접적인 노동시간 자체가 — 부르주아 경제학의 관점에서 나타난 바와 같이 — 자유시간과 추상적인 대립 속에 머물러 있을 수 없다는 것은 자명한 것 같다(김호균 역, 2000).

이상적 차원에서 보자면 소명 또는 직업으로서의 노동은 소득창출과 더불어 자아실현의 길이지만 현실에서 노동의 가치는 대체로 도구적이다. 일은 가족부양, 자동차구매, 여가를 위한 것이다. 다양한 연구들에서 가정, 가족, 여가가 노동자들 사이에서 일보다 훨씬 더 높게 평가되고 있다는 사실이 지적되었다. 오늘날 점점 더 많은 노동자들이 생산보다는 서비스부문의 불인정한 직종에 종사하고 있으며 이것과 관련된 변화의 기미는 없다. 대부분의 사람에게 가장 중요한 것은 인생을 친밀하게 전면적으로 공유하는 사람과의 관계일 것이다.

3) 노동(일) 윤리

노동 윤리는 산업사회 이전의 자본주의 경제체제와 잘 들어맞는다. 규율에 따른 고된 노동의 결과는 즉각적이고 명백하지만 이런 연결은 산업화의 등장과 함께 사라져 버렸다. 공장의 규율은 자발적인 것이 아니라 강요된 것이었고, 규칙이나 일상적으로 반복되는 것에 대한 복종은 내면화된 윤리를 통한 것이 아니다. 공장에서 노동은 분업화되어 있고, 작업은 세분화되어 있으며, 노동자와 기계 사이의 구분은 엄격하다. 전통의 노동 윤리가 사라졌다는 것은 조금도 놀라운 일이 아니다. 물론 노동 윤리가 사라진 것이 아니라 유지되고 있다는 주장도 있다. 다만 단순반복적인 일이 존재한다는 것인데, 이런 것은 언제나 있어 왔다. 그런데 자신의 일과 관련된 운명에 대해서 권한이 있는 사람들은 그 어느 때보다 잘해서 성공하려는 욕구로 가득하다[50]. 값비싼 기술을 습득하고 대체가 어려운 '새로운 계급'의 노동자들은 열심히 오래 일하는 경향을 보인다. 자신이 하는 것과 자신의 미래와의 관계를 이들은 잘 안다. 이들은 일에서 자신이 생산하는 것과 지위와 임금을 통한 보상을 고려한다. 이들은 자신의 노력의 대가에 대해 잘 보상받는 경향을 보인다. 일부 일자리에서는 노동 윤리 형성을 저해하지만, 그렇지 않은 상당히 많은 일자리도 있다는 것이다.

특히 일을 재규정하는 것도 가능하다는 주장이다. 왜냐하면 일은 임금을 받는 것 이상의 것이기 때문이다. 오히려 일은 가치 있고, 우리의 일상적 생활에 도움을 준다. 부모 대부분은 양육의 대가로 돈을 받지 않는데, 자녀를 보살피고 양육하는 것보다 더 중요한 일이 무엇인가? 일은 자체의 도전, 내재적 가치, 일로 인한 인정 때문에 만족스러울지 모른다. 사실 일부 유급노동은 이러한 기준에 전혀 부합되지 않는지도 모른다. 보다 포괄적으로 말하면, 경제적 가치뿐만 아니라 사회적으로 가치가 있는 활동, 인생

---

50) 사회적으로 성공한 사람일수록 의외로 게슈탈트가 형성되지 않아 고생하는 사람들이 많다. 이는 자신에게 무엇이 중요한지 모르고 그저 사회적으로 성공이라고 정의된 가치만을 좇는 사람이다. 그렇기에 성공했지만 여전히 목마르다. 그러나 왜 목마른지 자기가 뭘 좋아하는지 모른다. 일이 좋아서 일한다고 말하지만, 엄밀한 관점에서 바라보면 일은 그저 수단일 뿐이다. 자신이 일을 통해서 어떤 가치를 추구하는지 분명하게 말할 수 있어야 한다. 자신이 추구하는 가치가 분명치 않다면 그는 그저 일중독자일 뿐이다.

에서 수행했다는 느낌을 주는, 이른바 자기실현과 관련된 활동에도 역시 일은 수반될 수밖에 없다. 바로 이러한 활동에는 근본적 의미를 지닌, 내재된 노동 윤리가 존재하기 마련이다(이정환 외, 2008).

그러나 현실의 노동은 대부분이 이러한 보람을 느낄 수 있는 일, 소명과는 거리가 멀다. 이에 따라 여가에 대한 생각도 마찬가지다. 그래서 여가를 노동의 반대개념으로 생각하거나, 기껏해야 내일의 노동을 보다 효과적으로 수행하기 위한 잠정적 가치만을 인정하기가 일쑤이기 때문에, 여가 선용을 위한 바람직한 이해에는 미치지 못하고 있다.

사람들은 여가활동에 본래 내재된 즐거움과 자유, 그리고 자발적 선택이 참여자들의 일상생활에 가장 중요한 기여를 한다고 주장한다. 삶의 질을 옹호하는 사람들은 정부의 중요한 의무로서 공공서비스는 그 자체의 목적을 위해 지원되어야 하며, 이와 같은 목적을 위해 충분한 재정지원이 제공되어야 한다고 생각하는 경향이 있다(고태규, 2009).

제 04 절 여가와 휴가문화

1 여가문화의 변모과정

여가문화가 대중적 관심사로 등장하게 된 것은 산업사회 이후의 일이다. 산업사회 이전에는 여가가 특권 유한계층에게 편중되어 있었고, 사회의 모든 문화적인 면도 그들만의 독점 상태였다고 할 수 있다. 특권 유한계층은 경제권과 여가, 교육을 독점하고 문화를 향유할 수 있는 기본여건이 충족되어 있었으며, 이들의 문화적 특성은 생활에 얽매이지 않는, 소위 '여유문화'였다(김문겸, 1999). 이는 종교에서도 마찬가지다. 근대 이전에 게으름이나 무관심 혹은 따분함이라는 뜻을 담은 낱말 '아케디아'(acedia)를 당시 교회 지도자들은 가장 몹쓸 죄악으로 보았다. 그 이유는 다른 모든 죄악들이 바로 거기서 비롯된다고 생각했기 때문이다(라르스 스벤젠(Lars Sevendsen)/도복선(역), 2005). 말하자면 특권 귀족계급을 포함하여 하는 일이 없이 빈둥거리며 따분해하는 것(나태)이야말로 7대 죄의 하나란 말인데, 일반 사람들이라면 그처럼 따분해할 여유조차 없는 것이 보통이었다. 그만큼 먹고사는 문제가 힘들었기 때문이다.

따라서 특권 유한계층은 노동과 괴리된 상태에서 관조적 여가문화를 향유할 수 있었던 반면에, 일반 노동자 계층의 여가는 노동의 세계와 밀착된 가운데 형성되는 것이 일반적인 현상이었다. 특히 20세기 들어 선진자본주의 사회에서 일어난 가장 큰 사회·문화적 변동중의 하나는 노동 및 생산 중심의 생활양식에서 여가 및 소비 중심의 생활양식으로 변모라 할 수 있다. 이런 변화로 사람들의 가치관과 의식세계가 크게 변모되어 노동자계급의 계급경험을 붕괴시키고, 다른 한편으로 자본주의 사회에서 새로운 지배형태를 창출하는 계기로 이어지게 되었다.

인류의 역사발전 단계에서 여가와 휴가는 고대 사회 이래 중세와 근대를 거쳐 현재까지 계속 존재해오고 있다. 그러나 독일을 위시한 현대 유럽사회에서 현대적 의미의 여가 및 여가의 특수형태로서의 휴가문화 정착과정은 18세기 중엽에서 19세기 중엽에 이르는 근대 산업혁명 및 그에 발맞추어 진행된 시민사회의 형성과정과 밀접한 관계를 가지고 있다.

한편 독일 국내 상황에서 볼 때 제2차 세계대전의 종결 이후 사회경제적 재건과정을 통하여 진행된 노동에 관한 독일인들의 인식과 노동시간의 감소가 여가문화에 근본적인 변화를 초래하게 되었다. 에너지문제, 고용문제, 환경문제 등에도 불구하고 독일의 1인당 국민소득은 전후에 지속적으로 증가해 왔고, 그에 비례하여 노동시간은 감소되었다.

그러다 보니 독일인들이 휴가를 떠나는 동기와 목적, 그리고 기대 등은 어느 한 가지로 단정 지을 수 없을 정도로 복합적이고 다차원적인 양상을 보이게 되었다. 휴가여행의 여러 동기들은 사람들의 연령별, 성별, 직업별, 계층별 부류에 따라 상이한 조합으로 결합되어 구체적인 행동으로 표출되기 마련이다. 따라서 이런 구조변화의 맥락에서 산업화 과정에 따른 여가의 휴가문화 발전과 변화과정을 살펴보면 다음과 같다.

1) 산업화 이전시대의 여가 및 휴가

18세기 중반에 영국을 기점으로 본격화 된 근대 산업혁명 이전의 여가와 휴가는 고전적 여가개념의 연장선상에서 파악된다. 고대사회의 여가는 지식인, 통치자, 승려 등 소수의 상위층 유한계급만이 누릴 수 있는 것이었다. 즉, 이 시기의 여가는 대중성을 지닌 여가가 아니라 노예와 자유인이라는 엄격한 신분사회에서 노예제를 바탕으로 한 특수귀족층만의 여가였다. 그리고 서구의 중세사회는 세속권력으로서 봉건귀족과 정신적 기반으로서의 기독교 영향이 절대적으로 작용하는 사회였다. 사람들의 일상생활에서도 엄격한 기독교 철학과 윤리가 지배적이어서 무절제한 위락과 세속적 향락이 경원시되었고, 상류지배층인 영주, 귀족, 기사를 중심으로 한 독특한 여가문화가 출현하게 되었다. 결국 산업화 이전시대의 여가와 휴가는 하층계급과 노예제도를 토대로 한 소수 특권 유한층의 전유물이라 할 수 있다. 따라서 그들에게 여가는 생산 활동과 관련성이 없고 오로지 건강유지와 유희, 공연, 예술, 철학, 정치 또는 일반적인 교양에 대한 대화 등이 대상이었다.

2) 산업화시대의 여가 및 휴가

근대적 의미의 여가 및 휴가관은 산업화시대의 노동자, 시민계층의 휴가관으로 대표된다. 자본주의의 대두로 새로운 민중, 노동자들이 탄생하게 되었는데, 이들은 위로부터의 구속적인 지배와 권력으로부터 독립하여 자유를 누릴 수 있는 새로운 민주적 시민계급이었다. 이들은 직장과 가정을 따로 하고 노동과 여가를 구분하는 자들이며, 살기 위해 일을 하고 그러기 위해 여가를 필요로 하는 사람들이다. 이러한 노동자, 시민계층의 휴가는 자신의 노동을 위하고 삶의 조건인 건강과 에너지를 위한 조건으로서의 의미가 크며, 현대에서와 같이 그 자체가 목적이 되는 휴가와는 구분되는, 수단과 방법으로서의 노동 계급적 여가문화의 도래를 의미한다.

한편 이 시기의 여가문화는 다음과 같이 몇 가지의 특징적 모습들을 보여주고 있다.

첫째 – 일과 생산이 시대의 이상이 되어 일 중심의 사고방식과 철학이 근대유럽을 지배하게 되었으며, 다른 한편으로는 일과 여가시간의 개념구분이 확립되었다.

둘째 – 노동시간이 연장되고 상대적으로 가용 여가시간이 감소함으로써 노동의 대립 개념으로서의 여가 및 휴가에 대한 욕구가 증대되었다.

셋째 – 산업사회의 발전은 도시화 현상을 촉진시켜 대량생산, 대량소비의 단계에 도달하게 되었다. 따라서 여가행태로 보면 사람들은 개인중심의 상업화된 여가를 즐기게 되었다.

넷째 – 일부 유한계급에게만 주어졌던 여가가 대중화되기 시작하였으며, 일에 대한 보상수단으로서 또는 일을 수행하는 데 필요한 에너지 공급의 수단으로서 여가의 중요성이 부각되기 시작하였다(한국관광문화연구원, 2008a; 김문겸, 1999).

3) 현대 후기산업사회의 여가 및 휴가

현대사회는 대중 여가사회, 즉 여가의 대중화 시대 또는 여가의 민주화 시대이다. 더이상 신분사회가 아닌 현대사회에서 누구든지 여가를 즐길 수 있을 뿐만 아니라 엘리트문화의 해체와 대중문화의 양산으로 인하여 엘리트적인 고급문화와 서민문화의 구분이 없어지고 개개인 누구나가 자기의 욕구를 자유롭게 향유하는 새로운 상황이 시작되었다. 물질적 풍요보다는 정신적 풍요를 더 높게 평가하는 경향이 대두되었고 노동중심의 생활보다는 여가 중심의 생활을 추구하는 의식구조가 뚜렷하였다. 근대사회에서 노동을 위한 휴가와 여가였다면 현대사회에서는 여가를 위한 노동으로 그 의미와 위상이 변하되었다. 그리고 여가야말로 인간생활의 필수요소이며 누구에게나 공평하고 균등하게 제공되어야 한다는 인식이 지배적으로 변모되었다. 그 결과 여가 증대에 따른 새로운 대응책 마련으로서 휴식공간의 개발, 재정적 지원, 여가생활에 관한 정보 제공, 교육 프로그램의 개발, 편의시설의 확충 등 사회복지 차원에서 구상된 진정한 여가정책의 필요성이 절박해지고 있다.

2 산업사회의 여가와 휴가

독일을 포함해 산업국가에서 여가의 의미와 가치는 자기정체성과 인권, 삶의 질 그리고 경제적 측면과 밀접하게 연결되어 있다. 더욱이 휴가는 법적으로 규정되어 있는 권리로서 이해될 뿐만 아니라 자유시간, 여행, 관광, 레저와 레크리에이션 등의 개념과 밀접하게 연관되어 있다. 따라서 이들은 모두 근로(勤勞)와 여가(餘暇)라는 현대 산업사회의 일상의 두 축을 중심으로 설명될 수 있다.

산업화가 고도로 발달된 서구사회에서 여가문제는 '일생을 여가 생활을 위해 살아간다'고 할 정도로 생활의 중심축을 이루고 있다. 특히 휴가시즌의 여가시간을 가장 보람 있게 지내기 위하여 일 년 동안 부지런히 저축하고 휴가계획을 설계하기도 한다. 현대 산업사회에서의 여가는 산업화의 부산물로서 과거에는 소수 특권층의 고급문화 활동으로 간주되어 왔으나 이제 일반국민의 일상적인 문화 활동으로 정착하게 되었다. 또한 사회가 점차 생산 지향적 특성에서 소비 지향적 특성으로 전환하는 후기 산업사회(post-industrial society)로 진입하면서 인간 생활양식으로서의 여가행복주의(dilettantism)까지 등장하고 있다. 미래학자들이 현대의 여가를 인류사회에 전혀 새로운 현상으로 규정하고 있듯이 현대여가는 대부분의 사람들이 일찍이 경험해 보지 못한 것으로서 개인적 차원 이상의 사회적인 관심사가 되고 있다.

그리스 로마 시대의 여가를 제1차 여가혁명으로 규정한 바 있는 첩(Michael Chubb)은 18세기부터 시작된 산업혁명의 결과로 나타난 여가현상을 제2차 여가혁명으로 규정한 바 있다. 이는 현대여가의 특징이 산업화와 연관되어 있다는 의미로 볼 수 있다. 현대인은 고도의 과학기술문명 혜택으로 소득과 소비수준이 향상되고 노동시간이 감소됨에 따라 여가기회 확대를 경험하고 있다. 오늘날 여가가 시간적인 차원에서 증가하는 현상을 자유 시간 혁명(time wealth revolution)으로 규정하고 있는 것이나, 1950년대 이후 여가문화의 폭발적인 영향력을 여가혁명 혹은 제4의 물결로 칭하고 있듯이 후기산업사회에서 이전의 다른 어떤 혁명보다 현대인의 삶에 강력한 영향력을 미치고 있음을 알 수 있다(김광득, 1998). 또한 현대사회에 들어와 여러 가지 사회변화 가운데 기본적 부의 증가와 신장된 선택의 자유 덕분에 사람들은 종전보다 비(非)노동적 활동과 가정활동에 더 많은 시간을 할애할 수 있게 되었다. 그 결과 여가현상에서도 선택의 자유가 급속히 확대되어 일종의 쇼크를 낳고 있다. 소위 '여가폭발(leisure explosion)' 현상에 직면해 이러한 문제를 해결하기 위한 노력의 일환으로 유엔인권선언(UN. Human Right Declaration 1948), 유엔경제, 사회, 문화적 권리에 대한 국제선언(UN. / International Convention on Economic, Social and Cultural Rights 1960), 세계 관광기구(WTO)의 마닐라 선언(Manila Declaration 1980) 등은 여가와 휴가를 인간의 권리로 인식하며 국민복지의 관점에서 여가와 휴가시설의 제공에 관한 구체적인 대책을 수립, 시행할 것을 촉구하고 있다. 특히 여가시간을 확보하는 공적인 시스템으로서의 휴가 중요성은 사회 전 분야의 문제로 대두되고 있다.

현대인의 의식구조에 대한 여러 방면의 조사결과에 따르면 개인의 삶에 대한 가치부여가 양적인 물적 충족에서 삶의 질적 향상으로 이행되고 있으며 그 수단으로서 여가를 점차 중시하고 있음을 보여주고 있다. 직장으로 대표되는 일, 근로만이 생의 전부가 아니라 자신에게 주어진 자유시간을 보람 있게 활용한다는 것이 삶의 또 다른 중요한 부분임을 깨닫기 시작한 것이다. 이처럼 여가에 대한 관심 증대와 이를 향유하려는 수가 현저하게 증가하고 있는 것으로 보아 장차 여가가 우리 사회에 미치는 영향은 매우 지대하게 될 것이다. 더욱이 이제 여가문제는 핵무기, 인구증가, 기아와 더불어 인류의 4대 문제 가운데 하나로서 그 이용 여하에 따라 한 국가의 흥망성쇠를 좌우할 수도 있는 중요한 요인이 되고 있다. 이런 맥락에서 그라지아의 경우 '여가의 이용은 사회의 가치를 가장 정확하게 측정할 수 있는 문명의 시금석'이라고 지적하면서 여가를 현명하게 사용할 줄 모르는 민족은 국가의 평화와 번영을 위태롭게 할 것이라는 주장까지 하였다(이봉석, 2001, 재인용).

3 기본권으로서의 여가와 노동인식

1966년 12월 16일 제21차 국제연합총회에서는 개인의 경제적 · 사회적 · 문화적인 권리의 국제적 보장을 정한 국제규약(International Covenant on Economic, Social and Cultural Rights)을 채택한 바 있다. 이는 기존의 시민적(자유권적) 기본권과는 달리 생존권적 기본권이나 사회권적 기본권으로서 복지국가의 이념에 바탕을 두고 국가의 적극적인 행위에 의하여 개인의 생존을 확보한다는 의미다(유승준, 1992).

서구 근대사회에서 여가 및 휴가에 관한 일반적 관념이 사회경제적 구조변화와 더불어 크게 변화하는 양상을 보였다고 한다면, 그러한 구조변화는 동시에 노동에 관한 사람들의 인식 변화도 아울러 함축하고 있다. 일반적으로 인간에게 노동은 두 가지의 의미를 가지기 마련이다. 하나는 '살기 위해' 반드시 필요한 생산 활동이며, 또 하나는 '잘 살기 위한' 가치적인 의미부여로서의 자유를 전제로 한 창조활동이다. 전자는 생계를 꾸리기 위한 사회적 활동이며, 후자는 개성을 발휘하기 위한 창조활동을 의미한다. 인간사회의 시대적 발전 역시 살기 위한 노동에서 잘 살기 위한 노동으로 변화하는 면을 보이고 있다.

이러한 변화에 상응하여 근대적 의미의 여가 및 휴가가 노동에 의해서 얻어진 결실로서 노동의 피로를 풀기 위한 수단으로 간주되었던 반면 현대사회에서의 여가 및 휴가는 노동에서 독립하여 독자적인 존재로 자리 잡게 되었다. 다시 말해 현대사회의 여가와 휴가는 인간의 노동생활에서 얻어진 결실인 동시에 하나의 독립된 사회적 행동양식과 정신문화형태로 굳어지게 되었다. 노동에 따르는 피로의 회복과 원기회복뿐만 아니라 진실된 인간생활과 존재가치를 실현하는 본래적 인간다움과 순수성을 여가와 휴가를 통해 자기발견, 자기표현, 자기계발 속에서 찾고자 하는 추세가 주류를 이루게 된 것이다. 현대인들이 여가와 휴가를 위하여 더욱 많은 시간과 소득을 투자하는 경향을 생각해 보면 한때 노동의 부산물로만 인식되었던 여가와 휴가의 세계가 현대에 이르러서는 노동의 세계로 강력하게 영향력을 강화해 감으로써 노동과 여가 사이의 사회적 관계구조에서 대폭적인 국면 전환이 시작되었다고 할 수 있다.

이러한 관점으로 독일 상황을 살펴보면 제2차 세계대전 종결 이후 사회경제적 재건 과정을 통하여 진행된 노동에 관한 독일인들의 인식변화, 특히 노동시간의 변화가 독일의 휴가문화에도 근본적인 변화를 초래하였음을 알 수 있다. 독일의 1인당 국민소득은 전후에 지속적으로 증가해 왔고, 그에 비례하여 노동시간은 감소하여 1950년대까지 노동을 위한 삶이었다면, 1970년대에는 여가와 휴가가 점진적으로 증대되었고, 1990년대 들어서는 여가시간이 노동시간을 추월하는 경향을 보였다.

한편 1980년 이후 사회구조 및 가치관의 변화에 따라 독일사회에서 노동의 사회적 위상은 현격하게 변화되었다. 즉, 노동이나 돈벌이만큼이나 중요해진 것이 여가와 휴식이었던 셈이다. 여가와 휴가의 비중이 증가하는 만큼 대부분의 사람들에게 노동은 이제 여가와 마찬가지로 재미를 주어야 하는 것으로 인식되었으며, 그들은 노동보다 자유로운 삶에 더 많은 시간을 투자하게 되었다. 그 결과 연중 총 200일의 노동일수에 165일의 휴일이 주어지게 되며, 총 여가시간(연간 2100시간)은 총 노동시간(연간 2000시간)을 추월하게 되었다(Statistisches Bundesamt, 2007). 다시 말해 근대 역사상 처음으로 사람들이 생계를 위한 노동시간보다 더 많은 시간을 나름의 자유를 위해 얻고 쓰게 된 것이다. 이러한 이유들로 고전적인 "노동사회(Arbeitsgesellschaft)"의 관념은 이제 그 정당성을 상실할 위기에 처하게 되었다[51].

51) 휴가법에 따른 법적 정의의 휴가란 전통적으로 휴식을 목적으로 노동자에게 주어지는 자유시간으로 인정된다. 독일인들에게 휴식은 여전히 휴가에서 얻는 것이기는 하지만, 그렇다고 오늘날 휴가가 전적으로 휴식을 목적으로 한 여행만을 의미하는 것은 아니다. 지속적인 가치관의 변화에 따라서 휴가란 이제 점점 더 노동의 세계와의 관련성을 상실하고 있다. 즉, 휴식이라고 하는 휴가의 주된 단일동기로부터 점차 복잡하고 다층적인 여러 가지 동기와 목표, 기대와 바람들이 형성되었다는 것이다. 독일인들에게 휴가가 갖는 의미와 휴가여행을 떠나는 이유로 오파숍스키는 날씨, 안정, 기분전환, 자연, 자유, 교제와 접촉, 재미거리, 안락함 그리고 활동이라고 설명하고 있다(Opaschowski, 1989).

4 독일인의 노동에 따른 휴가문화

사람은 누구를 막론하고 적당한 노동시간의 제한과 유보수의 정기적 휴가를 포함한 휴식과 휴가를 가질 권리를 가진다고 1948년 세계 인권 선언문 제24조에 명시되어 있다. 이후 서구 사회에서 노동 후의 휴가는 스트레스 해소나 피로회복 등 산업사회의 문제점을 해소하기 위한 일시적 방안으로만 여기지 않고 인간이 누려야 할 당연한 법적 권리로서 인식하기에 이르렀다. 이제 현대의 경제적 발전과 사회구조의 변화는 개인의 삶에 보다 큰 가치를 부여하게 만들었고, 삶의 목표는 양적인 물질충족을 넘어 생활전반의 질적 향상으로 이행되었다. 이에 따라 노동 이외의 자유시간을 보람 있게 보내는 것은 근로와 함께 개인과 사회생활을 구성하는 양대 요소가 되었다. 오늘날 이런 자유시간과 연관된 여가문제의 등장은 산업사회의 출현과 맥을 같이 하고 있다. 따라서 평균적인 근로자들은 자신들에게 주어진 공휴일, 휴가, 휴식기간 등 가처분시간(자유시간)을 의미 있는 시간으로 만들기 위해 시간활용계획을 수립하고 다양한 활동과 놀이에 참여하고 있다.

휴가나 휴가와 연관된 체계적인 휴가시스템의 보장은 한 사회 구성원의 삶의 질을 제고하고 사회복지 체계를 위한 시급한 국가정책적 관심사가 되었다. 즉, 휴가시스템의 보장을 통해 형성된 휴가문화는 국민의 삶의 질 향상과 함께 사회적 기능과 역할의 차원에서 관심을 불러일으키고 있다. 그러나 다른 대부분의 나라와 마찬가지로 독일에서도 100년 전만 하더라도 휴가(Urlaub)는 특별한 허가(Erlauben)를 받아야만 하는 특별한 일로, 부득이한 일로 쉬어야만 할 때 '주인' 또는 '고용주'의 허락을 얻어야만 했다. 그래서 1900년까지만 하더라도 휴가일은 하루도 없었다. 그러던 것이 2000년부터 연간 평균 33[52)]일의 휴가기간을 갖는 세계 최고 수준의 휴가 향유 국가가 되었다.

52) 주마다 법정 공휴일이 조금씩 다르고 또 법적 휴가일수도 나이며 상황에 따라 달라서 일괄적으로 계산하기 어렵다. 그럼에도 전반적으로 평균 계산하여 따지면 대략 30일과 33일 사이가 된다(Statistisches Bundesamt, 2009).

여기에는 일반적으로 거론되는 휴가여행욕구를 불러일으키는 요인들(노동으로부터 오는 긴장과 스트레스 해소, 일상에서의 탈출과 자연에 대한 욕구 등) 이외에도 독일과 독일사회 특유의 원인을 들 수 있다(Opaschowski, 2004)[53]. 특히 독일에서 휴가는 일의 반대급부가 아니라 인간다운 삶을 영위해 가기 위한 최소한의 조건으로 인식의 전환을 이루었다. 서구 제국들과 마찬가지로 휴가문제는 산업화의 조기실현으로 이미 성숙단계에 접어들었으며, 이들은 특히 일찍이 휴가문제를 국가 정책적 차원에서 국민복지의 일환으로 다루어 왔기 때문에 휴가를 보람 있게 즐길 수 있는 공간과 제도, 시설과 조직에 있어 하나의 시스템을 형성할 만한 사회 각 분야의 긴밀한 협력체계가 형성되어 있다. 국가 정책적 차원에서뿐 아니라 개인들 역시 휴가를 공해, 피로회복, 스트레스 해소 등 산업사회의 문제점을 해소하기 위한 일시적 현상으로만 생각하지 않고 행복한 삶을 만들기 위한 권리로 인식하고 있다. 그에 걸맞게 휴가에 대한 인식이나 휴가형태, 휴가활용 등의 전반적인 휴가문화에 대한 개개인의 의식도 성숙했다.

통일 이후 내적으로 과거 분단국가로서의 문화적 이질감이 상존해 있는 반면에 동서독을 막론하고 독일인들에게서 공통적으로 찾을 수 있는 특성은 여가시간에 대한 생각이다. 여가시간에 무엇인가 자신이 제일 잘 하는 일에 매달리는 기질이 독일인의 가장 큰 특성 중 하나다. 이들에게 여가시간은 곧 자신의 능력과 지식을 향상시킬 수

연 도	휴가일수	연 도	휴가일수	연 도	휴가일수	연 도	휴가일수
1900	0	1910	5	1918	7	1923	8
1940	10	1950	12	1960	16	1970	21
1980	27	1990	31	2000	33	-	-

53) 독일인의 휴가관에 영향을 미친 요인을 찾아본다면, 먼저 기후와 문화의 영향이 꼽힌다. 남부 독일을 제외하고는 대체로 날씨가 흐린 날이 많아서 옛날부터 햇볕에 대한 동경이 많았고, 게다가 문화적으로 라틴문화의 온상이요 유럽 전통의 뿌리로 통하는 이탈리아는 수많은 독일인들의 동경의 대상이었다. 물론 정치·경제적 지형도 크게 작용하였다. 1950년대 이른바 라인 강의 기적이라는 경제발전에 힘입어 여유가 생겼고 휴가 기간도 세 배 이상 늘어나서 해외 휴가의 여건이 그 어느 때보다 좋았다. 그러나 같은 남쪽이요 대서양 쪽을 택하더라도 정치, 문화적으로 독일과 전통적으로 배치관계에 있던 프랑스는 물가에서마저 이탈리아에 비해 비싼 편이었다. 이러한 영향으로 독일인들의 전통적인 해외여행 목적지로 무엇보다 이탈리아가 꼽혔지만, 물론 그 뒤로는 여행의 여건들이 전반적으로 좋아져 목적지도 다양해졌다. 최근 독일인들이 가장 많이 찾는 외국으로는 오스트리아가 꼽힌다(Opaschowski, 1989).

있는 좋은 기회로 간주되며, 공공부문에서는 각종 법률과 사회적 시스템을 통해 여가 시간을 활용할 수 있는 인프라를 제공하고 있다. 더욱이 우리의 경우와 다른 여가 생활을 누릴 수 있는 전제조건은 주 5일제 근무를 철저히 지키는 생활패턴(금/토요일 연간 104일)과 한 해 평균 30일의 (1986년 기준) 법정 휴일, 각 주별로 조금씩 차이가 나는 종교적 휴일과 각종 국가 기념일(연간 12일) 그리고 법적으로 보장된 병가(1986년 기준 평균 11일) 등을 꼽을 수 있다. 일상적인 주말과 기념일 등이 다양한 여가문화에 투여되는 반면, 법적으로 보장된 '휴가(Urlaub)'는 독일인들에게 곧 '여행(Reise)'을 떠나는 것과 동일시된다. 또한 휴가는 일상의 권태와 삶의 피로로부터 새로운 문화와 자연을 찾아 떠나는 자기발견의 시간으로 휴가여행은 여가의 일부(Outdoor recreation)이지만 일과 연관된 여행과는 구분된다(Opaschowski, 1998). 이런 휴가문화는 일상생활 영역을 벗어나 역동적인 활력을 불어넣는 휴가활용, 특히 자동차 여행을 많이 하는 독일인들의 경우 환경문제가 중요한 사회적, 개인적 관심사로 대두된 상태다. '부드러운 관광' 또는 '소프트 관광'(Sanfter Tourismus)은 이런 휴가문화의 과중에 따른 환경 생태계 파괴를 최소화하려는 민관 합동 노력의 일환이라 할 수 있다.

제 05 절 여가정책의 영역과 독일 시기별 여가 연구현황

1 여가정책의 영역

여가의 정책적 업무영역은 여가정책의 대상과 여가정책의 내용으로 구분하여 살펴볼 수 있다. 대상적 측면에서 여가업무영역은 관련업무와의 관계 속에서 문화・예술・체육・레크리에이션・관광・교육・복지 등으로 규정될 수 있다. 그에 반해 여가정책의 내용적 측면에서는 여가공간과 새로운 여가형태를 반영하는 여가범위의 설정, 여가중독과 몰입 등, 여가의 사회적 역기능에 대한 해소, 그리고 다양한 계층별 여가활동의 지원과 활성화 등을 꼽을 수 있다.

여가정책은 공간기준으로 〈표 5-2〉에서 볼 수 있는 것처럼 실내여가(indoor leisure), 야외여가(outdoor leisure), 사이버여가(cyber leisure) 등으로 구분하고 있다. 이는 사회변동과 함께 실내와 야외를 넘나드는 새로운 여가공간으로 사이버여가가 형성되고 있음을 반영하는 반증이라 하겠다.

▌표 5-2▌ 공간과 범위에 따른 여가활동 구분

구분		실내여가	야외여가	사이버여가
협의	사교적 여가활동	다른 사람과의 식사, 파티·가족모임 등과 같은 비공식 모임 등	결혼식·장례식·연회 등과 같이 공식적 모임에 참석, MT, OT, 각종 동호회의 오프 모임 등	영화관람 동호회, 게임동호회 활동, 각종 인터넷 동호회 활동, 다양한 종류의 스포츠 온라인 동호회, 모교사랑·세이클럽 등과 같은 커뮤니티 활동 등
	모방 및 놀이활동	아마추어연극, 볼룸댄스 등	조기축구회, 스포츠관람, 등산, 코스튬 플레이 등	비디오·온라인·PC·모바일게임 온라인 영화관람 온라인 판타지 소설 읽기 등
	비전문적 여가활동	낮잠, 보드게임, 신문·잡지보기 등	일광욕, 산책, 휴일여행, 변화를 위한 외식 등	온라인 채팅, 포커·카드 등과 같은 캐주얼 게임 등
광의	통상적 여가활동	휴식, 수면, 목욕, 애완동물 기르기 등	건강을 위한 운동, 쇼핑, 자원봉사 등	온라인 쇼핑, 온라인 채팅 등
	자기개발	기타·하모니카와 같은 악기 배우기, 분재, 어학공부, 독서, 전문적 취미활동	프라모델, 아마추어 무선통신 등과 같은 전문적 야외취미활동, 역사문화유적지 탐방 등	사이버박물관탐방 등 사이버전시관람, 공예, 악기, 사진 등과 같은 사이버 취미강좌 수강, 온라인 동영상 강의 청취, 교육용 게임(영어단어, 토익, 토플을 배울 수 있는 게임) 등

출처: 한국문화관광연구원, 2008a: 51, 재인용

2 독일의 시대별 여가 연구

유럽에서 여가에 대한 사회과학적 관심은 1945년 벨기에에서 개최된 제1차 유럽사회학 대회에서 대중교육과 여가에 관한 문제를 사회학 분야의 연구주제로 채택한 이후 활성화되기 시작했다.

1956년 네덜란드 수도 암스테르담(Amsterdam)에서 개최되었던 제3차 국제사회학대회에서는 미국의 앤더슨(Anderson), 네덜란드의 헤이브(Have), 프랑스의 뒤마즈디에, 구소련의 오시포프(Ossipov), 유네스코의 교육학 연구소장 헨니온(Hennion) 등이 모여 여가에 관한 연구를 국제적 차원에서 교류할 것을 계기로 본격적인 논의가 되었다. 그 후 1957년 프랑스 아낭시(Annecy)에서 사회과학과 여가에 관한 국제회합이 개최되었고 1959년 제4차 국제사회학대회에서 동・서유럽 국가의 많은 여가 연구자들이 13개 팀으로 구성되어 회합을 거행함으로써 국제적 회의 상태로 발전하게 되었다(김문겸, 1999).

한편 여가정책 영역으로서 독일의 상황을 살펴보면 각 시기별 사회・문화・경제적 상황에 따라 독특한 차이를 보여주고 있는데 변화 흐름을 열거하면 다음과 같다[54].

1) 바이마르공화국 이전시기(1848~1918)

이 시기에는 주당 80~90시간에 달하는 장시간 노동과 일요일・휴가의 부재에 대항한 노동운동이 급증하고, 사회정책들이 하나둘씩 들어서는 시기라 규정할 수 있다. 이 시기에 노동운동의 세력은 급격히 부상했고 노동시간 단축운동이 사회적 핵심의제로 등장하는 가운데 여가정책의 시발점이라고 볼 수 있는 정책은 노동시간 단축과 일요일의 공휴일 지정(1892년) 등을 꼽을 수 있다. 당시의 여가정책은 노동자들을 위한 것이라기보다는 노동자계급의 게으름 또는 과격화를 막기 위한 데 있었다. 그래서 노동자들의 혁명적 시도를 억제하는 데 초점이 맞춰졌고, 이를 억제하기 위해 문화교육을 실시하고, 도서관을 확충하며, 성인교육을 제공하는 등 노동계급의 여가행동을 통

54) 독일에서 자유시간(Freizeit)이라는 단어가 처음 등장한 시기는 1823년 교육학자 프리드리히 프뢰벨의 저작에서부터다. 그 이후 여가의 의미는 자유시간을 의미하면서 지금까지 전해내려 오고 있다. 즉, 여가의 의미에는 마음의 상태로서의 여가(Musse), 레크리에이션(Erholung), 엔터테인먼트(Unterhaltung), 창조성(Kreativitaet)을 포함하기도 한다. 그럼에도 자유시간의 개념은 경험의 질보다는 시간개념을 함축하고 있다. 따라서 독일의 여가정책은 자유시간 동안에 사람들이 자유롭게 선택한 활동을 향상시키기 위한 정책들을 의미한다고 할 수 있다.

제 또는 억제하기 위한 것들이 대부분이었다. 당시 여가활동과 관련된 영역은 아무래도 교회 중심적이고 기차나 선박을 통한 이동수단이 주요 부분이었다.

2) 바이마르공화국 시기(1918~1932)

제1차 세계대전 말기인 1918년 바이마르 공화국이 베를린에서 선포되면서 1919년 1일 8시간노동(Der Acht-Stunden-Tag)을 통한 노동시간 단축과 자유시간 · 여가시간 확보가 보장되었던 시기이다. 이 시기에 처음으로 여가정책에 대한 학문적 · 정치적 · 실천적 논의가 시작되었고, 사회보장법규의 정비와 제정 그리고 적용대상의 확충이 이뤄졌다. 지역 차원에서는 청소년을 위한 여가센터가 대도시 위주로 베를린과 함부르크 등지에 설립되었고, 다양한 여가 프로그램이 실시되었다. 여가의 발전이 시장, 특히 영화 · 방송 · 스포츠 등과 같은 여가산업 및 엔터테인먼트산업에 의해 촉진되기도 하였다. 그러나 당시에는 여가정책이 정부정책에 의해 독립적으로 마련되지는 못하고 있는 실정이었다.

3) 나치정권 시기(1933~1945)

나치당이 1918년 이후 소위 국가사회주의당을 뮌헨 시에 세우고 자신들의 정치적 활동영역을 확장하면서, 1933년 이곳을 나치당의 본거지로 활용한 시기이다. 나치정권은 1933년 권력을 잡으면서 1939년 제2차 세계대전을 발발시키고, 나치의 법령에 따라 유대인들을 괴멸시키기 시작하였다. 그 당시 나치정권은 여가시간을 자신들의 이데올로기를 전파하기 위한 수단과 목적으로 활용하였다. 나치정권은 여가가 정치적 충성심을 조성하기 위한 탁월한 수단이라고 여겼던 것으로 보인다. 따라서 대중여가는 엄격하게 통제된 상태에서만 제공되었고, 여가정책도 국가주도 모델을 골자로 전체주의적(totalitarian) 통제를 위한 것이라 할 수 있다(유승준, 1992).

4) 사회 재건기(1949~1969)

이 시기에는 사회시장경제 정책에 따라 독일이 재구조화되는 시기를 말한다. 1949년 (구)서독이 독일연방공화국을 건립하고 (구)동독은 마르크스-레닌주의에 입각한 독일민주주의공화국을 건립한 시기이다. 동독이 베를린을 수도로 공표하면서 1961년 10월 27일 베를린 장벽을 쌓고 서방세계와 폐쇄정책을 실시하였지만, 서독은 미국의 소위 마샬 프로그램의 지원 등으로 급속한 경제성장을 이룩했다. 이는 사회보장을 충실하게 다지는 바탕을 마련하게 된 계기가 되었다. 나치정권시기 횡행했던 장시간노동은 제2차 세계대전 이후인 1946년 강력한 산별 노조의 영향 아래 8시간 노동제로 재구조화 되었고, 휴가(Urlaub)기간도 2주에서 6주로 확대되는 시기였다.

노동구조의 변화로 법적 은퇴연령이 65세에서 58세까지 낮아짐에 따라 조기연금혜택을 받는 노령자들이 기하급수적으로 증가하였다. 동시에 여가에 대한 사회적 관심이 부각되면서 교회, 노동조합, 대학, 연구기관, 스포츠단체 등 다양한 조직들이 여가를 다루기 시작하였다. 이런 이유들로 문화정책이나 사회정책과는 별도로 여가정책이 필요하다는 인식을 확립할 수 있는 시기였다(김근홍 외, 2007).

5) 독일연방정부시기(1945~1988)

이 시기에는 독일인들이 도시근교로 대량 이동하면서 삶을 정착시키는 단계라 할 수 있다. 여성들의 역할이 변화되면서 주당 노동시간도 40시간내로 조정되었고, 전문화된 활동과 가족단위에서 개별단위 여행이 진행된 시기였다. 특히 독일 노화연구가 본격적으로 도입된 시기이기도 한 이때 나이에 의해 조건 지어진 수행능력과 기능상의 변화에 대한 연구들이 주종을 이루면서 노인여가 정책에 영향을 미쳤다. 제2차 대전 후 집권하게 된 독일의 기독교민주연합, 곧 기민련(CDU)은 가족의 위기(Krise der Familie)를 경험하면서 1953년 소위 가족부를 신설하고, 국가차원에서 가족의 복지 증진을 위한 기본틀을 정립한 시기도 바로 이때이다. 1969년에는 사민당(SPD)으로 정권이 교체되면서 독일의 가족복지정책은 사회정의 실현과 개인의 발전 가능성 강화라는 거시적 목표를 실현하기 위한 하위 실천분야로 기능하기 시작하였다. 따라서 가족복지 정책이 포괄적 사회정책으로 발전하도록 경제정책과 노동시장정책을 비롯한 여타 사회정책 영역과 적극적으로 연계해 나가면서 여성과 청소년 그리고 보건 업무가 가족부의 소관 업무로 이양되면서 노인들의 역할모델을 고민한 시기이기도 하다.

6) 여가정책의 발전시기(1969~1988)

여가가 정치적 이슈로 여겨졌던 시기라 할 수 있다. 주당 노동시간이 38시간 이내로 줄어들었고 여가의 권리화나 내적 자각 그리고 자기실현 등이 성취되는 단계다. 그러나 산업・노동정책의 뒷전에 밀렸고 여타 정책의 부수물로 여겨졌던 여가정책이 부각되면서 1973년 '청소년・가족・건강부'에 여가・레크리에이션(Freizeit und Erholung) 부서가 처음 만들어졌던 시기이기도 하다. 이 시기에는 조사연구・국제학술・도서출판 등 여가정책을 중심으로 한 다양한 작업이 이뤄졌을 뿐만 아니라 여가공간 마련, 여가교육 실시, 여가욕구 충족, 여가조사 실시, 여가조직 확대, 여가시설 확충, 소외계층을 위한 여가기회 마련 등 다양한 노력이 계속되었다. 그러나 1982년 기민–자유연합 정권이 들어서면서 사회복지 확충을 위한 여가정책은 정부개입 최소화와 시장책임 논리로 전환되었다. 이에 따라 여가 담당부서도 '청소년・가족・건강부에서 환경・도시개발교통부로 바뀌었고 경제 분야의 신자유주의적 경향(복지국가의 축소, 시장논리의 확장)이 강화되었다. 특히 기존의 사회・문화정책의 일환으로 제기되었던 여가정책은 산업・경제정책의 일환으로 취급되었으며, 여가공간의 확보와 관광 등 여가산업의 지원으로 특징지을 수 있다.

7) 통일 이후 시기(1989~현재)

1990년대 들어 여가시간이 노동시간을 추월하는 경향까지 보이면서 여가 활동 전반에 일대전환이 이루어진 시기다.

일반적으로 독일의 여가정책은 연방과 주정부의 차원에서보다 시(市)와 지역단위의 여가정책에 초점이 맞춰져 있으며, 사회통합적 성격의 여가정책이 출현하고 있다. 특히 기존의 청소년 · 가족 · 여성 · 건강부(Bundesministerium für Jugend, Familie, Frauen und Gesundheit)는 1995년 노인을 포괄하는 독일연방 가족 · 노인 · 여성 · 청소년부(Bundesministerium für Familie, Senioren, Frauen und Jugend)로 확대 개편되면서 노인여가 정책에 대해서도 구체적인 정책수립, 집행, 평가하는 업무들이 체계성을 갖추게 되었다. 이처럼 독일의 여가발전과 정책에 대한 최근 동향에서는 여가정책을 경제 혹은 재정측면보다 생활환경과 삶의 질 실현을 위한 방법으로 여기며, 일-삶(work-life)의 균형 · 조화를 위한 것에 초점을 맞추고 있다. 또한 문화와 지역발전, 경제적 발전, 기술적 발전에 따른 여가의 기능 등에 대한 요인들을 포함한 새로운 여가문화 모델을 창출하기 위해 여가정책의 방향을 제시하고 있다(한국문화관광연구원, 2008a).

물론 독일의 국가구조와 행정체계는 '연방국가원칙', '지방자치원칙', '권력분립원칙'이 적용되고 있기 때문에 여가정책의 방향도 전국적으로 일관적인 내용들로 적용하기는 무리가 많다. 특히 독일은 문화와 교육 영역에서 연방(Bundes)의 법이 각 주(Land)에 그대로 적용되지 않고, 주마다 고유한 자치 권한이 크다. 그와 마찬가지로 그 이하의 여러 층위의 기초 자치단체들(Kreis, Kreisfreie Stadt, Gemeinde)의 자치권도 존중되는 시스템이다. 따라서 독일 대부분의 법안들이 그렇듯 노인복지정책 분야의 입법 과정에서도 항상 정당의 색이 담기는 정당별 초안이 만들어지기 때문에 아무리 연방이 정한 법이라도 주마다 어느 정도 다른 모습으로 실행될 가능성이 크다는 특성을 갖고 있다(임춘식 외, 2005).

제 06 절 노년의 여가

1 노년 여가의 특징

은퇴기로 접어들면서 노후의 여가시간을 어떻게 보냈으면 좋겠다는 바람을 갖는 경우는 많다. 직업생활을 하는 동안에 충족시킬 수 없었기에 그저 꿈만 꾸었던 수많은 일들, 이를테면 여행이나 취미생활 혹은 휴식 등을 은퇴 후의 충분한 여가시간에 누리리라 생각하는 것이다. 그런데 이러한 바람은 은퇴가 현실이 되면서 실현되기보다는 좌절을 겪기 쉽다. 환상에 젖은 바람들이 실현되기에는 그 토양과 여건이 아직도 제대로 갖추어지지 않았기 때문이다. 그렇기 때문에 막연하게나마 바람이라도 품었던 여가시간이 결국 지루함으로 끝나는 경우가 많다.

나이가 들었다는 사실이 노후의 당연한 미덕일 수는 없다. 이마에 주름살로 새겨지는 세월의 흔적만큼이나 사고의 폭이 유연해지고 내적 가치를 발견해 가는 범위도 함께 넓어져야 하는데, 옛 문화와 새로운 문명 사이의 갈등은 나이가 들수록 깊고 낯설게만 다가오는 것이 현실이다. 머리에 요란한 색을 칠하고 인터넷에 빠져 살면서 랩댄스를 즐기는 젊은이들은 구문화에 대한 향수가 아예 없는 것처럼 보이고, 또 그들에 대한 이해로 다가가기에는 괴리감이 커지게 마련이다.

여가란 일이 없는 시간과 결코 동일한 것이 아니라는 기제케(Giesecke)의 논거에 비추어볼 때(Giesecke, 1983) 노인들의 여가상황에 대한 분석이 단순히 그들의 관심사, 가능성, 습관 등에 대한 질문을 통해 해결될 수 있는 것은 아니다. 아울러 노후의 시간이 무한정한 자유시간인 것처럼 보인다고 하더라도, 이런 종류의 자유시간이 직업생활을 하는 동안의 여가와 동일시될 수는 없다. 왜냐하면 직업활동과 여가 사이의 분리가 직업활동이 없어짐과 동시에 사라져버렸기 때문이다. 더이상 직업활동으로 메워지지 않는 자유시간 때문에 마지막 은퇴기의 노인들은 자주 문제에 빠지게 되는데, 이 새로운 단계의 인생을 제대로 살아내기 위해서는 변화된 생활내용과 시간관계들을 적절히 처리하여 생활리듬을 잡고 동시에 개인적으로 의미 있는 일거리를 찾아내야만 한다. 노인들의 여가상황은 직업활동을 벗어나면서 올 수 있는 상실감의 극복 및 노년기의 의미 있는 일거리 마련에 얼마나 성공적이냐에 따라 달라진다. 특히 의미 있는 일거리는 새로운 인생단계의 바람직한 여가활동에 크게 도움이 된다(김근홍, 2001).

여가사회학 혹은 여가정치학 관련 저서나 연구서들 중에는 문제가 있는 계층과 손상을 입은 그룹들 외에도 여가활동을 이용하는 데 제한을 받고 있는 노인들을 다루는 것들이 적지 않다. 이들의 문제는 여가시간의 결여가 아니라 자기계발, 사회참여 및 소통의 기회가 결여되었다는 점이다.

현대사회에서의 여가에 대한 지대한 관심은 생활양식 · 가치관 · 산업구조까지 변화시키기에 이르렀다. 정보산업이 지배하리라는 미래사회는 아울러 여가-서비스산업의 시대라고도 볼 수 있다. 머지않은 미래에 사람들은 인간의 기본적 욕구충족이나 일에 매달리기보다는 자유시간을 갖고 여가활동에의 참여 기회를 넓히는 데 더 큰 관심을 기울이게 될 것이다. 이미 산업사회가 출발하면서부터 많은 사회학자들에 의해 예견되었던 여가의 중요성이 마침내 현실로 다가오고 있다는 증표들은 여러 곳에서 나타나고 있다.

2 노년의 여가활동

산업화에 따른 노동에 대한 인식의 변화로 노년기를 의무적인 일에서 벗어난 시기로 본다면 노년기 대부분의 시간과 활동은 여가활동이라 할 수 있다. 따라서 직업 활동에서 벗어난 노인들로서는 하루 일정 전부가 여가 시간일 수 있기 때문에 노인들의 여가활동 내용이나 특징은 그만큼 다양하고 복잡하다. 오파숍스키의 지적처럼 이러한 여가 기간으로서의 일상생활은 대외적인 활동 요인들보다는 '본다', '읽는다', '듣는다', '마신다', '머문다', '잔다'와 같은 여가활동을 표현하는 어휘들에서 나타나듯이 개인적이고 사적인 감정들이나 감각적 행위들이 주를 이룬다(Opaschowski, 1995: 106). 이러한 표현적 특징을 통해서 인생의 단계별 진행에 따른 여가활동의 개발 모델을 강조한 것이 바로 고든(Gordon), 게이쯔(Gaitz), 스코트(Scott)였다. 이들은 노년기 여가활동 형태와 내용을 세분화하면서 인생의 단계별 진행에 따른 여가활동의 모델 개발에서 표현성이 핵심적인 역할을 하며, 아울러 생활스타일과 밀접한 관계가 있다고 파악한 바 있다[55]. 이에 따라 이들은 여가시간에서의 활동 및 활동그룹들을 새로이 정립하면서 여가와 관련한 표현적 관계의 강도를 가장 중요한 기준으로 삼고 있다(Gordon et al., 1976).

만족의 정도에 따른 여가활동의 유형은 신체적·지적·정서적 활동을 표현하는 기준으로〈표 5-3〉에서 보는 바와 같다. 일반적으로 나이가 들어감에 따라 개인적 즐거움과 선호도가 줄어드는 여가활동으로 춤과 음주, 영화관람, 스포츠 참여, 옥외활동, 여행, 예술 활동, 독서 등이 있다. 다른 한편 연령과 상관없이 즐거움이나 선호도에서 큰 차이가 없는 활동으로는 친구방문이나 요리 등이 꼽힌다.

55) 여기서 중요한 것은 바로 자기 정체성의 확립과 자기표현이다. 이 두 요인은 짐멜(Simmel)과 베버의 논거에 그 뿌리를 두고 있는데, 여가의 개인적 의미를 일차적으로 강조하고 있다.

▌표 5-3▐ 만족의 정도에 따른 여가활동 분류

참여 정도	여가활동 형태	활동 내용
매우 높음	감각적 쾌락활동	성행위, 충동적 약물사용(마약), 무아지경의 종교체험, 육체적인 공격적 행동, 경쟁적 게임 및 운동경기, 격정적인 춤
상당히 높음	창조적 활동	예술·문학·음악 등 창작적 활동, 양육활동, 수준 높은 토론, 미술·악기 배우기
중간	발전적 활동	체조 및 개인운동, 학습활동 및 수준 있는 독서, 미술, 음악 등 심미적 활동 참여, 클럽이나 조직 참여, 관광 및 여행
상당히 낮음	기분전환 활동	사교활동, 손님 접대, 경기 관람, 게임·놀이, 대화, 취미활동, 독서, TV·라디오 시청
아주 낮음	긴장해소 활동	혼자 있음(solitude), 조용한 휴식, 수면

출처: Gordon et al., 1976: 314.

〈표 5-3〉처럼 일반적으로 충분한 휴식이나 오락 및 기분전환, 개인적 인성계발, 창의성, 감각적 경험과 형식들은 동시에 그때마다 요구되는 인지적·정서적·심리적 능력 및 상황에 따라 다양한 형식으로 나타나는 표현성을 수반하기 마련이다. 따라서 어떤 여가활동이 강도 높게 수행되면 될수록 에너지의 소모가 그만큼 크며, 아울러 밖의 관심에 대한 욕구와 감각적 자극의 정도 역시 커진다고 볼 수 있다. 충분한 휴식의 행위에서 이러한 에너지의 소비는 상당히 낮은 상태인데 비해, 감각적 경험에서의 에너지 소모는 상당히 높은 단계로 구분되는 특징이 있다(Tokarski et al., 1985).

노인들일수록 연령 증가에 따라 여가활동의 형식은 위축되기 마련이며, 가정적 활동이 가정 외적 활동에 비해 늘어나는 현상을 보인다.

사회통념상 은퇴는 노년기의 시작과 동일시되고 있기 때문에, 은퇴 이후에 임의로 쓸 수 있는 시간은 노인들의 여가활동에서 질적으로나 양적으로 가장 큰 역할을 한다고 볼 수 있다. 그리고 이때의 여가활동 형식과 그 종류의 다양한 정도는 경제적 상황에 크게 의존하기 마련인데, 경제적 여건이 좋은 상황에 있는 사람들은 그렇지 못한 사람들에 비해서 여가활동을 양적으로나 질적으로 다양하게 할 수 있다.

여가활동의 양식과 범위에서도 결정적인 역할을 하는 것이 건강상태 및 그와 연관된 신체적 활동능력이다. 그렇기 때문에 노인들에게는 여러 가지 전제조건들이 갖추어졌을 때에만 여가가 다양하게 구성될 수 있으며, 이는 다시 신체적 활동능력이 많이 요구되는 여가활동을 가능하게 할 것이다(Parker, 1979). 적극적이고 다양한 여가활동에 대한 욕구는 인생의 목표가 적극적일수록 더 커지게 마련이고, 어떤 기대수준이 높으면 실제로 수행하게 되는 여가활동의 활동성도 높다(Atchley, 1980).

1) 노인여가의 유형

노인들의 여가유형은 각자의 성격이나 과거의 생활습관에 따라 각기 다를 수 있다. 일반적으로 구분 짓는 여가의 유형은 자기충실형, 우인교류형, 독서형, 가족충실형, 사회참여형 등으로 나눌 수 있고, 그 특성을 살펴보면〈표 5-4〉와 같다.

노인들의 여가유형이 경제력 또는 학력수준과도 관계가 있다는 점은 이미 많은 연구결과에서 밝혀진 사실들이다. 그에 따르면 경제 능력이 없는 노인은 단독충실형, 우인교류형, 사회참여형 등의 여가를 하는 데 제약을 받을 수밖에 없다. 아울러 저학력의 노인들도 독서를 하거나 사회참여 등에 취미를 느끼지 못하는 경우가 많다. 따라서 저마다의 처지에 맞는 여가 유형을 찾아내는 것이 중요하지만, 장기적으로는 되도록 평생교육을 통해서 학식과 지식을 꾸준히 유지하며 키워가는 것이 노후의 다양한 여가 활동을 위해서도 바람직하다고 하겠다.

개인적인 상황을 떠나 주변관계도 여가유형에 영향을 미치게 되는데, 이를테면 자녀의 유무나 거주 지역에 따라서도 여가 유형이 달라지는 것이다. 특히 도시교외에 거주하는 노인과 도시 중심부의 가까운 아파트에 거주하는 노인을 비교한 연구 결과들을 살펴봐도, 교외거주 노인의 경우 가족과의 대화나 TV · 라디오 · 정원수 손질 · 인접근교 산책 등으로 시간을 보내는 비율이 높게 나타난다. 그에 비해 도시지역에 거주하는 노인들의 경우에는 먼 거리에 있는 관광지를 돌아보거나, 도시주변공원 같은 곳에서 동년배의 노인들과 대화를 나누는 등의 형태가 많아 도시 중심부 노인들이 교외 노인들보다 활동 범위가 넓고 빈번하다(BAT, 1984). 한편 하빅허스트도 자녀의 유무가 가족중심 생활양식을 택하느냐의 여부를 결정하는 관건이 된다고 지적한 바 있다.

표 5-4 노인의 여가유형

유형구분	여가유형의 특성
자기충실형	노인들 스스로 미술이나 서예, 음악감상, 사진촬영, 우표수집 등으로 시간을 보내는 형
우인교류형	친구들과 어울리는 일에 많은 시간을 충당하면서, 회식을 하거나 대화를 즐겨하고 또 친척들의 관혼상제 등에도 적극적으로 참가하는 형
독서형	독서를 하거나 문집을 정리하면서 신문잡지 기사 중 관심 있는 내용을 모아 스크랩을 하는 등 새로운 문헌수집에 열중하는 형
가족충실형	정원손질이나 미화작업 그리고 살림용구를 수시로 옮겨 놓는 등 전반적으로 가족동반의 외식이나 소풍 등으로 시간을 보내는 형
사회참여형	지역사회를 위한 봉사활동이나 동창회, 향우회, 친목회 그리고 때로는 정치단체에도 적극적으로 참여하는 형
기타 유형	뚜렷한 목적 없이 가정 밖에서 여가시간을 보내려는 형으로 노인교실, 경로당, 공원, 약수터, 복덕방 또는 어린이 놀이터 등에서 동년배 노인들과 어울려 시간을 소일하는 형

출처: 박재간, 1997

2) 노후의 여가활동 참여 만족도

여가활용을 위해 다양하게 제공되는 프로그램들에 대해서 은퇴자들의 반응이나 만족도는 성별에 따라 그리고 이전에 무엇에 종사했는가에 따라 서로 상반되게 나타나기 마련이다[56]. 여성의 경우 제공되는 프로그램들에 대해 일반적으로 긍정적 반응을 나타내는 비율이 높다. 반면 남성들은 대개 회의적인 경우가 많다. 일부 남성들은 자신이 받아들일 만한 프로그램들이 없다는 시각이 강하기 때문에, 혼자서도 스스로 잘

56) 일반적으로 이 프로그램들이 지닌 장점들(예를 들어 기분전환이 되거나 활력소를 불어넣고, 같은 생각을 지닌 사람들과 대화할 기회를 제공하는 등)을 퇴직자 모두가 인정한다. 그러나 이 프로그램에 참석하는 것이 곧 자신은 이젠 노인이며, 혼자서는 자신의 여가를 스스로 해결하지도 못하여 남의 도움을 필요로 한다는 것을 공공연히 들어내는 것이라고 생각하는 경우도 있다(BAT, 1984).

할 수 있다는 생각으로 거리감을 둔다는 것이다. 이런 경향은 특히 이전에 직장에서 고위직종에 종사했던 사람들일수록 두드러지게 나타난다. 이와 일치하여 여가 프로그램들에 대한 선호도와 만족도는 성별 및 과거 종사했던 직종에 따라 분명하게 구분되는 경우가 많다. 그럼에도 노후의 여가활동 참여와 생활의 만족도 및 여가만족도에 관련한 연구결과들을 종합할 때 대략 다음과 같이 간추릴 수 있다.

- 노후생활의 만족도에 긍정적으로 영향을 미치는 결정적인 요소는 사회활동과 여가참여다.
- 여가 만족도는 삶의 만족도에 기여하기 마련이다.
- 여가활동에 대한 참여도가 높을수록 삶의 만족도는 높다.
- 여가활동에 대한 만족이 클수록 삶의 만족도는 높다.
- 여가활동은 사회통합(social integration)에 가장 큰 역할을 한다.
- 여가는 사람들 사이의 상호교제(interpersonal activity)를 위한 기회를 제공하여 준다.
- 남녀노소 모두에게 제공되는 여가활동 프로그램에 대해서는 상당한 관심과 만족도가 높지만 특별히 퇴직자를 위한 특별 프로그램인 경우 그 호응도나 참여도가 현저하게 떨어진다.
- 생활환경이 주관적 또는 객관적 입장에서 볼 때 열악할수록 외부에서 주어진 여가활용 프로그램들에 대해 높은 호응도와 만족도가 있지만, 경제적 여유가 있거나, 이전 직장에서 높은 직급에 종사했던 사람들은 교육, 문화 등을 제공하는 프로그램에 만족도가 높다(Opaschowski, 1988; 김명자, 1993).

결국 이전의 직업내용과 노후의 여가 생활만족도는 밀접한 관계가 있다는 것이 바로 노후의 여가활동에서 중요한 부분이이라는 것을 알 수 있다. 여가현실과 여가에 대한 바람이 제대로 조화를 이룰 수 있다면 노년기 생활에 대한 만족도는 높다는 뜻이다. 따라서 노인 개개인에 맞는 여가프로그램 개발 및 제공에 무엇보다 신중한 접근이 필요하다. 또한 프로그램의 용어선택에도 신중한 표현을 사용했을 때 여가활동 참여도나 만족도에 매우 중요한 위치를 차지하고 있다. '늙은', '노인' 등과 같은 말은 사용하지 않거나, 달리 표현하는 등, 새로운 삶의 시작에서 실제로 무엇이 필요하며, 어떻게 하면 새 삶에 대한 두려움, 반감을 없애고 효과적으로 도움을 줄 수 있느냐가 바로 노후의 여가활동참여 만족도를 높일 수 있는 대안이라 하겠다.

3 노년기 여가활동의 중요성

노년기는 직업활동과 자녀양육 등 의무적인 일에서 벗어난 시기로 일상의 대부분이 여가시간이라 하더라도 과언이 아니다. 수명의 연장으로 보다 길어진 노년기의 자유로운 여가시간을 어떻게 보내느냐의 문제는 노년기 개인의 삶의 질뿐만 아니라 가정과 전체의 안정과 발전에 커다란 영향을 미칠 수 있다. 따라서 노년은 일과 젊음 등의 측면에서 볼 때 무언가를 잃어버리는 상실의 시기일 수도 있지만 여가활동의 측면에서는 이제껏 하지 못했던 새로운 것을 만들어 내는 창조의 시기일 수도 있다. 물론 여가활동은 사회보장처럼 인간으로서 기본적인 생계를 유지하는 데 직접적으로 영향을 미치지 않는 것으로 생각할 수 있다. 그러나 조금 더 신중하게 생각해 보면 노인의 여가활동은 사회보장 시스템 못지않게 중요하다. 그 이유는 다음과 같이 세 가지로 나눌 수 있다.

첫째 – 노인도 젊은 사람처럼 국가와 사회를 구성하는 한 사람으로 당당하게 살아가고 무한한 성장을 추구할 권리가 있다는 관점 때문이다. 노인이 사회 구성원으로서 자신의 역할을 다할 수 있고, 자신을 발전시키고자 하는 욕구를 실현할 수 있는 생활을 가능하게 해주는 것이 노인복지의 원리이므로 노인에게도 젊은 사람처럼 여가활동을 즐기며 성장 및 발달욕구를 추구할 권리가 있다. 따라서 노인에게 여가활동을 보장하는 것은 곧 노인복지의 가장 기본적인 단계이다.

둘째 – 현대 산업사회에서 발생하는 노인문제의 하나인 '고독 및 소외감'은 우울증과 삶에 대한 의욕에 직접적인 영향을 미친다는 관점 때문이다. 이에 고독과 소외감을 해결하는 수단인 여가활동은 노인의 생존과 직결되는 문제이다.

셋째 – 정신질환, 치매, 중풍, 고혈압, 당뇨, 관절질환 등 노인의 만성퇴행성 질환 대부분의 예방 및 관리는 실제로 여가활동의 참여로 이뤄질 수 있다는 관점 때문이다. 일례로 관절질환을 관리하기 위해서 여가활동으로 수영을 하는 경우를 꼽을 수 있다. 즉, 여가는 여유 있고 건강한 노인에게만 해당되는 것이 아니기 때문에 골프, 스키 등 몇 가지 항목 외에는 대부분 여가활동이 노인의 건강보장과 같은 중요성을 갖기 마련이다.

이러한 이유에서 노년기에 여가활동의 참여를 통해 자신이 의미 있는 존재라는 사실, 자기표현의 성취감, 사회봉사 그리고 건강과 체력을 유지할 수 있는 욕구들을 충족시킬 수 있어야 한다. 이에 노년기 여가를 단순하게 여유 있는 개인적 시간이라고 생각할 것이 아니라 다른 사람들과 더불어 사는 삶 속에서 하고 싶은 일을 하는 자유로운 시간, 자신이 만들어 가는 창조적인 삶을 만들어 가는 시간, 그리고 정체성 확립은 물론 사회활동에 참여할 수 있는 기회로 인식하여야 할 것이다(김동진, 2007: 19-20).

4 노인들의 여가 공간 및 시설 프로그램

1) 독일 노인들의 여가시설 및 프로그램

여가활동은 산업사회에서 요구되고 있는 가능한 현상 가운데 전형적인 것이다. 대부분 산업화가 더디게 발전되고 있는 국가들은 노동시간의 규정이 없거나 미약하기 때문에 상대적으로 작업시간이 길고 또 공식적으로 노동에서 해방된 자유시간이 없는 것이 보통이다. 그러나 일찍 산업화가 진전되었던 독일 노인들의 생활방식은 한국과의 비교에서 아직까지 차이점이 나타난다. 더욱이 한국의 노인들은 여가개념에 대한 기존의 관념을 크게 벗어나는 경우가 그리 흔치 않다. 따라서 이들에게 우선적으로 필요한 것은 여가개념에 대한 새로운 이해라 할 수 있다. 그럼에도 우리 사회는 이러한 욕구를 충족시킬 만한 전제조건이 충분히 이루어지지 않은 상태이기 때문에 독일에 비해 여가활동과 관련한 기구며 서비스들이 열악하고 뒤떨어진다는 것은 당연하다고 하겠다.

일반적으로 여가활동 가능성에 대한 요소는 휴가활동이 이루어지는 대상으로서 물리적・유형적 속성을 지니며 그것을 이용함으로써 만족감을 얻을 수 있는 기반이 되기 마련이다. 여가활동 요소의 구성은 휴가수요를 직접적으로 충족시켜 주는 일차적 공급요소와 간접적으로 충족시켜 주는 부차적 공급요소로 나누어 볼 수 있다. 일차적 공급요소는 여가 공간 및 주요시설 그 자체이며, 부차적 요소는 일차적 공급요소의 원활한 이용을 위한 보완적 여가 공간 및 편의시설 등을 말한다. 그럴 경우 여가의 공급요소에 따른 가치의 서열이 있으며, 시설수준이 좋을수록 많은 수요를 창출하게 되고, 또한 자원 활용도가 클수록 그 가치가 부각되는 여가활동에 대한 잠재적 가치를 부여하는 특성을 가지고 있다. 따라서 여기에 언급하고자 하는 독일 노인들의 여가공간 및 시설 프로그램들은 자본투자도가 낮고 원시성 및 야생성이 큰 자원으로서 토지나 수변자원을 중심으로 구성된 여가공급부문이 주라 할 수 있다.

(1) 자연공원과 국립공원

공원은 평소 노인들이 자주 이용하는 빼놓을 수 없는 중요한 일상생활의 일부분이다. 독일 각 지역에는 가볍게 휴식이나 산책코스로 이용되고 있는 작은 공원에서부터 외국관광객까지 발길을 끊이지 않는 대단위 공원까지 다양한 공원들이 존재하고 있다. 그럼에도 독일의 국립공원(National Park)이나 자연공원(Naturpark)의 개념적 구별은 분명하지 못한 편이다. 유형적 구별에 따르면 자연공원이 국립공원보다 큰 개념으로 사용되고 있지만, 일반적으로 놀이시설을 제외한 대다수 공원이 국가에 의해 운영된다는 점에서 자연공원과 국립공원은 동일하거나 유사한 개념으로 쓰이고 있다.

1870년 워시번과 돈(Henry D. Washburn & Gustavus C. Doane)의 옐로우스톤 탐험대가 이 지역의 아름다운 자연현상을 국립공원으로 지정하자는 탐험보고서를 마련한 뒤 공원이 성립하게 되었다. '놀랍고 신비로운 자연현상', '사유 아닌 공유', '모든 국민의 이용과 즐거움'이란 이념으로 정립된 자연공원(또는 국립공원)은, 국제자연보호연맹(IUCN)의 정의에 따라 비교적 넓은 면적으로, 인간의 개발과 점용에 의해 물리적으로 변화되지 않은 수개(1~7개)의 생태계를 유지하고 있는 지역을 말한다.

독일에서의 '국립공원(Staatspark)'설치를 위한 최초의 제안은 1898년 프로이센의 대의원 베테캄프(Wetekamp)에 의해서였지만, 1950년대에 이르기까지 광범위한 자연공간이나 휴양지에 대해 국립공원의 지정은 존재하지 않았다. 1957년 포겔스베르크(Vogelsberg)의 자연공원 지정이 처음이었으며, 국제적 규모의 최초 국립공원은 1969년 '바이어리셔 발트(Bayerischer Wald) 국립공원'을 말한다. 그 후 1976년 '바이어리셰 알펜(Bayerische Alpen) 국립공원'이 생겨났다.

(2) 요양 또는 휴양 공간 (Kur- und Erholungsort)

독일어로 쿠어(Kur)는 치료를 의미하지만, 오늘날에는 순수하게 치료라는 의미보다 온천요양을 의미하는 경우가 많다. 쿠어는 노인세대에게 특히 인기를 끌고 있는데 건강을 위해 주치의가 진단서를 발부해 줄 경우 모든 비용이 건강보험회사에서 지불되고 있다는 점도 중요한 이유라 할 수 있다. 또한 요양시설 주변 환경이 노인세대 위주로 편안하게 갖추어져 있고 단독가구가 대부분을 차지하고 있는 노인세대에게 요양지에서의 생활은 그만큼 소외감이나 적막감을 감쇠시킬 수 있는 가능성도 크다.

쿠어오르트(Kurort)라고 부르는 독일의 공인 요양지 중에서 온천요양지(Therme Kurort)의 수효는 대략 220개 정도이다. 독일인이 가장 즐겨 찾는 온천은 프랑크푸르트 근교의 바트 나우하임(Bad Nauheim)이지만, 국제적으로 독일온천의 진수라고 하면 역시 바덴바덴(Baden Baden)을 꼽을 수 있다. 바덴바덴의 온천수질은 심장동맥 질환·류머티즘·부인병·호흡기질환 등에 효과가 높기 때문에 노인세대들이 매우 선호하는 지역 가운데 하나이다. 이 밖에 대표적 요양공간으로 바덴바덴의 '카라칼라(Caracalla)온천장', '프리드리히스바트(Friedrichsbad)', 비스바덴의 '쿠어하우스(Kurhaus)' 그리고 작센지역의 '라텐 쿠어오르트(Rathen Kurort)' 등이 있다.

한편 온천으로 대표되는 요양공간과는 달리 독일의 휴양지(Erholungsort)는 가족 또는 여행자들에게 편안하고, 자유로운 공간을 허락함으로써 산책이나 다양한 운동을 가능하게 하며, 때로는 카지노나 쇼 행사를 제공하여 미국적 리조트(resort)의 모습을 보여주기도 한다. 독일인들이 즐겨 찾는 주요한 휴양지는 대부분 해변이나 산에 위치하고 있는데, 대표적인 곳으로 동해(오스트세, Ostsee) 근처의 섬 '인젤포엘(Insel Poel)', 에어푸어트(Erfurt) 근교의 '홀펠트(Hollfeld)' 등을 들 수 있다.

(3) 스포츠시설

스포츠시설은 공간에 비해 자본투자가 많이 이루어지며, 인위성이 큰 휴가공급부문으로서 도시 내 혹은 도시근교에 집중되기 때문에 이용자 중심형 성격을 띠기 마련이다. 세계최초로 조직적인 스포츠 프로그램을 실시한 독일은 세계 제1차 대전을 전후하여 어린이들을 위한 놀이터, 체육관, 수영장, 목욕탕, 기타 운동경기를 위한 건물들에 시설기준을 마련하였다. 특히 1960년부터 1975년까지 실시한 황금계획(Golden Plan)의 각서에서 밝히고 있는 바와 같이 다양한 스포츠·휴가시설을 건설하기 위해 정책적 차원에서 많은 노력이 경주되었다[57]. 황금계획의 목적은 놀이 및 생활체육 시

57) 독일 운동경기 자문위원회(German Sports Advisory Council)는 각종 스포츠·휴가활동들을 보급

설 확충을 통해 독일국민이면 누구나 그리고 전국 어디에서나 스포츠 기본 종목들을 위한 시설을 이용할 수 있게 하는데 있었다. 따라서 5천 명 이상 지역주민이 있는 곳은 수영장과 체육관 그리고 축구경기 등을 할 수 있는 일반 스포츠시설을 의무적으로 마련하게 하였다. 이러한 노력의 일환으로 2008년 기준으로 독일에는 약 90,775여 개의 스포츠클럽이 있으며, 전체 회원 수만 무려 3,000만 명에 이른다(Statistisches Bundesmat, 2009; 송형석, 2009).

이런 결과에 따라 오래전부터 스포츠클럽이 성행했던 전통과 함께 국민 9명 당 1명 이상이 스포츠클럽 회원으로 활동하고 있다. 더욱이 독일의 스포츠클럽은 지역사회 안에 분포되어 있기 때문에 유아에서부터 노인들에 이르기까지 폭넓은 클럽이며, 단순히 스포츠만 즐기는 것이 아니고 사교의 장소로도 활용되고 있다. 모든 스포츠클럽은 그 발족시기가 명기되어 있고, 또 독일인들 자체가 전통을 매우 중요시하기 때문에 중・노년층이 주로 활동하는 케겔클럽(9핀 볼링)이나 부부댄싱클럽은 그 전통이 무척 오래되었다. 독일인들이 제일 좋아하는 계절은 5월에서 8월까지이고, 이 시기에는 서머타임이 적용되기 때문에 많은 사람들은 산과 공원 그리고 호수에서 여유롭게 조깅이나 스포츠 활동을 즐기는 모습들을 쉽게 볼 수 있다.

(4) 예술・문화시설

남녀노소를 불문하고 평소 독일인들에게 관심이 크고 호응도가 높은 예술・문화시설은 연극, 음악, 오페라, 발레, 영화, 박물관 등을 꼽을 수 있다. 독일인들이 가장 자주 방문하는 문화시설 공간은 영화관으로서 월 평균 3.43회 이상 영화를 관람하며, 연극 월 0.4회, 박물관 월 0.35회, 오페라 월 0.28회 그리고 콘서트는 0.16회 등 다양한 분포도를 보인다(Opaschoswski, 1998). 그러나 65세 이상 노인들의 문화시설 활용 분포도를 살펴보면 연극과 오페라 그리고 박물관 방문 등이 주를 이루는 것으로 나타난다(Statistisches Bundesamt, 2009). 독일인들이 휴가시간을 얻었을 때, 문화공간을 이용

하기 위해 교회나 직장단체 또는 개인단체들과의 협동으로 지역사회 스포츠발전을 위해 힘을 쓰고 있다. 그 외에도 국립 청소년회는 독일 내 청소년 단체들의 여가・휴가활동을 관장하였던 모임으로 이를 중심으로 청소년들을 위한 각종 문화적, 사회적 프로그램을 실시하고 있다.

하는 비율이 매우 극미한 것에 비교하면 위의 수치는 결코 무시할 수 있는 수치가 아니다. 실제 독일 베를린의 프리드리히 슈타트팔라스트(Friedrichstadtpalast), 포츠담 광장의 뮤지컬극장 그리고 바리에떼 빈터가르텐(Variete Wintergarten) 등은 대단히 성공을 거두고 있는 세계적 명소의 문화공간으로 활용되고 있다. 특히 각 지역별로 그 지역에 맞는 각종 오페라와 연극이 주말마다 공연되어 세계 각국에서 관광 패키지 상품으로 판매되면서 대도시의 관광수입에 주요요소로 작용하고 있다. 유명한 오페라의 경우 몇 년씩 막이 오르지만 몇 개월 전부터 표를 예매해야 관람할 수 있기 때문에 잠시 그곳에 관광하는 여행객들은 관람 자체가 불가능한 경우도 많다[58].

(5) 노후의 해외여행

독일인들의 휴가유형 중 가장 많은 사람들이 선택하는 유형이 바로 해외여행이다. 이는 독일이 경제적 안정을 찾고, 비약적 발전을 계속하던 1960년대 이후부터 나타난 현상으로서 그 이전에는 해외여행이 부유층들의 여가형태에 지나지 않았다. 그러나 1963년 연방법에 의해 노동자의 휴가일수가 15일 이상으로 정해지면서 그들의 해외여행은 붐을 이루게 되었다. 이처럼 여행을 즐겨하는 유럽인들 가운데에서도 독일인이라고 하면 여행에 있어 자타가 공인하는 세계적 챔피언감이다. 특히 경제적 여유가 있는 일부 노인세대에게 해외여행지는 누리는 삶을 영위하는 당연한 코스로 각광받고 있다. 이러한 이유들로 세계 관광산업에서 독일이 차지하는 비중은 갈수록 커지고 있

58) 이 외에도 독일 노인들이 평소 즐길 수 있는 여가활동 가능성 프로그램들은 다양하다. 스비스탈—하이메르쯔(Swisttal—Heimerz) 소재의 양로원 또는 노인용 아파트 입주자들의 이익단체, 쾰른(Köln)의 노동사구급협회독일 연맹, 함부르크의 독일 사회사업 협회(Deutsche Sozialwerk e. V. in Hamburg), 부퍼탈(Wuppertal)의 노인보호협회(SSB), 회색 표범협회(Graue Pahtner e. V. in Wuppertal), 카셀(Kassel)의 노인세대 연방회의(Bundeskongreβ der Älteren Generation e.V. in Kassel), 마를(Marl)의 노인댄스 연방 협회(Bundesverband Seniorentanz e. V. in Marl), 뮌헨의 즉흥적으로 활동하는 노인모임, 바이에른(Bayern)의 젊은 세대의 생활을 도와주는 노인모임(Aktion Senioren helfen jungen Existenzen Bayern e. V. in München), 뒤셀도르프(Düsseldorf)의 뒤셀도르프—가랏 노인작업소(Altenwerkstätten Düsseldorf—Garath e. V. in Düsseldof), 쾰른의 노년기 새로운 주거생활(Neues Wohnen im Alter e. V. in Köln), 프랑크푸르트(Frnakfurt)의 구급자 정보 및 가정 구급자 전화 센터에서 활동하는 노인들을 위한 프랑크푸르트 취미회, 함부르크의 노인전문가봉사(Seniorinnen—Experten—Dienst in Hamburg)등의 단체들이 있다(김근홍, 2001).

다. 지구 북반구의 부유한 산업국가에 속하는 독일의 휴가객들은 이국풍의 낯선 문화와 민족, 풍경을 접할 수 있고 새로운 체험과 모험이 가능한 지역, 특히 남반부의 열대지방을 선호하고 있다.

여기에 더하여 해외여행을 떠나기 위해 평소 준비하는 과정이 노후의 여가시간에 대한 일상시간이 되어 있다. 해외여행을 단순히 구경하거나 다녀오는 단발성 행사가 아니라 중장기적 노후대책 일환으로 활용하고 있다는 것이다. 평소 시간적 여유가 있기 때문에 해외여행지의 언어나 풍습을 우리 지자체의 문화강좌와 비교될 만한 시민대학(Volkshochschule) 같은 곳에서 미리 배울 수 있는 것은 노인세대가 누릴 수 있는 특권이 되고 있다. 무료로 수강도 가능한 시민대학에서는 곳에 따라 약간의 차이는 있지만 대도시의 경우 각국의 언어코스가 개설되어 있기 때문에 그만큼 선택의 폭도 다양하다. 오전반의 경우 가정주부와 노인들의 비중이 절대적인데, 이들은 어학코스에서 배운 언어를 직접 사용할 수 있도록 해당 국가에 단체 또는 개인별 해외여행을 주선하기도 한다.

독일인들이 평소 선호하는 주변 해외 여행국은 오스트리아와 스페인 그리고 이탈리아가 손꼽히고 동구권도 점차로 발길이 잦아지는 상황이다. 이탈리아, 스페인 혹은 그리스나 포르투갈 등의 경우 비교적 물가수준이 낮으면서도 기후가 좋은 덕에 자주 찾는 장소가 되고 있다. 이에 비해 젊은이들이 선호하는 지역은 온난한 기후의 지중해로서 스페인의 '마요르카(Mallorca)'와 영연방 '몰타(Malta)' 섬이 주를 이룬다. 그리스와 터키 그리고 동유럽휴양지 또는 중남미 지역은 중년층 이상이 선호하는 것으로 나와 있다(Opaschowski, 2006a). 전통적으로 독일 사람들이 남부유럽 국가들을 동경해마지 않는 이유는, 노후에 경제적 여건, 건강, 취미생활과 여가생활 등을 모두 만족시키기 때문이다. 또 현지의 건강 체조 코스나 스포츠클럽 활동도 빼놓을 수 없다. 이를 통해서 건강을 유지할 수 있을 뿐만 아니라 그밖에도 처지가 비슷한 친구나 동료를 사귀어 노년기의 우정을 이어갈 수 있다는 장점들이 내포되어 있다.

이러한 의미에서 일상의 무대로부터 벗어나고자 하는 해외여행은 인간으로 하여금 개인의 한계와 정체성을 결정해 버리는 공간으로부터의 탈출이고, 개인의 정체성을 규정하고 예측해 버리는 일상의 무게로부터 벗어나게 하는 모험이 될 수 있다. 따라서 여행은 경이, 예측불허, 발견, 도망, 반역, 새로운 시도 같은 것들을 통해 자아(自我)로 하여금 '미지의 자아', '새로운 자아' 또는 '다른 자아'를 선택하게 만들기 마련이다.

생산하거나 문제를 해결하고, 장애물을 제거해야 하는 기능적인 시간이 존재한다면, 반대로 삶 자체만을 위한 해방된 시간도 존재할 수 있다. 이는 다른 여타의 의무와 관계없이 삶 자체를 소비하는 시간, 자신의 달콤한 운명을 즐기는 시간, 삶을 위해 사는 시간이 존재하는 것을 의미할 수 있다. 혹자는 휴가를 '저주받고 외로운 피조물에게 임시적으로 일 년이라는 시간의 노고를 보상해주는 성스런 구원신화의 회귀'(비센떼 베르드)라고 규정함으로써 현대의 휴가에 인류학적 의미를 부여한 바도 있다. 그러나 휴가가 만드는 가장 큰 변화는 단순히 되풀이하던 일의 변화가 아니라, 사고의 변화에 있다. 휴가 속에는 디오니소스와 에로스, 나르시스와 박카스 같은 신들의 신화가 숨 쉬고 있기 때문에 개인에게서 휴가는 일상을 지배했던 의무와 일로부터 해방되어 가장 본능적인 자기 자신에 몰두할 수 있는 특별한 시간으로 간주될 수 있다.

독일인들이 해외 여행지를 선호한다고 해도 평소 독일인의 일상생활을 살펴보면 놀라우리만큼 검소하고 소박하다는 점을 빼놓을 수 없다. 우리 생활과 비교해 봐도 일상생활에서 절약정신은 몸에 배어 있고 과소비 모습은 찾아보기 쉽지 않다. 다만 해외여행을 하는 데에는 돈을 크게 아끼지 않을 만큼 그렇게 여행을 즐긴다는 의미다. 심지어 저축을 하는 유일한 이유가 바로 휴가여행을 위해서란 말까지 있다.

2) 한국 노인들의 여기시설 및 프로그램

산업화와 도시화를 통해서 노인들의 여가생활방식에 많은 변모들이 나타나고 있지만, 아직까지 여가개념에 대한 기존의 관념을 크게 벗어나는 경우는 그리 흔치 않다. 그러다 보니 대다수의 한국 노인들은 여가란 노동자계급을 위한 것이 아니라 부유하고 특권을 가진 층을 위한 것이라고 생각하는 경우가 많았다. 따라서 이들에게 필요한 것은 여가개념에 대한 새로운 이해라 할 수 있다. 특히 한국이 독일에 비해 여가활동과 관련한 기구며 서비스들이 열악하고 뒤떨어진다는 것은 엄연한 현실이지만, 법적 제도적 장치들은 나름 모양새를 갖춰가고 있다.

현재 한국의 노인여가시설은 노인복지법상 〈표 5-5〉와 같이 경로당, 노인복지(회)관, 노인교실 그리고 노인휴양소 등 네 종류로 규정되어 있는데 구체적인 내용들을 살펴보면 다음과 같다.

▌표 5-5 ▌ 한국 노인여가복지시설의 종류

<table>
<tr><th>시설</th><th>설치목적</th><th>설치 및
이용(입소)자격</th></tr>
<tr><td>경로당</td><td>지역노인들이 자율적으로 친목도모 · 취미활동 · 공동작업장 운영 및 각종 정보교환과 기타 여가활동을 할 수 있도록 하는 장소제공</td><td rowspan="3">(설치) 시장 · 군수 · 구청장에 신고
(자격) 60세 이상</td></tr>
<tr><td>노인복지(회)관</td><td>노인의 교양 · 취미생활 및 사회참여활동 등에 대한 각종 정보와 서비스를 제공하고, 건강증진 및 질병예방과 소득보장 · 재가복지, 그 밖에 노인의 복지증진에 필요한 서비스 제공</td></tr>
<tr><td>노인 교실</td><td>노인에 대하여 사회활동참여욕구를 충족시키기 위하여 건전한 취미생활 · 노인건강유지 · 소득보장 기타 일상생활과 관련한 학습 프로그램 제공</td></tr>
<tr><td>노인 휴양소</td><td>노인에 대하여 심신의 휴양과 관련한 위생시설 · 여가시설 기타 편의시설을 단기간 제공</td><td>(설치) 시장 · 군수 · 구청장에 신고
(자격) 60세 이상 또는 그와 동행하는 자</td></tr>
</table>

출처: 보건복지가족부, 2009b

(1) 경로당

한국에서 언제부터 경로당 시설이 존재하기 시작했는지에 대한 정확한 기록은 없다. 다만 노인들이 휴식 또는 사교의 장소로 이용했던 사랑방이라는 시설이 오늘날 경로당의 모태로 추측되고 있다. 조선시대에는 부자나 양반들이 바깥채에 큰 방 하나를 마을 사람들을 위해 제공했던 전통이 있었는데, 그것이 바로 사랑방의 시초라 할 수 있다. 사랑방은 주로 겨울철에 많이 활용되었으며, 특히 동네 어른들이나 또는 길 가던 나그네가 이곳에서 이야기를 나누거나 잠을 잘 수 있는 장소로 이용되었다. 당시의 노인들은 사랑방을 여가장소로 활용하면서 이웃들과 교제를 나누거나 함께 모여 새끼를 꼬든가 짚신을 삼는 일을 하기도 하였다. 그러나 이러한 풍습은 토지개혁과 6.25동란의 격변기를 겪는 동안 퇴색되면서 마을회관이나 '모종'으로 그 명맥이 이어졌다. 물론 노인들만이 이곳을 이용하는 것은 아니었고 일과가 끝나면 온 동네 주민들이 모여서 담소를 즐기는 장소로도 활용되었다. 그러다가 산업화와 가족구조의 변화 등으로 노년층만이 모일 수 있는 장소가 형성되면서 오늘날의 경로당 모습으로 자연스럽게 변모되었다고 볼 수 있다.

2008년 12월말 현재 경로당 수는 57,930개소로서 1998년 30,401개에 비해 무려 17,529개로 크게 증가했으나 질적인 면에서는 아직 제자리 걸음을 면치 못하는 것으로 보인다(보건복지가족부, 2009b; 김근홍, 2001)[59].

이는 우후죽순 식으로 늘어난 경로당이 노인들의 여가욕구를 제대로 충족시키기 위한 다양한 프로그램을 제공하는 장소로 활용되기보다 단순한 만남의 장소, 오갈 곳 없는 노인들이 머무르는 곳이라는 부정적인 비판 때문이기도 하다. 그럼에도 노인들이 동년배들과 손쉽게 어울릴 수 있는 자연스런 모임의 장이고, 대화 및 취미 · 오락, 정보교환을 통해 소외 및 고독에서 벗어날 수 있는 중요한 역할을 하고 있다는 것 또한 엄연한 사실이다. 그런 이유들로 정부에서는 최근 들어 '경로당활성화'사업 일환으로 프로그램 조성과 지원을 전담하는 경로당순회 프로그램 관리자를 배치하는 등 적극적인 지원을 하고 있다. 특히 경로당을 독거노인 생활교육 실시장소로 활용하여 지역사회 독거노인 보호기능을 수행하고 노인들이 가장 손쉽게 접근할 수 있는 다기능 공간으로 전환하려는 시도를 하고 있다.

경로당은 노인들이 사회 심리적 욕구가 충족될 수 있는 장이어야 하기 때문에, 미래

59) 경로당 건립상태를 보면 1백 가구 이상의 공동 주거시설을 건립할 때 의무적으로 경로당을 설치하도록 되어 있어 아파트 단지가 새로 들어서는 경우 대체로 규모가 크고 좋은 시설을 갖춘 경로당이 건립되는 것이 일반적이다. 그러나 기존의 대부분 시설들은 장소가 협소하고 노후화되어 있으며 규모 또한 작아 만족할 만한 여가활동을 즐기기에는 한계가 있다.

의 경로당 역할은 보다 창조적이고, 삶의 질을 향유할 수 있는 최소 단위의 복지시설로서 정책적인 방향과 지원이 이루어져야 할 것이다.

(2) 노인복지(회)관

노인복지회관은 노인복지관, 노인종합복지관 등 다양한 용어로 불리고 있으나, 법적 용어는 노인복지회관이다. 노인복지(회)관은 노인복지법 제 36조에서 정하는 노인여가복지 시설이지만 노인복지관의 형태는 시설의 사업내용, 시설규모, 직원 배치의 기준에 따라 노인종합복지관과 노인복지회관으로 구분하고 있다.

노인복지(회)관에 대한 법적 근거는 1981년 노인복지법 제정과 함께 시작되었지만 처음으로 노인복지(회)관이 운영된 것은 1989년부터이다. 또한 1997년 노인복지법이 개정되면서 노인여가복지시설로 분류되었고, 2004년 노인복지관 운영지침이 마련되면서 국고보조금이 지원되기 시작하였다.

2008년 12월 말 현재 노인복지관은 총 228개가 있고, 대부분의 시설이 수도권 지역을 중심으로 집중되어 있다는 문제점이 내포되어 있다(보건복지가족부, 2009b). 이는 독일과 단순 비교해 볼 때도 노인들에 대한 여가시설의 인지도가 그리 높지 않고, 지역적 편중성도 높아서 노인복지시설의 균형적 발전의 필요성이라 하겠다.

노인복지법의 노인복지회관 사업내용은 상담・지도・취업상담 및 알선 기능회복훈련 그리고 교양강좌를 주요내용으로 하고 있다. 노인 여가시설의 장은 분명 노인복지관임에도 불구하고 지역적으로 시설이 편중된 점이나, 노인복지회관 및 노인종합복지관에서 실시하고 있는 프로그램이 실질적으로 저소득층을 위한 서비스 프로그램(상담사업・의료사업・재가보호사업)이 주를 이루고 있는 실정이기 때문에 일반노인들을 대상으로 하는 활동 프로그램(여가・교육 프로그램 등)들도 다각적인 차원에서 연구・개발되어야 한다는 과제가 남겨져 있다.

(3) 노인교실

노인복지법상 노인여가복지시설로 분류되어 있는 노인교실은 노인학교, 노인대학, 경로대학 등 다양한 명칭으로 설립・운영되고 있다. 그러나 정부로부터 지원을 받기 위해서는 노인교실로 등록을 해야 한다. 노인교실은 1972년 종로 태화관의 '서울평생교육원'을 시작으로 1970년 후반부터 설립되어 보건복지가족부에 등록된 노인교실은 2008년 12월 말 현재 1,260개소에 이르고 있다(보건복지가족부, 2009b). 그러나 아직도 미등록 상태로 운영하고 있는 곳이 많아 전국적으로 그 숫자는 더 많은 것으로 알려져 있다.

노인교실은 노인의 여가를 보다 창조적이고 건설적으로 활용할 수 있게 하는 가장 중요한 곳이며 동시에 평생교육을 지향하는 교육과정이라고 볼 수 있다. 그러나 노인교실에서 실시하고 있는 교육내용은 크게 교양강의와 여가활동으로 나누어지는데, 대부분 교양강의보다는 취미, 오락위주의 프로그램에 치중하고 있는 실정이다. 즉, 노인교육을 평생교육의 일환으로 보기보다는 노인복지서비스의 일부로 간주하고 있는 경향이 강하다(모선희 외, 2006).

이는 보건복지가족부에 등록된 노인교실과 대한노인회에서 운영하는 노인교실 그리고 사회복지관이나 개신교회와 가톨릭에서 운영하는 노인교실 등 기관이 다양한 만큼 운영상황도 천차만별인 경우가 주된 이유라 할 수 있다. 특히 노인교실 이외에 노인복지관이나 사회복지관에서 사회교육사업의 일환으로 노인교육을 실시하고 있는 곳도 많은 것으로 추정되고 있으나, 노인복지관이 지속적으로 확충되고 있기 때문에 그 정확한 현황은 파악되지 않고 있다. 그런 의미에서 노인교실은 평생교육의 일환으로 노인에게 필요한 지식과 정보를 제공하는 한편 노후생활에 주어진 많은 여가시간을 의미 있게 보낼 수 있도록 노인여가 측면에서 동시에 검토될 필요가 있을 것 같다(한정란, 2005). 또한 노인교육과 여가활용의 입장에서 노인에게 필요한 정보와 지식을 제공하며 건강하고 보람 있게 노후생활을 영위할 수 있도록 노인교육이 진행되는 것은 무엇보다도 중요하다고 하겠다.

(4) 노인휴양소

노인휴양소는 노인들에게 심신의 휴양과 관련한 위생시설, 여가시설 및 기타 편의시설을 단기간 동안 제공함을 목적으로 하는 시설을 말한다. 노인복지법 제 37조를 살펴보면 다음과 같이 설치에 관한 내용들이 규정되어 있다. 첫째, 국가 또는 지방자치단체는 노인여가복지시설을 설치할 수 있다. 둘째, 국가 또는 지방자치단체 외의 자가 노인여가복지시설을 설치하고자 하는 경우에는 시장 군수 구청장에게 신고하여야 한다. 셋째, 노인여가복지 시설의 시설기준 및 신고 등에 관하여 필요한 사항은 보건복지부령으로 정한다. 그러나 지역사회 특성상 시설간 유기적인 여가 프로그램의 협력관계는 불가능한 실정이고 지역사회 내에서 노인 여가프로그램을 할 수 있는 장소나 내용도 전무한 상태다. 현재 운영되고 있는 노인휴양소는 경기도의 라비돌, 충북의 충주 보훈휴양원 그리고 경북 상주군 복지마을 휴양소 등 4개의 시설이 설치되어 있지만, 본격적인 여가 프로그램은 실시되지 않고 있다(보건복지가족부, 2009b; 김근홍, 2001). 그런 이유들로 노인들에게 심신의 휴양을 지원하는 데 있어서 많은 한계를 지니고 있으며, 일부 시설의 경우에는 적자운영상태를 면하지 못하고 있는 것으로 알려지고 있다.

평균수명의 연장과 소득 수준향상 등으로 건강한 노인들의 사회참여 욕구와 노후를 보다 풍요롭고 안락하게 보낼 수 있는 각종 여가욕구가 크게 증대되고 있다. 그러나 노인들의 이러한 욕구를 충족시킬 수 있는 사회적 여건이 미흡하고 여가시설 또한 현격히 부족한 것이 현실이다. 노인들의 여가시간은 앞으로도 계속 늘어날 전망인데 그 여가를 어떻게 관리하느냐는 당사자인 노년층뿐 아니라 사회적으로도 매우 중요한 문제이다. 그런 의미에서 지금까지 여가문화의 하드웨어라 할 수 있는 시설의 공급에 관심을 가졌지만 이제는 소프트웨어라 할 수 있는 여가 프로그램의 질적 확충에도 관심을 기울여야 할 시점이라 하겠다.

Chapter

06

새로운 노인들의 미래 세계

제1절 사회적 지위, 역할, 관심의 양상

제2절 미래의 건축물 네 개 기둥

제3절 노후가 밝은 건강한 사회

제 01 절 사회적 지위, 역할, 관심의 양상

아름다운 파도가 해변으로 밀려오자 누구인가 바위를 바라보며, "아아, 슬프도다 나는 저 바위에 부서져 흔적없이 사라지고 말 것이다."라고 울부짖었다. 그러나 하늘에서 목소리가 들려왔다. "내 아들아, 마음을 편히 가지려무나. 너는 결코 파괴되지 않을 것이다. 너는 파도가 아니라 바다이기 때문이다."

어느덧 세상은 전과 판이하게 다른, 새로운 유형의 사회가 펼쳐지고 있는데, 그 사회의 노동조건과 생활조건들이 지금까지와는 근본적으로 다르다. 갈수록 많은 사람들이 서비스 산업 분야에서 활동하고 있으며, 시민 전체의 관심사도 이쪽 방향으로 기울고 있다. 이런 시각의 기원은 프랑스의 장 푸라스티에(Fourasti'e)까지 거슬러 올라간다. 푸라스티에가 약 반세기 전에 내놓은 주장에 따르면, 사람들이 새로운 바람이나 욕구들을 표현하면서 서비스산업에 대한 수요가 늘어나 이른바 제3섹터의 일자리가 증가하게 된다는 것이다. 특히 그는 20세기부터 이미 황금시대가 도래하리라 예견하면서, 산업사회로부터 서비스사회로 옮겨가는 변화야말로 20세기의 위대한 희망이라고 언급한 바 있다. 그런 이유들로 푸라스티에는 서비스산업 분야 고용 비중이 80%에 이르리라 기대했지만, 20세기가 다 지나가는 동안 그가 낙관했던 예측들이 '그대로' 적중되진 않았다. 다만 주관적으로 느껴지는 시간의 부족과 함께 커진 것은 바로 '제3분야에 대한 갈망'이라 하겠다. 그의 예측에 따르면 미래의 사람들은 이제 타인으로부터 서비스를 구매함으로써 자신의 시간을 절약하고, 소비자들이 직접 발품을 팔아 상점에 가기보다는 거의 모든 상품을 '집으로 배달'하여 받는 쪽을 선호한다는 것이다. 세탁물들도 수거해 가서 세탁하여 한 주일 뒤에 다시 빨래감과 교체해 주는 서비스 산업이 확장된다. 이런 부분은 이미 1949년도에 내다본 예측들이었다(Fourasti'e, 1954).

1950년대 언급되었던 이러한 예측들은 결국 서구 세계에서 대체로 현실이 되었고, 푸라스티에의 세 가지 산업모델 역시 몇십 년도 지나지 않아서 현실이 되었다. 이 모델에 따르면 1차 산업(농업)은 세월이 지남에 따라 2차 산업(공업-산업)에 주도권을 넘겨주고, 그 뒤에는 주도권이 다시 3차 산업(서비스, 용역 산업)으로 넘어간다는 것이다. 오늘날 노인들은 활기차고 활동적이며 풍요로운 면에서 지금까지의 그 어떤 노인 세대보다도 월등하다. 오스트리아와 스위스 같은 국가들은 특히 이러한 새로운 노인들을 대상으로 한 마케팅이 엄청나게 활발하다. 이를테면 수수료 없이 계좌 결산서를 제공한다든가 저축에 대하여 보다 더 높은 이자를 제공하는 등 금융거래에서 특별한 조건을 보장하기도 한다. 오파숍스키는 이에 대해 같은 독일어 언어권이면서도 독일의 경우에는 경제력 든든한 클라이언트들을 아직까지도 여전히 '잊혀버린 고객층(Vergessene Kundschaft)'처럼 대한다며 아쉬워한다(Opaschowski, et. al., 2006).

BAT 연구소에서도 1984년 앞으로 도래할 미래에 대해서 다음과 같은 예측들을 하였는데, 이런 것 역시 현실이 되었다. "직업생활 이후의 인생단계는 현대 산업사회에서 새로운 현상이기 때문에 새로운 세대가 성립하게 된다. 직업생활 이후의 인생단계를 맞는 50대와 60대 세대들은 아직 생계활동 능력은 있지만 더이상 일을 하지 않는 세대다. 그들은 중년의 인생기와 황혼기 사이의 제 3의 세대로서 살아가게 된다. 비유를 하자면 '인생의 오후'를 앞두고 있다. 그래서 아직도 무슨 일이든 계획하여 실행할 만한 시간은 넉넉하다. 이들은 젊은이에 속하지도 않고 또 노인에 속하지도 않는다. 이들은 그저 과도기의 새로운 세대일 뿐이다". 그러나 공식적으로 살펴보자면 사실 이들은 전혀 존재조차 하지 않는 세대들로 취급되고 있다. 말하자면 '(아직) 이름 없는 세대'인 셈이다(BAT, 1984).

1 증가되는 소비자의 파워

증가되는 새로운 소비자 파워 세대들의 등장으로 이제 수십억 유로가 넘을 노인들 대상 시장에 참여하려면 그들이 필요로 하는 것을 찾아내 거기에 맞출 수 있어야 하고 필요한 서비스를 제대로 파악하여 제공해야 한다. 저축상품이나 보험, 주식과 부동산 따위를 통해 확보한 표준 생활수준을 보장하면서 그와 동시에 (이를테면 문화상품, 건강서비스, 여행 서비스 등을 통해) 개개인의 특성에 맞게끔 삶의 질을 향상시킬 수 있는 변모가 필요하다.

사회가 점점 고령화 되어감에 따라 나이든 세대(중년세대)들의 소비자로서 갖는 힘(소비자의 힘, Consumer Power)은 커지고 있다. 통계자료를 분석해 보면 해마다 50~59세 사람들이 이른바 '세일즈-포인트'란 곳에서 247회나 구매를 한 것으로 나타난다. 그런데 60세 이후 사람들은 그 횟수가 무려 265회까지 증가하였는데, 30세 이하의 경우는 겨우 148회에 지나지 않았다. 물론 중년세대의 경우에도 대략 200회 정도에 그쳤다(AC Nielsen, 2005). 이런 경향들을 놓고 볼 때 나이 많은 세대들은 다른 세대에 비해 쇼핑 태도도 사뭇 다르다는 사실을 알 수 있다. 모든 감각을 동원하고 풍요로움보다는 편안함과 건강함을 추구하면서 건강 상담이나 화장법 또는 건강한 식생활 방법, 봉사활동 그리고 휴양지 별장시설 같은 것들이 그런 상품에 속한다고 볼 수 있다.

나이든 사람들이 원하는 것은 얼마 되지 않는 수단을 써서 젊은이들의 시상을 노인들에게 맞추는 것, 이를테면 디스코를 줄이고, 비디오와 DVD를 줄인다거나 PC를 줄이는 식의 것이 아니다. 노인들이 바라는 체험세계는 그 나름의 독특한 특징을 지녀야 하는데, 이를테면 독자적으로 쓸 수 있는 시설이나 주거시설, 미디어나 여행 상품 등 그 가운데에서도 '젊고 재미있을 뿐만' 아니라 편안하고 수준 높은 삶의 질을 보장할 수 있는 상품이어야 한다.

다양한 자료들에 따르면 독일은 현재 15세나 25세 또는 35세도 아닌 50세 이상이 되어서야 소비지출이 확연한 최고조에 다다른다. 특히 독일 연방 통계청자료를 분석해 보면 가계마다 한 달 평균 2,126유로를 사적 차원의 소비를 위해 지출한 것으로 나타났다. 그 가운데 55~65세 사람들은 그 금액이 평균보다 높은 2,360유로에 달했다. 통계로 볼 때 50세 이상 사람들 4명 중 1명(25%)은 월 500유로 이상을 마음대로 쓸 수 있다는 이야기다. 그런데 이런 액수는 국민 전체를 놓고 보았을 땐 5명 중 1명(21%)만이 그럴 수 있다(Statistisches Bundesamt, 2009). 독일 노후대책 연구소에 따르면 가계 별 연간 총 수익금이 약 40,000유로지만, 55~65세 사람들의 가계만을 놓고 보면 59,000유로까지 높아지고, 65~75세 사람들도 52,000유로로 나타났다. 특히 알렌스바흐 여론조사 연구소(Institut für Demoskopie Allensbach)의 분석에 따르면 모든 경비들을 제외하고도 마음대로 쓸 수 있는 돈이 독일인 평균 312유로 정도라고 한다. 그러나 50~59세 사람들의 경우만 놓고 보면 그 금액이 350유로, 60~69세는 360유로, 그리고 70세 이상은 340유로로 나타났다. 이에 따른 결과들에 대해 2007년 7월호 '경제의 엔진-노인'에서는 다음과 같이 언급하였다. "미래에는 나이든 사람들이 — 그중에서도 특히 65세 이상 사람들이 — 가장 중요한 소비자 그룹이 될 것이며 그에 따라 소비구조도 2035년까지는 근본적으로 바뀌게 될 것이다(BMFSF, 2007: 4)".

나이든 세대를 소비자로 얻기 위해서는 화려함이나 요란한 아름다움이 아니라 분위기와 느낌을 조성해야 한다. 젊은이들이라면 피트니스와 태양에 재미가 있어야 하겠지만, 나이든 사람들은 의미와 활력과 삶의 기쁨이어야 한다. 젊은이들에게 재미란 요인이 중요하다면, 노인들에게는 의미의 요인이 그만큼 중요하다는 근본적 차이점이 있다. 앞으로 40년 동안 독일에서 60세 이상 사람들은 두 배 이상 증가될 것이고, 그렇게 되면 미래의 시장 역시 두 배로 커진다는 의미다.

따라서 50세 이상, 65세 이상, 80세 이상, 이렇게 세 세대를 대상으로 각 연령대에 맞는 상품을 준비하는 사람만이 미래의 성장분야를 얻게 될 것이다. 이제 사회적 패러다임의 전환이 임박한 셈이기 때문에, 젊은이에게 집중하는 일은 과거사가 되고, 나이든 사람들에게 집중하는 일이 미래에 대한 투자라 할 수 있다. 오늘날 우리는 젊은이에 대해서 거의 모든 걸 다 알 정도지만, 내일의 새로운 노인들에 대해서는 거의 아무 것도 아는 게 없다는 표현이 적당하다. 그러나 낮아지기만 하는 출산율과 증대되는 기대수명으로 이제는 생각을 전환하지 않을 수 없는 상황에 이르고 있다. 젊음을 찬양하는 시대와 이별을 고하고 새로운 노인들의 세계, 가족을 소중히 여기고, 오페라시설을 찾고 자연을 좋아하며 골프를 즐기고 문화여행이며 단기 휴가여행을 떠나고 교회와 이웃의 술집에도 들리는, 그런 사람들의 세계를 위해 주변을 좀더 개방해야만 한다는 의미다.

2 변모되는 노인유형

21세기에는 이제 50세 이상 세대라고 해도 결코 과거의 세대만큼 동질적인 집단이 아니라는 사실을 간과하지 말아야 한다. 이를 두고 독일 노인 연구소(Agentur Grey)에서는 소비자를 '최고 소비자', '주류 소비자', '간편 선호형'(simplifier)으로 구분한 바 있다. TNS 인프라테스트에서도 '수동적 노인', '문화 활동형', '체험 지향의 활동형'으로 구분하였다. 더불어 사이코노믹스(psychonomics)에서는 '텅 빈 둥지형', '젊은 노인', '늙은 노인'으로 구분하였는가 하면, 페셀(fessel)도 '활발한 스타일', '만족하는 스타일', '호기심형 스타일', '은거형' 등으로 분류하였다. 또한 디히터 리서치(dichter research)가 '사교형', '집안 일처리형', '탐험가형', '셀프 프로모터형' 등으로 구분하기도 했다. 그만큼 변모되는 노인유형은 무척 다양해졌다.

특히 AC 닐슨(Nielsen)은 5그룹으로 분류했는데, '올디스(oldies)', '교양인', '시사형', '무의식형', '모험형' 등이다. 그리고 TGI는 '재미 중독형', '세계 시민형', '대안형', '보수주의형', '향수병형', '붙박이 시청자형(couch potatoes)' 등으로 나누었다. 이런 식의 리스트는 얼마든지 계속될 수 있지만, 그래도 한 가지 분명하게 드러나는 점이라면 이제 정해진 노인 유형이란 게 없다는 점이다. 나이든 사람들 스스로 어느 생활 스타일에 속한다고 느끼느냐는 물음에 대한 대답에서도 이러한 사실이 확인되고 있다.

BAT 연구소에서 독일인 은퇴생활자 100명을 대상으로 조사 분석한 내용에 따르면 50세 이상 세대들은 가정에서의 자기 역할을 할 때가 가장 편안함을 느낀다고 대답하였다. 그리고 절반 이상(55%)의 사람들이 스스로를 가리켜 가정 충실형이라고 하였다. 그렇기 때문에 가족과 연계되어 동기부여가 된 세대 간 계약 역시도 그 효력이 이처럼 장기적일 수 있으며, 더 나아가 30~49세의 중년 세대 역시도 그와 비교될 만한 비율(50%)이 같은 반응을 보여주었다(〈그림 6-1〉 참조).

나이든 사람들이 지향하는 생활 태도에서 두 번째로 많은 대답은 바로 자연과의 가까움이다. 47%나 되는 사람들이 자연 애호가를 자처한 것만 보아도 알 수 있다. 1970년에서 1990년대에 젊은 세대들에게서 보였던 환경문제에 대한 의식이 21세기에 나이

▌그림 6-1▐ 스스로 평가하는 노인유형

주: 각 100명의 은퇴생활자들이 스스로 평가한 노인유형의 답변임.

출처: Opaschowski et al., 2007

든 세대와 자연과의 관계로 — 자연 관찰로부터 자연의 체험까지, 자연 생산물로부터 자연 치료법까지 — 나타났다고 할 수 있다. 또한 많은 노인들이 다른 사람들과의 교류(37%)를 꼽을 만큼 가족에 대한 보완 또는 대안으로 이웃이나 동료 그리고 친지들과 우정을 쌓고 또 가꾸고 있다.

그 다음은 즐거움의 추구(13%−국민 전체에서는 17%)인데, 먹으러 다니는 것 좋아하고, 웰빙 프로그램들에 몸을 맡기거나 단기 여행을 하는 것과 같은 일들이다. 자기만의 취미(요리, 수집, 스스로 하는 공작과 수리, 음악 등)로 자기를 나타내는 사람들도 많다. 이를테면 극장으로부터 연주회, 박물관, 미술관 방문에 이르는 문화 상품들이 여기에 해당된다(13%). 물론 미디어도 평균을 밑돌기는 하지만(국민 전체로 보면 12%) 노인들의 일상에서 중요한 역할을 하고 있다. 그리고 스포츠클럽부터 자율 소방대원, 음악동호회에 이르는 단체 활동으로 스스로를 표현하는 노인들이 많아졌다. 소그룹에 속하지만 교회 다니기, 정치와 사회적 참여 활동 등도 있다.

이런 결과들을 놓고 볼 때 이제 관광업계에서는 50세 이상의 사람들 20명 중 1명

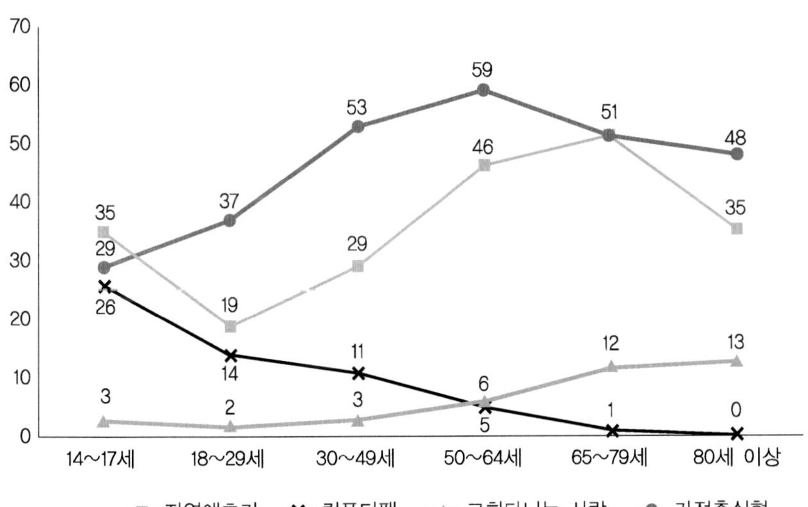

그림 6-2 노년기 자기 평가의 변화상

출처: Opaschowski et al., 2007

(5%)이 여행 애호가(장거리, 도시, 단기 여행 등등)로 자처하고 시간과 돈을 관광 활동에 투자하겠다고 한 사실에 기뻐해야 될 것 같다(〈그림 6-2〉 참조).

그와 동시에 50세 이상 세대의 관심을 끌지 못하는 일련의 역할들 역시 유념해서 살펴봐야 할 것 같다. 이를테면 파티에 즐겨간다거나 체험상품 소비자는 각각 1%를 넘지 않았으며, 컴퓨터나 동아리도 그다지 호응을 얻지 못했다. 즉, 컴퓨터와 동아리는 젊은이들에게 관심이 큰 분야라 할 수 있겠지만, 인생이 경과하면서 이 방향의 생활 스타일이 변하게 된다고 보아야 할 것 같다.

한편 〈표 6-1〉에서 볼 수 있는 것처럼 50세 이상 세대를 중점적으로 나타내는 가정, 자연, 다른 사람들과의 교류, 이 세 가지 모습의 우선순위가 상황에 따라 다르게 나타난다는 사실이 흥미롭다. 보편적으로 베스트에이저의 경우 즐거움의 추구와 자기만의 취미를 먼저 꼽는 경우가 많았다. 그 반면 64~79세는 자연에서, 즉 일상과는 다소 거리가 먼 특별한 일들을 즐기는 데에 시간을 많이 들인다는 것이다. 그러나 그 이상의 고령자들은 자기 집에서 주로 안정과 휴식을 추구하면서 다음 주일예배를 고대한다고 한다.

표 6-1 연령별 노인세대(50세 이상/65세 이상/80세 이상)의 자기평가

	50~64세	65~79세	80세 이상
1	가정 충실형	자연 애호가	가정 충실형
2	자연 애호가	가정 충실형	자연 애호가
3	미디어 애용자	취미 충실형	교회 충실형
4	취미 충실형	즐거움 추구형	미디어 애용자
5	즐거움 추구형	단체 회원	홀로 지내기

주: 각 100명의 사람들이 가정 충실형에서부터 홀로 지내기 형까지 스스로 평가한 결과임.
출처: Opaschowski et al., 2007

제 02 절 미래의 건축물 네 개 기둥

앞장에서 여러 차례 언급했듯이 1983년 독일 BAT 연구소에서 나이든 세대의 여가 상황에 대한 연구를 최초로 진행한 바 있다. 그해 1983년 태어났던 아이들이 이제 2050년이 되면 연금생활에 진입하게 된다.

1983년 거대한 계획과 재정을 투자하여 시작된 조사연구는 당시 태어난 세대들의 미래 모습에 대해 다음과 같은 의문들을 제기하였다.

- 그들만의 동질적인 그룹을 이룰까 아니면 1천만에 이르는 50~60세와 또 다시 1천만에 이르는 80세 이상 그룹과의 경계가 유동적일까?
- 건강한 사람들과 병이 있는 사람들 사이에 거리가 있을까?
- 적극적인 활동가들과 다른 사람의 도움이나 수발이 필요한 사람들 사이에 거리가 있을까?
- 가정과 사회와 경제 상황 사이의 관계는 어떠할까?
- 자녀 없는 독신 연금생활자들의 태도가 자녀와 손자손녀가 있는 연금생활자들과 다를까?
- 67세 연금생활자들은 자기 시간을 어떻게 누구와 보낼까? 그들이 염려하고 신경 써야 하는 사람들이 있을까? 아니면 오직 자기 자신만을 신경 쓰며 생활하게 될까?
- 미래의 연금생활자들 수익금은 어떨까? 오로지 법적연금으로만 살아갈까 아니면 사적연금을 준비했을까?(BAT, 1984)

여기서 제시한 일례의 물음들은 아직 누구도 명확하게 대답할 수 없는 것들이 분명하다. 그럼에도 이런 물음들과 맞물린 문제 영역들을 일찍부터 연구대상으로 삼아 꾸준히 분석하여 왔다는 사실은 놀랍다. 왜냐하면 인구통계학적 변화야말로 경제, 사회, 건강, 정신 등의 보장에 커다란 도전거리가 될 수 있기 때문이다.

삶의 질을 보장하는 일이야말로 가장 안전하고 장기적인 노후 보장이 될 것이라는 점에는 의심의 여지가 없다. 인간 누구에게나 행복한 인생이라면 무엇보다 스스로 건강한 생활과 가정과 자녀 그리고 친구들을 꼽는 것이 일반적이다. 그리고 여가, 소비 가능성, 문화, 교육과 교양 등이 뒤따르기 마련이다. 그럼에도 독일 국민들은 인생에서 정말 가장 중요하다고 생각되는 것을 〈그림 6-3〉에서 보는 것처럼 건강(신체)보장, 경제(물질)보장, 사회보장, 정신적보장 등 네 가지 커다란 기둥을 꼽았다.

1 건강(신체적) 보장

노년기의 창조적이고 의미 있는 생활 가능성들이 중년기의 생활방식을 변화시킴으로써 보다 높아질 수 있듯이, 노인들에 대한 적절한 의료적 보살핌 역시 치료보다는 예방이 중요하기 마련이다. 어떤 경우에는 예방이 급성류의 질병들을 치료하는 데 결정적 역할을 한다고 볼 수 있다. 즉, 늙는 것 자체가 문제가 아니라, 어떻게 늙는가가 중요하다는 것이다. 육체적 · 정신적 · 영적으로 오래도록 건강을 유지하기 위한 노력은 노인들 누구에게나 다 필요하다. 그러나 개인적 차원에서의 노력도 중요하지만 그에 못지않게 중요한 것이 보건시설과 일정수준의 생활영위를 위한 사회적 차원의 보장이라 할 수 있다. 이를 위한 각 기관부처들의 포괄적인 조치들이 취해졌을 때, 노인들의 심리적 장애와 질병에 대한 예방의 가능성이 높아질 것이다. 질병의 예방목적은 노인들 스스로 가급적 오랫동안 독자적인 생활을 유지할 수 있게 하기 위함이다. 질병은 신체적 · 심리적 · 사회적 및 환경적 여건들에 의해 발생하는데, 특히 노인들의 경우 그 동안의 생활양식에 크게 영향을 받기 때문에 노인 질병에 대한 예방과 예방할 수 있는 사회적 보장시스템이 무엇보다 필요하다.

서구 사회에서 새로운 노화예방의학(Anti−Aging−Medizin)이 머지않아 사회 전반에 확산되어 건강에 드는 비용이 가파르게 높아질 것은 자명한 사실이다. 세계보건기구(WHO)의 광범위한 개념규정에 따르면 건강이란 육체와 정신 등이 사회적으로 완전한 상태를 말하지 단지 질병과 노쇠가 없는 상태를 뜻하는 것은 아니라고 정의한다. 그렇다면 건강한 것이 무엇이고, 병든 것이 무엇이며, 자연스럽고 병적인 것이 무엇일까? 갈수록 수명이 연장되는 상황을 감안할 때 이런 물음에 대해 한 마디로 명확하게 대답하기란 점점 어려워지고 있는 것이 사실이다. 일례로 골다공증과 건망증은 노인들이 불편해 하는 것으로 지극히 정상적인 것에 해당되는가 아니면 병으로 보아야 하는가? 그것도 아니면 자연스런 신체의 변화과정이라는 의미에서 의사질병이라고 해야 할까? 이에 대해 영국의 메디컬 저널(Britisch Medical Journal)에서는 나이와 관련된 변화 현상들을 질병이 아닌 것으로 정리한 바 있다. 이에 따르면 병에 따른 변화와 미용상의 문제들 그리고 삶의 질 저하나 라이프스타일과 관련된 요구사항들은 늘 유동적

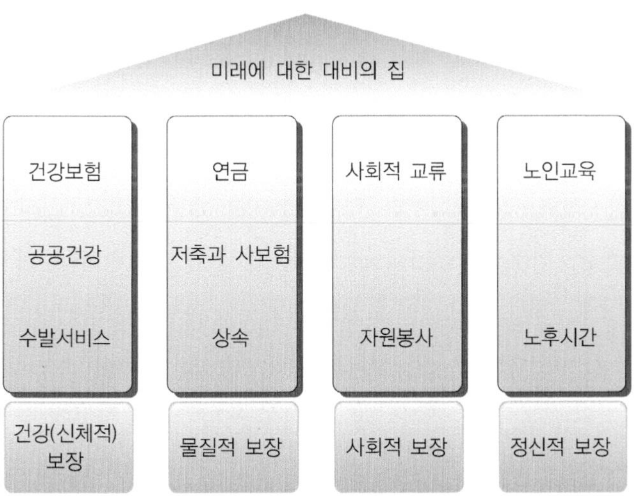

▌그림 6-3▌ 미래에 대비한 기둥

이라는 것이다(BMJ, 2002).

이런 배경을 놓고 보면 독일 베를린의 요아힘 마이스너 추기경(Joachim Meisner)의 다음 설교는 진리를 담고 있는 것으로 비춰진다. "속세의 복됨들 가운데 건강이야말로 가장 우선하는 가치다. 그렇기 때문에 공공 건강 제도는 교회의 모습을 받아들여야 한다"(Meisner, 1999: 6). 고령자로 생각하고 그렇게 보이는 원인은 무엇보다 다양한 질병과 그로 인한 쇠약함이다. 나이가 많은 사람들은 동시에 여러 가지 질병에 시달리기 마련이다. 그런데 이런 질병들은 연령이 상승함에 따라 오래 지속되는 것이 일반적이다. 최근 밝혀진 바에 따르면 70～90세 사이의 경우 평균 다섯 가지에서 아홉 가지까지 질병들을 안고 살아간다고 한다(Naegele, 1999). 따라서 고령이 되었을 때 수발의 수요는 막대할 수밖에 없을 것이다.

1) 건강보험정책

> 법적 건강보험의 수익은 갈수록 줄고 그와 동시에 건강을 위한 지출은 자꾸만 높아가고 있다. 그렇다고 법적 건강보험을 위한 이중 보험료율을 두 배로 올린다는 게 실현 가능하지도 않은 상황에 보험 적용의 수준을 급격히 저하시킬 수도 없기 때문에 남은 해결의 단초라면 오직 자체 대비뿐이다. 그런데 이 해결책은 거의 4반세기나 늦었다.

독일의 보건·의료보장 정책이라 하면 1883년 세계 최초로 실시된 비스마르크(Bismarck)의 건강보험(Krankenversicherung)을 먼저 꼽기 마련이다. 독일 건강보험의 특징은 세계최초의 사회보장으로서 보험에 강제성을 부여했다는 점과 이를 유럽 전역에 전파했다는 점이다. 사회보장은 사회보험, 공적부조, 공공서비스로 대별할 수 있는데, 사회보험은 미래에 다가올지 모르는 경제적 위험과 의료사고에 대한 불안으로부터 벗어나기 위해 일시에 과중한 부담을 사전에 준비하는 것으로 소득보장과 의료보장으로 구분된다. 의료보장은 별도의 건강보험료를 납부하지 않고 조세를 통한 일반

재정에서 의료에 필요한 재원을 부담하는 국영 의료서비스 방식과 국가와 노사 또는 의료 수혜 당사자가 일정한 건강보험료를 내는 건강보험방식의 두 가지 형태가 있다.

독일의 의료보장은 사회보험에 의해 종합적으로 이루어진다. 여기에서 종합적이라고 한 이유는, 독일 사회보장제도의 핵심인 사회보험이 질병이나 직업재해·직업병·실업·생계유지 불능·임신이나 노령 그리고 죽음 등과 같은 생활 전반에 걸친 위협에 대한 종합적 생활보장의 역할을 하기 때문이다. 즉, 건강의 유지는 단순히 의료시설이나 진료와 치료가능성의 제공만으로 유지될 수 있는 것이 아니라 생활 자체가 건강하게 이루어질 수 있어야 한다는 뜻이다. 독일의 사회보험 담당기관은 공법상의 기관과 단체들(Körperschaften des öffentlchen Rechts)로 구성되어 있다. 이 단체들은 재정이나 조직이 모두 독립적이어서 자체 행정에 의해 임무를 수행하고 있다. 사회보험의 재정조달은 할당방법으로 이는 보험금을 적립하는 것이 아니라, 개개의 보험금이 건힘과 동시에 분배하여 지출하는 방법을 말한다. 사회보험의 재원은 대부분 피보험자가 납부한 보험비로 충당하는데, 보험비는 일반적으로 보험 의무를 지고 있는 근로자와 고용주가 50%씩 부담하는 것을 원칙으로 하고 있다(김근홍, 2001). 연금생활자들은 당초 정년퇴직과 더불어 건강보험료를 내지 않았지만, 1983년부터는 보험금을 납부하도록 되었다. 연금보험사와 연금생활자가 50%씩 부담하며 금액은 연금에서 원천징수되어 건강보험사에 이월되는 방식이다[60].

---

60) 기존에 사용되어 왔던 건강보험 카드는 2006년부터 스마트 건강카드로 대체하여 카드 가입자의 요구에 따라 응급상황에 필요한 환자의 건강관련 정보가 입력되는 방식으로 활용되고 있다. 더욱이 보험 가입자는 예방검사나 예방프로그램에 참가 시 경제적인 보너스를 받을 수 있도록 하고 있다. 주치의(Hausarzt)제도의 경우 주치의와 전문의 그리고 병원협력이 유기적으로 협조될 수 있도록 체계적인 개편작업이 이뤄졌다. 이는 전문의의 진료비가 높기도 하지만, 각 병원과 의사들이 상호 연관 없이 진료할 경우 환자가 수시로 병원과 의사를 바꾸어 불필요한 검사가 반복될 수 있기 때문이다. 주치의 제도를 통해 환자에게 꼭 필요한 검사만을 전문의가 실행함으로써 비용을 절감하려는데 상당한 효과가 나타나고 있다. 특히 만성 환자는 주치의 제도를 통해 반복검사를 줄일 수 있기 때문에 모든 보험가입자가 주치의의 진료를 먼저 받을 경우 경제적 보너스의 혜택이 가능토록 선택권을 남겨주었다. 다만 주치의 소개(Ueberweisung)를 통해 종합병원 통원치료와 치과의사 진료를 받을 경우 환자가 부담해야 할 첨가비용이 없으나 주치의 소개 없이 진료를 받는다면 1/4분기 당 진료 시 10유로(약 15,000원)를 본인이 부담하도록 하고 있다. 물론 본인이 부담해야 할 부가비용은 1년 총수입의 2%까지이며 만성환자의 경우 1%를 넘겨서는 안되도록 하였다. 이와 같은 독일정부의 변모는 '의료남용 차단', '비용에 대한 인식' 등이 수식어로

2) 공공건강

독일의 법정 건강보험 가입자 수는 현재 5천 1백만에 육박한다. 그 가운데 2천 9백만 명이 의무 가입 상태고, 5백만 정도가 임의 가입 상태며, 1천 7백만이 은퇴자들이다.

미래는 생활여건이 더 나아지고 의학의 발전에 따라 기대수명 역시 가파르게 늘어날 것은 자명한 사실이다. 이런 맥락에서 건강보험 관련 재정 조달 가능성의 문제는 아직까지 깨끗하게 해결되지 못한 상태로 남아 있다. 영국에서는 이미 70세 이상의 신장환자들의 경우 비용 문제 때문에 더이상 인공신장 이식을 하지 못하는 상태가 발생되고 있다. 독일은 현재 수술환자 약 2/3가 65세 이상이고, 입원 환자 평균 연령도 약 80세에 달하는 병원부서들이 수두룩하다. 그렇지만 인간의 고통을 끝내줄 뿐만 아니라 우리 수명을 더욱 더 연장시켜 주리라는 '생명공학의 시대(Zeitalter der Biotechnologie)'는 아직 시작하지도 않았다.

그러다보니 공공 건강제도 내에서 의약품 예산을 둘러싸고 벌어지고 있는 논쟁은 그저 빙산의 일각인지 모른다. 앞으로 의약품을 신청하고 기다리는 일들이 일상사가 될 수도 있다. 그런 이유들로 의학 서비스의 합리화는 피할 수 없는 과제가 되고 있다. 비아그라와 같이 비용이 많이 소요되는 라이프스타일 개선제의 비용을 아끼는 게 중요한 문제가 아니라 일차적으로 수명을 연장시키는 치료법 — 새로운 신장에서부터 심장 이식수술까지 — 그 자체가 문제가 되고 있다. 이러다보니 노화 과정을 지연시키거나 아예 사람을 전체로 쇄신시키는 의학 서비스는 일반적으로 더이상 재정 지원의 대상이 되기 어려울지도 모른다고 예측하는 학자들도 있다[61].

쓰이고 있지만, 결국은 재정의 압박이 직접적인 원인으로서 노인 건강보장에 대한 사회보장 축소에 대한 위급함으로 여겨진다(박동석 외, 2003: 384).

61) 그런 의미에서 영국에서 알려진 의학 서비스 합리화 방안 '5-d' 방식이 독일에서도 관철될지 모르는 상황인데, 이 방식은 delay(지연, 연기), deflection(굴절, 방향전환), deterrence(제지, 위협), dilution(희석, 희박) 그리고 denial(거부, 부정) 등을 말한다.

이를테면 신장병을 앓는 두 어린 아이의 아버지가 열심히 일하고 나서 이제 막 은퇴생활을 즐기려고 하는데 조기장애 증세를 보이는 사람 가운데 누구를 우선하여 도와야 하느냐란 물음이 제기된다면 새로운 세대 간 갈등이 벌어지지 않을까? 정체 상태가 지속되거나 아예 감소 중인 생계활동(그리고 그와 맞물려 더 줄어드는 건강보험의 보험료 수익)으로 사회 보장체계가 폭발할 상황에 이르고 있다. 그렇기 때문에 여기에는 '연대강화법(Solidaritätsstärkungsgesetz)'조차도 도움이 되지 못하는 상황이다.

기대수명이란 운동이며 식생활습관, 생활의 만족도와 같은 개인적인 생활 스타일의 영향을 더 크게 받기 마련이다. 따라서 장차 시민들이 의약품의 양이 많으면 건강에 더 좋다는 생각에서 벗어날 수 있다면 점점 더 오래 살 수 있을지 모른다. 특히 장기적인 안목으로 볼 때, '건강교육'과 같은 학교과목을 도입하는 편이 목숨이 위태로운 상황에 대한 끊임없는 위기대처 프로그램이나 항시적 응급조치보다 비용이 덜 들 것이다. 그렇지 않으면 의학은 두 가지로 종류가 나눠져 부모들은 자식들에게 성탄절 선물로 새 대퇴관절이나 심장 박동기를 선물로 받을 수도 있다.

독일에서는 이제까지 국내총생산(GDP)의 1할 이상이(11.1%) 공공 건강 제도에 투자되어왔다. 이를 환산하면 1인당 연간 약 2,900유로에 해당된다. 이는 프랑스(10.1%), 이탈리아(8.4%), 영국(7.7%) 등과 같은 이웃나라들과 비교해도 결코 낮은 액수가 아니다(Statistisches Bundesamt, 2009; http://www.destatis.de/jetspeed/portal/cms/). 세계화(Globalsization)와 점차 하나로 합쳐져 성장하는 유럽을 배경으로 놓고 보면 독일에서도 건강관련 재정지출이 머지않아 줄어들 수밖에 없다는 사실을 염두에 두지 않을 수 없다. 그 이유로 무엇보다 노동 능률의 감소를 들 수 있는데, 향후 10년 동안 가장 뜨거운 주제라면 노동과 건강일 것이다. 앞으로 주도할 분위기가 사회적 냉담함인지 아니면 사회적 안정감일지, 거기에서 결정될 것 같다.

머지않아 값비싼 치료법에 대하여 연령제한을 도입하게 될 것인가 아니면 70세 이상 노인들의 대기자 명단이 발표될 것인가? 개개인의 안녕과 행복 그리고 의학 윤리의 원칙들이 향후 건강정책의 중심 자리를 차지해야 될지 모를 일이다. 오로지 돈만 가지고 판단하게 되면 사회적 냉담함이 엄습하게 되고, 그렇게 되면 공공 건강정책이 신노릇을 하기 시작할지도 모른다.

이런 이유들로 미국의 경우에도 보험회사들이 나이든 중년세대의 보험 가입자를 거부하는 사태가 현재 발생되고 있다. 오히려 나이든 중년 보험자들을 가능한 한 빨리 떨쳐내려는 시도를 다각도로 하고 있다. 그 결과 미국인 3명 가운데 1명 이상이 의약품 비용에 대한 보험에 들어 있지 못한 상태다. 이런 현상들은 곧 사회의 고령화를 오로지 비용요인으로 다루면서 충격을 불러일으키기만 할 것으로 받아들일 것 같다.

왜 이제 와서야(80년대 초부터 미리 그러지 않고) 완전히 전모를 깨달을 수 있게 되었느냐는 국민들의 물음은 당연하다. 무시 전략이라든가 '부족한 시민의 용기'는 정치에 큰 파장을 남길 수 있다. 왜냐하면 출산율 저하는 더이상 달리 조정할 길이 없고 복지국가는 문제에 봉착했기 때문이다(Birg, 2001).

이제 독일에서도 공공 건강제도 내의 급격한 구조변화가 임박했다고 주장하고 있다. 따라서 자기 책임이 더 많아질 수 있다는 정치적 호소는 스스로 더 많은 짐을 떠맡아야 할 필연성을 긍정적으로 표현한 것에 지나지 않는다. 자기 책임으로부터 자기부양으로 넘어가는 것은 한 걸음뿐일 정도로 가까이 다가오고 있다.

3) 수발서비스 현황

> '옛' 세대 간 계약과 전체 수발체계가 문제에 봉착했다. 수발보험의 비용만으로 시설의 수발서비스에 필요한 제반 비용을 충당할 수가 없게 되었기 때문이다. 그렇기 때문에 가정의 대체로서 사회적 네트워크가 문제 해결의 대안으로 등장하고 있다.

독일의 80세 이상 노인들 수가 이번 세기가 지나기 전에 거의 세 배(380만에서 1002만 명으로)로 증가한다면, 80세 이상 노인들의 수는 20세 이하인 사람들 수와 거의 똑같게 된다. 그리고 90세 이상 노인들이 차지하는 비중도 25배나 늘어나고, 100세 이상 노인들의 비율은 200배나 증가 될 전망이다. 더욱이 이런 현상들은 이제 한 사람이 살아가는 세대 안에 일어나는 자연스런 모습이 될 것이다. 이러한 예상을 놓고 보면 2050년에는 예컨대 바덴-뷔르템베르크 주(Baden-Württemberg) 전체가 80세 이상 노인들로 채워질 수 있고, 튀링겐 주는 90세 이상의 노인 인구들로만 채워질 수 있으며, 비텐(Witten)이나 예나(Jena) 같은 도시라면 100세 이상의 노인인구로만 채워질 수 있다는 계산이 가능하다. 그리고 3명 중 1명은 손자손녀 없이 살다가 죽게 된다는 것이다(http://www.dza.de/).

이런 맥락에서 볼 때 시설에서 제공하는 수발도 재가 방문 서비스의 수요와 마찬가지로 계속해서 증가될 것이 자명한 사실로 다가오고 있다.

수발보험(Pflegeversicherung)은 독일의 사회보험 가운데 가장 최근에 생겨난 것으로서 다른 어느 보험보다 노인과의 관련성이 크다. 독일정부가 역설한 수발보험의 유용성과 필요성은 대략 4가지 정도로 요약할 수 있다. 첫째, 수발로 인한 당사자와 그 가족들의 과중한 부담이다. 수발이 필요하게 될 경우, 해당자는 물론 가족들에게 물리적·정신적·재정적으로 커다란 부담이 되며, 많은 경우에 개인들의 능력 범위를 넘어선다는 것이다. 두 번째는 수발보험법의 의의를 설명하는 것으로서, 수발이 필요한 사람을 돌보느라고 정상적인 생계활동을 하지 못하는 사람들에 대한 사회적 보장이 필요하다는 것이다. 수발이 필요한 사람은 일상생활을 하는 데 불가피한 일들을 스스로 해결하지 못하기 때문에 다른 사람의 도움을 필요로 하기 마련이다. 따라서 우선적으로 이들에게 도움을 줄 수 있는 것은 역시 가족이다. 그런데 가족이 이러한 일을 전담하거나 분담할 경우, 이 일을 맡은 사람은 다시 정상적인 생계활동을 할 수 없게 되고, 따라서 수발이 장기화될 경우에는 그 개인은 일신상으로나 재정적으로 상당한 희생이 따르게 된다. 나아가서 이러한 희생은 이들의 사회적 보장, 특히 그들 스스로의 노후에 대한 준비의 희생으로까지 연결되기 때문에 희생을 대체해 줄 수 있는 보장을 수발보험에서 해준다는 것이다.

물론 현실적으로 수발시설에 위탁되는 노인들의 수가 증가했던 것도 이러한 문제와 관련이 있다고 볼 수 있다. 그런데 시설수발의 경우 그 비용이 다시 문제가 된다. 일반적으로 이러한 비용을 스스로 해결할 수 있는 경우는 일부에 불과한 것이 현실이다. 이것이 수발보험법의 필요성에 대한 세 번째 근거다. 즉, 사회부조금을 받아야 하는 수발대상자들의 비중이 높은 것은, 독일 사회보장 제도의 기본 틀에 어긋난다는 것이다. 여기서 드러나듯이, 수발이 필요한 사람들의 급증으로 지금까지 사회보장 시스템의 원활한 운영이 곤란해졌다는 점이 이러한 수발보험법이 생겨날 수밖에 없었던 가장 큰 이유라 할 수 있다(김근홍, 2004).

한편 독일은 현재 수발이 필요한 사람들 5명 중 4명은 65세 이상이고, 그 가운데 3명 중 1명은 85세 이상으로 나타나고 있다. 특히 수발이 필요한 사람들 가운데 전과 마찬가지로 집에서 보살핌을 받는 경우는 3명 가운데 2명으로 나타났다(약 145만 명). 이들 가운데 가족의 보살핌에 따라 수발 보험사로부터 현금만 받는 경우가 약 1백만 명 가깝다. 또 50만 명 가까운 사람(472,000명)이 집에 머물면서 재가수발 서비스를 받는 것으로 나타났다. 특히 수발을 필요로 하는 사람들(677,000명) 3명 가운데 1명은 수발시설에서 보살핌을 받고 있다.

수발 관련 최근 자료들을 살펴보면 수발 등급에서 가장 높은 III 등급을 인정받은 사람들이 수발시설에 매월 지불해야 하는 금액은 평균 2,706유로 정도이다. 물론 수발등급이 II 등급으로 낮아지면 그 금액도 2,280유로로 낮아지고, I 등급은 854유로이다. 이 금액은 단지 수발과 숙박, 식비만 포함된 것이기 때문에 다른 추가 비용들은 '예측 가능한 특별 지출' 항목으로 계산되어 입소자가 부담해야 한다. 시설에서 생활하는 노인들의 수발관련 지불상태를 살펴보면 평균 월 376유로를 추가로 부담하는 노인시설이 10곳 중 9곳에 이른다고 한다. 왜냐하면 수발 III 등급자의 경우 수발시설에서 장기간 종합 수발 서비스 비용으로 고작 1,432유로(II 등급 = 1279유로, I 등급 = 1023유로)만을 지급받을 수 있기 때문이다(http://www.bmg.bund.de/; Statistisches Bundesamt, 2009). 그렇기 때문에 차액의 금액은 수발을 받는 당사자들 스스로 해결해야만 한다.

그렇다면 인구사회학적 변화가 시설 운영자들과 서비스 업체에게 '노다지'가 될 것이라는 예측들은 맞지 않은 것일까? 독일은 현재 재가수발서비스 시설과 입소 수발서비스 시설이 각각 10,000개소 이상 존재한다. 지난 2년 동안 시설에서 보살핌을 받는 수발 수요자들 수도 6% 증가하였고, 재가수발 서비스를 받는 경우도 5% 이상 증가하였다. 이에 반해 가족들에 의해 보살핌을 받는 수발 수요자 수는 정치적으로 반대 노력을 기울이지 않는 한 해마다 더욱 줄어들 것으로 예측되고 있다. 뤼룹(Rürup) 위원회에서 내놓은 예측자료에 따르면 2030년까지 수발이 필요한 사람들 수가 3백만 이상으로 증가된다고 한다. 특히 독일 경제연구소에서도 2030년 수발서비스 수요가 현재의 두 배 이상인 150만 정도가 될 것으로 예측하고 있다.

스페인에서는 민간 기업에서 독일의 비슷한 시설에서보다 30% 정도 저렴한 비용으로 살 수 있는 노인시설들을 설립하여 경합을 벌이고 있다. 그렇다면 독일도 앞으로 일본에서 시도하고 있는 계획들을 넘겨받아야 하는 것인지 고민에 빠질 것 같다. 일본은 현재 기후 여건이 좋은 섬에 노인시설들을 세우고 이를테면 필리핀과 같이 임금이 싼 나라들의 수발인력을 고용할 계획이라고 한다.

2 물질적 보장

미래에 연금은 기껏해야 생존보장에서 기초보장에 지나지 않을 수 있다. 취미, 스포츠, 휴가여행과 체험 등과 같이 이제까지 살아온 소비 지향적 생활양식을 대체로 유지하기 위해서는 시적 추가 대비가 필요하다.

독일 프로이센의 황제 프리드리히 2세(Friedrich II)가 오스트리아의 마리아 테레지아(Maria Theresia) 여황제와 반목하게 됐을 때 전쟁소문이 들불처럼 퍼져갔다. 그러자 오스트리아 황제 마리아 테레지아는 단순한 트릭을 썼다. 프로이센의 왕이 보낸 사신들에게 좋은 인상을 심어주기 위해 성안의 잔디들을 모두 세심하게 일으켜 세우도록 했다. 기대했던 대로 독일 황제의 사신들은 자국으로 돌아가 프리드리히에게 현재 시점에 전쟁은 시기적으로 맞지 않아서 권할 만하지 않다고 보고하였다. 잔디마저 그렇듯 정성스럽게 가꾸는 나라라면 물질적으로 풍요로울 수밖에 없지 않느냐는 것이다(Miegel, 2002a: 240).

1) 연금에 대한 환상

독일의 현재 법적 연금 현황을 살펴보면 다음과 같다. 45세로 법적 연금을 납입한 근로자는 마지막 총급여액의 48.3% 내지는 순급여액의 52.5%를 받게 된다. 유로로 환산해 보면 월 평균 총 급여액이 1,175유로라는 말이다. 순급여액으로 따지면 1,068유로로 더 떨어진다. 여기서 건강보험료와 수발보험료도 내야만 한다.

오늘날 사회체계는 부양−환상과 같아서 복지 상태에서 얻는 이익을 속이고 있지 않은가 싶다. 2000년 이전까지와 그 이후의 연금 (불)안정 역사를 잠깐만 돌아보아도 다음과 같은 사실들이 분명히 드러난다.

- "아이들은 늘 생기기 마련이다." −콘라드 아데나워(Konrad Adenauer) 수상이 1957년 노인들의 연금을 젊은이가 지불하는 연금체계를 도입하면서 연금체계의 안정성을 두고 한 말이다.
- "연금보험의 재정 상태는 안정적이다. 어느 연금이라도 앞으로 감소시키지 않고 제때 지불하게 된다. 아울러 올 7월 1일에는 모든 노령연금을 11% 올리게 된다". −1978년 SPD 연방 노동부 장관인 발터 아렌트(Walter Arendt)가 한 말이다.
- "연금은 안전하고, 연금 액수는 계속해서 오를 수 있다. 우리는 그저 현 상태 보장정책 영역 안에서만 2010년, 2020년 시기에 대해 생각하면 된다. 그때가 되더라도 연금액수 또는 연금 비율을 줄이는 것은 우선적으로 생각할 필요가 없다. −

1993년 FDP 연방경제부 장관 귄터 렉스로트(Günther Rexrodt)의 말이다.

- "이 말은 연금생활자들이 꼭 적어둘 만하다. 연금은 안전하다". –1994년 CDU 연방 노동부장관인 노르베르트 블륌(Nobert Blüm)의 말이다.
- "젊은이들에게도 말할 수 있다. 앞으로도 해마다 연금액수는 올라간다". –2000년 SPD 연방 노동부 장관인 발터 리스터(Water Riester)의 말이다.

그러나 2000년 이후부터는 그토록 안전하다고 열변을 토했던 정치인들의 모습이 서서히 변하고 말았다.

- "45세 이하인 사람들이 모두 제2차 세계대전 이후 그 어느 세대보다 많은 돈을 연금보험에 납부했고 제2차 세계대전 이후 그 어떤 세대보다 적게 받게 된다는 사실을 객관적으로 그냥 무시할 수는 없습니다." –2001년 바이에른 주지사 CSU의 에드문트 슈토이버(Edmund Stoiber)의 말이다.
- "법적 연금보험은 노후대책을 위한 핵심이요 중심으로 남겠지만 오늘날 수준의 풍요로움을 지키고 싶은 사람은 가외로 가진 것이 있어야만 합니다. 그러면 여러 가지를 시도할 수 있습니다. 러시아의 민속악기 발랄라이카를 연주한다든가 아니면 로또 복권을 살 수도 있습니다. 그렇지만 리스터–연금 또는 민간보험에 들 수도 있지요". –2006년도 SPD 연방 노동부장관 프란츠 뮌테페링(Franz Müntefering)의 말이다.

2006년 독일 연금보험 연맹에서 지급한 연금은 약 1,410억 유로였고, 연금보험료로 거둔 것은 1,480억 유로였다(순연금지급액과 관련하여 차이는 0.53%의 적립금에 해당한다.). 2007년 6월만 따지더라도 독일에서 연금으로 지급한 금액이 160억 유로다(Statistisches Bundesamt, 2009). 이를 환산해 보면 그날 벌어 그날 먹고사는 셈이다. 연금 보험료로 거둔 것을 그대로 다시 연금으로 지급하는 것이 독일의 현 실정인 셈이다. 이는 연금을 적립금으로 모을 수 없는 것이 현실이기 때문에 앞으로 사회적 안정을 보장할 수 없다는 의미와 일맥상통한다. 더욱이 자녀 수가 전체적으로 감소하는 상황이고 보면 더 말할 것도 없다.

세대 간 계약의 해지와 관련하여서도 개별적이긴 하지만 아주 솔직하거나 노골적인 식의 말들이 있다. 이를테면 1996년에 태어난 아이들은 나중에 사회복지 서비스로 되돌려 받을 수 있는 것보다 사회복지와 세금으로 약 2십만 유로를 더 내야만 한다. 따라서 스스로의 표준 생활은 대체로 포기해야만 하고 평생 국가의 사회복지를 위해 그들이 내야 할, 그리고 국가의 사회복지가 그들을 위해 내야 할 금액 관련 적자결산을 감안할 상황이 되고 있다. 이에 대해 사회정치가들은 지금 자기 세대들이 얻는 이익은 뒤따르는 세대들이 부담해야만 한다는 사실을 염두에 두어야 한다고 비판하고 있다. 마인하르트 미겔(Meinhard Miegel)과 같은 사회과학자들도 "공식 파산 선고를 눈앞에 둔 복지국가"라고 비판한 바 있다(Miegel, 2002a: 195).

원천징수 방식(pay as you go)에 따라 자금을 얻은 연금보험에는 현저한 구조상의 결함이 드러나고 있다. 1970년에 근로자 100명이 약 40명의 연금생활자들의 연금을 충당했지만, 통일 덕에 1990년에는 약 34명까지로 줄어들기도 했다. 오늘날에는 거의 두 명의 직업생활자가 한 명의 연금생활자의 연금을 충당할 상태가 되었다. 2030년이 되면 그 비율은 4:3이 되고, 2040년에는 5명의 직업생활자가 4명의 연금생자들에게 연금을 충당해야만 한다(http://www.dza.de/).

특히 출산율 저하로 보험료 납입의 기반이 취약해지는 데 반해 동시에 기대수명의 연장 때문에 연금급부 기간도 더 길어질 것으로 전망되고 있다. 이런 이유들로 정년이 되기 전에 직업을 떠나고 싶어하는 바람이 줄어들기보다는 오히려 커지고 있고, 또 경제와 정치 쪽에서 여러 가지 부추기는 일들이 많아져 그 간격이 갈수록 벌어지고 있다. 이를테면 경제계에서는 50세 이상 세대에게 조기퇴직을 권하고 정치계에서는 가능하면 이들을 실업자 통계에서 제외시키려고 하는 현상들이 벌어지고 있다.

이러다 보니 단호한 노후보장체계에 대한 개혁 대신 문제해결을 여러 모로 개개인에게 떠넘기는 현상들이 벌어진다. 다시 말해 저마다 개인 차원의 저축이나 저금을 통해 자신의 노후생활에 대비해야 한다는 말이다. 그때까지는 여러 가지 세금 인상(이를테면 석유, 담배, 기후부담금〈Klimacent〉)을 통해 재정 적자를 대체하여 메운다는 발상이다. 그런 식으로 하면 노후의 빈곤을 한 번쯤 막을 수 있어도 연금 순지급액의 수준을 점진적으로 낮추는 데에는 이르지 못하기 마련이다. 미래의 연금세대는 대체로 자녀를 갖지 않기 때문에 자녀양육을 위한 지출을 아낄 수 있어서 아무 문제없이 노후대비를 위한 재산을 모을 수 있다는 이유를 들어 연금 순지급액의 인하를 고려할 수도 있다.

그렇다 하더라도 국가의 연금은 앞으로 시민들의 평생 업적에 대한 보상이어야 마땅하다. 그리고 평생 업적은 달리, 어쩌면 아예 완전히 새롭게 정의되어야 하겠지만, 생계활동과 동일시될 수 없다는 것은 자명한 사실이다.

그렇지 않을 경우 미겔이 기형화된 사회의 표현이라고 비판했던 것, 곧 "양말이나 립스틱 따위를 파는 여성의 평생업적이 경우에 따라서는 다섯 아이들을 키우며 수십 년 동안 허리띠를 졸라매야만 했던 어머니의 평생업적보다 8배나 더 높이 평가되는 사실"이 실제로 일어나게 된다. 직업생활을 하는 여성이 일정한 전제조건 아래에서는 한 달에 1,000유로 연금을 받는 반면에, 직업 능력은 있으나 가정생활을 위해 일을 하지는 못했던 여성의 경우는 "고작해야 126유로로 만족해야만 한다"(Miegel, 2002a: 255). 따라서 미래를 위한 문제 해결이라면, 자체 노후대비(경제 차원에만 국한되지 않는)를 법적 연금보험에 대한 필수적인 보완으로 삼는 일뿐이다.

이런 맥락에서 사람들은 개인 차원의 인생계획과 노후대비와 관련하여 여러 가지 관점 사이를 오가게 된다. 이를테면 노후에 궁핍과 가난을 피할 수 있을 만큼 내 연금은 정말로 안전한가?(빈곤회피) 개인적으로 추가로 들어 놓은 노후보장 보험이 내 나름의 표준적인 생활수준을 유지할 수 있을 정도가 될까?(표준적인 생활수준 유지) 삶의 질을 고령에 이르기까지 보장하기 위해서 당장 오늘부터 미리 해야만 할 사회적 미래대비는 어떤 것이 있을까?(삶의 질 안정화).

이런 것처럼 노후대비를 둘러싼 걱정은 당연한 것이다. 2006년 12월 알렌스바흐 여론조사 연구소(Institut für Demoskopie Allensbach)에서 확인한 바에 따르면, 직업생활을 하는 사람들 가운데 노후를 위한 경제적 대비가 충분하지 못하다고 생각하는 사람들이 해가 거듭될수록 자꾸만 증가하고 있다. 특히 여성들 사이에서 그리고 젊고 소득이 적은 사람들일수록 회의적인 대답이 많았다(AWA, 2005).

이런 이유들로 앞으로는 사회보험이 더이상 지금처럼 계속 존재하지 못할 것 같다. 연금보험, 실업보험, 건강보험, 수발보험 등 그 어느 것이 되었든 어디서나 부채 내지는 사회국가의 위기가 엄습하고 있다. 그렇다면 이런 현상들은 국가와 사회가 사회적 역량을 상실한 것인가? 아니라면 세대 간의 연대감이 여기서 그 한계에 닿았다는 의미일까? 더욱이 장래의 미래 세대들이 그들 소득의 2/3를 연금보험, 건강보험, 수발보험과 같은 사회체계에 아무런 저항감 없이 스스로 납부하리라 기대할 수 있을까?

10년쯤 전에 이미 독일 연방정부의 전문가 위원회에서는 다음과 같은 감정서를 발표한 바 있다. 2035년 독일은 '세계에서 국민이 가장 고령인 나라'가 되기 때문에 법적 연금보험은 그로써 심각한 위협을 받게 될 것이다. 그렇게 되면 한편으로 보험료와 기대되는 보험의 급부 사이에는 균형이 심각하게 깨어지게 된다. 다른 한편으로는 연금의 안전성에 대한 직업생활자들의 믿음과 세대 간 계약의 공정성에 대한 젊은 세대의 믿음도 결국은 장기적으로 흔들리고 말 것이다(김근홍, 2001).

2) 저축과 사보험을 통한 노후준비

독일 사람들에게 크게 웃음을 자아내는 텔레비전 광고가 있다. "나도 크면 내 맘대로 하는 어른이 되어야지". 여기서 말하는 것은 소득보장과 경제적 독립이다. 그 건너편에서는 노후 보장이라는 시한폭탄이 째깍거린다. 기업의 노후대비는 거꾸로 가는 형편이고, 국가의 보장체계는 갈수록 병목현상에 시달리고 있다. 그러다보니 세대 간 계약마저도 이젠 경제적 한계에 부딪히고 있다. 이런 문제들을 배경으로 놓고 볼 때 사적 노후대비야 말로 노후에 가난에 빠지지 않고 생활의 표준 수준을 지켜가고 싶은 사람이라면 누구나 평생의 숙제로 삼을 수밖에 없는 상황이 되어버렸다.

오늘날 30세에 이른 사람들이 장차 맞이하게 될 은퇴 후 생활을 태연하고 여유롭게 마주할 수 있을까? 그리고 태연함이 언제 무너지고 걱정과 대비는 언제 시작되는가? "나의 노후대비는 일이 있기에 가능하다"라고 지금까지 통해온 이 인생의 격언은 미래의 보장으로 더이상 충분하지 않을 것 같다. 오늘날 벌써 분명해진 사실은, 평균적 소득자의 경우 지금의 사회적 요구수준을 유지할 수 있을 정도의 연금 지급액을 받기 위해서 적어도 30년 동안 보험금을 납부해야만 한다. 그런데 오늘날 젊은이들이 과연 30년 이상 직업생활을 할 수 있으리란 보장이 어디에 있는가? 하는 문제에 봉착되고 있다.

나이가 들수록 물질적 대비의 정도가 높아지기 마련인데, 다만 그것이 연속성을 띠지 않는다는 현상을 보여주고 있다. 가장 잘 대비한 경우라면 무엇보다 50~64세의 베스트에이저들이고 이들 평균 다섯 명 가운데 네 명이 무엇인가 대비책을 마련하였다고 한다. 그러나 고령자들의 경우에는 그 평균값이 훨씬 밑돌고 있다는데 문제의 심각성이 크다. 나이가 고령에 이를수록 경험에 비추어보면 의학적 보살핌(수발 포함)의 비용은 증가하기 마련이다. 그러다 보니 고령의 나이에 이르면 생활의 표준 수준을 유지하는 것보다도 자기 건강 보장을 위한 경제적 부담을 해결하는 것이 더 중요한 문제로 대두된다는 뜻이다.

기대수명이 증가하면서 노후대책에 새로운 문제가 생겨나기 시작했는데, 고령에 이른 사람들과 장수하는 사람들이 관심을 두는 것은 무엇보다도 생활에서 사는 보람을 유지하는 일이다. 생존과 관련한 관심사는 골프경기나 커다란 여행과 별다른 관계가 없다. 미래에 중요한 것은, 갈수록 더 많은 사람들이 점점 더 오래도록 살고 그만큼 더 질병에 걸리기 쉬워지기 마련이다. 이를테면 미국과 영국에서 나온 경험적 자료들을 살펴보면 질병 관련 비용 전체의 40% 정도가 생의 마지막 12달에 쓰인 것으로 나타났다.

현재 독일에서 생명보험과 연금보험을 사보험으로 들어 놓은 경우는 세 명에 한 명꼴이라는 통계수치가 있다(1997년 45%, 2007년 32%). 이러한 준비를 가장 많이 한 층은 중년세대(34~54세)들이고, 현재 연금으로부터 가장 많은 득을 볼 수 있는 연금수령 세대의 경우에는 살아오면서 노후를 대비하여 보험을 들 기회를 놓치거나 그럴 여유를 가질 수 없었기 때문인지 통계수치에서 빈약한 위치를 차지하는 것이 현실이다. 그러다 보니 65세 이상 세대들의 경우 생명보험을 통한 개인 차원의 노후대비에 두는 가치는 미비한 통계에 그치고 있다(Opaschowski et. al., 2007).

스스로 준비하는 노후 대비가 성공을 거둘지 그리고 충분할지는 앞으로 연금과 직업 활동에 따른 소득보다 오히려 시민들의 저축하는 자세와 저축 능력으로 판가름 날 것 같다. 그런데 다행스럽게도 대부분 독일 국민들은 저축하려는 의사가 매우 강한 것으로 나타났다. 저축 예금이야말로 사람들이 가장 선호하는 노후대비책이라 할 수 있는데, 독일 시민들의 35%가 저축을 통해, 그리고 13%는 주택건축조합 계약을 통해 노후 대비를 하고 있다. 가장 저축에 열심인 연령층은 50~64세 사이로서 대략 46%이고, 그다음은 연금생활자들로 43% 수준을 보여주고 있다. 이들이 저축하는 습관은 이를테면 34세 이하의 젊은 세대들보다 눈에 띄게 강한 것으로 나타났다.

특이한 점은 산업경제의 중요한 동맥이라 할 수 있는 주식 붐과 DAX(독일종합주가지수)의 역사적 가격 상승에도 불구하고 이 분야가 노후대비에 결정적인 영향을 미치지 않고 있다는 점이다. 주식, 펀드, 고정 금리의 유가증권 등에 매력을 느끼는 경우는 독일인 12명 중 1명 정도에 지나지 않은 것으로 나타났다. 그중에서 가장 많은 비중을 차지하는 경우가 고등학교 졸업 이상의 고학력자들이고 가계 순소득도 2,500유로 이상인 사람들로 나타났다. 그와 반대로 가장 적은 비중을 차지하는 경우에는 25~49세 사이의 싱글들이었다(http://de.wikipedia.org/wiki/Gesetzliche_Rentenversicherung).

한편 BAT 표본 설문조사 결과를 살펴봐도 25~49세 사이에 혼자 사는 사람들이 자식들이 있는 가족들에 비해 노후를 위한 물질적 대비책 마련 정도가 훨씬 덜하다는 결과를 보여주고 있다. 여기서도 미래에 닥칠 문제 요인이 드러나는데, 현재 자기중심으로 생활하면서 소비 지향적인 싱글들은 노후보장에 대한 생각이 남달리 많지 않은 것으로 나타났다. 그렇게 되면 이들은 나이가 든 뒤 친자식들이나 손자손녀들의 보살핌을 기대할 수없는 상황임에도, 그런 싱글 가정 수가 갈수록 증가하는 추세다. 고령에 맞게 될 생활에 대한 '문제'의식이 독신자들의 경우 충분하지 않기 때문에 이 분야에 대한 계몽과 홍보활동이 그만큼 중요하고 커다란 과제가 될 것 같다.

노후 대비를 위한 여러 가지 대책들을 위해 쓰는 평균 금액은 그 종류에 따라 큰 차이를 보여주고 있다. 이를테면 사보험으로 연금보험을 가입한 사람들은 한 달에 약 100유로씩 보험금을 납부하고 있지만, 국가의 지원이 있는 민간 연금보험(리스터 연금보험)에 납부하는 보험금 액수는 그 절반에도 미치지 못하고 있다. 취업 불능 대비 보험의 경우 달마다 약 70유로쯤 되는데, 사고와 같은 일로 닥칠지 모를 노후대비책의 틈을 메울 수 있는 것으로 가치가 높다. 상해연금과 수발 일당 지급 보험을 위한 보험금은 서로 대체로 비슷하다(30유로/월). 질병을 얻었을 때 일당 지급하는 보험을 위한 보험금의 경우 평균 약 20유로 정도다. 전체로 보면 법적 연금보험 외에 민간 연금보험과 리스터 연금이 국민들에게는 노후대비의 기둥 노릇을 한다는 걸 분명하게 알 수 있다.

그렇지만 〈그림 6—4〉에서 볼 수 있는 것처럼 독일 국민들 모두가 미래를 생각하는 것은 아닌 것 같다. 독일 시민들 세 명 중 한 명은 이제까지 노후의 물질적 보장에 대해 아무런 생각도 하지 않은 것으로 나타나고 있다.

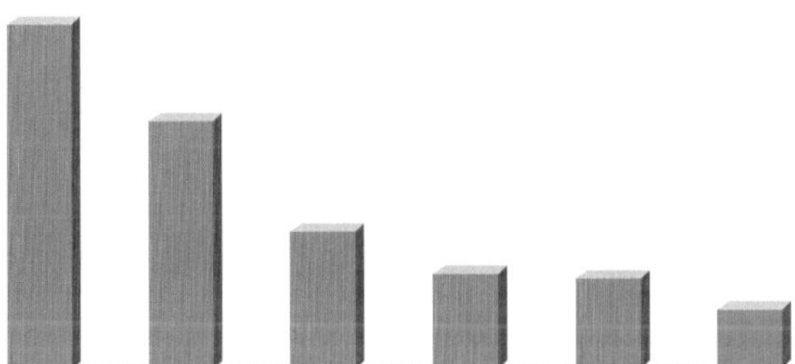

	민간 연금 보험	취업불능 대비 보험	공공보험	상해보험	수발 일당 지급 보험	질병 일당 지급 보험
지출금액	1,170€	853€	490€	342€	340€	226€

▌그림 6-4▌ 민간 차원의 노후대비책을 위한 지출 금액(유로)

주: 각 100명의 근로자들이 연간 평균 지출금액(유로)€
출처: Statistisches Bundesamt, 2007

• 특히 34세 이하의 젊은 세대의 경우 대다수가 이 문제와 씨름하지 않았다고 한다.

더욱이 세 명 중 두 명은 노후대비를 아주 먼 미래의 일로 생각하고 있다는 것이다. 그 결과에 따라 일어날 수 있는 문제들을 보지 않거나 그저 제쳐두기만 하기 때문에 그들은 대부분이 이미 때가 늦고 난 다음에서야 노후대비 결여에 따른 문제의 심각성을 느끼게 될 것이다.

- 34~55세의 중년 세대는 다소 사정이 다르다. 이 연령 단계에서는 그럴 만한 재정적 수단의 부족이 두드러지는데, 특히 여성들의 경우가 남성들보다 더욱 그렇다.
- 55세 이상 세대의 경우 다섯 명 중 한 명 정도가 의식적으로 "필요가 없어서/법적 연금으로 충분"하다는 걸 이유로 들고 있다. 다시 말하자면 수익과 지출에 전적으로 만족한다는 말이다.

이러한 관점에서 스스로 기회를 놓치게 된 그 밖의 이유며 설명들을 살펴보면 그 다양함이 먼저 눈에 띈다.

- 거의 10명에 1명꼴로 정보부족을 들고 있으며, 청소년이 있는 가족의 경우에는 심지어 5명 중 1명이나 된다.
- 이는 5명 중 1명 이상이 솔직하게 현재를 누리며 만끽하고 싶다고 대답하고 있지만, 미래는 그리 늦게 다가오지 않는다는 사실을 망각하고 있는 것 같다. 더욱이 대부분 가족들은 '건강이 가장 중요하고 다른 것들이야 모두 아무래도 좋아'라고 답변하는 것이 현실이다.
- 또한 일부 젊은 그룹들은 그저 이제까지 살았던 대로 그대로 살겠다고 답변하는 현상까지 나타나고 있다(BAT, 2004; Opaschowski et al., 2007).

3) 상속의 함정

개인 차원의 미래 대비에 대한 상대적인 소홀 또는 태만을 설명하는 다른 이유로

몇 해 전부터 퍼지고 있는 상속 세대의 재산을 꼽을 수 있다. 이는 상속할 사람들의 재산이 거의 한없이 많아 보인다는 것인데, 그 이유는 미래에 유산을 남길 사람들은 전 세대들에 비해 후손 수가 적기 때문에 상속자 수도 적을 수밖에 없다는 논리다. 그와 동시에 자녀의 수가 적었던 까닭에 더 큰 재산을 만들 수 있고, 그 재산은 이제 상속세대에 유산으로 넘기는 수밖에 없다고 한다. 독일의 "1,510만 가정들이 다음 몇 해 동안에 2조 유로를 상속하게 된다(Miegel, 2002b: 3)"는 통계자료를 살펴봐도 더욱 이런 사실이 실감날 수 있을 것 같다.

그렇지만 상속자 세대는 오히려 이 유산이 환상이 될 위험에 직면할 수 있다. 왜냐하면 점차 늘고 있는 기대수명을 고려하고 또 질병치료와 수발에 드는 비용의 상승을 따진다면 많은 사람들이 기대하는 것에 비해 상속으로 받을 재산이 훨씬 적을 수 있기 때문이다. 오늘날 이미 드러나듯이 상속자의 약 6%는 상속으로 받은 재산이 전혀 없거나 아니면 오히려 부채만 받았다는 통계수치가 단적인 일례다. 그런 가정 수가 거의 1백만에 육박하고 있는데, 상속 건수 5중에 1건(22% = 330만 가구)의 경우 부동산이 아예 없거나 돈이 될 만한 부동산이 없이 그저 가구나 의복에 속옷가지와 같은 사소한 상속에 지나지 않는다는 것이다. 그리고 29%(=430만 가구)는 2010년까지 13,000~80,000유로 사이의 유산을 기대할 수 있었지만, 이는 노후 대비의 모자란 부분을 채우기에 충분하지 않은 금액임은 자명하다(Statistisches Bundesamt, 2007).

따라서 대규모의 재산 상속은 예외일 뿐이며 대부분의 독일시민들과 가정들의 경우 사소한 정도의 유산만을 상속받을 수 있을 것이라는 사실이다. 특히 국가에서 이전되는 금액과 연금지급이 낮아지는 추세이기 때문에, 앞으로 유산 상속도 줄어들 수밖에 없다. 구체적으로 말하자면 1965년 이후에 태어난 이들의 경우 상속받는 유산으로 법적 노후 보장으로 모자란 노후대비 부분을 메우기에 충분하지 못한 정도가 많게 될 것이다(Miegel, 2002b). 이렇게 되면 익숙해진 생활수준과 법적으로 보장하는 수준 사이의 간극은 오히려 자꾸 커질 전망이고, 게다가 미래에는 손자손녀에게 상속이 이루어지는 일이 잦아질 추세다.

물론 상속자와 유산상속은 또 가족의 의미가 짙게 담긴 표현일 수도 있다. 피상속인들이 전해 건네주려 하는 것은 그저 물질적 가치만이 아니다. 이념적 가치와 인생관도 함께 물려주기를 원한다. 즉, 유산상속의 도움으로 가문이 결속하여 계속 유지되기를 기대하는 것이다. 따라서 유산상속은 부담감을 자아내는 일종의 가문재산으로 간주될 수 있다. "상속받은 집을 사랑하지만 증오스러울 때가 많다. 왜냐하면 경제적 부담이 되고 일이 많기 때문이다. 늘 상속받은 집에 대한 대가로 무슨 일인가 해야 한다는 의무감을 느끼게 된다"(DIA, 2002: 46).

3 사회적 보장

오늘날 '노후대비'란 말은 거의 투자대상과 동의어라도 된 듯하다. 또 흔하게 들리는 '연금 리스크 요인'이란 말을 들으면 그저 '연금 지불'이 미래에도 안전한지의 여부만이 문제인 것처럼 생각하는 경우가 많다. 그렇기 때문에 스스로의 미래에 대해 진지하게 염려하는 사람이라면 노후대비를 그저 돈 문제로만 이해할 수 없을 것이다. 왜냐하면 노후대비는 물질적 · 심리적 · 정신적 · 사회적 미래보장이란 의미에서 삶의 대비가 되기 때문이다.

1) 사회적 교류를 통한 노후대비

독일 노후대비 연구소(Institut für Altersvorsorge)에서는 투자만이 노후대비가 된다는 것을 원칙으로 삼으면서 투자 대상은 '재정 확충', '보험료 납부', '생계비', '표준 생활수준', '세심한 직업교육', '고도 생산성의 일자리' 등을 거론한 바 있다. 따라서 이런 곳에서는 노후 대비를 쉽사리 표준적인 생활수준의 보장과 동일시하는 경우가 많다.

그러나 대부분의 은퇴생활자들은 정신적 · 사회적 노후대책으로 경제적 영역뿐만 아니라 가족과 친구들이야말로 진정 미래에 중요하다고 여러 연구결과에서 언급한 바 있다. 따라서 노후대책은 다음 세 가지 의미에서 미래를 위한 대책으로 이해될 수 있다.

첫째 – 생계비(노동, 급여, 소득 등을 통해 생활에 꼭 필요한 생계 보장)

둘째 – 표준적인 생활수준(의식주와 취미, 스포츠, 휴가여행, 오락 등의 영역에서 소비욕구와 안락함의 욕구 충족)

셋째 – 삶의 질(가족 안에서 함께 살고, 친구, 이웃과 공동체 등에서의 사회적 교류와 관계결속 및 정신적 피트니스를 통한 건강유지)

지금까지 경제와 정치에서 주장하여 왔던 노후대책이란 의미는 그 외연을 너무 좁게 잡았던 것이 사실이다. 특히 자식, 손자손녀, 젊은 친구들이 없음으로 인한 사회적 보살핌의 결여보다는 평생의 물질적 풍요로움이라는 환상에 치우치는 면을 보여 왔다. 그런데 빈약한 사회적 교류는 결코 자산 형성이 잘 가꾸어진 교류를 대체할 수 없다는 문제의 심각성이 내포되어 있다. 왜냐하면 물질적 보장을 넘어서 사회적 노후대책 역시 미래를 위한 투자로서 빼놓을 수 없기 때문이다. 노년에 이르러 가족이나 친구들을 잃는다는 사실은 어떤 경우에도 돈으로 상쇄할 수 없는 차원이다.

여러 연구 자료에 따르면 가족의 결속유지를 노후생활에 필수 불가결한 대비책으로 보고 그에 따라 행동하는 독일 사람들이 갈수록 많은 것으로 나타났다. 특히 가족의 결속에 가장 큰 가치를 두는 경우는 젊은 층보다 연금 생활자들이 더 높게 나타나는 것으로 보인다. 따라서 이들에게는 가족이야말로 노후의 주축이 되는 기둥들이라 할 수 있다(Engstler et al., 2003).

가족 다음으로 미래에 대한 투자로서 중요한 분야는 친구간의 관계 가꾸기를 꼽고 있다. 가족관계는 전체 국민들뿐만 아니라 은퇴후 생활자들도 거의 똑같이 중요한 일로 평가된다. 은퇴생활자들을 제외하면 베스트에이저들이 친구관계에 커다란 의미를 두었던 사실에서도 그 중요성을 알 수 있다. 그런데 놀라운 것은 독신자들의 경우 친구관계의 중요성을 평균 이하로 보았다는 사실이다(http://www.dia－vorsorge.de/). 독일 국민들 거의 모두가 체계적으로 친구들과의 교류를 가꿔가는데 어울려 사는 것에서 오는 기쁨 때문만이 아니라 평생 동안 무엇인가 계속될 수 있는 것, 노후에 그 가치가 더 커지거나 효용성을 계산할 수 있는 그 무엇을 마련하겠다는 생각 때문인 것 같다. 우정관계에서도 합리적인 또는 타산적인 고려들이 그 중요성을 잃지 않고 있는 듯싶다.

노후에도 스스로의 문제는 스스로 해결하고 소일거리를 가지는 것이 무엇보다 중요하다. 따라서 되도록 생활의 모든 일을 스스로 해결하려 하고, 거기에다 나름의 취미활동에 길들이는 것도 노후 대책의 일환이 된다. 특히 남성들은 여성들에 비해 스스로의 취미생활에 시간을 보내기 위해 계획을 세우는 경우가 많다. 단체 활동이야말로 여러 모로 이 분야에 좋은 방법이 된다. 함께 어울리며 재미도 얻고 또 정보도 함께 교환할 수 있기 때문이다. 게다가 단체 안에서의 활동으로 사회적 안정감을 얻을 수도 있다. 그런 이유 때문인지 노후에 단체 가입에 대한 관심이 커지고, 젊은이들 사이에서도 스포츠 단체의 의미를 새롭게 발견하는 것이 요즘의 경향이다. 그만큼 단체 구성원들의 특성에 따라 그 특징도 세분화되어 다양해지는 추세다. 무엇보다 따로 특정한 시간이며 자금 그리고 시설에 특별히 매어있지 않아도 되는 모임들이 갈수록 늘어나고 있고, 그 전망도 밝아 보인다.

종합적으로 미래에는 나이가 들어가는 사람들일수록 이제까지보다 자질과 능력을 더 갖추고 독자적으로 사회적 네트워크를 구축할 수 있는 형편이 되어야 할것이다. 가족 네트워크가 감쇠되어 가고 있는 사회적 현실을 놓고 볼 때 친척들에 의한 수작업의 도움들은 갈수록 줄어들기 마련이다. 따라서 사람들은 앞으로 일찍부터 Do it yourself 능력을 닦아 두어야만 한다. 왜냐하면 그렇지 않을 경우 전문가에 의해서 서비스를 받아야만 하는데, 그러려면 상당한 비용을 감수할 수밖에 없다. 친구, 친지 또는 이웃들이 스스로 나서서 도움을 주는 잠재인력으로 삼을 수 있도록 자연 잠재 도움인력을 활성화시키는 일은 무엇보다도 중요하다고 하겠다.

2) 자원봉사활동으로서 노후대비

노후대비 가능성으로 자원봉사활동을 받아들이는 것이 눈에 띄게 높아지고 있다. 일반적으로 자원봉사는 인간의 공동복지를 향한 가치이념과 동시에 민주적인 방법에 의한 자발적 · 자율적 · 창조적 · 협동적 사랑의 실천노력이며, 인간의 바람직한 생활 그 자체라고 한다. 노인복지학에서 생각하는 노인자원봉사활동은 노인이 주체적으로 자원봉사자가 되어 활동하는 측면을 강조하므로 일반자원봉사활동과는 다른 특성을 가지기 마련이다. 이는 노인이 가진 특성과 욕구를 반영하면서 노인자원봉사활동을 기획하고 실천해야 하기 때문이다. 그런 관점에서 노인자원봉사활동은 노인을 위한 자원봉사인가, 아니면 노인에 의한 자원봉사인가에 따라서 그 필요성이 다를 수 있다. 노인을 위한 자원봉사 활동 필요성은 인구고령화, 가족의 노인부양기능 약화, 그리고 미흡한 각종 노인복지제도로 사회에 의존하는 노인들의 증가를 주된 이유로 꼽을 수 있다. 그에 비해 노인에 의한 자원봉사는 노년기에 직면할 수 있는 다양한 문제들을 예방함과 동시에 노후생활 적응력을 제고하고, 더 나아가 사회발전에 기여함으로써 창조적이고 활발한 노후생활을 영위할 수 있는 기회를 마련하기 위해 필요하다. 결국 노년기 자원봉사활동 참여는 노후 삶의 질적 수준을 제고함과 아울러 생산적이고 통합적인 노후생활을 영위할 수 있게 할 것이다. 더욱이 노인에 대한 사회적 인식 전환과 노인차별주의 의식의 약화, 유휴 노인인력의 활용, 사회적 생산성 제고, 노인 복지비용 절감 및 복지인력의 보완, 그리고 사회적 연대감과 사회통합의 촉진과 같은 긍정적 효과를 지닐 수 있다.

자원봉사활동에 참여하는 사람은 대부분 자기의 뜻과 의지에 따라서 활동하기 때문에 스스로 느끼는 만족감이 그 어떤 분야보다 높기 마련이다. 스스로 솔선하고 만족하는 자원봉사 활동은 젊은 시절은 물론이고 노후에도 인생의 과업에 커다란 보탬이 될 수 있다. 특히 노후에 봉사활동은 생명의 묘약 효과를 보일 수도 있을 정도다. 그러나 미래에 새로운 봉사활동을 하려는 사람들은 과거 자신의 명예나 활동력에 호소하는 것보다 더 많은 일을 해야만 한다는 것은 당연한 노릇이다. 자원봉사활동을 통한 노후

대비는 노년기의 생활을 더욱 풍요롭게 하며 생의 만족감을 높이는 데 기여할 수 있기 때문에 노인 스스로 '새로운 일을 위해서 자기실현과 사회발전에 참여하려는 태도'를 발전시킬 필요가 있다. 노년기 봉사활동은 스스로의 뜻에 의한 봉사활동이기에 이를 테면 사람들 만나기, 친구 사귀기, 개인적으로 성공체험 해보기, 인생의 경험 쌓거나 전해주기, 무엇인가 의미 있는 일 하기 또는 그저 재미 삼아 등 그 동기는 천차만별이 될 수 있다. 그렇기 때문에 가족과 친구관계를 꾸준히 가꾸어나가는 일, 단체의 회원이 되거나 봉사활동에 참여하는 일 또는 스스로 일을 찾아 일하는 능력 등은 노후를 위한 정신적·사회적 대비책으로 중요한 요인들이라 할 수 있다(이금룡 외, 2009).

4 정신적 보장

30년 전 미국의 사회연구가 로널드 잉글하트(Ronald Inglehart)는 모르는 사이 서구 산업사회에 조용히 찾아올 혁명(The Silent Revolution)을 예견한 바 있다. 그것은 다름 아니라 물질적 목적으로부터 비물질적 욕구로의 가치변화를 언급한 것이다. 특히 39세 이하의 젊은 사람들에게서 물질주의 가치관이 눈에 띄게 줄어들 것이라 했다. 그 당시의 '탈물질주의자들'이 이제 나이가 들어 오늘날에는 이미 60세를 넘어섰고, 그들의 교육과 소득수준은 상대적으로 높았다. 아름다운 인생, 내면의 평정, 안정, 사회적 욕구들이 이들 생활의 핵심 사항들이다.

그런 걸 보면 오늘날 정당, 조합, 교회, 단체 등에서 젊은이들에 비해 이 세대의 목소리가 크고 또 봉사활동도 더 많다는 사실이 놀랄 일도 아니다. 말하자면 사회의 사고방식이 달라져야만 한다는 말이다. 짧은 시간 안에 60세 이상 인구가 두 배로 증가한다면 이들을 위한 미래의 시장도 마찬가지로 두 배가 될 것이라는 가정을 생각하면 쉽게 이해가 가능하다.

1) 노인교육으로서 평생교육

교육의 중요성은 갈수록 커지고 있는 것이 사실이다. 노동세계뿐만 아니라 생계활동과 무관한 일상생활에서 일어나는 빠른 변화들로 인생 어느 단계에서나 배움과 평생교육의 중요성은 커지고 있다. 그럼에도 노인의 평생학습활동에 대해 일부에서는 '오락적 활동'쯤으로 왜곡된 모습들이 남아 있는 것 또한 사실이다. 즉, 평생학습 활동을 교육적인 가치로 생각하기보다 노후의 여가시간을 메우기 위한 방편으로 생각하는 부정적인 모습이다. 그러나 노인들의 평생학습 활동은 단순히 여가시간을 보내는 이상의 의미가 내포되어 있다. 노인들의 평생학습은 새로운 사회변화에 적응할 수 있도록 돕고, 그들이 사회 속에서 효율적으로 기능하며 적응하기 위해서 요구되는 지식이나 정보 혹은 기능을 습득할 수 있는 통로와 방법을 제공해 줄 수 있다. 또한 사회나 젊은 세대들을 포함한 다른 사람들과 효율적으로 의사소통도 하고 관계 맺을 수 있는 수단을 마련해 줄 수 있다. 이런 현상들은 노년기가 단순히 현상의 유지와 순응 그리고 상실의 방지를 과업으로 하는 시기가 아니라, 계속적인 발달과 적극적인 대응 그리고 새로운 학습을 필요로 하는 시기라는 사실을 인정해야 함을 의미한다.

장수 사회에서 평생 지속하는 배움의 의미는 그만큼 커지기 마련이다. 이와 관련하여 거의 모든 사람들이 일치를 보이는 생각이라면 "평생 계속하는 배움이 직업 또는 경영과 관련되는 것만은 아니다"라는 사실이다(Opaschowski et. al., 2006). 21세기를 위한 가장 근본이 되는 교육 목표라면 다름 아닌 자립과 자율성이다. 여기서 말하는 자립성이란 일반 경영과 관련한 독립성이라기보다는 다른 사람의 도움 없이 사는 삶을 의미한다. 그렇기 때문에 자기 결정능력과 스스로 하는 활동 그리고 활동능력과 비판능력 등이 함께 공감할 수 있는 책임의식도 요구되기 마련이다.

앞으로 나이든 세대들은 직업과 무관한 교육 프로그램의 미래를 좌지우지하게 될 것이다. 독일의 경우 노인교육과 관련된 내용을 살펴보면 저녁 강좌의 몫이 계속해서 줄고 오전 프로그램이 눈에 띄게 증가하는 추세를 보이고 있다. 왜냐하면 저녁은 미디어와 가족과 함께 보내는 시간이요, 또 이따금씩 외출하는 시간이기 때문이다. 누구나

다 이용할 수 있는 시민대학에서부터 각 대학의 수준 높은 세미나에 이르기까지 교육기관들은 저마다 이를 간파하고 교육프로그램을 점차 나이든 사람들 개개인의 일상생활 리듬에 맞추고 있다. 시민대학의 강좌개설은 일반적으로 독일 각주나 도시의 대학교 시간 프로그램에 따르고 있으며, 다양한 방면에서 강좌들을 개설하고 있다. 정치와 사회의 관련된 수업, 건강, 언어(일례: 독일어와 외국어), 컴퓨터, 문화수업 등이 그 일례라 할 수 있다[62].

특히 베를린의 '차리테'(Charité)에서 제공하는 강연들의 경우 350명의 청중들이 청강하는데, 그 대부분의 참여자들이 나이 지긋한 사람들이다. 함부르크에서도 제3교육제도의 분야에서 이른바 '나이 많은 성인들을 위한 교류공부'를 위한 세미나들이 개최되고 있다. 2009년 현재 독일 전역에서 50개 이상의 대학들이 시니어를 위한 강좌들을 제공하고 있는데, 이와 무관한 학과가 전혀 없을 정도다[63]. 이러다보니 연방 정부의 교육・연구부에서도 연간 300쪽에 이르는 강좌들을 세세히 설명하고 또 이러한 교육 프로그램 참여가 가져다주는 이로움을 자세하게 설명해 놓은 시니어 강좌 안내서를 정기적으로 발행하고 있다(BMBF, 2010).

나이 들어 공부하는 사람들의 대답을 분석해 보면 다양한 동기들이 폭넓게 퍼져 있는데 주로 다음과 같은 내용들이다.

- 시간과 내 인생을 의미 있게 쓰고 싶다.
- 이렇게 해야 정신 건강을 유지할 수 있다.
- 오래전부터 관심을 가지고 있던 정보들을 여기서 얻는다.
- 여기서 배우게 되는 흥미로운 주제들 가운데 많은 것들을 나중에 친구들 사이에서도 이야기할 수 있다.
- 이웃 사람이 같이 오자고 했다.

---

62) 시민대학 이외에도 종교단체에서 운영하는 아카데미(Academie), 부모・가족교육기관(Eltern und Familienbildungsstätte), 어른학교(Schule für Erwachsenen) 등도 있다.

63) 정규대학을 이수하기 위한 연령조건은 없지만 대학입학 자격증이나 이에 준하는 학력이 입학조건으로 전제되는 세미나도 있다. 많은 대학에서 노인과 관련된 주제를 다루는 특수 연구과정들을 제공하고 수료자에게 자격증을 교부하기도 한다.

- 전에는 여자 몸으로 대학 공부를 할 수 없었다.
- 정신적 교류가 즐겁다.
- 토론이 무척 재미있다.
- 집에 머무는 일이 지겨울 때가 많다.
- 세미나 말고도 친구들을 만들 수 있다.
- 이제야 공부할 시간이 생겼다.

(http://wiki.bildungsserver.de/index.php/Volkshochschule)

"어려서 배우지 못한 것을 나이가 든 다음에야 배운다"라는 독일 속담은 이제 철 지난 내용이 되고 있다. 새로운 연구 결과들에 따르면 전체 인생라이프 스타일 기간 동안 늘 배움이 가능하고 또 그것이 이루어지고 있기 때문이다. 노인들이 젊은이들보다 배움의 능력이 떨어지는 게 아니라 배움의 방식이 다를 뿐이다. 학습의 성공 여부는 건강상태, 이제까지의 정신 활동 훈련 상태, 노인들 스스로에 대해 가지고 있는 생각, 자기평가 등과 같은 요인들의 영향이 크게 작용하기 마련이다. 오늘날 연금 생활자들은 전에 다른 세대들에게 그저 꿈에 지나지 않았던 지식을 배우는 경우가 흔해져 버렸다는 의미이다.

미래에 배움을 계속한다는 것은 새로운 경험들을 모으고 변화해 가는 주변과 사회에 비판적으로 적응하는 일이다. 계속되는 배움에는 자기 스스로를 변화시키고 발전시키는 것도 내용에 들어갈 것이다.

독일 국민 3명 중 1명 이상은 가족, 친구, 단체, 평생교육 등을 통해 사회적으로나 정신적으로 미래를 대비한다는 생각을 아직까지 해보지 않았다고 한다. 이런 경우를 놓고 볼 때 공개토론의 자리에서 고령화 사회의 사회적 측면들이 아직까지 부수적인 역할에 머물러 있는 것처럼 보인다. 왜냐하면 경제 문제가 핵심 자리를 차지하기 때문이다. 노후 대책의 금전적 요인에 대한 토론이 충분히 이루어지고 난 다음 그리고 ― 긍정적이건 부정적이건 ― 해결의 실마리들과 결정들이 시야에 들어오고 난 다음에야 시민들은 스스로의 인생 계획을 세우면서 삶의 질(가족, 친구, 문화, 교양 등)을 잊고 말았다는 사실을 어렴풋이나마 알게 될 것이다.

걱정이 없고 생각도 없이 인생 계획을 세우는 일과 같은 사치를 미래의 사람들은 더이상 누릴 수가 없다. 그렇게 되면 “돈이 없어서”, “시간이 없어서”, “관심이 없어서”와 같은 이유들은 더이상 설득력도 약하고 정당화시킬 힘도 없는 빈약한 핑계가 될 뿐이다. 독일 노인문제 중앙연구센터(Deuntsche Zentrum für Altersfrage)에서는 가족과 자식들에 의한 도움과 지원이야말로 노인들의 삶의 질에 가장 중요하고 결정요인들에 속한다는 사실을 설득력 있게 설명하고 있다. 그 결과 자식들과 손자손녀가 없는 사람들의 노후 삶의 질은 눈에 띄게 떨어질 수밖에 없는 것으로 나타난다. 그렇기 때문에 그들은 머지않아 체계적인 도움과 상담을 통한 ‘사회정치적 개입’의 대상이 되고 만다는 것이다(http://www.dza.de/).

2) 노후시간을 보내기 위한 조건

여가생활을 즐기기 위해서는 다양한 차원의 전제조건들이 필요하다. 자기 자신이 올바르다고 느끼는 무엇인가를 하는 것과 자신의 행동이 좋다고 느끼는 것은 노후의 삶에서 매우 유익한 부분이다. 그렇기 때문에 즐거운 노후의 여가를 보내기 위해서는 당연히 억지로 떠밀리기보다는 스스로 나서서 행동하는 것을 포함해야 한다. 건전한 여가는 인간의 의지에 의한 즐거운 행동이기 때문에 의식과 지각으로 행동하는 것인지 아니면 강제로 또는 무의식적으로 행동하는 것인지가 중요하다.

건전한 여가생활은 행동에 대한 의미 없이 생길 수 없기 때문에 여가활동에 참여하는 자신의 행동에 대한 주관적 의미부여도 필요하다. 일례로 복지관에서 노인여가 프로그램을 배우는 것에 대해 가르쳐 주니까 그냥 배운다는 수동적인 생각보다 자신의 정신건강과 여가생활을 위하여 꼭 필요할 것이라는 긍정적인 의미를 부여함으로써 자신에게 건전한 여가생활이 가능하다. 특히 건전한 여가활동으로부터 자기 자신을 위해 무엇인가 얻고 가지려는 노력보다 활동 그 자체를 즐기는 것도 중요하다. 사람들이 얼마나 오랫동안 장수하는가에 대한 최고의 예측 기준은 그 사람이 가지고 있는 친구들을 꼽는 경우가 많다. 즉, 친구의 수가 많을수록 수명이 길어진다는 기존 선행연구 결과들을 놓고 볼 때 인간관계 부족으로 인해 받을 수 있는 육체적 손상은 바로 건전한 여가생활을 보내기 위한 전제조건 가운데 일부분이 될 수 있다.

여가는 선진사회의 삶의 질을 나타내는 특징이자 자유의 정도, 사회적 삶에 참여 및 그 사회에 살고 있는 국민들의 복지를 가늠하는 척도가 될 수 있다. 따라서 여가는 사람들이 얻는 즐거움, 오락행위들 또는 일로부터 사람들을 떼어 놓는 것만을 단순히 말하는 것은 아니다. 여가 속에는 교육, 정치, 사회적 참여 또는 건강을 지향하는 태도 등도 많은 부분을 포함하기 마련이다. 여가란 현대의 고도로 발달된, 모든 것이 기계화되어 바쁘게 돌아가는 산업사회에서 단순화된 생활에 다양한 변화를 제공하여 삶을 풍요롭게 할 수도 있다. 특히 은퇴생활자들이 갖는 새로운 삶에 대한 심리적 갈등과 방황에서 그들의 삶에 자신감과 변화된 환경을 긍정적이고, 적극적으로 받아들일 수 있게 해 줄 수 있다. 그렇기 때문에 여가는 은퇴생활자들에게 사회 참여도를 높여주며 이를 통해 은퇴 후 자칫 폐쇄적 생활과 정신적 · 육체적 무력감에 빠져들어, 사회로부터 소외되었던 삶에 나름의 의미를 부여할 수 있다.

여가프로그램을 제공할 때 고려되어야 할 것은 사회적 약자(노인, 아이를 혼자 양육하는 사람들, 여성, 청소년 등)들의 입장이다. 이것은 소위 약자를 보호하는 사회 정의적 차원에서 그들에게 인간다운 삶을 보장해 준다는 점에서도 중요하다. 특히 노인들에게 늘어난 여가수요에 맞는 다양한 여가능력 개발의 필요성이 강조되는데, 이는 자기개발을 위한 여가능력의 개발을 통해 다양한 여가활동 그러나 이러한 여가의 발달에 따른 문제점 역시 해결해야 할 많은 문제들을 수반하기 마련이다.

제 03 절 노후가 밝은 건강한 사회

선택이 다양한 사회에서는 다양한 선택과 기회들에 휩쓸려 익사할 지경이다. 신이 내려준 원칙들도 없고 국가에서 마련한 지혜의 문화도 더이상 존재하지 않은 채 어느 생활 영역에서나 마찬가지로 오로지 자기 자율에 따라 움직이는 사람만이 요구된다. 모든 걸 다 만들 수 있고, 고를 수 있으며, 달성할 수 있는 것처럼 보인다면 제 스스로의 길을 찾아서 그 길을 갈 수 있는 사람의 자립성이야 말로 포기할 수 없는 덕목이 된다고 하겠다.

노후를 바라보는 관점은 늙은 나무를 대하는 태도와 일맥상통한다. 늙은 나무를 보면서 어떤 이는 더이상 가지치기할 잔가지가 없다고 애석해 할 수도 있지만, 또 어떤 이는 그 간결한 곡선미에 찬사를 보낼 수도 있다. 언제 닥쳐올지 모르는 사멸에 대한 공포는 어디에나 늘 존재한다. 그러나 봄이 오면 서리 맞은 떡갈나무에 새로운 싹이 움트듯이, 생명이 유지되는 한 노후에도 계속해서 성장과 쇠퇴가 반복되기 마련이다. 톨스토이가 말한 것처럼, "누군가를 강렬하게 사랑할 수 있는 사람만이 크게 슬퍼할 수도 있다. 그러나 슬픔을 치유하는 것 역시 사랑이다." 노후의 삶은 우리가 사랑했던 모든 이들을 합한 것이라고 할 수 있다. 어느 누구도 잃어버리지 않고 고이 간직하는 것은 소중한 일이다. 인생의 후반에 이루어야 할 과제의 하나는, 인생 전반에 사랑했던 모든 이들을 찾아내어 그 사랑을 다시 회복하는 것이다. 그러므로 잃어버린 사랑을 회복하는 것은 곧 과거가 현재에 영향을 미치는 중요한 방식이 된다(조지 베일런트/이덕남 옮김, 2004).

사람들이 나이가 들수록 더 완고해지는 것은 사랑이 부족하거나 창의력이 부족해서가 아니라 오랜 세월에 걸쳐 다양한 경험을 통해 스스로 자기에게 맞는 선택을 발전시켜 온 결과라 할 수 있다. 칼 융은 "인류에게 수명이 아무런 의미를 지니지 못했다면, 인간은 분명 70세나 80세까지 성장하지 않았을 것이다. 인생의 후반기는 그 자체로도 중요한 의미를 지니며, 단순히 인생의 초반기에 덤으로 얹어진 보잘것없는 세월이 아니다"라고 설파(說破)했다. 영혼이 손뼉 치고 노래하지 않으면, 노후의 시간은 한낱 막대기에 걸린 누더기처럼 보잘 것 없는 존재에 불과할 수 있기 때문에 보다 잘 늙을 수 있는 준비자세가 바로 노후가 밝은 건강한 사회라 하겠다.

이에 프랑스 심리학 잡지 〈프시콜로지〉는 '잘 늙는' 방법 6가지를 소개한 바 있다.

첫째 – 건강을 챙길 것(잘 먹고 적절한 운동을 하고 담배를 삼갈 것…)

둘째 – 외모를 가꿀 것(손쉽게 실천할 수 있는 노화 방지 요법, 마사지에서부터 성형외과까지)

셋째 – 철학책을 읽을 것(세네카, 몽테뉴, 베르그송: 철학한다는 것은 잘 죽는 법을 배우는 일이다.)

넷째 – 폐경기를 잘 보낼 것(모성으로부터 해방되고 나면 더욱 풍요로운 성생활을 즐길 수 있다.)

다섯째 – 심리치료를 시작할 것(지금이라도 늦지 않았으니 정신상담의를 만나보라.)

여섯째 – 선배 노인들에게 배울 것(가령 일본 오키나와의 100살 노인들처럼 친목모임을 연다거나 82살의 나이에도 "제기랄, 이런 X 같은" 따위의 말을 아무렇지도 않게 내뱉는 클로드 사로트 같은 사람을 흉내 내는 것도 한 방법이다)(르몽드 디플로마티크, 2010년 1월 4일).

심리학 차원에서 다루어진 내용이라 그러한지 역시 개인적 차원에 치우친 면이 강하다. 이에 대해 앞서 개인 차원에서 사회 차원과 제도 차원의 변화가 겸비되어야만 제대로 된 변화를 이룩할 수 있다고 살펴보았다. 그 변화의 목적은 바로 밝은 노후이고, 저마다 노후를 밝게 보낼 수 있는 사회가 건강한 사회다. 그런데 계속해서 노인들 개인 차원의 변화만 강조하다 보면 마치 노인들이 할일이 없다거나, 지루해서 스스로도 부담스럽고 주변과 전체 사회에 부담스런 존재라는 인상만 키워주거나 고착시키기 쉽다. 그래서는 밝은 노후가 되기 어렵고, 사회도 건강해지기 어렵다. 비록 노인들 스스로 변화해야 할 몫이 적지 않더라도 사회와 제도에서 그런 부분을 특히 강조하는 것은 노인 스스로 노후를 알아서 해결해야 한다고 등을 떠미는 격이다. 저마다 자신의 노후는 생각하지 않는 까닭에 그런 분위기를 이어갈 수 있는지 모르지만, 그러나 등 떠밀린 사람들이 밝은 생활을 하지 못하다면 떠민 사람들 역시 밝은 생활을 할 수 없는 법이다. 비록 스스로 늙기 전에도 말이다.

1 개인 차원에서 해야 할 일

모범이 되는 인물과의 비교는 어린 시절 꿈을 키울 때부터 중요하지만, 나이가 들면서도 스스로 살아가는 방식을 준비하고 반성하는 기준으로 훌륭한 노후를 보낸 인물들을 본받는 것도 좋은 방법이다. 시몬느 드 보부아르(Simone de Beauvoir)는 “노년기에도 왕성한 정신적 활동을 수행한 사람들에게 경탄을 금치 못했다. 베르나르 퐁트넬에서부터 레온 톨스토이까지, 요한 볼프강 폰 괴테에서부터 80살에 “팔스타프”(Falstaff)를 작곡함으로써 자신의 음악에 새로운 경지를 연 주세페 베르디까지” (르몽드 디플로마티크, 2010년 1월 4일) 말이다. 그런데 보부아르는 이런 밝은 노후를 보낸 이들을 예외로 생각했을 뿐이다. 그러나 그런 ‘예외’처럼 보이는 사람들이 아니더라도 주변에는 나이 들어서도 밝은 생활을 하는 사람들이 점점 늘어가고 있다. 그렇게 밝게 사는 사람들일수록 신체 기능 면에서 흔히 알고 있는 노화의 기미를 보이지 않는다. 설사 일부 기능에서 노화를 겪더라도 전체 삶의 운영에 크게 문제를 보이지 않는

데, 그것은 어쩌면 정신력과 삶에 대한 태도에서 비롯되는지 모른다. “베토벤은 완전히 귀가 먼 상태로, 스스로도 명곡으로 꼽는 14번째 4중주곡을 작곡했다. 인간의 사회·전기적 인격의 측면을 이해하지 못하면 몇몇 얄팍한 ‘노화방지’ 요법만으로도 잘 늙어갈 수 있다고 믿게 된다”.

그러니까 늙어서 기능이 약화되는 일은 피할 수 없겠지만, 그 정도는 마음 먹기와 삶을 대하는 태도에 따라 얼마든지 달라질 수 있다는 말이다. 그러기 위해서는 스스로 반성하고 준비하는 자세가 우선이다. 흔히 모범으로 아는 인물들은 대체로 자존감이 강한 사람들이다. 그리고 학력이 높거나 학식이 높다는 특징도 보여주고 있다. 공자의 70을 생각해보자. 하고 싶은 것 마음대로 해도 아무 법도에 어긋나지 않는 상태에 이르는 나이라고 하지 않았는가? 그런 경지에 누구나 오를 수 있는 것은 아니지만, 공자처럼 그렇게 늘 반성하고 스스로 수양한다면 그런 경지에 오를 수 있다는 말이다. 따라서 늘 배우는 자세로 학식과 지혜를 배워 가는데, 여기에는 노후의 삶을 지혜롭게 보내는 방법들도 포함될 수 있다. 그렇게 정신활동을 왕성하게 유지하는 것이 필수적이기 때문에 랄프 왈도 에머슨은 57세 ‘노년(old age)’이라는 에세이를 집필했고, 알렉스 콤포는 56세에 ‘좋은 나이(a good age)’를, 시몬느 드 보부아르는 60세에 ‘노년(the coming of age)’을 썼다는 사실을 잊지 말아야 할 것이다.

2 사회적 차원에서 해야 할 일

현재까지의 노화나 노인에 대한 인식은 사실 고대 노인과 노화에 대한 인식이 완전히 변화되지 않은 상태에서 산업사회의 인식이 덧씌워진 상태다. 영원불변하여 궁극적인 것이 있다면 좋겠지만, 현실을 감안하여 시대와 사회에 따라 노화와 노인에 대한 인식이 달라질 수밖에 없다는 사실을 받아들이더라도 사회적 차원의 반성은 필요하다. 과연 일반 인식에 편견이나 선입견이 지나치지 않은지 아니면 객관화가 어려운 상황을 객관화시켜 낙인을 찍는 것은 아닌지 그리고 사회 전체의 삶이 더 밝고 건강해지기 위해서 사회적 차원에서 해야 될 일들을 개인 차원으로 떠밀고 있는 것은 아닌지 뒤돌아봐야 할 상황이다.

"인간을 타산적 개인주의자로 살아가게끔 프로그램화된 동물(호모에코노미쿠스)이라고 여기는 자유주의 이데올로기와 함께 인간 존재를 생물학적으로 환원시키는 개념은 여기저기서 많은 폐해를 낳고 있다. 그러나 언어 사용에서 비판적 지성까지, 실용적 지식에서 윤리의식까지, 인간의 인격은 유전자가 아니라 각자의 방식으로 사회관계 속에 어떻게 적응하느냐에 따라 결정된다".

생명인 이상 늙다가 소멸하는 자연현상이야 어쩔 수 없는 노릇이지만, 그 과정을 천편일률적으로 규정하는, 편견 뒤섞인 환원주의식 범주화는 결코 개인 차원은 물론 사회 차원에도 하등 도움이 되지 않는다. 그렇다면 개인 차원에서도 적극적으로 사회적·제도적 차원에 눈을 뜨고 참여해야 한다. 고령사회라면 말 그대로 노인 중심의 사회요, 따라서 노인이 노인을 위해 사회를 운영해가야 할 사회다. 그렇다면 노인과 노화에 대해 사회 차원에서 어두운 인식을 가지고 있다면, 필연적으로 그 사회는 어두울 수밖에 없지 않겠는가? 그렇기 때문에 사회와 문화차원에서 그 어둠을 걷어내고 밝은 인식을 키워가는 데 힘을 기울여야 한다. 그리고 거기에 제도가 뒷받침되어 한 차원 더 높이 올라가야 할 것이다.

3 제도적 차원에서 해야 할 일

제도 차원에서 가장 먼저 생각해야 할 일은 나이에 대한 법적 제한들이다. 어린이와 청소년을 보호하기 위한 제한들도 편견이 섞이지 않도록 조심해야 하는데, 노인들을 규정하는 나이들은 정말이지 이제는 득보다 실이 더 많지 않을까 싶다. 물론 무조건적인 나이규정 철폐는 수많은 노인들에게 불편과 불이익을 가져올 수도 있기 때문에 장기적인 안목으로 변화를 꾀해야 한다.

그동안 세계 대부분의 나라에서 평균 또는 기대 수명이 계속해서 늘어났지만, 퇴직연령은 오히려 더 앞당겨지는 역설이 일반화되어 왔다. 최근 들어 독일이나 프랑스 이탈리아 그리고 일본 등에서 퇴직연령을 늦추는 문제가 현실 차원에서 제기되었는데, 찬성도 있지만 반대도 만만치 않다[64]. 그것은 현재의 중장년 세대들이 손해를 보게끔 제도를 일방적으로 바꾸려하는 경우가 나타나기 때문이다. 전체 사회를 생각한다 하더라도 일부에게 일방적인 피해를 주는 일은 피해야 한다.

그러자면 인센티브와 제도 변화를 함께 생각하며 토론을 통해 의견을 모아야 한다. 그것이 진정한 민주주의 방식으로 사회 문제를 해결하는 방법이다. 현재의 퇴직과 고용 제도는 이른바 시장자본주의 체제, 그것도 세계화와 신자유주의의 물결이 거센 상황의 체제를 위한 것이다. 그런 상황에는 효율적일지 몰라도 사회 전체의 건강한 삶을 위해서는 꼭 바람직하다고만 볼 수 없는 점들이 적지 않다. 경쟁 위주의 자본주의가 심화되면 사람은 그저 자원 더 나아가 자본을 위한 수단으로 떨어지기 쉬운데, 그렇다면 나이와 상관없이 이미 사람살이가 밝고 건강하기 어렵다. 체제와 제도 문제인 만큼 쉽게 결론을 내릴 수는 없지만, 그리고 제 아무리 공산 또는 사회주의가 몰락했다고 하지만, 시장의 경쟁 위주로만 나아가는 자본주의 역시 궁극의 이상적 체제라고만 볼 수는 없는 노릇이다. 민주주의 제도에서라면 사람들이 의견을 모아 얼마든지 제도도 바꾸어나갈 수 있어야 한다. 그렇다면 더 나은 삶이 무엇인지 고민하는 자리와 기회를

64) 프랑스 정부가 정년연장을 시도하는 것은 심각한 재정적 압박 때문이다. 2010년 누적 연금적자는 300억 유로(약 45조원)를 넘는 상황에서 고령화로 60세 이상 노인인구가 전체의 20%를 이미 넘어선 데다 평균 연금 수령액이 평균임금의 약 59%로 독일(37%)과 영국(30%)보다 훨씬 높다. 특히 대부분 유럽 국가들의 정년퇴직 연령인 65세보다 프랑스는 1982년 프랑스와 미테랑 당시 대통령이 '행복한 노년을 보장한다'라는 취지로 정년을 5년 앞당긴 60세로 정하였다. 이런 상황에서 재정적 압박을 견디지 못하자 프랑스정부는 다시 정년을 62세로 환원하려는 입법화를 시작하였고, 이에 노동계의 격렬한 반대로 어려움에 봉착하고 있다. 2003년 프랑스 정부가 연금수령액 삭감을 골자로 한 연금 개혁을 시도했을 때에도 수개월간의 파업으로 대부분의 개혁 조치를 초기한 적이 있다(중앙일보, 2010년 6월 28일).

많이 만들고, 그런 논의를 거쳐 더 나은 제도로 바꾸어서 고령사회를 대비해야 하지 않겠는가?

참 고 문 헌

고태규(2009). **복지레저서비스론**. 서울: 집문당.

권중돈(2010). **노인복지론**(4판). 서울: 학지사.

김근홍(2004). 수발보험 도입의 전개와 주요제도 내용에 대한 정책적 시사점. **사회복지정책**, 18. 한국사회복지정책학회.

김근홍(2001). **한·독 노인복지이해**(3쇄). 서울: 학문사.

김근홍·박영란·이정규(2010). **사회문제**. 서울: 신정(근간).

김근홍·박현식(2009). 복지국가의 변화에 따른 노후소득보장제도 구축. **한국지역사회복지학**, 29. 서울: 한국지역사회복지학회.

김근홍·서화자·심창학·이만식·함세남(2007). **사회복지 역사와 철학**(2판). 서울: 학지사.

김근홍·이창석(2005). **경영 전략시대의 CEO 부동산·실버타운**. 서울: 형설출판사.

김광득(1998). **여가와 현대사회**. 서울: 자유출판사.

김동진(2007). **활기찬 노년을 위한 여가활동**. 서울: 서울대학교출판부.

김문겸(1999). **여가의 사회학**. 서울: 한울아카데미.

김명자(1993). 여가활동과 노후생활의 향유에 관한 연구. 한양대학교 박사학위논문.

김미숙·김용학·박길성·송호근·신광영·유홍준·정성호 옮김(2003). **현대사회학**. 서울: 을유문화사.

김수영·모선희·원영희·최희경(2009). **노년사회학**. 서울: 학지사.

김영순·이철원 외(2006). **여가와 문화**. 서울: 도서출판 역락.

김정운(2005). **노는 만큼 성공한다**. 파주: 21세기북스.

김태현(2007). **노년학**. 서울: 교문사.

김향자(2000). **휴가분산 시행 활성화 방안**. 서울: 한국관광연구원.

김호균 역(2000). **정치경제학 비판요강**. 서울: 백의.

동아일보(2005년 7월 20일, 2005년 4월 15일).

라르스 스벤젠(Lars Sevendsen). 도복선 역(2005). **지루함의 철학**. 경기: 서해문집.

르몽드 디플로마티크(2010년 1월 4일).

매일경제신문(2000년 6월 19일).

모선희·김형수·유성호·윤경아(2006). **현대노인복지론**. 서울: 학지사.

문숙재 · 윤소영 · 차경옥 · 천혜정(2005). **여가문화와 가족**. 서울: 신정.

베르나르 마리스(Bernard Maris). 조홍식 역(2008). **무용지물 경제학**. 경기: 창비.

박동석 · 김대환 · 이연선(2003). **고령화쇼크**. 서울: 굿인포메이션.

박재간(1997). 노년기 여가생활의 실태와 정책과제. **노인복지정책연구**, 5. 서울: 한국노인문제연구소.

박지선(2006). **여가와 축제문화 콘텐츠. 여가와 문화**. 서울: 도서출판 역락.

방하남(2008). 한국의 정년현황실태와 정년연장을 위한 여건조성 방안 연구. 서울: 한국노동연구원.

보건복지가족부(2009a). **2009 보건복지가족통계연보**. 서울: 보건복지가족부.

__________(2009b). **2009 주요업무참고자료**. 서울: 보건복지가족부.

__________(2009c). **2010 노인보건복지사업안내**. 서울: 보건복지가족부

서병진(2008). **노인복지론**. 서울: 도서출판 솔바람.

서태양 · 서석빈(1996). **여가론**. 서울: 대왕사.

시티신문(2010년 5월 19일).

송형석(2009). 독일의 생활체육 육성정책과 스포츠클럽. FES-Information-Series. 서울: 프리드리히 에버튼 재단 한국사무소.

윤승준 역(1992). **새 유럽의 역사**. 서울: 까치.

이금룡 · 강은경 · 박준기 · 구재관 · 조봉실 · 이기백 · 이권일 · 박상욱(2009). **노인자원봉사실천론**. 서울: 학지사.

이봉석(2001). **여가선용의 이론과 실제**. 서울: 백산출판사.

이소정 · 정경희 · 이윤경 · 유삼현 · 한정란(2008). 성공적인 제3기 인생준비를 위한 사회적 기반조성. 보건복지가족부 정책보고서.

이정환 · 고성호 · 민수홍 · 이미정 · 최병목 옮김(2008). **여가사회학**. 서울: 도서출판 그린.

이연택 · 민창기(1995). **현대사회와 여가**. 서울: 일신사.

임춘식 외(2007). **노인복지학 개론**. 파주: 학현사.

________(2005). **세계의 노인복지정책**. 파주: 학현사.

양옥남 · 김혜경 · 김미숙 · 정순돌(2009). **노인복지론(2판)**. 고양: 공동체.

정경희 외(2006). 노인문화의 현황과 정책적 함의 – 성공적 노화담론에 대한 비판적 검토를 중심으로 –. 한국보건사회연구원 연구보고서.

정용진(2003). 기업체 퇴직준비교육 프로그램 개발 및 효과에 관한 연구. 고려대학교 대학원 박사학위논문.

정재훈(2007). **독일 복지국가와 사회복지서비스**. 서울: 집문당.

조선일보(2010년 1월 12일, 2009년 7월 6일, 2009년 3월 11일, 2008년 3월 5일, 2006년 9월 26일, 2006년 5월 31일, 2005년 7월 5일, 2003년 2월 13일, 2002년 12월 6일, 2002년 6월 25일, 2002년 5월 24일, 2002년 2월 4일).

조지 베일런트(George E. Vaillant). 이덕남 옮김(2004). **10년 일찍 늙는 법 10년 늦게 늙는 법**. 서울: 나무와 숲.

중앙일보(2010년 6월 28일, 2009년 12월 28일).

최순남(2000). **현대노인복지론**(3판). 경기: 한신대 출판부.

통계청(2010). 사회조사를 통해 본 베이비붐 세대의 특징. 보도자료(2010년 4월 9일자). 대전: 통계청 사회통계국 사회통계기획과.

______(2009). 2009년 한국의 사회지표. 대전: 통계청.

______(2003). 사회통계조사보고서. 대전: 통계청.

하동현 · 황성혜 옮김(2006). **여가와 인간행동**. 서울: 백산출판사.

하헌국(1993). **여가와 인간행동**. 서울: 백산출판사.

한국경제(2009년 2월 14일, 2009년 1월 14일).

한국노인과학학술단체연합회 편(2007). **고령화 사회의 밝은 미래**. 서울: 아카넷.

한국문화관광연구원 편(2008a). **여가 그리고 정책**. 서울: 대왕사.

한국문화관광연구원 저(2008b). **인구구조와 문화수요**. 서울: 대왕사.

한국여가문화학회(2008). **현대 여가연구의 이슈들**. 서울: 한울출판사.

한겨레신문(2004년 4월 13일, 2003년 9월 22일, 2001년 2월 13일).

한정란(2005). **노인교육의 이해**. 서울: 학지사.

허준수(2010). **노인복지연구**. 서울: 신정.

황광우(2007). **철학콘서트**(21쇄). 파주: 웅진지식하우스.

현외성(2010). **노인복지학 신론**. 파주: 양서원.

AC Nielsen(2005). *Haushaltspanel*, Frankkfurt/M.

Aristotle(1995). *Nikomachische Ethik*. Felix Meiner, Hamburg.

Atchley, R. C.(1982). The process of retirement: Comparing women and men, in: M. Szinovacz (Ed.), *Women's retirement*, Beverly Hills.

____________(1980). Social Forces in Later Life, *Belmont*, Cal. (2nd Ed.).

Atchley, R. C. & Barusch, A.(1983). *Social Forces and Aging*: An introduction to Social Gerontology, Belmont.

AWA(Allensbacher Markt–und Werbetrager–Analyse) (2005). *Allensbach*.

Balters, P. B. & Baltes M. M.(1992). Gerontologie: Begriff, Herausforderung und Brennpunkt, in: *Balters & Mittelsraβe*.

Bammel, G.(1963). *Aristotle on Sophia and Phronesis*(master's thesis, university of Toronto).

BAT(Freizeit−Forschungsinstitut) (Hrsg.) (2004). *Freizeit−Monitor*, Hamburg.

______________________________(2002). *Konfliktfeld Deutschland*. Die Zukunftssorgen der Bevölkerung, Hamburg.

______________________________(1984). *Freizeit im Ruhestand*. Was Pensionäre erwarten und wie die Wirklichkeit aussieht(Verfasser: Opaschowski & Neubauer), Hamburg.

Beaver, M. L.(1983). *Human Service Practice with the Elderly*. Englewood Cliffs, NJ.: Prentice-Hall.

Beckers, Christine(1985). *Vollzugslockerung Urlaub*: Erfahrungen u. Erwartungen d. Beteiligten.

Bee, H. L.(2000). *The Journey of Adulthood* (4ed.). New Jersey: Prentice Hall.

Bertram, H.(1997). *Familien leben*: neue Wege zur flexiblen Gestaltung von Lebenszeit, Arbeitszeit, und Familienzeit, Güterslon.

Birg, H.(2001). *Die demographische Zeitenwende*. Der Bevölkerungsrückgang in Deutschland und Europa, München.

Birren, J. E.(1959). Principle of Research on Aging, in: *Handbook of Aging and the Individual*, Chicago.

BMFSFJ (Bundesministerium für Familie, Senioren, Frauen und Jugend)(2010). *Sechster Bericht zur Lage der alteren Generation in der Bundesrepublik*. Altenbilder in Wirtschaft und Gesellschaft (Arbeitstitel) Bericht der Sachverstandigenkommission an das Bundesministerium für Famile, Senioren, Frauen und Jugend, Berlin.(in Press).

______________________________(2007). *Wirtschaftsmotor Alter*(Kurzfassung), Berlin.

______________________________(Hrsg.) (2006). *5. Bericht zur älteren Generation in der Bundesrepublik Deutschland*, Berlin.

______________________________(2002). *Vierter Altenbericht*: Risiken, Lebensqualitat und Versorgung Hochaltriger unter besonderer Berücksichtigung demenzieller Erkrankungen, Berlin.

BMJ(Bundesministerim der Justiz (Hrsg.) (2002). *Band 324/N. 7342-2002*, Berlin/Bonn

BMW-AG(Personalentwicklung).(1987). *Programm Ruhestandsplanung*, München.

Borscheid, P.(1987). *Geschichte des Alters, 16–18. Jahrhundert,* München.

Brancken, H.(1952). Wandlungen der menschlichen Persönlichkeit im mittleren und höheren Alter, in: *Studium Generale* 5.

Breen, L. B.(1976). *Aging and the Field of Medicine*, New York.

Brody, E. M.(1977). *Long-Term Care of Older People: A Practical Guide. New York*: Human Science Press.

Coupland, D.(1996). *Microsklaven*(Microserfs, 1995), Hamburg.

Cumming, E. & Henry, William E. (Ed.), 1961: *Growing Old - The Process of Disengagement,* New York.

Dahrendorf, R.(2002). *Über Grenzen.* Lebenserinnerungen, München.

DIA(Deutsches lnstitut für Altersvorsorge)(Hrsg.)(2002). Erben in Deutschland. Volumen, Psychologie und gesamtwirtschaftliche Auswirkungen, Köln.

DRK (Deutsches Rotes Kreuz e. V.) (1991). *Informationsmaterial*, Bonn.

Dumazedier, J.(1974). *Sociology of Leisure*, New York, Elsevier.

Ehmer, J.(1990). *Sozialgeschichte des Alters*, Frankfurt/M.

Ekerdt, D. J., Bosse, R. & Levkoff, S.(1985). An empirical test for phases of retirement: Findings from the Normative Aging Study, *Journal of Gerontology*, 40.

Engstler, H. & Menning, S. (2003). *Die Familie im Spiegel der amtlichen Statistik*: Lebensformen, Familienstrukturen, wirtschaftliche Situation der Familien und familiendemographische Entwicklung in Deutschlnad, Bonn.

Enquéte–Kommission (Hrgs.) (2002). *Demographischer Wandel*: Herausforderungen unserer älter werdenden Gesellschaft an den Einzelnen und die Politik(Schlussbericht), Berlin.

Erikson, E. H.(1971). *Identität und Lebenszyklus*, Frankfurt/M.

Fritze, O.(1969). Sozialpolitische Erwägungen zur Frage der Altersgrenze, in: Schubert, R.(Hrsg.), *Flexibilität der Altersgrenze*, Darmstadt.

Fourastié, J.(1954). *Die groβe Hoffnung des zwanzigsten Jahrhunderts*, Köln.

Ganser, Armin(1979). *Junge Leute im Urlaub auf Ibiza*: Beobachtungen in Ferienclub–Anlagen, Starnberg.

Giesecke, H.(1983). *Leben nach der Arbeit*, München

Green, Francis and Potepan, Michael J.(1988). Vacation time and unionism in the US and Europe, in: *Industrial relations: a journal of economy & society.* – Cambridge u.a.

27.

Görnert−Struckmann, S. (2005). *Umzug in die dritte Lebensphase*. Wie wohnen und leben−Modelle und Beispiele, Freiburg

Gordon, Ch. ; Gaitz, Ch.M. & Scott, J.(1976). Leisure and Lives, in: Binstock, R. H. and Shanas, E.(Ed.), *Handbook of Aging and the Social Sciences*, New York.

Hartfiel, G. & Hillman, K-H.(1982). *Wörterbuch der Sozilogie*, 3. Auf., Stuttgart.

Havighurst, R. J.(1975). Beziehungen zwischen Persönlichkeitsfaktoren und Produktivität nach dem sechzigsten Lebensjahr, in: Weinert, F. E.; Lehr, U. (Hrsg.), *Entwicklung und Persönlichkeit*, Stuttgart.

______________(1972). *Developmental Tasks and Education(3rd ed)*, New York.

Hecker, K. & Grunwald, W.(1981). Über die Beziehung zwischen Arbeits− und Freizeitzufriedenheit, in: *Soziale Welt*, Heft 3 1981, Göttingen.

Hoffmann, H.(1981). *Kultur für alle. Perspektiven und Modelle*, Frankfurt.

Hohmeier, J.(1978). Alter als Stigma, in: Hohmeier, J. & Pohl, H.-H. (Hrsg.), *Alterals Stigma oder wie man alt gemacht wird*, Frankfurt/M.

Holz, Erlend(2000). *Zeitverwendung in Deutschland:* Beruf, Familie, Freizeit/ Erlend Holz, Stuttgart.

Illies, F.(2003). *Generation Golf zwei*, München.

Lessing, Hellmut(1966). *Das Urlaubsverhalten von 14 − 17jährigen Jugendlichen*: (Sonderauswertung des Forschungsberichts 'Jugend im Urlaub' für das Arbeits− und Sozialministerium des Landes NR.

Kallmann, Sabine(1991). *Urlaub im Arbeitsrecht*. München.

Kaplan, Max(1975). Leisure. *Theory and Policy*, New York.

__________(1960). Leisure in America. *A Social Inquiry*, New York.

Karl, F. & Tokarski, W. (1989). *Die "neunen Alten"*, Kassel.

Klaus, R.(1971). *Recreation and Leisure in Modern Society*. Englewood Cliffs: Prentice−Hall Inc.

Köppel, V.(1977). *Vorbereitung auf Ruhestand und Alter*, Zürich.

Krohn, M.(1975). *Theorien des Alterns - von der biologischen zur interaktionistischen Erklärung*, München.

Kuhr, J., et al.(1988). Wissenschaftstheoretische Ausgangslage, in: DGF(Hrsg.), *Alter und Freizeit*, Erkrath.

Lade, Eckhard (Hrsg.) (1995). *Ratgeber Altenarbeit*, Teil 15/4, Senioren– organisationen, Hilfs– und Helferdienste, Osthildern.

Lehr, U.(1988). 30 Jahre Gerontologie - Rückblick und Ausblick, in: Andreas Kruse et al. (Hrsg.), *Gerontologie. Wissenschaftliche Erkenntnisse und Folgerungen für die Praxis*, München.

______(1987). *Psychologie des Alterns*, 6. Aufl., Heidelberg.

______(1979). *Psychologie des Alterns*, 4. Aufl., Heidelberg.

Lehr, U. & Puschner, I.(1968). Untersuchungen über subjektive Alternssymptome, in: Thomae, H. und Lehr, U. (Hrsg.), *Altern, Probleme und Tatsachen*, Frankfurt/M.

Lehr, U. & Dreher, G. (1968). Psychologische Probleme der Pensionierung, in: Schubert, R. (Hrsg.), *Herz- und Atmungsorgane im Alter*, Darmstadt.

Ley, Regine(1991). Klebekisten für den Ruhestand, in: *Hamburger Abendblatt* vom 21. Feb. 1991, Hamburg.

Leyern, U. von der(2007). Vom Dialog der Generationen. Kulturelle Bildung in Zeiten des demografischen Wandels, in: *Kulturkompetenzbildung, regelmäßige Beilage zu politik & kultur, Ausgabe 8 Jan.- Feb.* 2007.

Mader, Ueli(1987). *Vom Kolonialismus zum Tourismus* – von der Freizeit zur Freiheit – 1. Aufl, Zürich.

Meisner, J.(1999). Der Kirche ist das Mysterium verlorengegangen. Interview in: *Die Welt* vom 5. Juli 1999.

Miegel, M.(2002a). *Die deformierte Gesellschaft*, Berlin/München.

________(2002b). In Kuerze, in: DIA(Hrsg.), *Erbenn in Deutschland*, Köln.

Naegele, G.(1999). Vom Dreieck zum Pilz. Der demographische Wandel, in: *Argumente zur Verbraucherplitik 3*.

Nahrstedt, W.(2002). *Lernort Erlebniswelt*, Bielefeld.

Neugarten, B. L. & Neugarten, D. A.(1989). Policy issues in an aging society. in: Storandt, M. & Vanden Bos, G. R.(Eds.). *The adult years: Continuity and change*, Washington DC.

Neulinger, John(1976). The need for the implications of a psychological conception of leisure. *The Ontario Psychologist* 8(2).

OECD(Hrgs.) (2009). *Society at a Glance 2009*: OECD Social Indicators.

__________(1973). New Patterns for Working Time. *Final Report*, Paris.

O'Neal, G.(1982). Pre–Retirement Planning, in: Boyd, R. R. & Mc Conatha, D. (Eds.),

Gerontological Practice, Lanham.

Opaschowski,, Horst W.(2009). *Deutschland 2030. Wir wie in Zukunft leben*(2. Aufl.), Gütersloh.

____________________(2007). *Vertrauen. Freiheit. Fortschritt.* Die Zukunftshoffungen der Deutschland, Hamburg.

____________________(2006). *Deutschland 2020.* Wie wir morgen leben – Prognosen der Wissenschaft, 2. Aufl., Wiesbaden

____________________(2004). *Der Generatioenpakt.* Das soziale Netz der Zukunft, Frankfurt/M.

____________________(1998). *Leben zwischen Muβ und Muβe*, Frankfurt.

____________________(1995). Tourismus mit Zukunft: eine europaische Tourismusanalyse in vier Ländern ; Urlaub 94/95. *BAT–Freizeit–Forschungsinst.*, Hamburg.

____________________(1989). Urlaub 88/89 – Wohin die Deutschen reisen und wie zufrieden sie damit sind. *BAT–Freizeit–Forschungsinst*, Hamburg.

____________________(1988). *Psychologie und Soziologie der Freizeit*, Opladen.

____________________(1983). *Arbeit. Freizeit. Lebenssinn?* Orientierung für eine Zukunft, die längst begonnen hat, Opladen.

____________________(1974). Freie Zeit ist Bürgerrecht. Plädoyer für eine Neubewertung von 'Arbiet' und 'Freizeit', in: *Aus Politik und Zeitgeschichte. Beilage zur Wochenzeitung Das Parlament B 40.*

Opaschowski, Horst W. & Reinhardt Ulrich(2007). *Altersträume –Illusion und Wirklichkeit*, Primus Verlag, Darmstadt.

Opaschowskim Horst W. & Reinhardt, U. & Pries M.(2006). *Freizeitwirtschaft.* Die Leitökonomie der Zukunft, Hamburg.

Parker, S.(1979). *The Sociology of Leisure*, London.

Petzold, H. & Bubolz, E.(1976). Theorien zum Prozeβ des Alterns und ihre Relevanz für geragogische Fragestellungen, in: Petzold, H. & Bubolz,E. (Hrsg.), *Bildungsarbeit mit alten Menschen*, Stuttgart.

Popp, Herbert (Hrsg.) (2001). *Neuere Trends in Tourismus und Freizeit:* wissenschaftliche Befunde; unterrichtliche Behandlung; Reiseerziehung im Erdkundeunterricht, Passau.

Prahl, H–W. & Schröter K.R.(1996). *Soziologie des Alterns.* Eine Einführung, Paderborn–München–Wien–Zürich.

Radebold, Hartmut(1983). Psychische Erkrankungen im höheren und hohen Lebensalter und ihre Behandlungsmöglichkeiten, in: Reimann, H. & Reimann, H. (Hrsg.), *Das Alter, Einführung in die Gerontologie*, Stuttgart.

Read, C. I.(1966). Suggestion for Revision of Nomenclature on Aging, in: *The Gerontologist* 6/4, pp. 188~190.

Riley, M. & Foner, A.(1968). *Aging and society. vol.1: An inventory of research findings*, New York.

Rombach, J.(2007). *Trensetter oder Traditionshütter?* Die Zukuft der Museen, Hamburg.

Rose, W.(1991). Soziologie des Alters, in: Lade, Eckhard (Hrsg.), R*atgeber Altenarbeit.* Teil 4/5.2, Ostfildern.

Rosenmayr, L.(2007). *Schönpferisch Altern: Eine Philosophie des Alterns*, Wien.

____________(1972). Illusion und Realität der Freizeit, in: Scheuch, E. K. & Meyersohn, R., (Hrsg.), *Soziologie der Freizeit*, Köln.

Rothbrust, Manfred(1991). *Urlaub und Arbeitsbefreiung im offentlichen Dienst*, Stuttgart; München/Berlin.

Schelsky, H.(1968). Die Parontoxien des Alters in der modernen Gesellschaft, in: Schelsky, H. (Hrsg.), *Auf der Suche nach Wirklichkeit*, Düsseldorf.

Scherf, Henning(2006). *Grau ist bunt* —Was im Alter moeglich ist, Freiburg im Breisgau.

Scheuch, Erwin(1972). Die Problematik der Freizeit in der Massengesellschaft, in: Scheuch, E. K. & Meyersohn, R., (Hrsg.), *Soziologie der Freizeit*, Köln.

Schmitz-Scherzer, R.(1973). Psychologie in der Freizeitforschung, in: Ders. (Hrsg.), *Freizeit. Eine problemorientierte Textsammlung*, Frankfurt/M.

Schönholzer, G.(1979). *Der Übergang vom Erwerbsleben in den Ruhestand.* Betrachtung der Lösungsmöglichkeiten aus betrieblicher Sicht, Dissenhofen.

Sennett, R.(1998). *The Corrosion of Character*, Berlin.

Spiegel(2002). Nr. 15, vom 15. 04. 2002, Hamburg

______(1996). Nr. 9, vom 26. 02. 1996, Hamburg

Stamm, H.(1987). Jahresfreizeit, in: Pluskwa, M. (Hrsg.), *Zukunft der Freizeit*, Rehburg-Loccum.

Statistisches Bundesamt (Hrsg.) (2009). Statistisches Jahrbuch 2009 für die Bundesrepublik Deutschland, Wiesbaden.

Statistisches Bundesamt (Hrsg.) (2007). Wirtschaft und Statistik, 3/2007, Wiesbaden.

Stoffer, H.(1989). Vorbereitung auf das Alter, in: Lade, Eckhard (Hrsg.), *Ratgeber*

Altenarbeit, Teil. 7/7.1, Ostfildern.

Szczesny-Friedmann, C.(1991). *Die kühle Gesellschaft. Von der Unmöglichkeit der Nähe*, München.

Szydlik, M.(2002). Generationen: Wer sorgt sich um wen? in: Burkart/Wolf(Hrsg.). *Lebenszeiten*, Opladen.

Tenbruck, F. H.(1965). *Jugend und Gesellschaft*. 2. Aufl., Freiburg/Br.

Tews, H. P.(1990). Neue und alte Aspekte des Strukturwandels des Alters, in: *WSI-Mitteilungen* 43.

__________(1979). *Sozilologie des Alterns*(3. Aufl.), Heidelberg.

Thiels, G.(2003). Haben Frauen ein "Verfallsdatum?" in: *Welt am Sonntag* vom 27. Juli 2003.

Thomae, H.(1970). Zur Entwicklung und Sozialpsychologie des alternden Menschen, in: Thomae, H. & Lehr, U., *Studien zum Lernproze β Erwachsener*.

Tibbitts, C.(1964). The Future of Research in Social Gerontology, in: Hansen, U. F.(Ed.), *Age with in Future*, Copenhagen.

Tokarski, W.(1989). *Freizeit- und Lebensstile älterer Menschen*, Kassel.

Tokarski, W. & Schmitz-Scherzer, R.(1985). *Freizeit*, Stuttgart.

Voges, Wolfgang(1995). *Soziologie des höheren Lebensalters*, Augsburg.

Wallis, V.(1993). *Zwei Alte Frauen. Eine Legende*, Zürich.

Weber, M.(1963). *Gesammelte Aufsätze zur Religionssoziologie*, Tübingen.

Wechsler, D.(1974). The Measurement of Adult Intelligence, Baltimore (1958), in: Lehr, *Psychologie des Alterns*, Heidelberg.

Werben & Verkaufen(2006). *Was haben Oma Opa nur falsch gemacht?* o.O.

Werner, Cornelia(2010). Das gefühlte Alter, in: *Hamburger Abendblatt* vom 05. Aug. 2010, Hamburg

Wilensky, H. L.(1969). Work, careers and social integration, *International Social Science Journal* 12/4.

http://de.wikipedia.org/wiki/Gesetzliche_Rentenversicherung

http://de.wikipedia.org/wiki/Demog

http://egls.woweb.net/

http://wiki.bildungsserver.de/index.php/Volkshochschule.

http://www.bmg.bund.de/

http://www.dbm.co.kr/

http://www.destatis.de/jetspeed/portal/cms/

http://www.dia-vorsorge.de/

http://www.dza.de/

http://www.ifd-allensbach.de/

http://www.koeln.de/koeln/was_ist_los/karneval

http://www.kostat.go.kr/

http://www.loveparade.de/

http://www.oktoberfest.de/

http://www.piff.org/

http://www.stiftungfuerzukunftsfragen.de/de/

http://www.zdf.de/

http://100.naver.com

찾 아 보 기

인 명

내 용

김근홍(Keun-Hong Kim)

E-mail: khk@kangnam.ac.kr

독일 University of Lüneburg 수학

독일 University of Hamburg 석사 및 철학박사

보건복지부 전문위원

국가보훈처 자문교수

한국노년학회 수석부회장

EBS-TV '행복의 오솔길' 진행

국가공직자 임용고시 등 각종 국가시험 출제위원 등 역임

University of Wien and Hamburg (Invited Professor)

현재 강남대학교 사회복지전문대학원 교수

주요 저서

재가노인복지론(공저. 청목출판사, 2008)

사회복지 역사와 철학(공저. 학지사, 2007(2판))

노인복지학 개론(공저. 학현사, 2007)

사회문제와 사회복지(공저. 학현사, 2005)

세계의 노인복지정책(공저. 학현사, 2005)

경영전략시대의 CEO 부동산·실업타운(공저. 형설출판사, 2005)

한·독 노인복지이해(학문사, 2001(3쇄)) 외 70편의 논문

노인복지와 르네상스

2010년 9월 10일 1판 1쇄 인쇄
2010년 9월 15일 1판 1쇄 발행
2013년 9월 10일 1판 2쇄 발행
2022년 3월 10일 1판 3쇄 발행

지 은 이 김근홍
펴 낸 이 최용구
펴 낸 곳 도서출판 신정

주 소 서울시 용산구 원효로 1가 48-1호(04316)
전 화 3211-4782/0266(관리 · 영업부) 3211-4783(편집부)
이 메 일 shinjeong72@naver.com
홈 페 이 지 www.sjbook.co.kr
등 록 2001년 5월 11일 제13-702호

기획마케팅 최용구 정만동 최충구
표지디자인 SDY

ISBN 978-89-5912-155-7 93330

정 가 18,000원